Bild-Ton-Technologie als Intermediär im Strafverfahren

Europäische Hochschulschriften Recht

European University Studies in Law

Publications Universitaires Européennes de Droit

Band/Volume 6140

Nikolas Kopf

Bild-Ton-Technologie als Intermediär im Strafverfahren

Ein Beitrag zur Anerkennung der Bild-Ton-Technologie als effizientes Übertragungsmodell traumatischer Erinnerungen in das Strafverfahren

PETER LANG

Bibliografische Information der Deutschen Nationalbibliothek
Die Deutsche Nationalbibliothek verzeichnet diese Publikation in der Deutschen Nationalbibliografie; detaillierte bibliografische Daten sind im Internet über http://dnb.d-nb.de abrufbar.

Zugl.: Hamburg, Univ., Diss., 2019

Diese Publikation wurde gefördert durch die VolkswagenStiftung.

Gedruckt auf alterungsbeständigem, säurefreiem Papier.
Druck und Bindung: CPI books GmbH, Leck

D 18
ISSN 0531-7312
ISBN 978-3-631-80540-4 (Print)
E-ISBN 978-3-631-81187-0 (E-PDF)
E-ISBN 978-3-631-81188-7 (EPUB)
E-ISBN 978-3-631-81189-4 (MOBI)
DOI 10.3726/b16539

Diese Publikation wurde begutachtet.

www.peterlang.com

Vorwort

Die vorliegende Arbeit wurde im Wintersemester 2018/2019 an der Juristischen Fakultät der Universität Hamburg als Dissertation angenommen.

Mein Dank gebührt meinem Doktorvater, Herrn Prof. Dr. Reinhard Merkel für die Ermöglichung und Begleitung meines Promotionsvorhabens.

Herrn Prof. Dr. Jochen Bung danke ich herzlich für die zügige Erstellung des Zweitgutachtens.

Ausdrücklich danken möchte ich auch Herrn Dr. Christoph Bublitz, der mir stets als Ansprechpartner mit Rat und Herz zur Seite gestanden hat. Auch sei gedankt den übrigen Mitgliedern des interdisziplinären Forschungsvorhabens „Recht und Ethik der Erinnerungen" im Projekt „A duty to remember, a right to forget? Behavioral modulations of emotional memory", all den Partnern an der Charité Berlin (Klinik für Psychiatrie und Psychotherapie), an dem Universitätsklinikum Hamburg-Eppendorf, am Donders Institute for Brain, Cognition and Behaviour der Radboud Universität Nijmegen (Gedächtnisforschung), am Max-Planck-Institut für Psychiatrie (München) und am Max-Planck-Institut für Bildungsforschung (Berlin).

Der VolkswagenStiftung danke ich recht herzlich für die Förderung der Arbeit.

Schließlich bedanke ich mich von Herzen bei meiner Familie, die mich bei der Anfertigung dieser Arbeit begleitet und auf unterschiedlichste Weise unterstützt hat. Ganz besonders möchte ich an dieser Stelle meinem Vater, Dr. Thomas Kopf, meiner Großmutter Hannelore Kopf und meinen verstorbenen Großeltern Rosel und Günter Willmann, danken, ohne die mir dieser Weg nicht möglich gewesen wäre.

Der liebevolle Rückhalt, den ich von Friederike erfahren habe, hat wesentlich zum Gelingen dieser Arbeit beigetragen.

Kiel, im Oktober 2019

Nikolas Kopf

Inhaltsverzeichnis

Einleitung

Die Bedürfnisse von Opferzeugen[1] in Strafverfahren hatten im Gegensatz zu den rechtlichen Interessen der beschuldigten Personen[2] lange Zeit geringfügige Bedeutung.[3] So hatten sich Opferzeugen in ihrer tradierten Eigenschaft als „bloße Beweismittel" für die Zwecke der Ermittlung der (materiellen) Wahrheit[4]

1 Die Bedeutung des Begriffs des Opferzeugen (vgl. hierzu vertiefend Kap.2.A.I.) soll synonym für die der verletzten oder schutzbedürftigen Person gelten, ohne dass damit eine inhaltliche Wertung verbunden ist. In der erforderlichen Kürze benennt dieser Begriff die hier betreffenden Personen, auch wenn der Begriff „Opfer" emotional aufgeladen sein mag und nicht selten für entsprechende Lobbyarbeit genutzt wird (vgl. hierzu *Rieß* Jura 1987, 281, *„politische Vermarktung"*; *Jung* ZStW 93 (1981), 1147, 1156.). Der Begriff des *„Verletzten"* in der StPO bleibt hinter den hier diskutierten besonderen Problematiken des Opferzeugenschutzes im Kontext der (materiellen) Wahrheitsfindung zurück und soll daher ebenso wenig gebraucht werden wie der der „Verletzten Person". Unabhängig davon kennzeichnete der Gesetzgeber selbst mit den Begriffen *„Opfer"* bzw. *Opferzeuge(n)"* zahlreiche formelle Gesetze, so etwa das sog. „Opferschutzgesetz" oder die sog. „Opferzeugenreformgesetze", vgl. hierzu noch Kap.2.A. Aus Gründen der leichteren Lesbarkeit wird die männliche Form verwendet. Die Bezeichnungen schließen Frauen jeweils mit ein.

2 Vgl. hierzu etwa *Pfeiffer*, in: KK-StPO (2003) Einleitung Rn. 22b, der die Strafprozessordnung auch als *„Magna Charta der beschuldigten Person"* bezeichnet; vgl. auch *Hassemer/Reemtsma* (2002), S. 55; vgl. auch *Fischer* verweist in: KK-StPO (2013) Einleitung Rn. 86 auf die von Liszt geprägte Bezeichnung der StPO als *„Magna Charta des Verbrechers"*, welche heute auf Skepsis stoße.

3 Vgl. *Weigend* (1989), S. 13, der den „Verletzten" nicht mehr als *„forgotten man"* begreift, „als den man ihn noch vor wenigen Jahren mit Recht bezeichnen konnte" (die Begriffskreation *„forgotten man"* dürfte zurückgehen auf *McDonald* (1976), S. 19, *„Victim as Forgotten Man"*) [Hervorhebungen durch den Verfasser]; zu historischen Aspekten der Verletztenbeteiligung vgl. *ders.*, S. 24 ff.; vgl. auch *Güler* (2005), S. 166 ff., 169, der im Rahmen der Schaffung der RStPO Kontroversen rund um das Verhältnis von Opferzeugen und Strafverfahren diskutiert, wobei teilweise „das kriminelle Unrecht der Straftat in den Vordergrund [rückte] und das einzelne Opfer nur das Objekt der Manifestation der Verletzung der öffentlichen Rechtsgemeinschaft darstellte"; vgl. ferner Ostendorf (2015) § 3, Rn. 26 „Opfer (…) lange vergessen".

4 Siehe hierzu sogleich; zur Ermittlung der materiellen Wahrheit als zentraler Zweck des Strafverfahrens vgl. vertiefend bei *Weigend* (1989), S. 177 ff.; vgl. ferner bei *Kühne* (2015) § 1, Rn. 1 ff., siehe insbesondere dessen Kritik an *Luhmanns* Begriffsverständnis, dem Strafverfahren die Wirkung zuzuerkennen, die Realität (neu) zu konstruieren (vgl. *Luhmann* [1978], S. 40 ff.). Dies sei nicht Ziel, sondern Schwäche des

zur Verfügung zu stellen.[5] Trotz der Statusanerkennung als eigenes Verfahrenssubjekt besteht nach wie vor eine grundsätzliche „allgemeine staatsbürgerliche Pflicht“[6], vor Gericht als Zeuge zu erscheinen, wahrheitsgemäß auszusagen und die Bekundung im Ausnahmefall zu beeiden.[7] Da sich „im Opfer der soziale Schaden der Straftat konzentriert“,[8] ist die Anerkennung des Opferschutzes wesentlich für den Zeugenschutz durch das Strafrecht, wie auch für das moderne Strafverfahren.[9] Der Opferschutzgedanke prägt die Funktionen des Strafrechts tatbestandlicherseits durch personalen Rechtsgüterschutz[10] und auf Rechtsfolgenseite durch soziale Befriedung.[11] Das *BVerfG* leitet auch daher eine staatliche Schutzpflicht für (potenzielle) Opfer von Straftaten unmittelbar aus Art. 2 Abs. 2

Strafverfahrens (a.a.O. Rn. 1); vgl. auch *Beulke* (2016) § 1, Rn. 3; *Kindhäuser* (2016) § 1, Rn. 8, 9; *Rüping/Dornseifer* (JZ) 1977, 417; *Rieß* (JR) 2006, 269, 273; vgl. ferner BVerfG v. 19.3.2013 – 2 BvR 2628/10, 2 BvR 2883/10, 2 BvR 2155/11 = NJW 2013, 1058, 1060 ff. (Rn. 55 ff.) m.w.N.; vgl. auch BGH v. 4.4.1951 – 1 StR 54/51 = BGHSt 1, 94 (96) = BeckRS 1951, 31399770, „[d]ie Handhabung aller Verfahrensvorschriften steht unter dem beherrschenden Grundsatz des § 244 Abs. 2 StPO, der das Gericht verpflichtet, zur Erforschung der Wahrheit die Beweisaufnahme von Amts wegen auf alle Tatsachen und Beweismittel zu erstrecken, die für die Entscheidung von Bedeutung sind“; vgl. auch BGH v. 19.11.1956 – 2 StR 493/56 = BGHSt 10, 116, 118 = NJW 1957, 598 f.; *Eisenberg* (2017), Rn. 1; *Becker*, in: LR § 244 Rn. 39 m.w.N.; *Schmitt*, in: Meyer-Goßner/Schmitt (2018) § 244 Rn. 11; *Sättele*, in: SSW § 244 Rn. 24; *Trüg/Habetha*, in: MüKoStPO (2016) Band 2 § 244 Rn. 47.

5 Vgl. etwa BGH NJW 1960, 2156, 2157 „(...) dürfe die [Zeugin] wegen ihrer Aussageverweigerung nicht in anderer Weise zur Ermittlung der Wahrheit benutzen“.

6 RGSt 18, 350; BVerfG v. 8. 10. 1974 - 2 BvR 747/73 u.a. = BVerfGE 38, 105, 118 = NJW 1975, 103, 105.

7 So die h.M., vgl. *Roxin/Schünemann* (2017) § 26, Rn. 39; *Kramer* (2014), S. 117 ff.;

8 *Kubink* (ZRP) 2017, S. 237.

9 Vgl. zur Entwicklung der Opferschutzrechte vertiefend bei *Schroth* (2011), S. 1 ff.

10 *Weigend*, in: Festschrift für Otto Triffterer (1996), S. 695 ff., 699 f. m.w.N. und Beispielen, zeigt, dass die bestmögliche Annäherung an dieses Ziel im steten Fluss begriffen liegt und schlägt zur weiteren Zielannäherung an einen bestmöglich-personellen Rechtsgüterschutz, ohne Beweisschwierigkeiten u.a. vor, „die Definition des relevanten Rechtsguts zu verändern. An die Stelle des herkömmlichen, individuellen Rechtsguts wie Gesundheit oder Vermögen [trete] ein luftiges, universelles, schwer greifbares, aber um so leichter angreifbares Rechtsgut, zu dessen Schutz sich neue Tatbestände mit geringen Anforderungen an die manifeste Gefährlichkeit des Täterverhaltens leicht konstruieren [ließen]“; vgl. auch *Kubink* (ZRP) 2017, S. 237.

11 *Kubink* (ZRP) 2017, S. 237.

i. V. m. Art. 1 Abs. 1 GG ab.[12] Eine solche erwächst ebenfalls aus einem Kehrseitengedanken des staatlichen Gewaltmonopols. Der Staat verbietet Selbstjustiz. Umgekehrt unterliegt er der Pflicht zur Schutzvorsorge der Bevölkerung, auch durch die Schaffung angemessener Vorschriften.[13] Mittlerweile ist so „der Opferschutz" als ein eigener Zweck des Strafverfahrens grundsätzlich anerkannt.[14] Ob dabei, wie von *Beulke/Ignor* postuliert, tatsächlich von einer „bedeutenden Zunahme des Opferschutzes im Strafprozess"[15] ausgegangen werden kann, mag insbesondere von Opferzeugen angesichts der erfahrenen Rechtswirklichkeit bezweifelt werden. Ob zugunsten erwachsener[16] Opferzeugen eine praktische Annäherung an einen gleichberechtigteren Statuszweck stärkere gesetzliche Berücksichtigung finden kann oder muss, soll in der Arbeit in Bezug auf eine intermediäre Verwendung der Bild-Ton-Technologie im Strafverfahren kritisch untersucht werden.

Zentrales Ziel aller rechtsstaatlichen Strafverfahren ist es, die (materielle) Wahrheit festzustellen oder dieser möglichst nahe zu kommen.[17] Dieses Streben muss sich stets durch das Recht einhegen lassen. Die Realisierung einer absoluten

---

12 BVerfG v. 5. 2. 2004 - 2 BvR 2029/01 = BVerfGE 109, 133 ff. = NJW 2004, 739, 741 ff.; siehe hierzu vertiefend noch Kap.6.II.

13 *Fischer*, in: KK StPO (2013) Einleitung Rn. 1; *Rieß* (JR) 2006, 270, 271; *Roxin/Schünemann* (2017) Einleitung § 1, Rn. 2.

14 *Wollmann* (2008), S. 17 ff., 33 ff. m.w.N.

15 So am Anfang des Vorwortes der Herausgeber Beulke/Ignor zu *Schroth* (2011), S. VII.

16 Siehe zu den Unterschieden in den §§ 58a, 255a StPO im Hinblick auf die Altersgrenze von 18 Jahren noch Kap.2.

17 Sofern moderne Kulturstaaten notwendig auch Rechtsstaaten sind, scheint vertretbar, „allen neuzeitlichen strafprozessualen Verfahrensordnungen aller Kulturstaaten" auch das Ziel zuzusprechen, „mittels des Strafverfahrens eine möglichst wahre, also mit der Wirklichkeit möglichst übereinstimmende Sachverhaltsfeststellung für eine Entscheidungsgrundlage zu erarbeiten", so *Nack/Park/Brauneisen* NStZ (2011), 311; zur Ermittlung der materiellen Wahrheit als zentraler Zweck des Strafverfahrens vgl. vertiefend bei *Weigend* (1989), S. 177 ff.; *Belker*, in: Verhandlungen (2004), O 57; *Rüping/Dornseifer* (JZ) 1977, 417; *Rieß* (JR) 2006, 269, 273; vgl. ferner BVerfG v. 19.3.2013 – 2 BvR 2628/10, 2 BvR 2883/10, 2 BvR 2155/11 = NJW 2013, 1058, 1060 ff. (Rn. 55 ff.) m.w.N.; vgl. auch BGH v. 4.4.1951 – 1 StR 54/51 = BGHSt 1, 94 (96) = BeckRS 1951, 31399770, „[d]ie Handhabung aller Verfahrensvorschriften steht unter dem beherrschenden Grundsatz des § 244 Abs. 2 StPO, der das Gericht verpflichtet, zur Erforschung der Wahrheit die Beweisaufnahme von Amts wegen auf alle Tatsachen und Beweismittel zu erstrecken, die für die Entscheidung von Bedeutung sind"; vgl. auch BGH v. 19.11.1956 – 2 StR 493/56 = BGHSt 10, 116, 118 = NJW 1957, 598 f.; *Eisenberg* (2017), Rn. 1; *Becker*, in: LR § 244 Rn. 39 m.w.N.; *Schmitt*, in: Meyer-Goßner/Schmitt

(materiellen) Wahrheit im Sinne einer erschöpfenden Sachverhaltsaufklärung rüttelte an rechtsstaatlichen Grundsätzen. Nach ständiger Rechtsprechung des *BGH* und nach Auffassung des *BVerfG*, wäre es gerade „kein Grundsatz der StPO, dass die Wahrheit um jeden Preis erforscht werden müsste".[18] Die juristische Annäherung an die (materielle) Wahrheit ist kein Selbstzweck und kann auch nicht als eine „historische Wahrheitssuche"[19] verstanden werden. Sie ist Grundlage für ein späteres Urteil oder für eine vom Angeklagten erstrebte „Beseitigung der Folgen einer Verdachtssituation"[20]. Durch bestmögliche Ermittlung dieser Wahrheit auf der Grundlage einer prozessordnungsgemäß[21] zustande gekommenen, rechtsbeständigen Entscheidung, soll der Strafprozess unter anderem Rechtsfrieden herstellen.[22] Die größtmögliche Annäherung an dieses Ziel bedingt eine möglichst genaue Aufklärung des zugrundeliegenden Sachverhalts. Eine solche verlangt wiederum eine exakte Befragung von Auskunftspersonen sowie nicht selten – insbesondere in Fällen von Belastungsaussagen – die optimale Erinnerungsfähigkeit der relevanten Zeugen. Notwendig

(2018) § 244 Rn. 11; *Sättele*, in: SSW § 244 Rn. 24; *Trüg/Habetha*, in: MüKoStPO (2016) Band 2 § 244 Rn. 47.

18 Vgl. nur BGH v. 14.6.1960 – 1 StR 683/59 = BGHSt 14, 358, 365 = NJW 1960, 1580, 1582; weiterentwickelt in BGH v. 9.4.1986 - 3 StR 551/85 = BGHSt 34, 39 = NJW 1986, 2261 ff.; vgl. zuletzt etwa BVerfG v. 20. 5. 2011 – 2 BvR 2072/10 = NJW 2011, 2783, 2784; BVerfG v. 2. 7. 2009 - 2 BvR 2225/08 = NJW 2009, 3225.

19 So auch *Spendel* (JuS) 1964, 466 f. m.w.N., vgl. auch *Kudlich*, in: MüKoStPO (2014) Band 1 Einleitung, Rn. 7.

20 So bei *Weigend* (1989), S. 213 ff.; vgl. auch *Kudlich*, in: MüKoStPO (2014) Band 1 Einleitung, Rn. 7.

21 *Kindhäuser* (2016) § 1, Rn. 12 umschreibt dies mit der „Verwirklichung von *„prozeduraler Gerechtigkeit"*; vgl. zu diesem Begriff schon *Neumann* ZStW 101 (1989), 52, 63. [Hervorhebung durch den Verfasser].

22 Vgl. nur bei *Roxin/Schünemann* (2017) Einleitung § 1, Rn. 3; ebenso *Kindhäuser* (2016) § 1, Rn 8 ff.; *Schmitt*, in: Meyer-Goßner/Schmitt (2018) Einleitung Rn. 4 m.w.N., *„Ziel des Strafprozesses ist die Schaffung von Rechtsfrieden auf dem Wege des gewissenhaften Strebens nach Gerechtigkeit"*, siehe ferner a.a.O. Rn. 18; vgl. auch BVerfG v. 19. 7. 1972 - 2 BvL 7/71 = BVerfGE 33, 367, 383 = NJW 1972, 2214, das als einen wesentlichen Bestandteil der Gerechtigkeit die Aufrechterhaltung einer funktionstüchtigen Rechtspflege erkennt, ohne die die Gerechtigkeit nicht verwirklicht werden kann; BVerfG v. 21. 1. 1976 - 2 BvR 941/75 = BVerfGE 41, 246, 250 = NJW 1976, 413; vgl. BVerfG v. 8. 3. 1972 - 2 BvR 28/71 = BVerfGE 32, 383 = NJW 1972, 1123, 1125, „das Strafverfahrensrecht wird insoweit ‚als angewandtes Verfassungsrecht' verstanden"; BGH v. 21. 2. 1964 - 4 StR 519/63 = BGHSt 19, 325, 330 = NJW 1964, 1139, 1142.

sind weiter die bestmögliche Dokumentation und Speicherung dieser gesammelten Informationen.

Um das zentrale Ziel des Strafverfahrens zu erreichen, versuchen Strafverfolgungsbehörden, Informationen aus einer Vielzahl von Quellen zu gewinnen.[23] Den Stellenwert von Informationen verdeutlichend, können diese plakativ als „Währung des Rechtssystems" verstanden werden.[24] Ziel eines Informationsgewinns (auch durch Befragungen) ist freilich wiederum, die bestmögliche Informationsqualität und -quantität zu erhalten. Es liegt auf der Hand, dass die Wahrscheinlichkeit der Aufklärung eines ggf. strafrechtlich relevanten Sachverhalts mit der Menge und Qualität der verfügbaren Informationen steigt.

So kann ein *„Spannungsfeld"*[25] erkannt werden, zwischen dem Schutzbedürfnis von Opferzeugen, der rechtsstaatlichen Wahrung von Verteidigungsrechten und der Pflicht der Strafverfolgungsbehörden zur umfassenden Sachverhaltsaufklärung.[26] In einem solchen „[müssten] gegenläufige Interessen ausbalanciert werden"[27]. Dieses Bild impliziert antagonistische Interessenskollisionen, in denen mindestens ein Interesse zugunsten anderer zurücktreten muss. Diesen Zielen sind die bestmögliche Informationssammlung und die optimale Informationsspeicherung gemein. Ohne verfügbare Informationen könnte keines jener Interessen wirkungsvoll verfolgt oder gar verwirklicht werden. Um jene idealen Zielverwirklichungen bestmöglich nahbar zu machen, könnte ein Verständnis einer gegenseitigen Ergänzung und Förderung von Opferschutzinteressen und (staatlichen) Strafaufklärungsinteressen – letztere oftmals zu dem verfassungsrechtlichen Topos „Funktionstüchtigkeit der Strafrechtspflege"[28] aufgewertet – zur jeweiligen Verbesserung der dann nur scheinbaren absoluten Interessenpole beitragen. Dann stünden sich die Ziele der (materiellen) Wahrheitsfindung und Opferschutzgesichtspunkte nicht stets antagonistisch[29] gegenüber.[30] Vielmehr

---

23 Dies gilt freilich nicht nur für nationale Strafverfolgungen, vgl. hierzu etwa *Kebbel/Milne* (1998), S. 323 ff.

24 So *Milne/Bull*, in: Deckers/Köhnken (2014) S. 302.

25 So *Wollmann* (2008), S. 12.

26 Vgl. auch *Jung* (GA) 1998, 313, 317; *Meurer* (JuS) 1999, 937.

27 So auch *Hellmann* (2006), Rn. 15.

28 Vgl. zur Genese dieses Begriffs anschaulich *Hassemer* StV 1982, 275.

29 Zum strukturellen Antagonismus im Strafverfahren vgl. auch *Schünemann* StV 1993, 607 ff.

30 So aber jüngst *Kett-Straub* (ZIS) 2017, 345, die die aufgeworfene Frage, ob Opferschutz und der Strafanspruch des Staates in Widerspruch zueinanderstehen, mit *„schlicht Ja!"* beantwortet; kritisch *Kilchling* NStZ (2002), 57 ff.; *Gelber/Walter* NStZ (2013), 75 ff.; *Hassemer/Reemtsma* (2002), S. 47 ff.

könnten sie einander bedingen[31] und tatsächlich als eine Harmonie der (scheinbaren) Gegensätze erscheinen.

Knapp 90 % aller Strafverfahren nehmen nur deshalb ihren Anfang, weil sie durch private Strafanzeigen bei den Strafverfolgungsbehörden zur Anzeige gebracht werden.[32] Die Strafverfolgungsbehörden sind daher im Rahmen ihrer Aufgabenerfüllung in besonders hohem Maße auf eine gewinnbringende Zusammenarbeit mit Opfern und Zeugen angewiesen. Dies war nicht immer so: Jahrhundertelang[33] wurde in kontinentaleuropäischen Rechtssystemen das (oftmals folterbedingte) Geständnis des Beschuldigten für das einzig maßgebliche Beweismittel gehalten – es war *regina probationum*.[34] Eine solch simpel konzipierte „Strafaufklärung" ist Geschichte. Als Zeugen sind Opfer von Straftaten in auf Ermittlungsverfahren ggf. folgenden Strafprozessen nicht selten das zentrale Beweismittel. Wiedererkennungs- und Identifizierungszeugen sind in „Aussage gegen Aussage-Konstellationen"[35] fallentscheidende Beweismittel.

Die Qualität ihrer Bekundungen könnte direkt abhängig sein von dem Zeitpunkt des Erinnerungsabrufes[36], ihrer psychischen Stabilität[37] sowie des

31 So auch *Däubler-Gmelin* StV 2001, 359 f.; *Jung* ZStW 93 (1981), 1147, 1154 ff.; auch nach *Rieß*, in: Verhandlungen (1984), C 53 scheint dieses Verhältnis nicht stets antagonistisch zu sein, wenn nach ihm „Beschuldigter und Verletzter (..) im Strafverfahren in ein durch dessen Struktur und das materielle Strafrecht vorgegebenes antagonistisches Verhältnis geraten *können*". [Hervorhebung durch den Verfasser]

32 Vgl. *Böttcher*, in: Festschrift für für Theodor Kleinknecht (1985), S. 28 m.w.N.; *Roters*, in: BKA (1996), S. 205; *Kölbel*, in: MüKoStPO (2016) Band 2 § 158 Rn. 8: „Die Strafanzeigeerstattung gilt als Schlüssel zur strafrechtlichen Sozialkontrolle und das Opfer als deren ‚gate keeper'. Man geht davon aus, dass über 90 % der polizeilich registrierten, klassischen Delikte nur durch privatseitige Hinweise bekannt werden"; *Kaczynski* (2000), S. 25 (Fn. 19); *Schöch* NStZ (1984), 385, 386; *Kaiser* (1996), S. 355 f.; *Goll* (ZRP) 1998, S. 14 m.w.N.

33 *Kunert* (GA) 1979, S. 401 m.w.N.

34 Diese ursprünglich in der Theologie wurzelnde Praxis folgte der Überzeugung, nach der das Geständnis Voraussetzung für Reue und Glaube sei, vgl. *Kunert* (GA) 1979, S. 402 m.w.N.

35 Siehe zu Aussage gegen Aussage-Konstellationen noch S. 90 (Fn. 519), S. 171 (Fn. 988); vgl. zur (freien) Beweiswürdigung in Aussage gegen Aussage-Konstellationen etwa *Maier* NStZ (2005), 246 ff.; vgl. zu Glaubhaftigkeitsbeurteilungen etwa *Boetticher* (2002), S. 55 ff.; *Greuel* (2002), S. 67 ff.; *Schade* (2002), S. 89 ff.

36 Zu Fragen der Gedächtnisveränderungen infolge Zeitablaufs, siehe Kap.3.

37 Zur Frage nach einer Überobligation traumatisierter Opferzeugen, siehe Kap.4.

kontextbezogenen Erinnerungsvermögens[38] und der Behandlung, die diese Zeugen durch Vertreter der Strafverfolgungsbehörden erfahren haben. Ohne die Beteiligung dieser Personen als künftige Zeugen in einem Strafverfahren[39] wäre eine effektive strafrechtliche Verfolgung in weiten Bereichen des Rechtssystems undenkbar. Als Grund für eine Nichtanzeige wird nicht selten die Befürchtung geäußert, in einem bevorstehenden Verfahren unverhältnismäßig stark belastet zu werden.[40] Es darf davon ausgegangen werden, dass sich frühere Erfahrungen bzw. Erlebnisse von (Opfer-)Zeugen im Zusammenhang mit Strafverfahren auf ihre künftige Mitwirkungsbereitschaft[41] und Aussagenqualität[42] auswirken können. Auch dies verdeutlicht ein gewisses konnexes Verhältnis zwischen den Zwecken des Opferschutzes und denen der (materiellen) Wahrheitsfindung.

Optimierungen in jenen Bereichen könnten bestenfalls sowohl zu einer Verbesserung opferschutzbezogener Belange führen als auch mit Effizienzgewinnen für das Ziel der (materiellen) Wahrheitsfindung im Strafverfahren verbunden sein. In diesem Sinne ist die (materielle) Wahrheitsfindung unabdingbar mit der Erinnerungsbereitschaft und der Erinnerungsfähigkeit von Zeugen verknüpft. Sind Strafverfolgungsbehörden und Gerichte als Hüter des Rechtsstaates an bestmöglichen Zeugenbekundungen interessiert, dann müssen sie auch die psychischen Bedürfnisse von Zeugen und Opfern im Kontext ihrer Belastungen ernst nehmen. Hieran anschließend stellt sich also die Frage, inwieweit jene Interessen

---

38 Zu Fragen der Gedächtnisveränderungen traumabezogener Erinnerungen im Kontext von Psychotraumatherapie und Strafverfahren, siehe Kap.5.

39 Zur Frage eines Zeugnis- bzw. Aussageverweigerungsrechts infolge psychischer Krankheiten, siehe Kap.6.A.

40 So ausdrücklich *Kaczynski* (2000), S. 26; *Neubacher* (2017), S. 42, Rn. 12; vgl. auch *Meier* (2016), S. 260, Rn. 40, „[d]ie Entscheidung, einen Fall den Strafverfolgungsorganen anzuzeigen, geht offenbar auf eine Abwägung zurück, bei der Aufwand und Nutzen miteinander verglichen werden. Während sich der Aufwand relativ einheitlich aus den Belastungen ergibt, die mit dem Gang zur Polizei und dem späteren Verfahre (Vernehmung als Zeuge) verbunden sind, wird der Nutzen einer Anzeige individuell sehr unterschiedlich […] eingeschätzt"; *Schöch* NStZ (1984), 385, 386; *Böttcher,* in: Festschrift für Theodor Kleinknecht (1985), S. 28 m.w.N.; *Weigend,* in: Verhandlungen (1998), C 15; für *Schneider,* in: Göppinger (2008) § 30, Rn. 29 m.w.N. stehen als Gründe für die Nichtanzeige „geringer Schaden und vermutete Erfolglosigkeit in der Spitze"; ähnlich *Kaiser* (1996), S. 560; *Kilchling* (1995), S. 252 ff., S. 277.

41 Ähnlich *Kilchling* (1995), S. 214 ff., nach dessen Forschung „eine offensichtliche auch von den jeweiligen Vorerfahrungen mit den Strafverfolgungsbehörden beeinflusste Abhängigkeit der Anzeigequote" besteht.

42 *Schädler,* in: Kaiser/Jehle (1994) S. 118.

etwa mittels technologischer Fortschritte gleichsam besser berücksichtigt werden können, ohne dass eines unverhältnismäßig zurückstehen müsste. Folgender Auszug aus der Tagespresse veranschaulicht verheerende mögliche Folgen zulasten Opferzeugen durch (mehrfache) Aussagen im Strafverfahren und Strafprozess:

> „Im Gegenzug sprach vieles gegen ihn. ‚Trotz der erdrückenden Beweislage' habe der Angeklagte ‚es verstanden, jeden Versuch der Kammer, eine goldene Brücke zu bauen, zu ignorieren', sagt[e] Richter Eumann. Man habe ‚sehr lange versucht, die goldene Brücke aufrechtzuerhalten' und die Geschädigte vor einer umfassenden Aussage vor Gericht zu schützen. Doch X. stritt die Tat ab, stellte die Überführung per DNA-Analyse infrage und bezeichnete das Opfer am ersten Verhandlungstag als ‚Prostituierte'. Die beiden Opfer mussten umfassend aussagen, immerhin unter Ausschluss der Öffentlichkeit, um ihre Intimsphäre zu wahren. Die Folgen des Verbrechens seien ‚verheerend', [so] Richter Eumann [weiter]. Sie könnten immer noch nicht ihr Studium fortsetzen und seien in therapeutischer Behandlung. ‚Die ersten Tage waren die Hölle', erklärt[e] der Richter. Die beiden hätten unter Panikattacken, Angstzuständen gelitten. Der gesamte Lebensplan, die gesamte Entwicklung ist in einen Abbruch geraten. Man könne ‚nicht sagen, dass die Tat aufgearbeitet' ist. Die Opfer litten immer noch unter ‚starken Beeinträchtigungen'. Man habe hier ‚verheerende Tatfolgen, die sich bis heute sowohl in privaten als auch in beruflicher Hinsicht auswirken', sagt[e] der Richter. Eine erste Stabilisierung sei zwischenzeitlich eingetreten, doch der Prozess hat die schlimmen Erinnerungen wieder hervorgerufen."[43]

Sowohl aus einer ethischen, als auch rechtsdogmatischen Betrachtungsweise heraus, mutet es unerträglich an, wenn durch Straftaten psychisch geschädigte Opfer einer realistischen Folgegefahr ausgesetzt sind, im Rahmen der Strafverfolgung und durch den Strafprozess – infolge der gegenwärtigen praktischen Umsetzung bestehender Gesetze – noch einmal zusätzlich geschädigt zu werden.[44] Der moderne Rechtsstaat beansprucht das Gewaltmonopol in der Gesellschaft für sich und soll gewissermaßen im Sinne eines gesamtgesellschaftsvertraglichen *do ut des*-Gedankens den Schutz der Bevölkerung garantieren.[45] Nach moderner Rechtsauffassung bedeutet dies dann aber, dass in jenen Fällen, in denen Personen dennoch Opfer einer Straftat wurden – der Staat also die Schutzgewähr im Einzelfall verpasste – dieser dann zumindest dazu verpflichtet sein müsste, zusätzliche Opferschäden, die im Rahmen der

---

43 https://www.welt.de/vermischtes/article169819683/Reuelos-Der-boese-Geist-in-der-Horrornacht.html, zuletzt abgerufen am 14.03.2018.

44 Ähnlich bei *Baurmann/Schädler* (1991), S. 16 ff.

45 Siehe hierzu soeben.

staatlichen Strafverfolgung geschehen können, geringstmöglich zu halten sowie Opferzeugen bei ihrer Heilung bestmöglich zu unterstützen, mindestens aber nicht unverhältnismäßig zu stören. Neben diesen allgemeinen rechtsprinzipiellen Erwägungen, könnten grundrechtliche Mindeststandards für eine stärkere Berücksichtigung opferschutzbezogener Belange erwachsener Opferzeugen in den §§ 58a, 255a StPO sprechen: Ebenso wie beschuldigte Personen sind auch Opferzeugen Träger von Grundrechten als Abwehrrechte und staatliche Schutzrechte.[46] Außerdem könnten sich Opferschutzrechte aus dem Rechts- und dem Sozialstaatsprinzip herleiten lassen.[47] Für Opferzeugen im Strafverfahren könnten sich hieraus Ansprüche gegenüber dem Staat auf (Rechts-)Sicherheit durch effektive Schutzmechanismen ergeben – auch darauf bezogen, durch Strafverfahren nicht noch weiter unverhältnismäßig geschädigt bzw. in ihrem Heilungsprozess behindert zu werden.[48]

Neben anderen postuliert demgegenüber *Hassemer*, das Strafrecht sei täterorientiert und bestehe auf einer Neutralisation des Opfers, ohne die das Strafrecht seine Aufgaben, den Schutz von Rechtsgütern durch Garantie der Normgeltung[49], nicht erfüllen könne.[50] Es sei „daher unwahrscheinlich, dass die verletzte Person je ihre randständige Position je aufgeben und neben dem Täter zu einem echten Prozessbeteiligten werden könne"[51]. Schon hier sei vorangestellt, dass die durch das moderne Strafverfahrensrecht eingeräumte Position des Opferzeugen schon nicht (mehr) grundsätzlich als „neutral" verstanden werden kann. Die kontrovers behandelten Fragen rund um Inhalt und Umfang konkreter

---

46 Siehe hierzu noch Kap.6.B.II.1.–3; für die Aufgabe, den Schutz der Persönlichkeitssphäre des Zeugen zu verbessern plädiert *Weigend*, in: Verhandlungen (1998), C 25; vgl. *Nelles* (NJ) 1999, 449, 451 ff. m.w.N.

47 Siehe hierzu noch Kap.6.B.II.4.; vgl. auch BT-Drucks. 15/2536, S. 1; 15/2609, S. 2.

48 Kein Gegenstand der Arbeit ist die Frage, ob ein Anspruch darauf begründbar ist, keine Furcht und Angst durch Strafverfahren empfinden zu müssen, vgl. hierzu *Walther* (2000) S. 185 ff., 189; *Holz* (2007), S. 64 ff.; nach Zacharias sind staatliche Maßnahmen, welche Opferzeugen in Furcht versetzen immer dann als Beeinträchtigung ihrer grundrechtlich geschützten Entfaltungsfreiheit zu bewerten, wenn von ihnen in ihrer individuellen Lage nicht erwartet werden kann, dass sie der Situation *„in besonnener Selbstbehauptung"* standhalten können, ohne sich in ihren personalen Entfaltungen einzuschränken, *Zacharias* (1997) S. 108 [Hervorhebung im Original].

49 *Hassemer*, in: AK-StGB, Vor § 1 Rn. 252, 261; so auch *Hellmann* (2006), Rn. 3; *Kindhäuser* (2016) § 1, Rn. 4.; kritisch hierzu *Wollmann* (2008), S. 11 ff.

50 *Hassemer*, in: Festschrift für Ulrich Klug (1983), S. 217, 220 ff.; *Hassemer* (1990), S. 67, 69, 72, 79.

51 *Hassemer* (1990), S. 78, 79.

Einzel- und Abwehrrechte von Zeugen ändert freilich nichts an der Tatsache, dass die StPO den Zeugen dem Grunde nach im Rahmen der „bipolaren Auseinandersetzung zwischen öffentlicher Gewalt und Beschuldigten“[52] zunächst als Mittel zum Zweck der Beweisführung, als Beweismittel, ansieht[53] und ansehen muss. Dabei gilt der Zeugenbeweis als unzuverlässig.[54] Er gilt als das problematischste,[55] zugleich aber auch als das gebräuchlichste,[56] als zentrales,[57] gar als unverzichtbares[58] Beweismittel – schon aus dem profanen Grunde, dass oftmals keine anderen Beweismittel zur Verfügung stehen.[59] Dies gilt ganz ungeachtet der in der strafprozessrechtlichen Literatur bereits seit Einführung des Opferschutzgesetzes vom 18. Dezember 1986 verstärkt geführten Diskussion um die geltende bzw. wünschenswerte strafverfahrensrechtliche Position von (Opfer-) Zeugen in Strafverfahren.[60] Gleichzeitig ist einem modernen Grundrechtsverständnis immanent, dass das hinter dem Zeugen stehende Individuum beachtet werden muss und demzufolge der Zeuge nicht (mehr) zum bloßen Objekt des Verfahrens gemacht werden darf.[61]

So können mehrdimensionale Zusammenhänge im Hinblick auf diesbezügliche Verbesserungsvorschläge und Effizienzgewinne eröffnet sein: Sowohl in

52 *Jung* (ZRP) 2000, 159 m.w.N.

53 *Rogall*, in: SK-StPO vor § 48, Rn. 8; *Böttcher*, in: Festschrift für Theodor Kleinknecht (1985), S. 26; *Peters*, (1985), S. 103 „Prozeßmittel (Beweismittel)“; auch *Weigend*, in: Verhandlungen (1998), C 19.

54 So etwa *Kühne* NStZ (1985), 252, „mannigfaltigen Fehlermöglichkeiten […], die ihn grundsätzlich zu einem eher weniger zuverlässigen Beweismittel als den Indizienbeweis machen“; vgl. auch *Weigend*, in: Verhandlungen (1998), C 14 und die zahlreichen Nachweise in Fn. 5; vgl. auch *Rautenberg*, in: Verhandlungen (1998), L 43, *„[d]er Zeuge ist ein schlechtes Beweismittel und die Zeugin ebenso“*.

55 So am Anfang des Vorwortes der Herausgeber Beulke/Ignor zu *Jansen* (2012), S. V; *Bender/Nack/Treuer* (2014) Rn. 13 ff; *Brause* NStZ (2007), 505, 506; *Ignor/Bertheau*, in: LR vor § 48 Rn. 8 ff.; *Miebach* (2014), S. 233.

56 So am Anfang des Vorwortes der Herausgeber Beulke/Ignor zu *Jansen* (2012), S. V;

57 *Maier/Percic*, in: MüKoStPO (2014) Band 1 Vor § 48 Rn. 83.

58 *Weigend*, in: Verhandlungen (1998), C 14; vgl. auch *ders.*, C 14 (Fn. 6) m.w.N. „Zeugen tatsächlich […] als wichtigste Garanten der Wahrheitsfindung“.

59 So schon RGSt 47, 104; auch *Weigend*, in: Verhandlungen (1998), C 14; *Böttcher*, in: Festschrift für für Theodor Kleinknecht (1985), S. 26; *Caesar* NJW 1998, 2313; siehe auch *Dahs* NJW 1998, 2332 f.

60 *Weigend*, in: Verhandlungen (1998), C 19 (Fn. 25); vgl. zur *„Emanzipation“* des Zeugen zum Prozesssubjekt *Jung* (GA) 1998, 326 f.

61 *Fischer* (JZ) 1998, 816 diskutiert die Formulierung „Mittel zum Zweck der Beweisführung“ im Hinblick auf die Objektstellung des Zeugen.

Bezug auf eine (opfer-)zeugenspezifische Dimension i.e.S., als auch im Kontext einer Dimension i.w.S., verstanden als Effizienzsteigerungen zugunsten Opferschutzbelangen *und* den Zwecken der (materiellen) Wahrheitsfindung in Strafverfahren, könnte die Bild-Ton-Technik in den Vorschriften der §§ 58a, 255a StPO *de lege ferenda* als Intermediär[62] im Strafverfahren fungieren.[63] Diese Arbeit hat sich zum Ziel gesetzt, Probleme rund um den etwaig zu geringen gesetzlichen Schutz durch die §§ 58a, 255a StPO *de lege lata* für schwer traumatisierten erwachsenen Opferzeugen (im Folgenden: STEO) aufzuzeigen. Im Falle eines Reformbedürfnisses und einer reformfähigen, verhältnismäßigen Vereinbarkeit mit strafrechtlichen Verfahrensregeln[64] sollen entsprechende Vorschläge zur Verbesserung des Schutzes dieser Opferzeugen im Strafverfahren unterbreitet werden.

Der Gang der Darstellung orientiert sich zunächst an der bestehenden Gesetzeslage und an deren Entstehungsgeschichte, um dann einen faktischen Leerlauf der §§ 58a, 255a StPO zulasten der hier zentral stehenden Gruppe der STEO aufzuzeigen. Hieran schließt sich dann die Begründung der Reformbedürftigkeit und der Reformfähigkeit dieser Normen an, um abschließend einen Entwurf der §§ 58a, 255a StPO als Ergebnis vorzuschlagen.

Zunächst soll die Historie der §§ 58a, 255a StPO und deren aktuelle Fassung in den Blick genommen werden. Im Hinblick auf die Entstehungsgeschichte bietet sich eine Grobunterteilung einer älteren und einer jüngeren Entwicklungs- und Reformhistorie an. Insbesondere die Diskussionen während und nach den durch das Gesetz zur effektiveren und praxistauglicheren Ausgestaltung vom 24. August 2017 nicht gesetzgewordenen Reformvorschlägen der strafrechtlichen Expertenkommission der Jahre 2014 und 2015 geben hierbei eine Übersicht über den aktuellen Stand von Reformbestrebungen. Nach den historischen Darstellungen sollen die aktuellen §§ 58a, 255a StPO dezidiert in den Blick genommen werden. Hierbei werden zunächst – nicht kritiklos – die maßgeblichen Begriffsbedeutungen der Tatbestände herausgearbeitet und dann

62 Ein Intermediär in seiner ursprünglichsten Form stellt die schriftlich fixierte Gedächtnisstütze als ausgelagertes Faktengedächtnis dar, welches seit jeher als *aide mémoire* Ideen aus der Welt der Gedanken in die Welt der Schrift *„hinübertragen“* und dort konservieren soll, vgl. *Pritzel/Markowitsch* (2017), S. 5.

63 Eine hier nicht zu vertiefende besondere Erscheinungsform des Transfers einer Zeugenaussage in der Hauptverhandlung ist die Verständigung mit Zeugen, die sich entweder nicht in deutscher Sprache oder wegen Hör- und/oder Sprachbehinderung überhaupt nicht mündlich ausdrücken können, vgl. §§ 185, 186 GVG.

64 Siehe hierzu Kap.6.B.I.

die Regelungen dieser Normen und ihr Wechselspiel zueinander im Einzelnen untersucht. Stets wird Bezug genommen auf die hier zentral stehende Gruppe der STEO. Nachdem ein praktischer Leerlauf der Normen zulasten dieser Opferzeugengruppe hinterfragt wird, schließt sich in den nächsten Abschnitten die Veranschaulichung verschiedener Gründe für eine Reformbedürftigkeit und die Untersuchung nach der Reformfähigkeit der §§ 58a, 255a StPO an.

Die Begründungsstruktur einer Reformbedürftigkeit der §§ 58a, 255a StPO erfolgt dreiteilig. Orientiert an den drei Begründungssträngen werden in jenen einzelnen Kapiteln die grundlegenden Begrifflichkeiten beschrieben, auf die dann die normbezogenen Themenausführungen folgen. Die Vorschriften können als reformbedürftig identifiziert werden, erstens, weil die menschliche Erinnerungsfähigkeit infolge Zeitablaufs einer zunehmenden Gefahr von Beeinträchtigungen unterliegt. Zweitens können die §§ 58a, 255a StPO aus psychotraumatologischen Gründen reformbedürftig sein. Schließlich drängt sich auch eine Reformbedürftigkeit aus einer Kumulation dieser Gründe auf: Die §§ 58a, 255a StPO können auch wegen psychotraumatherapiebedingter Erinnerungsveränderungen und Erinnerungsveränderungen psychotraumatabezogener Erlebnisse infolge Zeitablaufs als reformbedürftig erkannt werden.

In einem letzten Teil wird auf die verhältnismäßige Reformfähigkeit der §§ 58a, 255a StPO eingegangen. Im Kern geht es hier um Fragen von Optimierungen der Zeugnispflichten durch die Bild-Ton-Technologie, jedenfalls zugunsten der hier im Mittelpunkt stehenden Gruppe der erwachsenen Opferzeugen. Nachdem die durch einen gesetzlichen Neuvorschlag der §§ 58a, 255a StPO möglicherweise betroffenen strafverfahrensrechtlichen Verfahrensregeln dargestellt werden, sollen die Opferinteressen und Opfer schützende Grundrechtsnormen gegenübergestellt werden. Hierauf folgt eine Rechtfertigung von Bild-Ton-Vorschriften *de lege ferenda* als Vernehmungsersatz zugunsten STEO, die mit einem Neufassungsentwurf der §§ 58a, 255a StPO schließt.

Kapitel 1: Entstehungsgeschichte und bisherige Reformvorschläge der §§ 58a, 255a StPO im Überblick

Die Möglichkeit, Opferzeugenvernehmungen mittels Bild-Ton-Technik aufzunehmen und in Hauptverhandlungen einzuführen, ist Ende der 1990er Jahre durch das sog. Zeugenschutzgesetz, vor allem aus Gründen des Opferschutzes, in die StPO eingeführt worden. Der Gesetzgeber „verfolgt[e] das Ziel, durch den Einsatz der Video-Technologie sicherzustellen, daß schutzbedürftige Zeugen bei der Vernehmung weitestgehend geschont werden“[65]. Mit dem Gesetz beabsichtigte er „insbesondere kindlichen Opferzeugen“[66] belastende Mehrfachvernehmungen zu ersparen.[67]

A. Anfängliche opfer(zeugen)schutzbezogene Gesetzgebung und die §§ 58a, 255a StPO im Überblick

Nachdem der Gesetzgeber zunächst Mitte der 1970er Jahre mit § 172 Nr. 2 und Nr. 4 GVG[68] und den §§ 241a, 247 S. 2 StPO[69] die ersten opferzeugenschützenden Vorschriften einführte und diesbezügliche Bestrebungen in den 1980er Jahren,[70]

65 BT-Drucks. 13/7165, S. 1.

66 BT-Drucks. 13/7165, S. 6.

67 BT-Drs. 13/7165, S. 5, 7; vgl. auch BT-Drs. 16/12098, S. 12; BT-Drs. 17/6261, S. 1, 8, 10; vgl. auch Art. 20 lit. b) und Erwägungsgrund (53) der RL 2012/29/EU über Mindeststandards für die Rechte, die Unterstützung und den Schutz von Opfern von Straftaten v. 25.10.2012, ABl. L 315 v. 14.11.2012, S. 57,63, 70; vgl. auch *Altenhain* (2015), S. 270 ff.

68 Eingeführt durch das „Einführungsgesetz zum Strafgesetzbuch“ (EGStGB) vom 02.02.1974, BGBl. 1974/ I., S. 469; mit § 172 Nr. 4 GVG (1975) beabsichtigte der Gesetzgeber die „besondere psychische Situation“ kindlicher (Opfer-)Zeugen zu berücksichtigen sowie eine Steigerung der Fähigkeit und Bereitschaft, die Wahrheit zu sagen, vgl. BT-Drucks. 7/1261, S. 35. Zunächst ist eine Altersgrenze von 14 Jahren festgelegt worden, vgl. BT-Drucks. 7/550, S. 321; vgl. den Überblick bei *Wollmann* (2008), S. 20 ff.

69 Eingeführt durch das „Gesetz zur Ergänzung des Ersten Gesetzes zur Reform des Strafverfahrensrechts“ vom 20.12.1974, BGBl. 1974/ I., S. 3686.

70 Angestoßen vor allem durch die Strafrechtslehrertagung 1981, vgl. *Jung* ZStW 93 (1981), 1147 ff. und dem 55. Deutsche Juristentag 1984, vgl. hierzu die Vorschläge von *Rieß*, in: Verhandlungen (1984), C 133 ff.

etwa mit dem § 171b GVG und den §§ 68a, 406f StPO weiter festigte,[71] nahm die opfer(zeugen)schutzbezogene Gesetzgebungsaktivität zunächst wieder ab. Erst knapp ein Jahrzehnt später brachte das sog. Zeugenschutzgesetz entscheidende Neuerungen:[72] Im Wesentlichen wurden die Vorschriften der §§ 68b, 168e, 247a, 397a StPO und vor allem § 58a StPO sowie § 255a StPO eingeführt.

Verbessert wurde mit Einführung der Bild-Ton-Technik als Vernehmungssurrogat gemäß den §§ 58a, 255a StPO insbesondere der gesetzliche Schutz zugunsten minderjähriger „verletzter Personen (damals) unter 16 (heute unter 18) Jahren", die als Zeugen in der Hauptverhandlung auftreten sollen. Der Schutzmechanismus der §§ 58a Abs. 1 Nr. 1, 255a Abs. 2 StPO bezieht sich ausdrücklich auf nicht erwachsene Opferzeugen. Diese Normen sind strikt opferschutzbezogen.[73] Die Beweisverwertungsvorschrift des § 255a Abs. 1 StPO stellt dagegen Bild-Ton-Aufzeichnungen den Niederschriften von Zeugenvernehmungen gleich (§§ 251 ff. StPO). Der Gesetzgeber beabsichtigte, den „Anspruch auf Schutz, Fürsorge und ggf. Beistand" allen Zeugen zukommen zu lassen „die sich in Erfüllung ihrer Pflicht im Strafverfahren besonderen Belastungen ausgesetzt sehen".[74] Angesichts der Differenzierungen in dem Regelungsregime der §§ 58a, 255a StPO lässt sich schon jetzt erahnen, dass der Gesetzgeber – entgegen dieser Absichtsbekundung – tatsächlich nicht „allen Zeugen, die sich im Strafverfahren besonderen Belastungen ausgesetzt sehen", den gleichen Schutz zugestanden hat, sofern sich auch erwachsene Opferzeugen entsprechenden „Belastungen" ausgesetzt sehen.

§ 58a StPO spaltet sich in ermessensoffene und – zugunsten Minderjähriger – in regelgebundene videotechnologische Beweiserhebungstatbestände; die Beweisverwertungsvorschrift des § 255a Abs. 1 StPO kommt als Verweisnorm gemäß ihres Wortlautes, wie auch ihrer Ratio, immer nur dann zur Anwendung,

---

71 Gesetz zur Verbesserung der Stellung des Verletzten im Strafverfahren" vom 18.12.1986 (sog. „Opferschutzgesetz", BGBl. 1986/I., S. 2496. Der Begriff des Opfers ist nach einer Entscheidung im Bundestag in Anlehnung an den Fraktionsentwurf der SPD (BT-Drucks. 10/3636) aufgenommen worden, vgl. *Rieß* Jura 1987, 281, Fn. 8.

72 Vgl. den Überblick bei *Albrecht*, in: Salgo (1995), S. 3, 4 f.; Anlass waren die recht aufsehenerregenden Prozesse in Mainz (sog. „Worms I bis III), des LG Münster (sog. „Montessori-Fall") und Ansbach (sog. „Flachslandenprozess"), in welchen jeweils infolge von Suggestivbefragungen die Tat nicht geklärt werden konnte, vgl. im Einzelnen LG Münster v. 16.5.1995 – 34 JS 711/91 und *Schreiber* (2000) S. 3 ff.; vgl. hierzu auch *Dahs* NJW 1996, 178 f. m.w.N.

73 Siehe hierzu sogleich Kap.2.

74 Vgl. die Gesetzesbegründung in BT-Drucks. 13/7165, S. 4.

wenn diese zu Zwecken der Verfahrensbeschleunigung und der Verfahrensvereinfachung als geboten erachtet werden sollte.[75] Die für Minderjährige korrespondierende Beweisverwertungsvorschrift des § 255a Abs. 2 StPO *kann* dagegen immer schon aus Opferschutzgründen und unabhängig von solchen objektiven Gesichtspunkten eingreifen.[76] Der Einsatz eines Vernehmungssurrogates durch Bild-Ton-Aufzeichnungen wird durch die Regelungen in § 58a Abs. 1 StPO faktisch überhaupt erst ermöglicht. Das Zusammenspiel mit diesen nötigen Beweiserhebungsvorschriften führt für erwachsene Opferzeugen als praktisch einzig maßgebliche[77] (Ermessens-)Vorschrift in § 58a Abs. 1 S. 1 StPO gerade dazu, dass der tatsächliche Anwendungsbereich des – grundsätzlich auch erwachsene Opferzeugen schützenden – § 255a Abs. 1 StPO im Gegensatz zu § 255a Abs. 2 StPO unabhängig vom Regelungsgehalt auch in der Rechtsanwendung erheblich zurücksteht.[78]

Ein weiteres Jahrzehnt nach Inkrafttreten des sog. Opferschutzgesetzes verknüpfte der Gesetzgeber in der Begründung zum sog. Opferrechtsreformgesetz[79] erstmals Opferschutzrechte mit dem Rechts- und Sozialstaatsprinzip.[80] Den praktischen Gebrauch der Beweiserhebungsnorm des § 58a StPO betreffend wurden dessen Absätze 2 und 3 spezifizierend dahin ausgestaltet, dass Kopien der Videoaufzeichnung von Zeugenvernehmungen grundsätzlich nicht vervielfältigt oder weitergegeben, jedoch an die zur Akteneinsicht Befugten herausgegeben werden dürfen.[81]

Der Gesetzgeber geht gemäß seiner Gesetzgebungshistorie im Grundsatz von einer Belastung von Opferzeugen durch das Strafverfahren aus. Im Rahmen einer Diskussion zur Gesetzesänderung des § 247a StPO führte die Bundesregierung in einer Gegenäußerung etwa an, dass durch jene Änderung „dem Zeugen [...] die mitunter belastende Atmosphäre im Sitzungssaal erspart" werden soll.[82] Außerdem ist bei besonderer Schutzbedürftigkeit der Opferzeugen eine Anklageerhebung zum Landgericht gemäß § 24 Abs. 1 Nr. 3 GVG möglich. Originäres Ziel dessen ist es, durch Ersparung einer weiteren Tatsacheninstanz Opferzeugen vor „Belastungen in Strafverfahren durch Mehrfachvernehmungen" besser

75 *Diemer*, in: KK StPO (2013) § 255a StPO Rn. 4 m.w.N.
76 Siehe zu diesen maßgeblichen Unterschieden Kap.2.C.
77 Siehe hierzu sogleich.
78 Siehe hierzu Kap.2.B.
79 BGBl. 2004/ I., S. 1354 ff.
80 Vgl. BT-Drucks. 15/2609, S. 2 ff.; Siehe hierzu Kap.6.B.II.4.
81 Vgl. hierzu *Hartz* (2004), S. 94, 98 f. m.w.N.
82 BT-Drucks. 15/2536, S. 15.

zu schützen.[83] Die Norm des § 405 StPO erlaubt einen Vergleichsschluss zwischen Angeklagten und Opferzeugen im Strafverfahren,[84] womit hier gleichfalls unter Vermeidung eines weiteren Prozesses, eine erleichterte Schadenswiedergutmachung ermöglicht sein soll.[85] Ebenfalls wurden durch Änderung des § 214 Abs. 1 StPO die Mitteilungsrechte an Opferzeugen verbessert.[86]

All dies verdeutlicht für diesen Zeitrahmen eine deutliche gesetzgeberische Berücksichtigung opferschutztangierender Interessen. Auch in der Literatur wurde das Opferrechtsreformgesetz überwiegend als weiterer Schritt zur Verbesserung der Rechte von Opferzeugen begrüßt, wobei schon hier mit einer gewissen Weitsicht gemahnt wurde, dass „die Praxis die vorhandenen Schutznormen […] noch anwenden“ müsse.[87] Zusammenfassend lässt sich damit vorerst konstatieren, dass in der anfänglichen Opfer(zeugen)schutzgesetzgebung eine Steigerung zugunsten verbesserter Opferschutzrechte – vor allem aber für minderjährige Opferzeugen – erkennbar ist. Das Opferschutzgesetz aus dem Jahre 1986[88], das Zeugenschutzgesetz aus dem Jahre 1998[89] und das Opferrechtsreformgesetz aus dem Jahre 2004[90] haben zunächst wesentlich dazu beigetragen, Opferzeugen nicht mehr allein als unmittelbare Beweismittel, sondern als mit eigenen Prozessrechten ausgestattete Prozessbeteiligte anzuerkennen. Insbesondere Minderjährige erfuhren gegenüber erwachsenen Opferzeugen einen hervorgehobenen Schutz im Strafverfahren.[91]

B. Jüngere opfer(zeugen)schutzbezogene Reformbestrebungen und Gesetzgebung im Überblick

Durch das Gesetz zur Stärkung der Rechte von Opfern sexuellen Missbrauchs wurden im Jahr 2013[92] u.a. die Regelung über die kostenlose Beiordnung eines Opferanwalts erweitert (§ 397a StPO) und ein Recht zugunsten Opferzeugen

83 BT-Drucks. 15/1976, S. 19.

84 Der BGH hält daher ein Anerkenntnisurteil im Adhäsionsverfahren für möglich, vgl. BGH v. 30.6.2005 – 1 StR 176/05 = StraFo 2005, S. 381 f.

85 Vgl. hierzu *Stiebig* Jura 2005, 592, 595.

86 Vgl. *Freund* (GA) 2002, 82, 83.

87 Vgl. *Laubenthal/Nevermann-Jaskolla* JA 2005, 294, 300; *Stiebig* Jura 2005, 592, 597.

88 BGBl. 1986/ I., S. 2496.

89 BGBl. 1998/ I., S. 820.

90 BGBl. 2004/ I., S. 1354.

91 Ähnlich kritisieren auch *Höynck/Jesionek*, in: MschrKrim 2006, 88, 90; *Wollmann* (2008) S. 32.

92 BGBl. 2013/ I., S. 1805.

anerkannt, sich zu den Tatfolgen zu äußern (§ 69 Abs. 2 S. 2 StPO). Auch wurden die Bestimmungen über die Videovernehmung optimiert, wiederum um insbesondere minderjährigen Opferzeugen eine Vernehmung in der Hauptverhandlung zu ersparen (vgl. § 58 a Abs. 1 Satz 2 Nr. 1 StPO). Die Entwurfsbegründung fokussierte die Erforschung der (materiellen) Wahrheit nun deutlich,[93] wenn sie ausschlaggebend auf die mit ihr „verbundenen Aspekte wie beispielsweise eine erhöhte Geständnisbereitschaft" und auf „die Beweissicherung" abstellt.[94] Mit dem sog. 3. Opferrechtsreformgesetz aus dem Jahr 2015[95] wurden vor allem die Informationsrechte „des Verletzten" erweitert und die psychosoziale Prozessbegleitung für „besonders schutzbedürftige Opfer" eingeführt. Die Vorschriften über die Bild-Ton-Technik zugunsten STEO verblieben damit weiter als ein ungenutzter Randbereich[96] in der StPO.

Dies änderte sich auch nicht durch die nachfolgende Gesetzesnovellierung: Das Gesetz zur effektiveren und praxistauglicheren Ausgestaltung des Strafverfahrens, in Kraft getreten am 24.08.2017,[97] bringt weder für minderjährige noch für erwachsene Opferzeugen nennenswerte bereichsspezifische Verbesserungen.[98] Es hält keine geschweige denn „effektive" Ausgestaltungen in Bezug auf Opferzeugenschutz mittels Videotechnologie bereit. Eine noch im Referentenentwurf vorgesehene Anwendungserweiterung der Bild-Ton-Technikvorschriften auch zugunsten STEO, wurde nicht umgesetzt.[99] Ebenso wenig

93 So auch *Altenhain* (2015), S. 270.

94 Vgl. BT-Drs. 17/6261, S. 10.

95 BGBl. 2015/ I., S. 2525.

96 Siehe hierzu Kap.2.

97 BGBl. 2017/ I., S. 3202.

98 Siehe hierzu sogleich.

99 Vgl. den Referentenentwurf des BMJV-Entwurfs eines Gesetzes zur effektiven und praxistauglichen Ausgestaltung des Strafverfahrens vom 27.05.2016, S. 1, 4, 5. Etwa auf S. 14 hieß es noch: „Mit dem Ziel der Optimierung der Wahrheitsfindung *bei gleichzeitiger Stärkung der formalen Rechte der Betroffenen schlägt der Entwurf eine Erweiterung der Möglichkeiten für die audiovisuelle Aufzeichnung von Vernehmungen im Ermittlungsverfahren* vor. Der Vorschlag knüpft dabei an die seit dem Jahr 1998 im Gesetz vorgesehenen und erst jüngst aus Opferschutzgründen erweiterten Regelungen zur audiovisuellen Aufzeichnung von Vernehmungen an und erweitert diese moderat. Bei schwerwiegenden Tatvorwürfen oder einer besonders schwierigen Sachlage sowie bei *besonders schutzbedürftigen Personen sollen Vernehmungen im Ermittlungsverfahren künftig grundsätzlich in Bild und Ton aufgezeichnet werden.*" [Hervorhebungen durch den Verfasser].

fand ein Vorschlag der Bundesanwaltschaft gesetzgeberische Berücksichtigung, der in Fällen der Aussage-gegen-Aussage-Konstellationen für eine zwingende Aufzeichnung der Zeugenvernehmung auf Bild-Ton-Träger plädierte, wenn abzusehen ist, dass es sich um einen Fall notwendiger Verteidigung (§ 140 StPO) handeln werde.[100] Umgesetzt wurde dagegen ein Vorschlag zur Aufzeichnungspflicht von Beschuldigtenvernehmungen. Die Diskrepanz zwischen den Vorschlägen und deren Umsetzung in dieser jüngsten Gesetzgebung soll im Kontext von Opferzeugenschutz und Bild-Ton-Technik nun näher betrachtet sein.

I. Reformvorschläge der Expertenkommission 2014/2015 im Vorfeld des Gesetzes zur effektiveren und praxistauglicheren Ausgestaltung des Strafverfahrens[101]

Mit dem hehren Ziel: „Wir wollen das allgemeine Strafverfahren […] unter Wahrung rechtsstaatlicher Grundsätze effektiver und praxistauglicher ausgestalten“[102] wurde die „Expertenkommission zur effektiveren und praxistauglicheren Ausgestaltung des allgemeinen Strafverfahrens und des jugendgerichtlichen Verfahrens“ im Juli 2014 einberufen.[103] Dieses Ziel wurde durch den Koalitionsvertrag der Bundesregierung der vergangenen Legislaturperiode festgelegt.[104] Im Oktober 2015 legte sie die gefundenen Ergebnisse in ihrem Abschlussbericht vor.

100 Bundesrechtsanwaltskammer Stellungnahme Nr. 1/2010, S. 4 abrufbar unter http://www.brak.de/w/files/stellungnahmen/Stn1-2010.pdf, zuletzt abgerufen am 19.03.2018.

101 Verkündet am 23.08.2017, BGBl. 2017/I, S. 3202; BT-Drs. 18/11277 und 18/12785; kritisch zum Gesetz zur effektiveren und praxistauglicheren Ausgestaltung des Strafverfahrens *Kudlich* (ZRP) 2018, S. 9 ff., *Singelnstein/Derin* NJW 2017, S. 2646 ff.; *von Galen* (ZRP) 2016 S. 42 ff.

102 Abschlussbericht der Expertenkommission zur effektiveren und praxistauglicheren Ausgestaltung des allgemeinen Strafverfahrens und des jugendgerichtlichen Verfahrens (Oktober 2015) https://www.bmjv.de/SharedDocs/Downloads/DE/PDF/Abschlussbericht_Reform_StPO_Kommission.pdf?__blob=publicationFile&v=2 (zuletzt abgerufen am 27.11.2017), (im Folgenden: Abschlussbericht), S. 1.

103 Vgl. Abschlussbericht, S. 1.

104 Vgl. den Koalitionsvertrag zwischen CDU, CSU und SPD für die 18. Legislaturperiode, S. 146, abrufbar unter https://www.bundesregierung.de/Content/DE/_Anlagen/2013/2013-12-17-koalitionsvertrag.pdf?__blob=publicationFile (zuletzt abgerufen am 19.03.2018). Der aktuelle Koalitionsvertrag zwischen CDU, CSU und SPD für die 19. Legislaturperiode enthält diesbezüglich gar keine konkreten Pläne mehr, siehe hierzu Kap.2.B.IV. m.w.N.

Aus Sicht der Expertenkommission könne „[...] der Prozess der Wahrheitsfindung namentlich durch den verstärkten Einsatz moderner audiovisueller Dokumentationstechniken im Ermittlungsverfahren effektiver ausgestaltet werden".[105] Unberücksichtigt bleiben hier die im Ergebnis auch von der Arbeitsgruppe verneinten Erwägungen nach einer generellen Verpflichtung zur Aufzeichnung, die zu weitgehend und unflexibel sein dürften.[106] Im Wesentlichen kritisierte die Expertenkommission, dass die *lex lata* zur Dokumentation von (Opfer-)Zeugenvernehmungen nicht dem technischen Stand und den Möglichkeiten des 21. Jahrhunderts entspräche. Insbesondere enthalte das Gesetz für das Ermittlungsverfahren lediglich die Option, dass Zeugenvernehmungen audiovisuell aufgezeichnet werden *können* und unter bestimmten Umständen davon Gebrauch gemacht werden *soll* (vgl. § 58a Abs. 1 StPO).[107] Die Expertenkommission unterstrich die hierzu gängige Handhabe,[108] „in der Praxis wird von diesen Aufzeichnungsmöglichkeiten bislang nur zurückhaltend Gebrauch gemacht. Das Potential, dass die bestehenden technischen Möglichkeiten der audiovisuellen Aufzeichnung für den Prozess der Wahrheitsfindung im Strafverfahren bieten, ist [...] nicht ausgeschöpft".[109]

Anders als die *lex lata*, geht der Entwurf der Expertenkommission nicht von der tradierten Gesetzesannahme aus, dass die unmittelbare Zeugenvernehmung einer Beweisperson in der Hauptverhandlung anderen Möglichkeiten der Beweiserhebung generell überlegen sei.[110] Mehrfachvernehmungen des Opferzeugen könnten sowohl im Ermittlungsverfahren als auch in der Hauptverhandlung vermieden werden; die §§ 249 ff. StPO spiegelten die modernen technischen Möglichkeiten zur audiovisuellen Vernehmungsaufzeichnung nicht wider.[111] Die hieran anknüpfende Empfehlung Nr. 4 der Expertenkommission lautet: „[..] Zeugenvernehmungen sollten jedenfalls bei schweren Tatvorwürfen oder bei einer schwierigen Sach- oder Rechtslage im Regelfall audiovisuell aufgezeichnet werden. Die Vernehmung sollte nach den hierfür geltenden Regelungen

105 Abschlussbericht, Empfehlung Nr. 4, S. 2, 17 f., 67 ff.

106 Dies vertritt auch die Expertenkommission, die hierzu u.a. erläutert, dass gegen eine generelle Dokumentationspflicht die Gefahr einer Aufblähung des Strafverfahrens in Bereichen spreche, in denen bisher aus Opportunitätsgründen Einstellungen vorgenommen werden, vgl. Abschlussbericht, S. 70 f.

107 Hervorhebung durch den Verfasser.

108 Vgl. Abschlussbericht, S. 2 ff., 7; siehe hierzu Kap.2.B.II.III.IV.V.

109 Ebd., S. 2 f.

110 Vgl. ebd., S. 7.

111 Ebd., S. 8.

zusätzlich protokolliert werden."[112] Die audiovisuelle Vernehmungsdokumentation könne einen „[...] wertvollen Beitrag zur Optimierung der Wahrheitsfindung im Ermittlungsverfahren" leisten.[113] Die weit verbreitete Praxis, auf solche Dokumentationen trotz der durch § 163a und § 58a StPO bereits eröffneten Möglichkeiten zu verzichten, sei „nicht mehr zeitgemäß".[114]

Freilich wurden die gefundenen Ergebnisse durchaus kontrovers diskutiert. So wurde von Kritikern dieses Vorschlags – immerhin neun Mitglieder der Expertenkommission[115] – gegen eine bereichsspezifische Ausweitung der Bild-Ton-Technik im Strafverfahren eine hiermit einhergehende „Kostensteigerung"[116] ins Feld geführt. Ferner wurde grundsätzlich bezweifelt, ob entsprechende Regelungen *de lege ferenda* tatsächlich zu einer Beschleunigung und Effektivierung der Strafverfahren beitragen können. So wurden etwa dadurch provozierte „langwierige Auseinandersetzungen über die Erforderlichkeit und die Erzwingbarkeit einer unmittelbaren Zeugenvernehmung"[117] befürchtet. Auch bestünde die Gefahr, dass infolge einer verstärkten Einführung von Vernehmungssurrogaten die „Transparenz der Strafverfahren Schaden nehmen"[118] könnte, weil es der „Öffentlichkeit dann erschwert möglich wäre, die Entscheidungsfindung des Gerichts nachzuvollziehen"[119]. Gegen eine Befürwortung entsprechender gesetzlicher Neukonzeptionen wurde weiter angeführt, dass „Verbesserungen für die Interessen der Wahrheitsfindung mit anwendungserweiternden audiovisuellen Aufzeichnungen nicht notwendig"[120] einhergingen, weil entsprechende „Aufzeichnungen einer etwaigen Voreingenommenheit der Vernehmungsperson nicht entgegenwirken"[121] könnten. Umgekehrt sei vielmehr „zu besorgen, dass (Opfer-)Zeugen mit Blick auf eine eingeschaltete Kamera nicht unbefangen" aussagten oder „ihre Aussagebereitschaft und ihr Aussageverhalten durch die

---

112 Ebd., Empfehlung Nr. 4, S. 17, 18.; die Notwendigkeit einer Protokollierung wird durch die Verf. kritisch gesehen. Angesichts der starken Beweiskraft einer Bild-Ton-Aufzeichnung und der technischen Optionen kann unter gewissen Voraussetzungen gänzlich auf ein zusätzliches Protokoll verzichtet werden, siehe hierzu Kap.6. B.I.4.a).

113 Ebd., S. 67 ff.

114 Ebd., S. 67 ff.

115 Ebd., S. 17 f.: Abstimmung 12:9:0.

116 Ebd., S. 8 f.

117 Ebd., S. 8 f.

118 Ebd., S. 8 f.

119 Ebd., S. 8 f.

120 Ebd., S. 68 f.

121 Ebd., S. 68 f.

Befürchtung des Missbrauchs der Aufzeichnung durch eine etwaige Veröffentlichung" im weiteren Verlauf des Verfahrens beeinflusst werden würde. „Erhebliche Vorteile" seien dagegen „nicht zu erwarten", weil „bereits derzeit nur in sehr wenigen Fällen der Inhalt des Vernehmungsprotokolls und die spätere Aussage in der Hauptverhandlung in einer Weise auseinanderfielen, die es notwendig machen würde, den Inhalt und die Umstände der polizeilichen Vernehmung genau zu rekonstruieren".[122] Soweit nicht ein erleichterter Beweistransfer von Ermittlungsergebnissen aus dem Ermittlungsverfahren in die Hauptverhandlung geschaffen werde, finde in der Hauptverhandlung „ohnehin [...] eine erneute Einvernahme der Zeugen"[123] statt. Insbesondere „für Opferzeugen entfalle mit dem Vorhandensein einer Videoaufzeichnung keinesfalls regelmäßig die Verpflichtung erneut auszusagen"[124]. Demgegenüber entstünde ein „erheblicher Mehraufwand für die Verfahrensbeteiligten im Rahmen einer ordnungsgemäßen Vorbereitung auf die Hauptverhandlung".[125]

Dennoch überwögen den Ergebnissen der Expertenkommission zufolge in der Mehrheit die Vorteile einer entsprechenden Ausweitung der §§ 58a, 255a StPO.[126] Für eine entsprechend gesetzliche Ausweitung der Videotechnologie im Strafverfahren spreche nach Ansicht der Expertenkommission maßgeblich, dass eine „effektivere Ausgestaltung des Strafverfahrens – insbesondere auch eine Verbesserung der Wahrheitsfindung – infolge einer erweiterten Dokumentation durchaus erreicht" würde.[127] Es bestünden zunächst „keine Zweifel, dass eine authentische Videoaufzeichnung gegenüber einem herkömmlichen schriftlichen Protokoll qualitativ hochwertiger" und als solche diesem „weit überlegen" sei.[128] Auch soweit „Vernehmungsbeamte als sog. Zeugen vom Hörensagen über die Vernehmung berichten sollen, wüssten diese regelmäßig einzig ihren eigenen Wahrnehmungs- und Erlebnishorizont wiederzugeben".[129] Außerdem werde das „Strafverfahren durch die die Opferzeugenvernehmung wiedergebende Bild-Ton-Aufzeichnung transparenter".[130] Die hiermit einhergehenden allseits „verbesserten Nachweismöglichkeiten stärkten die Rechte aller

122 Ebd., S. 68 f.
123 Ebd., S. 68 f.
124 Ebd., S. 68 f.
125 Vgl. ebd., S. 68 f.
126 Vgl. ebd., S. 69 f.
127 Vgl. ebd., S. 69 f.
128 Ebd., S. 69 f.
129 Ebd., S. 69 f.
130 Ebd., S. 69 f.

Prozessbeteiligter – auch die des Beschuldigten bzw. Angeklagten".[131] Ferner habe die „Aufzeichnung auch präventiven Mehrwert", wenn sie als Disziplinierungsvehikel Vernehmungspersonen zur Einhaltung der Vernehmungsform anhält. Rechtsvergleichend mit angloamerikanischen Rechtssystemen zeitige der vermehrte Gebrauch von Videotechnologie im Strafverfahren positive Folgen.[132]

II. Zurückdrängung opferschutzsteigernder Reformbestrebungen unter besonderer Berücksichtigung des Gesetzgebungsverfahrens des Gesetzes zur effektiveren und praxistauglicheren Ausgestaltung vom 24. August 2017

Wurden die Vorschriften der §§ 58a, 255a StPO ursprünglich auch mit Opferzeugenschutzintentionen geschaffen, sind diese Zwecke zugunsten jener der „Erforschung der Wahrheit" mehrheitlich verdrängt worden. Erwachsene Opferzeugen sind dabei *de lege lata* schon nie dezidiert in den Blick geraten. Wurden sie in der Gesetzesbegründung zum sog. Zeugenschutzgesetz wenigstens noch am Rande erwähnt,[133] fanden sie danach erst wieder in der Expertenkommission zum Gesetz zur effektiveren und praxistauglicheren Ausgestaltung des Strafverfahrens sporadische Berücksichtigung, – wobei auch dies über theoretische Überlegungen nicht hinausging. Eine pauschale Differenzierung allein anhand einer Altersgrenze erscheint aus Gesichtspunkten des Opferschutzes und zur Verwirklichung des Ziels bestmöglicher Wahrheitsermittlung zweifelhaft.[134] Viel eher können altersunabhängig beide Ziele gleichberechtigte Berücksichtigung finden. So räumt doch der Gesetzgeber selbst den naheliegenden Gedanken ein, dass auch erwachsene Menschen schwere Psychotraumata erfahren können und – orientiert an Art. 1 GG – eines grundsätzlich gleichermaßen hohen Schutzniveaus bedürfen.[135] An selbiger Stelle betont der Gesetzgeber auch

131 Ebd., S. 69 f.

132 Vgl. ebd., S. 69 f.; siehe zur internationalen Anerkennung der Videotechnologie im Strafverfahren Kap.3.F.

133 Vgl. BT-Drucks. 13/7165, S. 4: „Opfer von Straftaten werden, durch die im Laufe des Strafverfahrens durchgeführten Vernehmungen nicht selten erheblich belastet. Dies betrifft wohl in erster Linie Kinder, gilt aber in gleicher Weise für andere besonders schutzbedürftige Zeugen, wie Opfer von Gewalttaten, alte Menschen oder gefährdete Zeugen, denen bereits aus der Zeugeneigenschaft erhebliche Belastungen erwachsen können".

134 Siehe hierzu Kap.2.B.V.

135 Vgl. BT-Drs. 13/7165, S. 6.

die Notwendigkeit „Beweisverlusten entgegenzutreten".[136] Gleichwohl wurde frühzeitig und vielzählig sowohl in Literatur, als auch in Teilen der Verwaltung befürwortet, von den Möglichkeiten einer Bild-Ton-Aufzeichnung nur zurückhaltend Gebrauch zu machen, weil damit eine Durchbrechung des Unmittelbarkeitsgrundsatzes verbunden sei.[137] Dies scheint durch den Gesetzgeber nicht zufällig herausgefordert worden zu sein, wenn er bereits mit Einführung des § 58a StPO im Jahr 1998 in der anfänglichen Gesetzesformulierungen unterstrich, dass § 58a StPO „nicht als Einstieg für eine regelmäßige Videoaufzeichnung" aufgefasst werden sollte.[138]

In Anlehnung an den Referentenentwurf des Bundesministeriums der Justiz und für Verbraucherschutz zum Entwurf eines Gesetzes zur effektiveren und praxistauglicheren Ausgestaltung des Strafverfahrens vom 27.05.2016[139] wird gezeigt werden, dass strukturelle Verbesserungen zugunsten erwachsener Opferzeugen möglich sind. Dieser schlug zwar keine Neufassung des § 255a StPO, wohl aber für den § 58a StPO Folgendes vor:

(1) [1]Die Vernehmung eines Zeugen ist auf Bild-Ton-Träger aufzuzeichnen, wenn

1. die Aufzeichnung aufgrund des schweren Tatvorwurfs oder der besonders schwierigen Sachlage geboten erscheint und die äußeren Umstände oder die besondere Dringlichkeit der Vernehmung der Aufzeichnung nicht entgegenstehen oder
2. die schutzwürdigen Interessen des Zeugen, insbesondere von
   a) Personen unter 18 Jahren,

136 Vgl. ebd., S. 6.

137 *Huber*, in: BeckOK StPO, 58a Rn. 6; *Leitner* (2012), S. 47 f.; *Maier*, in: MüKo StPO § 58a Rn. 22; ähnlich *Ignor/Bertheau*, in: LR § 58a Rn. 11; *Schmitt*, in: Meyer-Goßner/Schmitt (2018) § 58a Rn. 4; ausdrücklich auch *Maaß* (2012), S. 51; für eine restriktive Auslegung des § 58 Abs. 1 S. 2 Nr. 1 StPO wird dieselbe Argumentation auch andernorts verwandt, vgl. etwa BT-Drs. 16/12098, S. 12, „[d]er mit einer Bild-Ton-Aufzeichnung verbundene erhebliche Eingriff in das Persönlichkeitsrecht des Zeugen sowie die angestrebte Durchbrechung des Unmittelbarkeitsgrundsatzes [erforderten] in jedem Fall eine sorgfältige Abwägung am Maßstab der Verhältnismäßigkeit, der den Einsatz der Videotechnologie etwa gestatte, wenn eine entscheidungserhebliche Aussage umfangreich [sei], wenn sie ein komplexes Tatgeschehen betreffe oder wenn sich die Vernehmung besonders schwierig gestalte"; restriktiv auch *Senge*, in: KK StPO (2013) § 58a Rn. 6a; zurückhaltender BT-Drs. 17/6261, S. 10: „keine zu strengen Anforderungen"; hierzu auch *Altenhain* (2015), S. 274.

138 Vgl. BT-Drs. 13/7165, S. 6; *Altenhain* (2015), S. 270.

139 Abrufbar unter: https://www.bmjv.de/SharedDocs/Gesetzgebungsverfahren/Dokumente/RefE_Gesetz_zur_effektiveren_und_praxistauglicheren_Ausgestaltung_des_Strafverfahrens.pdf?__blob=publicationFile&v=2, zuletzt abgerufen am 15.10.2018.

b) Personen, die als Kinder oder Jugendliche durch eine der in § 255a Absatz 2 genannten Straftaten verletzt worden sind, oder
c) Personen, die unter erheblich eingeschränkten geistigen Fähigkeiten oder einer schwerwiegenden psychischen Störung leiden oder mit einer hohen Wahrscheinlichkeit erhebliche psychische Störungen entwickeln werden, die geeignet sind das Leben nachhaltig zu beeinträchtigen, durch die Aufzeichnung besser gewahrt werden können.

[2]Die Vernehmung soll als richterliche Vernehmung erfolgen, wenn zu besorgen ist, dass der Zeuge im weiteren Verlauf des Verfahrens nicht vernommen werden kann oder seine schutzwürdigen Interessen durch weitere Vernehmungen beeinträchtigt werden.[140]

Inzwischen sind mit jüngster Gesetzesreform, dem Gesetz zur effektiveren und praxistauglicheren Ausgestaltung des Strafverfahrens[141], die noch von der Expertenkommission der Jahre 2014 und 2015 aufkeimenden Opferschutzbestrebungen verdrängt worden. Das Interesse an der Erforschung der (materiellen) Wahrheit – wohl auch stets im Sinne ökonomischer Effektivität verstanden – steht im Zentrum dieser Reform.[142] Das allseitige Ziel der (materiellen) Wahrheitserforschung scheint angesichts chronischer Personalknappheit und fortwährenden Einsparungen in der Justiz regelmäßig unter dem Primat der Verfahrensbeschleunigung und der Verfahrenserleichterung zu stehen.

Wurden noch in der Expertenkommission der Jahre 2014 und 2015 im Vorfeld des Gesetzes zur effektiveren und praxistauglicheren Ausgestaltung des Strafverfahrens einige vorsichtige Anstöße zur Verbesserung des Schutzes für Opferzeugen vorgeschlagen, sind diese gänzlich „*gestrichen*“[143] worden. Das Ergebnis des Abschlussberichts erfuhr schnell massive Kritik:[144] „[…] Die Kommission hatte

140 Referentenentwurf des Bundesministeriums der Justiz und für Verbraucherschutz zum Entwurf eines Gesetzes zur effektiveren und praxistauglicheren Ausgestaltung des Strafverfahrens vom 27.05.2016, S. 4 f.

141 BGBl. 2017/ I., S. 3202.

142 Dabei wird offenbar davon ausgegangen, dass Opferzeugenschutz im absoluten Gegensatz zur judikativen Wahrheitsfindung stehe. Dass diese Interessen nur scheinbar stets in einem konträren Verhältnis zueinanderstehen, wurde bereits angedeutet und wird weiter vertieft werden.

143 So wortgenau *Bausback*, in: Bundesrat Stenografischer Bericht 953. Sitzung Berlin, 10. Februar 2017, S. 41, abrufbar unter: https://www.bundesrat.de/SharedDocs/downloads/DE/plenarprotokolle/2017/Plenarprotokoll-953.pdf?__blob=publicationFile&v=2, „*[…] [d]ie genannten Punkte wurden alle gestrichen.*“ [Hervorhebung durch den Verfasser].

144 *Bausback*, in: Pressemitteilung des Bayerischen Staatsministeriums der Justiz v. 13.10.2015, abrufbar unter: https://www.justiz.bayern.de/presse-und-medien/pressemitteilungen/archiv/2015/133.php; vgl. hierzu auch *von Galen* (ZRP) 2016 S. 42.

den klar formulierten Auftrag, Vorschläge zu erarbeiten, wie das Strafverfahren effektiver und praxistauglicher gestaltet werden kann. So sieht es der aktuelle Koalitionsvertrag vor. Das Ergebnis komm[e] nun aber in weiten Teilen einer Themaverfehlung gleich!"[145] So stellte Bayerns Justizminister *Bausback* weiter fest, „[w]er allen Ernstes befürwortet, dass Beschuldigten- und Zeugenvernehmungen im Ermittlungsverfahren verpflichtend auf Video dokumentiert werden sollten oder dass gar eine Videodokumentation der Hauptverhandlung geprüft werden solle, der offenbart, dass er den Auftrag, das Strafverfahren effektiver und praxistauglicher zu gestalten, nicht verstanden hat."[146] Weiter wurde etwa im Rahmen des Gesetzgebungsverfahrens des Gesetzes zur effektiveren und praxistauglicheren Ausgestaltung des Strafverfahrens in der 953. Sitzung des Bundesrats am 10. Februar 2017 ausgeführt: „[...] Für die Praxis besonders bedeutsam sind die neuen Regelungen zur audiovisuellen Aufzeichnung von Vernehmungen. Positiv hervorzuheben ist, dass solche Aufzeichnungen nicht bei Zeugen, sondern nur bei Beschuldigten – und das nur unter bestimmten Voraussetzungen – obligatorisch sein sollen. Gegen eine Pflicht der Ermittlungsbehörden zur grundsätzlichen Aufzeichnung von Zeugenvernehmungen sprechen nämlich [...] Kostengründe [...]".[147] Weiter wurde etwa formuliert: „Es sollte im wohlverstandenen Interesse aller am Strafverfahren Beteiligten liegen, nicht zuletzt im Interesse unserer hochgradig belasteten Strafverfolgungsbehörden und Gerichte. Umso schockierter war ich angesichts des Abschlussberichts der vom Bundesjustizminister eingerichteten Expertenkommission und des darauf basierenden Referentenentwurfs: Zahlreiche der darin enthaltenen Vorschläge hätten einen signifikanten finanziellen und zeitlichen Mehraufwand zur Folge gehabt [...]. Mit Fug und Recht konnte man insoweit von einer Themaverfehlung um 180 Grad sprechen. [...] Die genannten Punkte wurden alle gestrichen. Die von zahlreichen Landesjustizverwaltungen und namhaften Justizpraktikern ausgesprochen kritisch gesehenen Vorschläge [...] zur audiovisuellen Dokumentation von Vernehmungen im Ermittlungsverfahren wurden auf ein noch vertretbares

145 *Bausback*, in: Pressemitteilung des Bayerischen Staatsministeriums der Justiz v. 13.10.2015, abrufbar unter: https://www.justiz.bayern.de/presse-und-medien/pressemitteilungen/archiv/2015/133.php.

146 Ebd.

147 *Kutschaty*, in: Bundesrat Stenografischer Bericht 953. Sitzung Berlin, 10. Februar 2017, S. 40, abrufbar unter: https://www.bundesrat.de/SharedDocs/downloads/DE/plenarprotokolle/2017/Plenarprotokoll-953.pdf?__blob=publicationFile&v=2.

Maß zurückgeführt. Insgesamt ergibt sich ein deutlich positiver Saldo. Das Strafverfahren wird effizienter."[148]

Der Gastgeber des 2. Strafkammertags und Präsident des Oberlandesgerichts Bamberg führte am 26. September 2017 in Bezug auf das Gesetzgebungsverfahren des Gesetzes zur effektiveren und praxistauglicheren Ausgestaltung des Strafverfahrens aus: „Wir Präsidenten des BGH, der Oberlandesgerichte und des Kammergerichts hatten 2015 große Sorge, dass der Auftrag einer effektiveren und praxistauglicheren Ausgestaltung des Strafverfahrens verfehlt werden könnte. Der erste Strafkammertag 2016 in Hannover hat eine Reihe von Beschlüssen gefasst, von denen einige im Gesetzgebungsverfahren aufgegriffen wurden. Vor allem sind einige Regelungen, die wir kritisiert hatten, verhindert beziehungsweise abgeschwächt worden. Wir hatten einige Ergebnisse, mit denen wir wirklich zufrieden sein können, z.B., dass die Aufzeichnung der Zeugenvernehmung in Bild und Ton nicht zum Regelfall wird, sondern nur, wenn es um besonders schutzbedürftige Beschuldigte und solche geht, denen vorsätzliche Tötungsdelikte vorgeworfen werden".[149]

Der Gesetzgeber hat eine Regelung zur Videoaufzeichnung von Beschuldigtenvernehmungen geschaffen. Ab dem 1. Januar 2020 können Beschuldigtenvernehmungen gemäß dem künftigen § 136 Abs. 4 StPO (bei Vernehmungen durch Polizei oder Staatsanwaltschaft über die Verweisung in § 163a Abs. 3 S. 2 StPO) audiovisuell aufgezeichnet werden. Die Vernehmung eines Beschuldigten wird nach dieser Regelung zwingend in Bild und Ton aufzuzeichnen sein, wenn dem Verfahren ein vorsätzlich begangenes Tötungsdelikt zugrunde liegt oder die schutzwürdigen Interessen von Beschuldigten unter 18 Jahren, mit eingeschränkten geistigen Fähigkeiten oder seelischen Störungen besser gewahrt werden können. Eine Dokumentation von Beschuldigtenvernehmungen ist indes nicht erst ab dem Jahr 2020, sondern gemäß § 58a Abs. 1 S. 1 i.V.m. § 163a Abs. 1 S. 2 StPO auch grundsätzlich jetzt schon möglich. Freilich mag es auch insoweit am praktischen Anwendungswillen mangeln,[150] sodass mit dem neuen § 136 Abs. 4 Nr. 1 oder Nr. 2 StPO jener durch eine konkrete grundsätzliche Aufzeichnungspflicht geweckt werden soll. Die Aufzeichnung in Bild und

---

148 *Bausback*, in: Bundesrat Stenografischer Bericht 953. Sitzung Berlin, 10. Februar 2017, S. 41, abrufbar unter: https://www.bundesrat.de/SharedDocs/downloads/DE/plenarprotokolle/2017/Plenarprotokoll-953.pdf?__blob=publicationFile&v=2.

149 Interview mit PräsOLG Lückemann vom 26. September 2017, abrufbar unter https://www.lto.de/recht/hintergruende/h/strafkammertag-wuerzburg-interview-clemens-lueckemann-stpo-reform/, zuletzt abgerufen am 20.03.2018.

150 Vgl. hierzu auch *Singelnstein/Derin* NJW 2017, S. 2646.

Ton soll der Verbesserung der (materiellen) Wahrheitsfindung dienen, indem Zweifel über Aussagen nicht mehr aufgrund von notwendigerweise unvollständigen und durch die Wahrnehmung der Vernehmungsperson gefilterten Protokollen ungeklärt bleiben.[151] Eben jene Zweifel, sind auch wesentlicher Teil der aktuellen Probleme im Rahmen der Beweisgewinnung durch (Opfer-)Zeugenvernehmungen und deren Dokumentation.[152]

Daraus wird deutlich, dass Opferschutzgesichtspunkte, insbesondere jene mit Bezug zu Vorschriften zugunsten STEO, nach vielzähliger Ansicht der staatlichen Berufspraxis keinen reformbedürftigen Stellenwert haben (sollen). Dies wird zusätzlich dadurch untermauert, dass trotz des strafprozessualen „Reformjahres 2017“[153] die Arbeitsgruppe „Zukunft des Strafprozesses“ des bundesweiten Strafkammertages 2017 in einem Zwölf-Punkte-Plan weiteren Reformbedarf, aber keineswegs solchen mit Opferschutzbedeutung, identifiziert.[154] Diese Reformpläne des Strafkammertages sind vielmehr von weiteren Effizienzsteigerungen im Sinne der Verfahrensökonomie gekennzeichnet.[155] Zweifelsfrei haben Strafkammervorsitzende, in den Worten *Kudlichs* „[...] von der Front des Strafverfahrens besonders authentische Einblicke in die möglichen Reformbedürfnisse“; indes wäre es mit ihm „naiv zu übersehen, dass sie aufgrund ihrer täglichen Arbeit auch geneigt sein könnten, [solchen] Effizienzsteigerungen besonderes Gewicht beizumessen“.[156] Freilich wäre es gleichfalls naiv, jene dargestellten Bemühungen frei von den politisch real freigesetzten Mitteln zu betrachten. Angesichts spürbarer Einsparungen zulasten aller justizieller Ressourcen sind solche Effizienzbestrebungen nachvollziehbar. Auch insoweit scheint die Kritik *von Galens* passend zu sein, die anmahnt, „[...] [w]er Effektivität und Praxistauglichkeit erreichen will, die dazu erforderlichen Mittel aber einseitig verteilt, kann das erwünschte Ergebnis nicht erreichen“.[157]

---

151 BT-Drs. 18/11277, 24; vgl. zusammenfassend zum mit als im „Schnellschussverfahren“ ergangenen bezeichneten Gesetz zur effektiveren und praxistauglicheren Ausgestaltung des Strafverfahrens bei *Niedernhuber* JA 2018, S. 169 ff.

152 Siehe hierzu ausführlich Kap.2., 3., 5.

153 So *Kudlich* (ZRP) 2018, S. 9.

154 Vgl. dazu die Dokumentation unter https://rsw.beck.de/aktuell/meldung/strafkammertag-in-wuerzburg-richter-formulieren-forderungskatalog-fuer-effektivere-strafverfahren, zuletzt abgerufen am 20.03.2018.

155 *Kudlich* (ZRP) 2018, S. 9.

156 Ebd.

157 *von Galen* (ZRP) 2016, S. 45.

Im Rahmen älterer Reformbestrebungen und erstmaliger Implementierung des optionalen Gebrauchs von moderner Videotechnologie in das Strafverfahren auf Grundlage der StPO und des GVG mag der Opferschutz zunächst auch im Vordergrund gestanden haben. Die Einstellung des Gesetzgebers zu Zwecken, Umfang und Bedeutung der Bild-Ton-Aufzeichnung im Strafverfahren unterlag Wandlungen.[158] Im jüngsten Gesetzgebungsverfahren des Gesetzes zur effektiveren und praxistauglicheren Ausgestaltung des Strafverfahrens wurden Opferzeugen oder „schutzbedürftige Zeugen“ in der Gesetzesbegründung nicht berücksichtigt.[159] Vielmehr werden zur Umsetzung prozessualer Ziele an erster Stelle verfahrensökonomische Bestrebungen unterstrichen: „Zentrales Anliegen des Strafprozesses ist die Ermittlung des wahren Sachverhaltes, ohne den sich das materielle Schuldprinzip nicht verwirklichen lässt. Dem Täter müssen Tat und Schuld prozessordnungsgemäß, also unter Beachtung aller Verfahrensrechte, nachgewiesen werden. Diese schon für sich genommen äußerst anspruchsvolle Aufgabe wird für die Strafgerichte in der täglichen Praxis dadurch erschwert, dass sie sich einer dauerhaft hohen Arbeitsbelastung ausgesetzt sehen“.[160] „Wesentlicher Inhalt“ dieses Gesetzes ist also – auch der Überschrift nach – die „Verfahrensvereinfachung und Verfahrensbeschleunigung“.[161]

In praktischer Umsetzung der insoweit unveränderten *lex lata* werden Gesichtspunkte des Opferschutzes von erwachsenen Opferzeugen also weiterhin immer dann nicht berücksichtigt, soweit im Ermittlungsverfahren eine Bild-Ton-Aufzeichnung für die „Erforschung der Wahrheit“ (vgl. § 58a Abs. 1 S. 2 Nr. 2 StPO) als nicht erforderlich erachtet wird.[162] Soweit also Fallkonstellationen denkbar sind, in denen die Zwecke der „Erforschung der Wahrheit“ (vgl. § 58a Abs. 1 S. 2 Nr. 2 StPO) und die Gefahr von „Beweismittelverlust“ als für nicht tangiert bewertet werden, gleichzeitig jedoch (schwere) Psychotraumata bei erwachsenen Menschen bereits durch die Tat entstanden *und/oder* durch die darauf folgenden Ermittlungsmaßnahmen und die (teilweise erst sehr viel) später stattfindende Hauptverhandlung als *mittelbare Anschlussviktimisierungen*[163] zu befürchten sind, so lässt die bestehenden Rechtslage einen effektiven

158 A.A. ist offenbar *Kett-Straub* (ZIS) 2017, 344, nach der *„aus dem Stiefkind Opferzeuge nun ein Hätschelkind geworden“* sei. [Hervorhebungen durch den Verfasser].

159 Vgl. BT-Drs. 18/11277, S. 1, 13; vgl. auch BT-Drs. 18/12785.

160 Vgl. BT-Drs. 18/11277, S. 1, 13; vgl. auch BT-Drs. 18/12785.

161 Vgl. BT-Drs. 18/11277, S. 13.

162 Siehe hierzu Kap.2.B.II.III.

163 Siehe zu diesem Begriff Kap.2.A.III.

Opferzeugenschutz durch einen versperrten Zugriff auf die Unterstützung durch moderne Videotechnologie nicht zu.

Weitergehend könnten die Zwecke der „Erforschung der Wahrheit“ (vgl. § 58a Abs. 1 S. 2 Nr. 2 StPO) und die Gefahr von „Beweismittelverlust“ sogar fälschlicherweise als für nicht tangiert bewertet werden, wenn auch erwachsene Opferzeugen infolge psychotraumatischer und strafrechtlich-relevanter Erlebnisse nach einem gewissen Zeitablauf nicht mehr die beste Erinnerung abzurufen vermögen, eine solche jedoch an erster Stelle im Ermittlungsverfahren frühestmöglich hätte aufgezeichnet und gesichert werden können. Dann offenbarte sich zum einen evident ein erheblicher Nachteil für solche erwachsenen Opferzeugen, für die mit einem effektiven und nachhaltigen Heilungsprozess ein Minimum an Rechtssicherheit ebenso unabdingbar verknüpft ist, wie der schnellstmögliche Beginn konfrontativer Psychotraumatherapien[164] sowie auch verhältnismäßig bestmöglicher Schutz in strafrechtlichen Verfahren vor *mittelbaren Anschlussviktimisierungen*. Zum anderen würden zugunsten des primären Ziels des Strafverfahrens – der (materiellen) Wahrheitserforschung – Optimierungsbedürfnisse zu Tage treten. Eben hier zeigten sich faktische Rechtsschutzlücken, die es STEO unmöglich machten, jedenfalls aber deutlich erschwerten, in vertretbar absehbarer Zeit durch Psychotraumatherapien negative Erinnerungen und Erinnerungsfolgen wirksam und nachhaltig zu bekämpfen. Insoweit bestünde ein Bedürfnis nach entsprechenden (Schutz-)Vorschriften *de lege ferenda*. Die bestehende Gesetzeslage der §§ 58a, 255a StPO soll mit besonderer Betrachtung auf STEO nunmehr im Einzelnen dargestellt sein.

164 Siehe hierzu Kap.5.B.

Kapitel 2: Schutzgewähr der §§ 58a, 255a StPO *de lege lata* und STEO

Untersuchungsgegenstand ist, ob und inwieweit die Bild-Ton-Vorschriften der §§ 58a, 255a StPO für STEO reformbedürftig[165] und reformfähig[166] sind. Jüngste strafprozessuale Reformen blieben entgegen eines Novellierungsvorschlags hinter etwaigen Bedürfnissen von STEO zurück,[167] weshalb die Frage der gesetzlichen Ausformung von Erstellung und Verwendung von Bild-Ton-Aufzeichnungen in Bezug auf diese Opferzeugengruppe noch immer aktuell ist.

Die Vorschrift des § 58a StPO normiert in Abs. 1 Beweiserhebungstatbestände für videotechnologische Vernehmungsaufzeichnungen. § 255a StPO regelt, neben dem für das Ermittlungsverfahren geltenden § 58a Abs. 2 S. 1 StPO, die entsprechenden Beweisverwertungsmodalitäten in Hauptverhandlungen. Eine umfassende Pflicht zur wortgetreuen Dokumentation der Vernehmung von Zeugen im Ermittlungsverfahren sieht die StPO nicht vor (vgl. §§ 168, 168b StPO). Die Vernehmung eines Zeugen *kann* auf Bild-Ton-Träger aufgezeichnet werden. Dies gestattet § 58a Abs. 1 S. 1 StPO, der gemäß § 161a Abs. 1 S. 2 StPO auf staatsanwaltschaftliche[168] und gemäß § 163 Abs. 3 S. 2 StPO auch auf polizeiliche Vernehmungen[169] anwendbar ist. Die Bild-Ton-Aufzeichnung einer richterlichen Zeugenvernehmung ist nach wie vor[170] nur im Rahmen der Vernehmung minderjähriger (Opfer-)Zeugen, bzw. von solchen Zeugen, die als Minderjährige Opfer der in § 255a Abs. 2 S. 1 StPO aufgezählten Delikte

165 Siehe hierzu Kap.2.-5.

166 Siehe hierzu Kap.6.

167 Siehe hierzu Kap.1.B.

168 *Erb*, in LR § 161a Rn. 20; *Wohlers*, in: SK-StPO § 161a Rn. 17; *Schmitt*, in: Meyer-Goßner/Schmitt (2018) § 161 Rn. 7 ff.

169 Durch das Gesetz zur effektiveren und praxistauglicheren Ausgestaltung des Strafverfahrens, in Kraft getreten am 24.08.2017 (BGBl. 2017/ I., S. 3202), sind (Opfer-)Zeugen nun insbesondere dazu verpflichtet, auf im Auftrag der Staatsanwaltschaft beruhende Ladungen vor Ermittlungspersonen der Staatsanwaltschaft zu erscheinen und zur Sache auszusagen. Es kommt grundsätzlich nicht darauf an, ob der Zeuge mit der Aufzeichnung einverstanden ist, vgl. § 163 Abs. 3 S. 1 und S. 2 StPO.

170 Auch die jüngste Reform durch das Gesetz zur effektiveren und praxistauglicheren Ausgestaltung des Strafverfahrens, in Kraft getreten am 24.08.2017 (BGBl. 2017/ I., S. 3202), hat die Interessen erwachsener Opferzeugen unberücksichtigt gelassen, siehe hierzu bereits oben Kap.1.B.

gewesen sein könnten, und von (Opfer-)Zeugen, die in der Hauptverhandlung nicht vernommen werden können, als gesetzlicher Regelfall in § 58a Abs. 1 S. 2 Nr. 1 und Nr. 2 StPO vorgesehen. STEO fallen altersbedingt aus dem persönlichen Anwendungsbereich der § 58a Abs. 1 S. 2 Nr. 1 i. V. m. § 255a Abs. 2 StPO heraus. In Fällen ihrer Betroffenheit, *kann* ihre Vernehmung auf Bild-Ton-Träger aufgezeichnet werden (§ 58a Abs. 1 S. 1 StPO), oder *soll* gemäß § 58a Abs. 1 S. 2 Nr. 2 StPO nach Würdigung der dafür jeweils maßgeblichen Umstände als richterliche Vernehmung aufgezeichnet werden, sofern zu besorgen ist, dass der Zeuge in der Hauptverhandlung nicht vernommen werden kann und die Aufzeichnung zur Erforschung der Wahrheit erforderlich ist.

Damit werden nicht einzig subjektiv-opferschützende Gründe, sondern personenunabhängige, objektive Umstände zur maßgeblichen Voraussetzung gemacht. Verwertet werden kann eine solche Aufzeichnung als Vernehmungssurrogat dann nur unter den objektiven Gegebenheiten der korrespondierenden Beweisverwertungsvorschriften der § 255a Abs. 1 i. V. m. § 251 StPO.[171] Diese *lex lata* soll nun nach kurzer Erörterung der zugrundeliegenden Begrifflichkeiten genauer dargestellt werden. Anschließend soll sich der Frage zugewendet werden, ob und inwiefern die grundsätzlichen Zeugenpflichten zur unmittelbaren und wahrheitsgemäßen Aussage (§§ 48 Abs. 1, 57 StPO) in der Hauptverhandlung (§ 250 StPO) wegen Psychotraumaerfahrungen und verändertem Erinnerungsvermögen und aus beiderlei Gründen zulasten STEO eine Überobligation darstellen.[172] Die bestehende Gesetzeslage und der praktische Gebrauch der §§ 58a, 255a StPO könnte nicht nur aus Opferschutzgründen, sondern auch zugunsten effizienterer Annäherung an die (materielle) Wahrheit Optimierungen bedürfen.

171 Zu all dem siehe sogleich Kap.2.C.

172 Siehe hierzu Kap.3.–5.

A. Begriffsbedeutungen

I. Erläuterungen der Begriffsbedeutungen: „Opfer“, „Opferzeuge“ und „Opferschutz“

Im Jahr 2017 wurden insgesamt 5.761.984[173] Personen Opfer von Straftaten.[174] In der Polizeilichen Kriminalstatistik wird dabei nur das sog. Hellfeld erfasst und aufgrund fehlender statistischer Daten zum sog. Dunkelfeld[175] die den Behörden nicht bekannt gewordene Kriminalität nicht abgebildet.[176] Daher werden die tatsächlichen Zahlen höher liegen.

Die Begriffsbedeutungen des „Opferzeugen“ und des „Opferschutzes“ bedürfen einer Erläuterung, da sie ebenso wenig eindeutig sind, wie die der

173 Die Angaben über Opfer werden in der Polizeilichen Kriminalstatistik nur bei bestimmten Straftaten und -gruppen erfasst. Insbesondere zu Gewalt- und Sexualdelikten (vgl. Polizeiliche Kriminalstatistik des Bundeskriminalamtes der Bundesrepublik Deutschland (2017) IMK-Bericht, S. 10 ff.) abrufbar unter: https://www.bka.de/DE/AktuelleInformationen/StatistikenLagebilder/PolizeilicheKriminalstatistik/PKS2017/pks2017_node.html, zuletzt abgerufen am 15.10.2018.
Im Gegensatz zu Tatverdächtigen, bei denen eine „echte“ Tatverdächtigenzählung im Berichtsjahr erfolgt, wird bei Opfern die Häufigkeit des „Opferwerdens“ gezählt“, vgl. die Polizeiliche Kriminalstatistik des Bundeskriminalamtes der Bundesrepublik Deutschland (Jahrbuch 2017) Band 2 „Opfer“ S. 10, abrufbar unter: https://www.bka.de/DE/AktuelleInformationen/StatistikenLagebilder/PolizeilicheKriminalstatistik/PKS2017/pks2017_node.html, zuletzt abgerufen am 15.10.2018.

174 Polizeiliche Kriminalstatistik des Bundeskriminalamtes der Bundesrepublik Deutschland (2017) IMK-Bericht, S. 10, abrufbar unter: https://www.bka.de/DE/AktuelleInformationen/StatistikenLagebilder/PolizeilicheKriminalstatistik/PKS2017/pks2017_node.html, zuletzt abgerufen am 15.10.2018.

175 Sog. Viktimisierungssurveys, bei denen zufällig ausgewählte Personen gefragt werden, ob sie innerhalb eines bestimmten Zeitraums Opfer von Straftaten geworden sind, erlauben es, den Umfang des kriminalistischen Dunkelfeldes abzuschätzen, , vgl. die Polizeiliche Kriminalstatistik des Bundeskriminalamtes der Bundesrepublik Deutschland (Jahrbuch 2017) Band 2 „Opfer“ S. 6, abrufbar unter: https://www.bka.de/DE/AktuelleInformationen/StatistikenLagebilder/PolizeilicheKriminalstatistik/PKS2017/pks2017_node.html, zuletzt abgerufen am 15.10.2018. Die Aussagekraft der Kriminalstatistik an sich bezweifelt etwa *Kunz* (2011), S. 193 ff., der sich u.a. fragt, „ob die Dunkelfeldkriminalität überhaupt Kriminalität ist“ (vgl. a.a.O., S. 250, Rn. 9).

176 Vgl. die Polizeiliche Kriminalstatistik des Bundeskriminalamtes der Bundesrepublik Deutschland (Jahrbuch 2017) Band 2 „Opfer“ S. 6, abrufbar unter: https://www.bka.de/DE/AktuelleInformationen/StatistikenLagebilder/PolizeilicheKriminalstatistik/PKS2017/pks2017_node.html, zuletzt abgerufen am 15.10.2018.

„Opferwerdung", „Viktimisierung" oder „Viktimisation".[177] Schon über die Bedeutung der Bezeichnung „Opfer" besteht – fächerübergreifend – konzeptionelle Unklarheit. Diese kann Missverständnisse hervorrufen. Nicht selten hängen diese Begriffsbedeutungen auch von den zugrundeliegenden Zweckrichtungen ab.[178] In Anlehnung an die Polizeiliche Kriminalstatistik sollen unter Opfern im allgemeinen Sinne solche natürlichen Personen zu verstehen sein, gegen die sich die mit Strafe bedrohten Handlungen unmittelbar (vermeintlich) richteten.[179]

Mit dem Topos „Opferschutz" wurden und werden vielfältig unterschiedliche Absichten verfolgt, die sich mitunter widersprechen; so wies *van Dijk* bereits darauf hin, dass „Opferzeugen" zur Verfolgung anderer Ziele nicht selten einer gewissen Rhetorik anheimfallen und nannte dieses Phänomen *„Viktimagogie"*[180]. Überdies kann der Begriff: „der Opferzeuge" für sich bereits problematisch sein. Im Ermittlungsverfahren mag noch nicht mit Sicherheit feststehen, ob ein Mensch tatsächlich zum Opfer einer Straftat geworden ist.[181] Etwaig vorschnell angenommene Rollen könnten sich sogar umkehren. Bei falschen Anschuldigungen gegen einen nur vermeintlichen Täter etwa, können sich die

---

177 So beschreiben auch *Kirchhoff/Sessar* (1979), S. 7 ff. schon die mangelnde terminologische Klarheit in der Viktimologie, vor allem, wenn englische in deutsche Fachbegriffe übersetzt oder vermischt werden. „In jeder Sprache (…) gibt es ein (..) Set von termini technici (…), jedoch leidet die erwünschte und anzustrebende terminologische Klarheit"; vgl. *Baurmann/Schädler* (1991), S. 15 ff.; siehe zur Begriffsbedeutung der Viktimisierung sogleich.

178 *Baurmann/Schädler* (1991), S. 24 gehen dagegen davon aus, dass der Begriff *„des Opferschutzes"* weitgehend geklärt sei.

179 Vgl. die Polizeiliche Kriminalstatistik des Bundeskriminalamtes der Bundesrepublik Deutschland (2017) IMK-Bericht, S. 101 abrufbar unter https://www.bka.de/DE/AktuelleInformationen/StatistikenLagebilder/PolizeilicheKriminalstatistik/PKS2017/pks2017_node.html, zuletzt abgerufen am 15.10.2018.

180 Vgl. *van Dijk* (1986), S. 3 f.

181 Siehe hierzu Kap.6.B.I.1.; vgl. auch *Heghmanns* (DRiZ) 2005, 288, 291 f., zu verfassungsrechtliche Bedenken gegen die Vorschrift des § 24 Abs. 1 S. 1 Nr. 3 GVG; „Alle Verfahrensvorschriften, die Besonderheiten und Rechte für ‚Opferzeugen' vorsehen, die für ‚normale' Zeugen nicht gelten, sind nur anwendbar, wenn vor dem Urteil (und teilweise weit vor dem Urteil) die Entscheidung getroffen wird, dass es sich bei dem Zeugen tatsächlich um ein Opfer der angeklagten Straftat handelt. Dieses Prinzip der ‚Opfervermutung' widerspricht der Unschuldsvermutung und droht die Unschuldsvermutung außer Kraft zu setzen" so *von Galen* StV 2013, 174; *Salditt* StV 2002, 273 ff.; zusammenfassend bei *Eschelbach*, in: BeckOK § 24 GVG Rn. 13; siehe zur Kritik dessen noch ausführlich Kap.6.B.I.1.

tatsächlichen Täter- und Opfereigenschaften entgegen vorheriger Annahmen verkehren.

Daneben mag auch eine Opferkategorisierung wie bspw. in „besonders schutzbedürftige Verletzte" (so das 3. Opferrechtsreformgesetz[182] in § 406g Abs. 3 StPO) durchaus kritisiert werden. Der Sprachlogik konsequent folgend muss es in weiteren Abstufungen auch schutzbedürftige Verletzte, bloß Verletzte und weniger schutzbedürftige Verletzte geben. Solche Abstufungen können einerseits für vage, andererseits für unangemessen und für nicht sachdienlich gehalten werden.[183] In diesem Zusammenhang wird jedoch schwer von der Hand zu weisen sein, dass Betroffene von Straftaten durchaus mehr oder minder stark verletzt und in solcher Folge auch mehr oder minder schutzbedürftig sein können. Freilich erscheint eine derartig diffizile Unterscheidung, für die ggf. auch fachspezifisches Faktenwissen und oftmals entsprechende Begutachtungen nötig wären, in einem frühen Ermittlungs- oder Verfahrensstadium schwierig zu treffen.

Jedenfalls kann erkannt werden, dass es ebenso wenig eine einheitliche Begriffsbedeutung „des" Kriminalitätsopfers oder „des" Opferzeugen gibt, wie es auch keine solche in Bezug auf „den" Opferschutz geben kann.

Für die Frage nach der Begriffsbedeutung „des Opferschutzes" im hier verstandenen Sinne, kann zunächst zwischen potentiellen und tatsächlichen Opfern infolge von (vermeintlichen) Straftaten differenziert werden.[184] Nur zum Nachteil Letzterer wurde mit rechtlich feststehender Gewissheit eine Straftat begangen. Da sich freilich sowohl potentielle als auch tatsächliche Kriminalitätsopfer auf Grundrechte berufen können,[185] haben jedoch beide Fallgruppen unzweifelhaft rechtliche Bedeutung.[186]

Unbestreitbar verdienen sowohl potentiell als auch real verletzte Menschen Schutz, dies gewiss auf unterschiedliche Weise und in unterschiedlichem

182 Vgl. das Gesetz zur Stärkung der Opferrechte im Strafverfahren (3. Opferrechtsreformgesetz) vom 21.12.2015, BGBl. 2015 I, S. 2526.

183 Letztere Bewertungen teilen etwa *Dölling et al.* (2017), S. 160 f.

184 So auch *Hassemer/Reemtsma* (2002) S. 100 f.; *Hörnle* (JZ) 2006, 950; *Kilchling* NStZ (2002), 57, 58; *Seelmann* (JZ) 1989, 670.

185 Vgl. hierzu Kap.6.B.II.

186 *Hassemer/Reemtsma* (2002), S. 60 ff., 101.

Umfang.[187] Die Realisierungsgefahr tatsächlicher psychischer Verletzungen[188] von zuvor noch nicht real verletzten Menschen sollte idealerweise ausgeräumt, wenigstens vermindert werden.[189] Dann geht es im Gegensatz zu repressive Bestrebungen um präventiven Opferschutz.[190] Bei all dem finden „Opfer" in der rechtspolitischen Diskussion oftmals weniger als personalisierte Einzelpersonen, sondern eher als abstrakte Personengruppen Berücksichtigung. Insoweit geht es eher um diffusen und undefinierten Schutz der Allgemeinheit vor abstrakten Straftaten, also um kollektive Präventions- und Sicherheitsinteressen.[191] In dieser Arbeit sind dagegen STEO als eine konkrete und deutlich eng umrissene Personengruppe zu verstehen. Diese Personen erleben konkrete psychisch-schadensträchtige Straftaten und entwickeln in ihrer Folge hierauf bezogen erhebliche Heilungs- und Schutzbedürfnisse oder werden solche entwickeln. Opferschutz *für* tatsächlich verletzte Menschen impliziert einen Anspruch auf ein gewisses staatliches Schutzminimum eines jeden Menschen nach erlittenen Straftaterfahrungen.[192]

Die Bedeutung des Begriffs „des Opferschutzes" im hier verstandenen Sinne soll in Anlehnung an *Baurmann/Schädler*[193] und *Wollmann*[194] formell-rechtlich – also strafprozessual orientiert – zu verstehen sein. Angesprochen sind in folgender Begutachtung themenorientiert vor allem die Rolle und der Schutz erwachsener Opfer(-Zeugen) vor und während eines Strafverfahrens. Also soll der Begriff „Opfer", der im weiteren Verlauf der Arbeit auch einer sprachlichen Erleichterung halber zugrunde gelegt wird, jene schutzbedürftigen Menschen

---

187 *Hassemer/Reemtsma* (2002), S. 101 beschreiben, *„mögliche Opfer"* befänden sich im Gegensatz zu *„wirklichen Opfern" „in einer völlig anderen Position"*. Ersteren stünde von Rechts wegen *„keine Entschädigung zu, sondern Schutz"*. Gleichwohl dürften jedoch auch *„wirkliche Opfer"* schutzbedürftig sein, so dass dieser absoluten Differenzierung (*„völlig andere Position"*) nicht gefolgt werden kann, siehe vertiefend hierzu noch Kap.4., 5., 6.

188 Dabei können Verletzungen durch Straftaten insbesondere auch die Psyche betreffen, siehe hierzu Kap.4.

189 Zu präventivem Opferschutz vgl. vertiefend *Daimagüler* (2016), S. 11 ff.

190 *Baurmann/Schädler* (1991), S. 24 meinen dagegen, dass präventive Maßnahmen, die vor der Opferwerdung überhaupt schützen sollen und sich sowohl an potentielle Täter als auch an potentielle verletzte Personen richten, grundsätzlich nicht zum Opferschutz zählen.

191 Vgl. *Hörnle* (JZ) 2006, 950.

192 *Wollmann* (2008), S. 35.

193 *Baurmann/Schädler* (1991), S. 24.

194 *Wollmann* (2008), S. 35.

meinen, die Betroffene einer Straftat gewesen sind oder gewesen sein könnten. Unter dem Begriff des „Opferzeugen" sollen jene Menschen zu verstehen sein, die über solche Erlebnisse oder Erfahrungen berichten können bzw. müssen (vgl. §§ 48 Abs. 1, 57 StPO). Im Besonderen soll in dieser Arbeit vor allem ihr Schutzbedürfnis vor einer möglichen sog. sekundären Viktimisierung[195] aufgrund der Durchführung eines Strafverfahrens thematisiert werden.

II. Viktimisierung

Der Begriff „Viktimisierung" meint „Opferwerdung" und umschreibt damit einen Prozess, durch den eine Person[196] durch eine Straftat geschädigt, also zum Opfer wird. Er entstammt dem englischen Begriff „victimization".[197] Dieser wird sowohl mit „Viktimisierung", als auch „Viktimisation" ins Deutsche übersetzt. Die Begriffe werden teilweise synonym, teilweise unterschiedlich verwendet. Etwa in der Weise, wie es *Kirchhoff/Sessar* vorgeschlagen haben:[198] Danach wird „mit Viktimisation eher das abstrakte Phänomen (bspw.: Frauen und Kinder erleben die gewalttätige Viktimisation vor allem in ihrem sozialen Nahraum) und mit „Viktimisierung" eher das konkrete Erlebnis (bspw.: Diese Viktimisierung, geschehen durch die Schlägerei, verletzte den Mann nicht nur physisch, sondern auch psychisch)" verstanden.[199] Da es hier nicht um abstrakte Beschreibungen, sondern um konkrete, tatsächliche oder potentielle Straftaterlebnisse und deren Folgen geht, geht es nach dieser vorgenommenen Unterscheidung um Viktimisierung.

III. Mittelbare Anschlussviktimisierung durch Strafverfahren

Menschen können infolge menschlich veranlasster Kausalverläufe[200] – gerade infolge strafbewährter Handlungen – direkt oder indirekt psychisch geschädigt,

---

195 Zu diesem (vorläufigen) Begriff siehe sogleich.

196 Vgl. *Baurmann/Schädler* (1991), S. 15 Fn. 3., „[…] [n]ach Meinung einiger Viktimologen können auch eine Institution und sogar Strukturen, Regeln, Gesetz – ganz abgesehen von Sachen bzw. Tieren – zu Opfern werden".

197 Seit 1984 bezeugte Lehnübersetzung, vgl. *Robert* (2009), S. 2706; vgl. zur etwas prätentiösen Kennzeichnung als *„Viktimo-Dogmatik"* bei *Schünemann* NStZ (1986), 439 ff m.w.N. (insb. Fn. 64).

198 *Kirchhoff/Sessar* (1979), S. 7 ff. m.w.N.; zusammenfassend bei *Baurmann/Schädler* (1991), S. 15.

199 *Kirchhoff/Sessar* (1979), S. 8 m.w.N.; vgl. auch *Baurmann* (1996), S. 21 ff., insbesondere S. 41 f.; zusammenfassend bei *Baurmann/Schädler* (1991), S. 15.

200 Hier sollen nur menschlich verursachten psychischen Traumata (sog. man-made desasters) und nicht zufallsbedingter psychischen Traumata eine Rolle spielen, vgl. zu dieser Unterscheidung Kap.4.B.I.1.

also zu Opfern werden.[201] Indirekte psychische Folgeschädigungen können durch schadenträchtiges Verhalten des persönlichen Nahbereichs des Opfers, aber auch durch belastende Handlungen von beruflich agierenden Personen – wie bspw. auch Ermittlungspersonen – entstehen.[202] Von „Angehörigen strafverfolgender Institutionen wird zu Recht erwartet, dass gerade sie besonders schonend, fürsorglich und umsichtig mit den Betroffenen umgehen"[203] sollten. „Verhalten sich diese Personengruppen gegenüber Kriminalitätsopfern derart, dass zusätzliche Belastungen oder Schädigungen entstehen oder beginnende Heilungsprozesse gestört werden",[204] wird – wohl obige Differenzierungen unberücksichtigt lassend – von einer „indirekten Viktimisation"[205] gesprochen. Diese „indirekte Viktimisation" wird in der Fachliteratur meist auch als „sekundäre Viktimisation" bezeichnet – in Abgrenzung zur „primären Viktimisation", die jene durch die (vermeintliche) Straftat, d.h. „direkt verursachten Schäden und Verletzungen" meint.[206]

Mit oben gefundenen Unterscheidungen müsste eine solche Erfahrung zunächst besser „primäre Viktimisierung" genannt werden. Die Gefahr einer „sekundären Viktimisierung" durch Strafverfahren überhaupt bezweifelt dagegen etwa *Albrecht*.[207] Er und jüngst offenbar auch *Neuhaus*[208] gehen davon aus, dass das Strafverfahren zu einer besseren Verarbeitung der „primären Viktimisierung" beitrage. Die empirischen Grundlagen dieser Behauptung bleiben allerdings offen.

Von dem vorläufigen Begriff der (konkreten) „sekundären oder indirekten Viktimisierung" sollen grundsätzlich sowohl alle positiven, wie auch negativen gesellschaftlichen Reaktionen als umfasst angesehen werden, die die

201 Ähnlich auch *Baurmann/Schädler* (1991), S. 16.

202 Ebd., S. 16.

203 Ebd., S. 16 f.

204 Ebd., S. 16 f.

205 Ebd., S. 16 ff.

206 Vgl. hierzu *Dorsch* (2017), S. 1798; vgl. auch *Kölbel/Bork* (2012), S. 4 ff.; *Kölbel* ZStW 119 (2007), 334 ff.; *Baurmann/Schädler* (1991), S. 16 ff.; krit. *Eschelbach*, in: BeckOK § 24 Rn. 12 ff. GVG m.w.N.

207 *Albrecht* (2005), S. 143.

208 So findet *Neuhaus*, StV 2017, 55, 56, „[…] [g]anz im Gegenteil: Die Mitwirkung im Prozess kann eine Erfahrung sein, die bei der Verarbeitung der Tat und ihrer Folgen hilfreich ist: Gefühle, dem Verfahren ausgeliefert und erneut (!) fremdbestimmt zu sein, können abgemildert, das Erleben eigener Einwirkungsmöglichkeiten kann gestärkt werden." Offen lässt *Neuhaus* dann inwiefern eine solche „Stärkung" geschehen sollte. Er gibt dann aber zu, dass „[..] insoweit jede empirische Absicherung fehlt".

ursprüngliche (primäre) „Opferwerdung" verstärken; dies insbesondere durch den Umgang mit Opferzeugen im Strafverfahren.[209]

Da mit einer Kategorisierung in eine primäre, sekundäre oder tertiäre Viktimisierung[210] immer noch eine qualitative Klassifizierung im Sinne von Opfertypen assoziiert werden kann und diese Unterscheidung nicht selten äußerst vage und mehrdeutig verschiedene Zugriffsformen auf das Opfer miteinander vermengt, soll für dieses Phänomen im Folgenden – im Sinne der juristischen Konnotation des Adjektivs „mittelbar" – der Oberbegriff *mittelbare Anschlussviktimisierung* begründet werden. Eine zweite, dritte oder gar vierte „Opferwerdung" infolge konkreter gesellschaftlicher oder justizieller Anschlussreaktionen auf eine Straftat sollte mit der durch eine Straftat selbst bewirkten konkreten Viktimisierung nicht pauschal in ihrem qualitativen Wirkgrad verknüpft werden. Die Begriffsbedeutungen der sekundären, tertiären … Viktimisierung kann jedoch eben derartiges implizieren, wenn es die Viktimisierungen in numerischen Reihen beschreibt, gänzlich ohne hierbei die Zugriffsformen, -intensitäten und -intentionen zu berücksichtigen. Auch kann nicht immer gesichert differenziert werden, ob das Opfer durch positive wie negative Gesellschaftsreaktionen sekundär oder tertiär „erneut geschädigt" wird oder ob die erfolgte primäre Viktimisierung durch die Straftat weiter – genauer, etwa im Sinne einer perpetuierenden Viktimisierung – vertieft wird, oder ob beides der Fall ist. Wie lautet dann der korrekte Ausdruck?

Angesichts der schlichten Tatsache einer nicht von der Hand zu weisenden Realisierungsgefahr einer zusätzlichen, *und/oder* einer vertiefenden, Schädigung der menschlichen Psyche aufgrund der Durchführung eines Strafverfahrens[211] scheinen derartige Unterscheidungen für hiesige Zwecke ohne Belang zu sein. Im Sinne eines umfassenderen Oberbegriffs umschreibt der Terminus der *„mittelbaren Anschlussviktimisierung"* dagegen zutreffend und hinreichend entsprechende gesellschaftliche Anschlussreaktionen. Diese können auf vielfältige Weise – nämlich sowohl hinzutretend und verstärkend als auch konstituierend – negative Einflüsse auf psychische Heilungsprozesse von Kriminalitätsopfern haben, ohne dass solche unmittelbar beabsichtigt, noch aber weniger intensiv eingreifend wären, als der Zugriff auf das Opfer durch eine Straftat an sich.

209 Vgl. hierzu *Volbert/Pieters* (1993), S. 13; krit. *Eschelbach*, in: BeckOK § 24 Rn. 12 ff. GVG m.w.N; krit. auch *Cierniak/Niehaus*, in: MüKoStPO (2016) Band 2 § 247 Rn. 22 f.; *Kölbel*, in: Barton/Kölbel (Hrsg.) (2012), S. 213; *Kölbel/Bork* (2012), S. 4 ff.

210 Vgl. zu diesen Begriffen *Kölbel/Bork* (2012), S. 4 ff.; krit. *Eschelbach*, in: BeckOK § 24 Rn. 12 ff. GVG m.w.N.

211 Siehe zu dieser „schlichten Tatsache" genauer Kap.4.

B. § 58a StPO – Beweisgewinnung mittels Videotechnik

Nachdem die grundlegenden Begriffsbedeutungen beschrieben wurden, soll sich nun den hier maßgeblichen Rechtsgrundlagen zugewandt werden. In aktueller Form heißt es in § 58a StPO:

§58a[212]
Aufzeichnung der Vernehmung in Bild und Ton

(1) [1]Die Vernehmung eines Zeugen kann in Bild und Ton aufgezeichnet werden. [2]Sie soll nach Würdigung der dafür jeweils maßgeblichen Umstände aufgezeichnet werden und als richterliche Vernehmung erfolgen, wenn
   1. damit die schutzwürdigen Interessen von Personen unter 18 Jahren sowie von Personen, die als Kinder oder Jugendliche durch eine der in § 255a Absatz 2 genannten Straftaten verletzt worden sind, besser gewahrt werden können oder
   2. zu besorgen ist, dass der Zeuge in der Hauptverhandlung nicht vernommen werden kann und die Aufzeichnung zur Erforschung der Wahrheit erforderlich ist.

(2) [1]Die Verwendung der Bild-Ton-Aufzeichnung ist nur für Zwecke der Strafverfolgung und nur insoweit zulässig, als dies zur Erforschung der Wahrheit erforderlich ist. [2]§ 101 Abs. 8 gilt entsprechend. [3]Die §§ 147, 406e sind entsprechend anzuwenden, mit der Maßgabe, dass den zur Akteneinsicht Berechtigten Kopien der Aufzeichnung überlassen werden können. [4]Die Kopien dürfen weder vervielfältigt noch weitergegeben werden. [5]Sie sind an die Staatsanwaltschaft herauszugeben, sobald kein berechtigtes Interesse an der weiteren Verwendung besteht. [6]Die Überlassung der Aufzeichnung oder die Herausgabe von Kopien an andere als die vorbezeichneten Stellen bedarf der Einwilligung des Zeugen.

(3) [1]Widerspricht der Zeuge der Überlassung einer Kopie der Aufzeichnung seiner Vernehmung nach Absatz 2 Satz 3, so tritt an deren Stelle die Überlassung einer Übertragung der Aufzeichnung in ein schriftliches Protokoll an die zur Akteneinsicht Berechtigten nach Maßgabe der §§ 147, 406e. [2]Wer die Übertragung hergestellt hat, versieht die eigene Unterschrift mit dem Zusatz, dass die Richtigkeit der Übertragung bestätigt wird. [3]Das Recht zur Besichtigung der Aufzeichnung nach Maßgabe der §§ 147, 406e bleibt unberührt. [4]Der Zeuge ist auf sein Widerspruchsrecht nach Satz 1 hinzuweisen.

---

212 Fassung aufgrund des Gesetzes zur Einführung der elektronischen Akte in der Justiz und zur weiteren Förderung des elektronischen Rechtsverkehrs vom 05.07.2017 (BGBl. 2017/ I., S. 2211) in Kraft getreten am 01.01.2018. In der vorherigen Fassung aufgrund des Gesetzes zur Stärkung der Rechte von Opfern sexuellen Missbrauchs (StORMG) vom 26.06.2013, in Kraft getreten am 01.09.2013 (BGBl. 2013/ I., S. 1805) hieß es in § 58a Abs. 1 S. 1 StPO bis zum 01.01.2018 noch „Die Vernehmung eines Zeugen kann auf Bild-Ton-Träger aufgezeichnet werden […]".

Einer „Generalklausel ähnlich“[213], regelt die Vorschrift des § 58a Abs. 1 S. 1 StPO allgemein die Zulässigkeit der Aufzeichnung von Zeugenvernehmungen auf Bild-Ton-Träger[214]. In ihrem ersten Absatz enthält die Norm einen Befugnistatbestand, der Vernehmungsaufzeichnungen generell gestattet. § 58a Abs. 2 StPO normiert dagegen keine reine Verwendungsregelung für das Ermittlungsverfahren, sondern dient auch zu „Zwecke[n] des laufenden oder eines anderen anhängigen Strafverfahrens“[215], gilt also auch *zur Vorbereitung einer* Hauptverhandlung sowie zur Vorbereitung von Ermittlungs- oder Hauptverfahren für andere Strafverfahren.[216] Für die konkrete Verwendung als Vernehmungssurrogat in der Hauptverhandlung ist hingegen § 255a StPO als *lex specialis* zu § 58a Abs. 2 StPO – und von diesem unberührt[217] – einschlägig.

I. Begriffsbestimmung des Zeugen im Sinne des § 58a StPO

Nach überwiegender Ansicht ergibt sich der Zeugenstatus (auch jener im Sinne der §§ 58a, 255a StPO) allein aus einer Zeugeneigenschaft, die nicht aufgrund materieller, sondern aufgrund formaler Kriterien bestimmt wird.[218] Hiernach ist Zeuge, wer ohne durch eine andere Verfahrensrolle von dieser Position ausgeschlossen zu sein, vor dem Richter seine Wahrnehmungen über Tatsachen kundgeben soll.[219]

---

213 *Burhoff* (2010a), Rn. 1958.

214 Trotz der jüngsten Wortlautänderung in § 58a Abs. 1 S. 1 StPO durch das Gesetz zur Einführung der elektronischen Akte in der Justiz und zur weiteren Förderung des elektronischen Rechtsverkehrs vom 05.07.2017 (BGBl. 2017 I, S. 2211) ändert sich an der weiterhin akuten Problematik rund um Fragen der Beweiserhebung, Speicherung und Beweisverwertung einer Bild-Ton-Aufzeichnung bzw. eines Bild-Ton-Trägers nichts, sodass auch orientiert an der unverändert belassenen amtlichen Überschrift des § 58a StPO diese Bezeichnungen weiterhin verwendet werden sollen.

215 Vgl. die Gesetzesbegründung in BT-Drucks. 13/7165, S. 7.

216 *Maier*, in: MüKoStPO (2014) Band 1 § 58a Rn. 69; *Senge*, in: KK StPO (2013) § 58a Rn. 10; *Ignor/Bertheau*, in: LR § 58a Rn. 31; so auch *Schmitt*, in: Meyer-Goßner/Schmitt (2018) § 58a Rn. 10. Allerdings sieht dieser § 255a StPO durch § 58a Abs. 2 StPO ergänzt und § 255a StPO nicht als von § 58a Abs. 2 StPO unabhängige *lex specialis* Regelung; siehe zum Zusammenhang dieser Vorschrift zu § 255a StPO noch genauer Kap.2.C.II. [Hervorhebung durch den Verfasser].

217 Dies ist umstritten, siehe hierzu sogleich.

218 *Schmitt*, in: Meyer-Goßner/Schmitt (2018) Vor § 48 StPO Rn. 1; *Roxin/Schünemann* (2017) § 26, Rn. 1 m.w.N.

219 Vgl. nur RGSt 52, 289.

II. Die Aufzeichnungsmöglichkeit gemäß § 58a Abs. 1 S. 1 StPO

1. Anwendungsbereichseröffnung

Eine ausdrückliche Regelung zum Anwendungsbereich der Norm war angesichts ihrer systematischen Stellung innerhalb der allgemeinen Vorschriften entbehrlich. Aus ihr geht hervor, dass die Vorschrift im Ermittlungsverfahren anwendbar ist.[220] Sowohl Gesetzgebungsgeschichte,[221] als auch ein Gegenschluss zu § 58a Abs. 1 S. 2 Nr. 2 StPO, stützen diesen Befund, wonach die Aufzeichnung erfolgen soll, wenn zu besorgen ist, dass der Zeuge „in der Hauptverhandlung" nicht vernommen werden kann. Auch spricht hierfür die Existenz des § 247a StPO als *lex specialis* für Hauptverhandlungen.[222]

Die konkrete Anwendung des § 58a Abs. 1 S. 1 StPO steht im pflichtgemäßen Ermessen der jeweiligen Strafverfolgungsbehörde.[223] § 58a Abs. 1 S. 1 StPO normiert eine bloße Aufzeichnungsmöglichkeit und stellt keine weitergehenden Voraussetzungen für die Anfertigung einer Bild-Ton-Aufzeichnung einer Zeugenvernehmung. Vor Einführung dieser Vorschrift wurden technische und rechtspolitische Fragen normbezogen kontrovers diskutiert.[224] Grundsätzlich kann *jede* Vernehmung aufgezeichnet werden. Dabei war im ursprünglichen Gesetzesentwurf eine derart weitreichende Ermächtigungsgrundlage zunächst nicht vorgesehen.[225] Für die Eröffnung der Aufzeichnungsmöglichkeit mussten

---

220 Anders *Keiser* (1998), S. 355, die die Position des § 58a StPO bei den Vorschriften über die Stellung des Zeugen als „[*u*]*nglücklich*" beurteilt, da weniger die rechtliche Situation des Zeugen eine Rolle spielte, als vielmehr die Gestaltung der Dokumentation und seiner Vernehmung.

221 Vgl. BR-Drs. 175/96, S. 11: „Die Vorschrift betrifft Bild-Ton-Aufzeichnungen der Vernehmungen von Zeugen unter sechzehn Jahren im Ermittlungsverfahren"; vgl. ferner: BT-Drs. 13/165.

222 Vgl. hierzu Senge, in: KK StPO (2013) § 58a Rn. 3; *Ignor/Bertheau*, in: LR § 58a Rn. 6; *Schmitt*, in: Meyer-Goßner/Schmitt (2018) § 58a Rn. 2; *Maier*, in: MüKoStPO (2014) Band 1 § 58a Rn. 19.

223 Vgl. dazu ausführlich Senge, in: KK StPO (2013) § 58a Rn. 3; *Ignor/Bertheau*, in: LR § 58a Rn. 6; *Schmitt*, in: Meyer-Goßner/Schmitt (2018) § 58a Rn. 2; vgl. auch zu einer abzulehnenden und nicht notwendigen Umdeutung des *kann* in § 58a Abs. 1 S. 1 StPO in ein *soll* bei *Helmig* (2000), S. 91 f.

224 Vgl. *Kintzi* (DRiZ) 1996, 184, 188; vgl. auch *Griesbaum*, NStZ (1998), 433, 437, 439; *Laubenthal* (JZ) 1996, 335, 341 m.w.N.; *Zschockelt/Wegner* NStZ (1996), 305 ff.; vgl. ausführlich *Mildenberger* (1995), S. 191 ff. Im Hinblick auf diesen innerhalb der Literatur bestehenden Streit hat § 58a StPO demnach konstitutive und nicht lediglich deklaratorische Bedeutung; so auch *Rogall*, in: SK-StPO § 58a Rn. 1.

225 BT-Drs. 13/7165, S. 3.

gemäß einer Entwurfsfassung zwei Bedingungen notwendig erfüllt sein: Zum einen musste zu besorgen sein, dass der Zeuge in der Hauptverhandlung nicht vernommen werden kann. Zum anderen musste die Aufzeichnung zur Erforschung der Wahrheit unerlässlich sein. Diese allgemeinen Zulässigkeitsbedingungen wurden in der gesetzgewordenen Form der Aufzeichnungsmöglichkeit in § 58a Abs. 1 S. 1 StPO gestrichen. Diese wurde dann jedoch in ähnlicher Form als Voraussetzung in das Aufzeichnungsgebot des § 58a Abs. 1 S. 2 Nr. 2 StPO verortet.[226] Auch ein vom Bundesrat zunächst beabsichtigter enumerativer Straftatenkatalog wurde in der gesetzgewordenen Fassung nicht berücksichtigt.[227] Hieraus erwuchsen sodann diverse auslegungsbezogene Restriktionsbestrebungen.

2. *Keine teleologische Reduktion des § 58a Abs. 1 S. 1 StPO*

Vielfach wird in der Wissenschaft darüber gestritten, ob und inwieweit § 58a Abs. 1 S. 1 StPO Restriktionen erfahren sollte. Wegen des soeben beschriebenen, weit gefassten Anwendungsbereichs des § 58a Abs. 1 S. 1 StPO, der einen „erheblichen Eingriff in das allgemeine Persönlichkeitsrecht des Zeugen nach Art. 2 Abs. 1 GG i. V. m. Art. 1 GG" darstelle,[228] werden Reduktionen des Anwendungsbereichs vorgeschlagen, die letztlich auf ein ähnliches Ergebnis hinauslaufen und sich auch inhaltlich kaum unterscheiden. Aus dem grundsätzlichen weiten Anwendungsbereich der Norm folgt die entsprechende Entscheidungsrelevanz dieser Frage auch für die hier zentralisierte Opferzeugengruppe.

Einerseits wird eine teleologische Reduktion auf sog. „Alltagsfälle" vorgeschlagen.[229] So wird in als verfassungskonform einschränkend deklarierter

---

226 *Thoma* (2003), S. 60 ff., wirft die Frage auf, ob der in § 58a Abs. 2 StPO für die spätere Aufzeichnungsverwendung vorgesehene Vorbehalt der Wahrheitserforschung eine grundsätzliche Einschränkung des § 58a Abs. 1 S. 1 StPO bedeute. Diese These ist jedoch bereits wegen des gleichlautenden § 58a Abs. 1 S. 2 Nr. 2 StPO zu verwerfen, da die darin verankerte Voraussetzung der Wahrheitserforschung keinen Sinn ergeben würde und somit leerliefe.

227 Vgl. BR-Drs. 933/97, S. 2; deswegen ist die Aussage von *Schlüchter/Greff* Kriminalistik (1998), 530, 534, Voraussetzung für die Vernehmungsaufzeichnung gem. § 58a StPO sei eine Straftat gem. den §§ 174–184c, 211–222, 225 StPO insoweit missverständlich, als dies erst eine Voraussetzung für eine spätere Ersetzung gemäß § 255a Abs. 2 StPO ist.

228 Vgl. etwa *Schmoll* (1999), S. 91; und *Wollmann* (2008), S. 43.

229 *Rieß* (StraFo) 1999, 2; *Rogall*, in: SK-StPO § 58a Rn. 13; ohne tiefere Begründung *Nevermann-Jaskolla* (2004), S. 247 m.w.N.

Auslegung befürwortet, dass die Aufzeichnung zumindest „zur Erforschung der Wahrheit erforderlich" sein müsse.[230] Dies jedoch widerspräche evident dem Wortlaut der Norm. Damit würde nämlich die Voraussetzung des § 58a Abs. 1 S. 2 Nr. 2 StPO rückwärts und entgegen oben beschriebener gesetzgewordener Konzeption des Gesetzgebers in § 58a Abs. 1 S. 1 StPO hineingelesen. Dieser Vorschlag verdient – ungeachtet eines ob der doch recht seltenen Anwendung des § 58a Abs. 1 S. 1 StPO[231] zu bezweifelnden Restriktionsbedürfnisses – schon deshalb keine Zustimmung. Weiter wird im Hinblick auf eine (Nicht-) Anwendung der Norm eine „sorgfältige Abwägung am Maßstab der Verhältnismäßigkeit im Einzelfall" befürwortet.[232] Genährt wird der Drang nach einer einschränkenden Interpretation des § 58a Abs. 1 S. 1 StPO vor allem durch bestehende – sogleich als berechtigt herauszustellende – Zweifel, ob infolge des grundsätzlich weiten Anwendungsbereichs dieser Vorschrift in nennenswertem Umfang von ihr Gebrauch gemacht wird. Letztlich beabsichtigen jene Vertreter also, den Wortlaut der Norm im Wege der teleologischen Reduktion an ihren praktischen Nichtgebrauch anzugleichen.[233] So wird in diesem Zusammenhang vielfach argumentiert, der „technische Aufwand pro Vernehmung sei viel zu groß".[234] Der tatsächliche Nichtgebrauch einer Vorschrift durch den Rechtsanwender aber sollte nicht über die konkrete Ausgestaltung derselben bestimmen können. Ansonsten würden so Normanwendung und Normausgestaltung in den Händen der Rechtsanwender liegen. Dies jedoch würde den Grundsatz der Gewaltenteilung konterkarieren (vgl. Art. 20 Abs. 3 GG).

Jene Vorschläge missachten zudem die grundlegenden gesetzgeberischen Entscheidungen in der Vorschrift des § 58a StPO mit einem generellen (Abs. 1 S. 1) und einem spezielleren (Abs. 1 S. 2) Befugnistatbestand. Eine Notwendigkeit, den Auffangtatbestand des § 58a Abs. 1 S. 1 StPO *de lege ferenda* im Sinne der spezielleren Vorschrift auszulegen, sie also einander anzugleichen und damit die *lex generalis* Vorschrift unter Missachtung des verfassungsrechtlichen Gewaltenteilungsgrundsatz faktisch leerlaufen zu lassen ist, nicht zu befürworten.

---

230 *Burhoff* (2010a), Rn. 1960; ähnlich auch *Maaß* (2012), S. 50 f.

231 Siehe hierzu sogleich.

232 *Schmitt*, in: Meyer-Goßner/Schmitt (2018) § 58a StPO Rn. 4; *Ignor/Bertheau*, in: LR § 58a Rn. 12.

233 So auch offenbar *Swoboda* (2002), S. 376 f., die sich von der *„schrankenloser Weite"* des § 58a Abs. 1 S. 1 StPO *„verblüfft"* zeigt, „weil die ohne besonderen Anlass angefertigte Videokonserve für das Verfahren kaum Wert" habe. [Hervorhebungen durch den Verfasser].

234 So *Schmitt*, in: Meyer-Goßner/Schmitt (2018) § 58a StPO Rn. 4; *Ignor/Bertheau*, in: LR § 58a Rn. 12; *Senge*, in: KK StPO (2013) § 58a Rn. 3;

III. Das Aufzeichnungsgebot gemäß § 58a Abs. 1 S. 2 StPO

Dagegen sieht die Vorschrift des § 58a Abs. 1 S. 2 StPO ein *Aufzeichnungsgebot* vor. Sie verengt den Ermessensspielraum des § 58a Abs. 1 S. 1 StPO und begründet durch eine „Soll"-Vorschrift eine grundsätzliche Verpflichtung der Ermittlungsbehörden, entsprechende Zeugenbekundungen videotechnologisch aufzuzeichnen.[235] Diese grundsätzliche Aufzeichnung*pflicht* des § 58a Abs. 1 S. 2 StPO soll ihrer Ratio nach „in erster Linie kindliche Opferzeugen vor erheblichen Belastungen durch die im Laufe des Strafverfahrens durchgeführten Vernehmungen"[236] schützen. Gleichzeitig dient sie der Konservierung der Erstaussage. Sie visiert also auch Aspekte der Beweissicherung an.[237] Mit frühzeitiger – und idealerweise auch umfassender – erster technologisch unterstützter Vernehmung durch den Ermittlungsrichter (vgl. § 58a Abs. 1 S. 2 StPO) kann den von Gesetzes wegen zu vermeidenden Gefahren wirksam begegnet werden.[238] Nach § 255a Abs. 2 S. 1 StPO kann die so richterlich erstellte Videoaufzeichnung eine spätere persönliche Vernehmung eines minderjährigen Zeugen oder eines Zeugen, der als Minderjähriger Opfer enumerativ aufgezählter Delikte wurde (vgl. § 255a Abs. 2 S. 1 StPO), in der Hauptverhandlung ersetzen.[239]

1. § 58a Abs. 1 S. 2 Nr. 1 StPO

Grundsätzlich sind Vernehmungen auf Video aufzuzeichnen, die unter den Tatbestand dieser Befugnisnorm fallen, sofern keine besonderen Umstände vorliegen, die einen Verzicht hierauf gestatten, nahelegen oder fordern.[240] Auch hier wird vorgeschlagen – schon unter Geltung einer älteren Rechtslage, die noch die Altersgrenze „unter 16 Jahren" statuierte – die Regelung nicht auf „Alltagsfälle, wie [etwa] jugendliche Opfer bei Straßenverkehrsdelikten, anzuwenden".[241]

---

235 So auch BGH v. 8. 7. 2004 - 1 StR 273/04 = NStZ-RR 2004, 336; *Ignor/Bertheau*, in: LR § 58a Rn. 16; vgl. auch *Trück*, NStZ (2004), 129.

236 BT-Drs. 13/7165, S. 4, 6.

237 So für minderjährige Opferzeugen BGH v.16.05.1995 - 4 StR 237/95 = NStZ 1995, 558; BGH v. 23.8.1995 - 3 StR 163/95 = NJW 1996, 206, 207.

238 Vgl. dazu auch BT-Drs. 13/7165, S. 4, 6; vgl. auch *Lingenberg* (2003), S. 131 f., der für eine richterliche Vernehmung des Zeugen plädiert, die von einem obligatorischen Antrag der Staatsanwaltschaft abhängig sein soll. Allerdings favorisiert er als Zeitpunkt der ermittlungsrichterlichen Vernehmung das Ende des Vorverfahrens.

239 Siehe hierzu Kap.2.C.

240 *Burhoff* (2010a), Rn. 1961; *Ignor/Bertheau*, in: LR § 58a Rn. 16; *Rogall*, in: SK-StPO 58a Rn. 13 ff.

241 So *Hartz* (2004), S. 91; ausdrücklich auch *Schmitt*, in: Meyer-Goßner/Schmitt (2018) § 58a Rn. 6; *Rieß* NJW 1998, 3240, 3241 Fn. 24; *Rieß* (StraFo) 1999, 2.

Dieser Streit ist auch für die in vorliegender Arbeit diskutierten Extensionsüberlegungen der Bild-Ton-Vorschriften zugunsten STEO von Belang, weil bejahendenfalls eben jene Diskussionen analog zu befürchten wären.

Zur Begründung wird in diesem Zusammenhang einmal mehr auf „die Ressourcenknappheit“[242] verwiesen, die für das Absehen von einer videotechnologischen Opferzeugenvernehmung, also für die Nichtanwendung des § 58a Abs. 1 S. 2 Nr. 1, sprechen würde. So erwähnt etwa *Schöch* unter Verweis auf die Untersuchung von *Vogel*[243] den von Staatsanwälten und Richtern vorgetragenen „erhöhten Aufwand einer Videoaufzeichnung“.[244] Wegen der restriktiven Verwendungsmöglichkeit[245] wird vorgeschlagen, § 58a Abs. 1 S. 2 Nr. 1 StPO auf die Fälle des § 255a Abs. 2 StPO teleologisch zu reduzieren. Nur in diesen Fällen könne nach dem Wortlaut des § 255a Abs. 2 StPO eine vollständige Ersetzung der unmittelbar-persönlichen Aussage überhaupt erfolgen, sodass „nichts dafür spreche, die Videovernehmung über diese Konstellationen hinaus zur Regel zu machen“.[246] Auch *Swoboda* plädiert dafür, den Anwendungsbereich des § 58a Abs. 1 S. 2 Nr. 1 StPO in dieser Hinsicht einzuschränken.[247] Ihrer Ansicht nach stellt diese Vorschrift lediglich eine besondere Ausformung des Beweissicherungstatbestandes des § 58a Abs. 1 S. 2 Nr. 2 StPO dar. Folglich sei die einschränkende Wertung jener Alternative – die Erforderlichkeit der Wahrheitserforschung – auf die Fallgestaltungen von Nr. 1 zu übertragen.[248] Nach *Maaß* missachten die aufgezeigten Vorschläge zur Einschränkung des Anwendungsbereichs von § 58a Abs. 1 S. 2 Nr. 1 StPO dagegen die Situation derjenigen minderjährigen Zeugen, die zwar „keinen schwerwiegenden Misshandlungen und Missbrauch ausgesetzt waren, die aber gleichwohl Opfer, bspw. einer einfachen Körperverletzung nach § 223 StGB wurden oder schlichtweg durch das Erlebnis, über das sie berichten sollen, traumatisiert sind“.[249]

Eben dieser opferschutzbezogene Sinnbezug ist dann wenigstens *de lege lata* in § 58a Abs. 1 S. 2 Nr. 1 StPO ausschlaggebendes Kriterium. Ebensolche Argumente gelten freilich auch für opferschutzorientierte Vorschriften *de lege ferenda*. Auch wenn eine Vernehmungsaufzeichnung einen Auftritt in der

242 *Wollmann* (2008), S. 107.
243 *Vogel* (2003) S. 91 f., 123 f., 231 f.; siehe hierzu noch sogleich Kap.2.B.IV. a.E. und Kap.4.B.III.1.e).
244 Vgl. *Schöch*, in: Weißer Ring (2002) S. 14; *Wollmann* (2008), S. 107, Fn. 677.
245 Dazu sogleich.
246 *Schmoll* (1999), S. 109; vgl. hierzu auch *Ignor/Bertheau*, in: LR § 58a Rn. 17 f.
247 *Swoboda* (2002), S. 379.
248 Ähnlich wohl auch *Wollmann* (2008), S. 107 f.
249 So *Maaß* (2012), S. 61.

Hauptverhandlung im Einzelfall nicht ersparen kann, so können doch jedenfalls durch eine Aufzeichnung Mehrfachvernehmungen vermieden werden. Weiterhin sprechen rechtsdogmatisch sowohl Wortlaut als auch Systematik und Telos der Vorschriften gegen jedwedes wechselseitige Hineinlesen oder Vertauschen der diffizilen und unterschiedlichen Tatbestandsmerkmale in den einzelnen Regelungen des § 58a Abs. 1 S. 1, S. 2 Nr. 1, Nr. 2 StPO. Sonst würden deren unterschiedliche Zweckrichtungen missachtet werden. All jene Vorschläge zur teleologischen Reduktion ignorieren die grundlegenden gesetzgeberischen Entscheidungen, die mit der Schaffung des § 58a StPO als einen generellen (Abs. 1 S. 1) und spezielleren (Abs. 1 S. 2) Regelungsgehalt einhergingen. Eine Notwendigkeit, die einzelnen Tatbestandsmerkmale *de lege ferenda* zu vermischen und damit aus den unterschiedlichen Regelungsinhalten der § 58a Abs. 1 S. 1, S. 2 Nr. 1, Nr. 2 StPO übergesetzlich und zur Begründung mit Verweis auf die gebräuchliche Rechtspraxis tatsächlich eine einzige Befugnisnorm zu schaffen, würde den verfassungsrechtlichen Gewaltenteilungsgrundsatz missachten (Art. 20 Abs. 3 GG). Ferner würden minimale opferschutzgewährende Intentionen ganz leerlaufen. Insoweit sind auch die Reduktionsvorschläge im Zusammenhang mit § 58a Abs. 1 S. 2 Nr. 1 StPO abzulehnen.[250]

2. § 58a Abs. 1 S. 2 Nr. 2 StPO

Demgegenüber betrifft § 58a Abs. 1 S. 2 Nr. 2 StPO altersunabhängig alle Zeugen – und damit auch erwachsene Opferzeugen. Die Norm erfordert zum einen eine begründete Besorgnis, ein (Opfer-)Zeuge werde in der Hauptverhandlung nicht zur Verfügung stehen. Für eine solche Befürchtung müssen regelmäßig konkrete Anhaltspunkte vorliegen; ausreichen soll hierbei eine „kriminalistische Erfahrung“.[251] Zum anderen muss die Aufzeichnung zur Erforschung der Wahrheit erforderlich sein. Demzufolge handelt es sich bei § 58a Abs. 1 S. 2 Nr. 2 StPO um eine Vorschrift, die – anders als Nr. 1 – keine Opferschutzgesichtspunkte, sondern die Beweissicherung und damit das staatliche, verfahrensökonomische Aufklärungsinteresse in den Vordergrund stellt. Bei der Anwendung des § 58a Abs. 1 S. 2 Nr. 2 StPO wird von den Strafverfolgungsbehörden eine gewisse Bedarfsprognose für den Zeitpunkt der Hauptverhandlung erwartet. Opferschutzaspekte spielen bei dieser Vorschrift keine Rolle, bzw. sind allenfalls untergeordneter Nebenzweck.[252]

---

250 Vgl. hierzu auch bei *Maaß* (2012), S. 61 f.

251 So *Schmitt*, in: Meyer-Goßner/Schmitt (2018) § 58a Rn. 7 m.w.N.

252 So auch *Wollmann* (2008), S. 108 m.w.N.

IV. Bestehende Nachteile zulasten erwachsener Opferzeugen im Hinblick auf die Anfertigung von Bild-Ton-Aufzeichnungen gemäß § 58a Abs. 1 StPO

Die tatbestandliche Grundkonzeption des § 58a Abs. 1 S. 2 Nr. 2 StPO, die einer Besorgnis vorbeugen will, dass der Zeuge in der Hauptverhandlung nicht wird vernommen werden können und deshalb die Aufzeichnung zur Erforschung der Wahrheit erforderlich ist, liegen im Grundsatz auch der Vorschrift des § 251 StPO zugrunde. Als Ausnahme von § 250 StPO lässt § 251 StPO Beweissurrogate „im Interesse der Wahrheitsfindung und zur Erleichterung und Beschleunigung des Verfahrens“[253] zu. Ein wesentlicher Unterschied zu § 255a StPO liegt jedoch darin, dass in diesen Fällen regelmäßig ein vernehmungsersetzungsfähiges Vernehmungsprotokoll existiert, weil ein solches im Ermittlungsverfahren zu erstellen *ist* (vgl. §§ 168 ff. StPO). Bild-Ton-Aufzeichnungen hingegen werden bei erwachsenen Opferzeugen nur sehr selten erstellt.[254] Für diese Frage verlangt die Vorschrift des § 58a Abs. 1 S. 2 Nr. 2 StPO diesbezügliche Prognoseentscheidung*en* der jeweiligen Vernehmungsperson.[255]

Die Strafverfolgungsbehörde – oder in Fällen des § 168e S. 4 StPO der vernehmende Ermittlungsrichter – muss zum einen prognostizieren, dass ein (Opfer-)Zeuge – etwa infolge psychischer Beeinträchtigungen – gehindert sein wird, an der oft sehr viel später ggf. stattfindenden Hauptverhandlung teilzunehmen. Zum anderen muss sich die Entscheidung nach § 58a Abs. 1 S. 2 Nr. 2 StPO vor allem am Maßstab der gerichtlichen Aufklärungspflicht (§ 244 Abs. 2 StPO) messen lassen; die Bild-Ton-Aufzeichnung muss also zur Erforschung der Wahrheit erforderlich sein.[256] Sie dient – wie § 251 StPO auch – vor allem der Beweissicherung.[257] Damit sind personenunabhängig verfahrensökonomische Gründe angesprochen. Die durch die Vorschrift umfasste Gruppe von Opferzeugen ist also von dem Erkenntnishorizont der individuell zugeordneten Vernehmungsperson abhängig. Die Irritationen nehmen mit Blick auf § 48 Abs. 3 StPO zu. Durch einen fehlenden Verweis auf § 58a StPO gewährleistet diese Vorschrift nämlich gerade nicht, dass die Ermittlungsbehörden tatsächlich schon an eine entsprechende Prüfung gebunden sind und eine solche regelmäßig und tatsächlich umfänglich

---

253 Vgl. nur *Schmitt*, in: Meyer-Goßner/Schmitt (2018) § 251 Rn. 1. m.w.N.

254 Siehe hierzu sogleich.

255 *Maier*, in: MüKoStPO (2014) Band 1 § 58a Rn. 45.

256 *Senge*, in: KK StPO (2013) § 58a Rn. 7.

257 *Huber*, in: BeckOK § 58a Rn. 9; *Maier*, in: MüKoStPO (2014) Band 1 § 58a Rn. 45.

vornehmen, weil sie dies *müssten*. Gegenteiliges ist der Fall. Eine entsprechende Prüfpflicht ist in § 48 Abs. 3 StPO für diese Fälle gerade nicht normiert.

Der Terminus der „Besorgnis" in § 58a Abs. 1 S. 2 Nr. 2 StPO zeigt dabei, dass eine bloß abstrakte Gefahr, der Zeuge könnte für eine Hauptverhandlung nicht zur Verfügung stehen, gerade nicht genügt. Vielmehr bedarf die prognostische Annahme eines drohenden Beweisverlustes konkreter, auf tatsächlichen Umständen beruhender Anhaltspunkte.[258] Hierfür kommen etwa in Betracht: das Alter, der Gesundheitszustand des Zeugen, seine Ausländereigenschaft oder die Erklärung der Eltern kindlicher Zeugen, ihr Kind nicht in der Hauptverhandlung aussagen lassen zu wollen.[259] Ebenso kann grundsätzlich ein Aufzeichnungsgrund die Erwartung sein, dass die Zeugenvernehmung in der Hauptverhandlung unmöglich sein wird, weil der Zeuge durch die hiermit verbundenen Belastungen Schäden geistiger, körperlicher oder emotionaler Art davontragen könnte.[260] Demzufolge können grundsätzlich auch STEO hierunter fallen. Allerdings muss bereits zum Zeitpunkt ihrer Vernehmung im Ermittlungsverfahren *tatsächlich* absehbar sein, dass die zwingend erforderlichen Vorführgründe der § 255a Abs. 1 i. V. m. § 251 StPO – also konkrete Bedürfnisse für die Verbesserung der Interessen der Verfahrenserleichterung und der Verfahrensbeschleunigung – bestehen werden. Die bloß abstrakte, nie auszuschließende Möglichkeit, dass eine persönliche Zeugenvernehmung in der Hauptverhandlung aus Opferschutzgründen nicht möglich sein werde, reicht nicht aus. Bei einer solchen prognostischen Beurteilung sind konkrete Anhaltspunkte erforderlich.[261]

Das Ermittlungsverfahren ist weithin ein empirischer (Entwicklungs-)Prozess, der konstitutionell durch fortschreitende Veränderungen und wachsende Erkenntnisse über Tatsachen gekennzeichnet ist. Feststehende oder unveränderbare Tatsachen sind in diesem Verfahrensstadium selten. Vielmehr ist es von der Suche nach ihnen geprägt. Die Forderung nach konkreten, tatsächlichen Gewissheiten trotz fehlender Prüfpflicht (§ 48 Abs. 3 StPO) scheint daher nicht ideal. Solche Gewissheiten müssten sich frühzeitig geradezu aufdrängen. Dies ist angesichts der vielfältig

258 *Ignor/Bertheau*, in: LR § 58a Rn. 19; *Senge*, in: KK StPO (2013) § 58a Rn. 7; *Maier*, in: MüKoStPO (2014) Band 1 § 58a Rn. 46.

259 *Senge* in: KK StPO (2013) § 58a Rn. 7.

260 BGH v. 21. 6. 1956 - 3 StR 158/56 = BGHSt 9, 297, 300 = NJW 1956, 1527, 1528.

261 *Ignor/Bertheau*, in: LR § 58a Rn. 19; *Schmitt*, in: Meyer-Goßner/Schmitt (2018) § 58a Rn. 7 meint, dass „[...] [d]ie Erwartung, das Gericht werde in der Hauptverhandlung nach § 255a Abs. 2 S. 1 StPO verfahren, berechtig[e] den vernehmenden Richter nicht, das Vorliegen der Voraussetzungen de[s] § 58a Abs. 1 S. 2 Nr. 2 StPO anzunehmen".

unterschiedlichen pathologischen Entwicklungen von psychischen Traumata nicht der Regelfall.[262] Ein solchermaßen den Ermittlungsbehörden großzügig bemessener Entscheidungsspielraum[263] führt bei Betroffenheit erwachsener Opferzeugen in der Praxis nachweislich zum Leerlauf der Vorschriften.[264] Der erforderlichen zweifache Prognoseüberprüfung, scheint sowohl *de lege lata* als auch in der Rechtspraxis eingeschränkte Bedeutung zuzukommen. So soll durch § 48 Abs. 3 StPO grundsätzlich sichergestellt werden, Untersuchungshandlungen stets unter Berücksichtigung der besonderen Schutzbedürftigkeit von Zeugen vorzunehmen.[265] Die Norm soll also die Berücksichtigung von Schutzbedürfnissen von Zeugen gerade gewährleisten. Hierzu müssen sich Ermittlungsbehörden möglichst frühzeitig mit der Feststellung einer etwaigen Schutzbedürftigkeit von eventuellen Opferzeugen befassen;[266] ferner diese idealerweise fortlaufend überprüfen, wegen der vielfältigen Veränderungen unterliegenden Erkenntnisprozesse. Entsprechender Zeitpunkt einer solchen Erstüberprüfung dürfte regelmäßig schon die erste Vernehmung des Opferzeugen sein, wobei die Vorschrift des § 48 StPO[267] gerade auch für die Strafverfolgungsbehörden gemäß § 161a Abs. 1 S. 2 StPO bzw. § 163 Abs. 3 S. 2 StPO anwendbar und zu befolgen ist. Im Sinne von Regelbeispielen zurrt § 48 Abs. 3 S. 2 StPO dann eine spezielle Schutzgewähr für Opferzeugen fest, wonach Entsprechendes „insbesondere zu prüfen *ist*". In dessen Nummern 1–3 fehlt jedoch ein Verweis auf § 58a StPO. Auch mit diesem systematischen Blick wird deutlich, dass für die beschriebenen prognostischen Beurteilungen weniger die Opferschutzgesichtspunkte als vielmehr die Zwecke der Verfahrensbeschleunigung und Verfahrenserleichterung zählen. Wollte der Gesetzgeber spezielle Opferschutzrechte durch die §§ 58a, 255a StPO effektiv auch zugunsten erwachsener Opferzeugen gewährleistet wissen, hätte er konsequenterweise jene Vorschriften in den Katalog des § 48 Abs. 3 S. 2 StPO aufnehmen müssen, wonach jene speziellen Schutzrechte unbedingt durch die Ermittlungsbehörden in Erwägung zu ziehen *sind*. Nur dann wäre sichergestellt, dass die Ermittlungsbehörden – nicht nur bei minderjährig Betroffenen – tatsächlich an eine entsprechende Prüfung gebunden sind.

---

262 Siehe hierzu Kap.4.

263 Ähnlich *Ignor/Bertheau*, in: LR § 58a Rn 22; *Senge* in: KK StPO (2013) § 58a Rn. 7.

264 Siehe hierzu sogleich.

265 BT-Drs. 18/4621, S. 23.

266 Ebd.

267 Missglückt scheint auch die gesetzliche Überschrift des § 48 StPO. Diese bleibt mit „Zeugenpflichten; Ladung" hinter dem hinzugetretenen Regelungsgehalt des § 48 Abs. 3 StPO zurück, vgl. hierzu Haverkamp (ZRP) 2015, 53, 55; Ferber, NJW 2016, 279; *Kett-Straub* (ZIS) 2017, 343.

Hieraus wird deutlich, dass die für STEO einzig mögliche Beweiserhebungsvorschrift im Sinne einer regelmäßigen Erstellung von Bild-Ton-Aufzeichnungen nach § 58a Abs. 1 S. 2 Nr. 2 StPO nicht wie dessen Nr. 1 Opferschutzgesichtspunkte in den Mittelpunkt rückt. Diese Opfergruppe profitiert nicht vom regelmäßig anzuwendenden § 58a Abs. 1 S. 2 Nr. 1 StPO, weil sie aus Altersgründen aus dem Anwendungsbereich herausfällt. Die Auffangnorm des § 58a Abs. 1 S. 1 StPO demgegenüber bietet infolge ihres Ermessensspielraums weitaus weniger Schutz und Rechtssicherheit.

Diese normtheoretische Bestandsaufnahme wird auch durch die rechtspraktische Befundlage im Hinblick auf den praktischen Nichtgebrauch der Vorschriften gestützt. So gaben etwa Rechtspraktiker in einer empirischen Untersuchung von *Vogel* als Grund für seltenere Bild-Ton-Aufzeichnung von Zeugenvernehmungen im Ermittlungsverfahren eine angeblich „geringere Schutzbedürftigkeit" der Zeugengruppe der erwachsenen Opferzeugen an.[268] Die Begegnung mit dem Angeklagten in der Hauptverhandlung sei ebenso wie die mehrfache Vernehmung für diese Zeugen „weniger belastend".[269] Dies ist in seiner Pauschalität zunächst deshalb kritikwürdig, weil es keine empirischen Hinweise geschweige denn Belege dafür gibt, dass erwachsene Opferzeugen in Strafverfahren „weniger schutzbedürftig" bzw. „weniger belastet" seien. Ebenfalls sind Nachteile für die zentralisierten Prinzipien der Effektivität der Strafrechtspflege, so wohl auch oft verstanden im Sinne einer bestmöglichen ökonomischen Verfahrenserleichterung und Verfahrensbeschleunigung,[270] zu befürchten, da eine Bild-Ton-Aufzeichnung unter allen Vernehmungssurrogaten regelmäßig die stärkste Beweiskraft hat.[271] In diesem Zusammenhang sei schon hier eine jüngere Ausführung des *BGH* angemerkt. Diese unterstreicht einen der zahlreichen Vorteile von Bild-Ton-Aufzeichnungen[272] – hier am konkreten Beispiel ihrer technischen Überlegenheit gegenüber der Zeugenvernehmung einer richterlichen Beweisperson – und stellt fest: „Während das schriftliche Protokoll die Aussage des Zeugen in der Regel nicht wörtlich wiedergibt, vermittelt die Videoaufzeichnung die frühere Aussage des Zeugen – einschließlich der nonverbalen Vernehmungsinhalte und der erfolgten Interaktionen – in allen Einzelheiten sehr viel genauer, als der auf der Grundlage seiner Erinnerung aussagende Richter es könnte."[273] In diesem Sinne äußerten sich auch die von *Vogel* befragten Praktiker

268 Vgl. *Vogel* (2003), S. 91 f., 123 f., 231 f.

269 Ebd.

270 Siehe hierzu schon Kap.1.B. und Kap.6.B.I.4.a).

271 Siehe hierzu Kap.6.B.I.4.a); vgl. hierzu weitergehend bei *Bohlander* (2000), S. 279; *Kilian-Herklotz* (2000), S. 216: *Kölbel* NStZ (2005), 221 f.

272 Siehe hierzu Kap.6.B.I.4.a).

273 BGH v. 12. 2. 2004 - 3 StR 185/03 = BGHSt 49, 72, 78 = BGH NJW 2004, 1605, 1607.

in Bezug auf den Beweiswert einer Videoaufzeichnung gegenüber einer Verlesung der Vernehmungsniederschrift nach § 251 StPO.[274]

Aus alledem ergibt sich folgendes Bild: Sofern – entgegen der Behauptung vieler Vertreter der Rechtspraxis – doch eine wesentliche Schutzbedürftigkeit und eine existenzielle Belastungsgefahr für STEO in und durch Strafverfahren attestiert werden müsste, so bedürfte auch ihrer Ansicht nach das Vernehmungssurrogat der Bild-Ton-Aufzeichnung infolge ihres hohen Beweiswerts[275] entgegen der *lex lata* einer zentraleren Rolle.

Trotz des unbestreitbaren Mehrwertes von Bild-Ton-Aufzeichnungen ergab die Untersuchung von *Vogel* zum bisherigen Einsatz von Videotechnologie in der strafverfahrensrechtlichen Praxis, dass in der Hauptverhandlung letztendlich weniger Videoaufzeichnungen verwendet werden, als im Ermittlungsverfahren noch erstellt wurden; die Quote liegt bei 1:10. Zum einen führt er dies auf die erhöhte Geständnisbereitschaft der Angeklagten infolge des Beweismittels der Bild-Ton-Aufzeichnung zurück; zum anderen bestünden rechtsstaatliche Bedenken gegen eine Verurteilung des Angeklagten aufgrund der Ersetzung der Zeugenvernehmung mittels einer Bild-Ton-Aufzeichnung.[276] Eine gewisse Abneigung der Berufspraxis gegen die technischen Möglichkeiten des 21. Jahrhunderts könnte zudem mit der Sozialisierung der aktuell tätigen Juristen zu tun haben. Diese seien insbesondere im Referendariat nicht dazu ausgebildet, Videotechnologien als Beweismittel zu akzeptieren bzw. zu nutzen. Daher würden auch Simultanvernehmungen gemäß § 247a StPO sehr selten durchgeführt.

Durch konsistentere gesetzliche Regelungen dürften sich die Befürchtungen und eine gewisse erlernte Übung jedoch wesentlich verringern oder verändern. Solche sind in absehbarer Zeit jedoch nicht zu erwarten. So plant die Bundesregierung der aktuellen Legislaturperiode gemäß ihres Koalitionsvertrages einzig: „[...] Einrichtungen, in denen Opfer von Gewalttaten ihre Verletzungen anonym dokumentieren lassen können [zu unterstützen]".[277]

---

274 Vgl. *Vogel* (2003), S. 139 ff.

275 Siehe hierzu Kap.6.B.I.4.a).

276 Vgl. *Vogel* (2003), S. 124 f.

277 Vgl. den aktuellen Koalitionsvertrag zwischen CDU, CSU und SPD für die 19. Legislaturperiode, S. 123 Rn. 5799 – 5800 abrufbar unter http://www.datev.de/lexinform/a0447805.pdf, zuletzt abgerufen am 19.03.2018.

V. Nichtbegründbarkeit einer Altersgrenze als bestimmendes Kriterium für die Schutzniveaubestimmungen in den §§ 58a, 255a StPO

Im Entwurf der Bundesregierung zum „Zweiten Gesetz zur Reform des Strafverfahrens" vom 06. September 1974 in BT-Drucks 7/2526, S. 17 heißt es: „[...] nach den Erfahrungen der Jugendpsychologie sind kindliche und jugendliche Zeugen im Alter von 14 bis 16 Jahren als besonders gefährdet anzusehen". Ausgangspunkt dieser Gesetzesbegründung waren Fragen des Sonderausschusses für die Strafrechtsreform in der sechsten Wahlperiode, inwieweit kindliche oder jugendliche Opferzeugen durch die Durchführung eines Strafverfahrens geschädigt und im Selbigen geschützt werden können.[278] In der 47. Sitzung am 23. Juni 1971 wurde ein Fragenkatalog an den Bundesminister für Justiz beschlossen. Die dortige Frage drei lautete: „Bis zu welcher Altersgrenze sind schädigende Einflüsse von einem Strafverfahren zu erwarten?"[279] Die entsprechende Antwort des Bundesministers für Justiz (4103/1 – O – 66 193/72) in der 72. Sitzung am 25. Februar 1972 lautete: „Die von Wissenschaft und gerichtlicher Praxis vorliegenden Stellungnahmen ergeben übereinstimmend, daß eine Altersgrenze im Hinblick auf schädigende Einflussmöglichkeiten eines Strafverfahrens grundsätzlich nicht gezogen werden kann."[280] Damit war sich die damalige Bundesregierung bereits Anfang 1972 darüber im Klaren, dass regelmäßig nicht vom Alter eines Menschen auf die Schwere einer psychischen Beeinträchtigung und ihrer Folgen nach Durchleben eines Strafverfahrens geschlossen werden kann. Die Antwort des Bundesministers für Justiz führt weiter aus: „Empirisch lasse sich allerdings sagen, daß [...] die Zeitspanne zwischen dem 14. und 16. Lebensjahr aus entwicklungspsychologischen und entwicklungsbiologischen sowie sozialen Gründen als besondere Gefährdungsphase gelten können. Darüber hinaus gebe es individuell sehr unterschiedliche, aus verschiedenen Gründen durch besondere Beeindruckbarkeit oder Krisenhaftigkeit gekennzeichnete Lebensperioden oder auch stigmatisierende, psychosomatische Befindlichkeiten und nicht zuletzt

278 Vgl. hierzu Deutscher Bundestag, Beratungen des Sonderausschusses Strafrecht für die Strafrechtsreform (6. Wahlperiode), S. 916 f., 922 f., 929 f., 966, 978, 986, 1006, 1009, 1020, 1113, 1130 f., 1518 ff., 1531 ff., 1541, 2111 f., 2123 ff.; zur Gesetzgebungshistorie vgl. auch bei *Wollmann* (2008), S. 17 ff., 239 ff.

279 Deutscher Bundestag, Beratungen des Sonderausschusses Strafrecht für die Strafrechtsreform (6. Wahlperiode), S. 1541.

280 Ebd., S. 2125

bestimmte Vorerlebnisse, welche die durch das Strafverfahren bedingte Belastungsmomente in den einzelnen Altersphasen vertiefen könnten."[281] Hiernach kann zunächst festgehalten werden, dass kindliche oder jugendliche Opferzeugen aus entwicklungsbiologischen Gründen besonders vulnerabel und daher schutzbedürftig sind.

Dies lässt aber eben nicht den kontradiktorischen Schluss zu – so auch schon nach der diverse Stellungnahmen einholenden Bundesregierung im Frühjahr 1972 –, dass STEO gleichsam bei Überschreiten der Altersgrenze von schädigenden Einflussmöglichkeiten eines Strafverfahrens grundsätzlich frei oder auch nur weniger stark betroffen wären. Dass vielmehr im Grundsatz Gegenteiliges der Fall ist, erläuterte der Bundesminister für Justiz am 25. Februar 1972 unter Verweis auf eben jene zuvor eingeholten fachlichen Stellungnahmen. Die dennoch normierte Altersgrenze (von zunächst 16 Jahren) führt dazu, dass wegen der angeführten „entwicklungspsychologischen und entwicklungsbiologischen Gründe" die Zeugengruppe von nun „unter 18 Jahren" im Gegensatz zu denen darüberlegender Altersklassen umfassenderen Schutz genießen. Dies obwohl ein solcher nicht ausschließlich ihnen, sondern grundsätzlich auch all jenen Opferzeugen anzugedeihen wäre, die bereits im Sinne des Dafürhaltens der Bundesregierung von 1972 eine durch „Krisenhaftigkeit gekennzeichnete Lebensperiode" durchleben, bzw. „stigmatisierende, psychosomatische Befindlichkeiten" aufzeigen oder gemäß moderner Terminologie psychisch schwer oder erheblich traumatisiert sind.

Der Gesetzgeber attestierte der Videotechnologie bei Schaffung des § 255a StPO einen „hohen Beweiswert".[282] Er befand im Jahr 1998, also 26 Jahre nach der obigen Antwort des Bundesministers für Justiz vom 25. Februar 1972, dass „[…] Opfer von Straftaten [..] durch die im Laufe des Strafverfahrens durchgeführten Vernehmungen nicht selten erheblich belastet [werden]. Dies [beträfe] wohl in erster Linie Kinder, [gelte] aber in gleicher Weise für andere besonders schutzbedürftige Zeugen, wie Opfer von Gewalttaten, alte Menschen oder gefährdete Zeugen, denen bereits aus der Zeugeneigenschaft erhebliche Belastungen erwachsen können".[283] Der Gesetzgeber setzte diese Erkenntnis wiederum unzureichend um. Die Formulierung des Gesetzgebers: „in erster Linie Kinder", hebt kindliche Opferzeugen gegenüber Erwachsenen hervor. Nicht zuletzt angesichts der aktuellen §§ 58a, 255a StPO mag ein Zufall in den Formulierungen der Gesetzesmaterialien bezweifelt werden. Bereits hier soll die Hypothese formuliert werden, dass eine alleinige – wo auch immer gezogene – Altersgrenze kein taugliches Abgrenzungskriterium

281 Ebd.

282 BT-Drucks. 13/7165, S. 5.

283 BT-Drucks. 13/7165, S. 4.

für die Beantwortung der Frage ist, inwiefern effektive Ausnahmen vom Unmittelbarkeitsgrundsatz aus Gründen des Opferschutzes zugunsten des Vernehmungssurrogats Bild-Ton-Aufzeichnungen zugelassen werden sollten.

VI. Zwischenergebnis

STEO sind im Vergleich zu minderjährigen Opferzeugen durch § 58a Abs. 1 S. 1 StPO systematisch benachteiligt.

C. Bestehende Nachteile zulasten erwachsener Opferzeugen im Hinblick auf die Einführbarkeit von Bild-Ton-Aufzeichnungen in Hauptverhandlungen

In aktueller Form heißt es in § 255a StPO:

§255a[284]
Vorführung einer aufgezeichneten Zeugenvernehmung

(1) Für die Vorführung der Bild-Ton-Aufzeichnung einer Zeugenvernehmung gelten die Vorschriften zur Verlesung eines Protokolls über eine Vernehmung gemäß §§ 251, 252, 253 und 255 entsprechend.

(2) [1]In Verfahren wegen Straftaten gegen die sexuelle Selbstbestimmung (§§ 174 bis 184j des Strafgesetzbuches) oder gegen das Leben (§§ 211 bis 222 des Strafgesetzbuches), wegen Misshandlung von Schutzbefohlenen (§ 225 des Strafgesetzbuches) oder wegen Straftaten gegen die persönliche Freiheit nach den §§ 232 bis 233a des Strafgesetzbuches kann die Vernehmung eines Zeugen unter 18 Jahren durch die Vorführung der Bild-Ton-Aufzeichnung seiner früheren richterlichen Vernehmung ersetzt werden, wenn der Angeklagte und sein Verteidiger Gelegenheit hatten, an dieser mitzuwirken. [2]Dies gilt auch für Zeugen, die Verletzte einer dieser Straftaten sind und zur Zeit der Tat unter 18 Jahre alt waren. [3]Das Gericht hat bei seiner Entscheidung auch die schutzwürdigen Interessen des Zeugen zu berücksichtigen und den Grund für die Vorführung bekanntzugeben. [4]Eine ergänzende Vernehmung des Zeugen ist zulässig.

---

284 Fassung aufgrund des Gesetzes zur Einführung der elektronischen Akte in der Justiz und zur weiteren Förderung des elektronischen Rechtsverkehrs vom 05.07.2017 (BGBl. 2017/ I., S. 2211), in Kraft getreten am 01.01.2018. In der vorherigen Fassung aufgrund des Fünfzigsten Gesetzes zur Änderung des Strafgesetzbuches – Verbesserung des Schutzes der sexuellen Selbstbestimmung vom 04.11.2016, in Kraft getreten am 10.11.2016 (BGBl. 2016/ I., S. 2460) hieß es in § 255a Abs. 1 S. 1 StPO bis zum 01.01.2018 noch: „Für die Vorführung der Bild-Ton-Aufzeichnung einer Zeugenvernehmung gelten die Vorschriften zur Verlesung einer Niederschrift […]".

I. Regelungsgehalt des § 255a StPO

Die Vorschrift des § 255a StPO[285] normiert die Einführbarkeit einer im Rahmen des Ermittlungsverfahrens nach den §§ 58a, 168e S. 4 StPO oder während der Hauptverhandlung gemäß § 247a S. 4 StPO erstellten Bild-Ton-Aufzeichnung als Vernehmungssurrogat für die unmittelbare persönliche Vernehmung eines Opferzeugen in der Hauptverhandlung. Hier sind allein die im Ermittlungsverfahren erstellten bzw. nicht erstellten Bild-Ton-Aufzeichnungen von Interesse. Den Unmittelbarkeitsgrundsatz (§ 250 StPO) berührend[286] zerteilt sich die Norm in zwei Regelungskomplexe: § 255a Abs. 1 StPO verweist für die Verwendung der Bild-Ton-Aufzeichnung vor allem auf die Protokollverlesungstatbestände des § 251 StPO. Hiervon unabhängig besteht der Regelungsgehalt des § 255a Abs. 2 StPO.

§ 255a Abs. 1 StPO soll vornehmlich der Verfahrenserleichterung, der Verfahrensbeschleunigung sowie der Sachaufklärung dienen.[287] Die Verwertungsvorschrift ist als rechtliche Adaption modernerer Technologieentwicklungen im Sinne einer technischen Verlängerung der §§ 251, 253 StPO einzuordnen und dient damit der verfahrensmäßigen Zweckmäßigkeit.[288] Bei dem – allein minderjährige Opferzeugen schützenden – § 255a Abs. 2 StPO dagegen steht der Zeugenschutz im Vordergrund.[289] Diese Norm ist also ein selbständig geregelter Vernehmungsersatz und steht neben den Ausnahmevorschriften der §§ 251 ff. StPO.[290] Das Regelungsregime der §§ 58a, 255a StPO konsequent einhaltend,

---

285 Zu der Einordnung von Ton- und Videoaufnahmen unter die Regeln des Urkundenbeweises (§§ 249 ff.) und nicht unter jene des Augenscheinsbeweises (so die früher h.M.) vgl. *Roxin/Schünemann* (2017) § 28, Rn. 9 mit Verweis auf *Schmitt*, in: Meyer-Goßner/Schmitt (2018) § 251 Rn. 2, nach denen „[...] [g]egen die früher h.M. schon immer sprach, dass es bei einer sprachlichen Äußerung selten um die dem Augenscheinsbeweis unterliegende Akustik, sondern um den Sinn geht, der bei Erlass der RStPO nur durch Urkunden reproduzierbar gemacht werden konnte, weil die technischen Möglichkeiten einer Tonaufnahme noch nicht existierten".

286 Siehe hierzu Kap.6.B.I.5.

287 Vgl. *Diemer* NJW 1999, 1667, 1673; *Diemer*, in: KK StPO (2013) § 255a StPO Rn. 2; *Krüger*, in: MüKoStPO (2016) Band 2 § 255a Rn. 2; *Mosbacher*, in: LR § 255a Rn. 3.

288 Vgl. die Gesetzesbegründung älterer Gesetzgebung in BT-Drucks. 13/4983, S. 4, 8, 10; vgl. auch *Diemer*, in: KK StPO (2013) § 255a StPO Rn. 2; *Krüger*, in: MüKoStPO (2016) Band 2 § 255a Rn. 2.

289 Vgl. *Krüger*, in: MüKoStPO (2016) Band 2 § 255a Rn. 3; *Diemer*, in: KK StPO (2013) § 255a StPO Rn. 3; *Diemer* NJW 1999, 1667, 1672 ff.

290 Vgl. *Diemer* NJW 1999, 1667, 1673; *Krüger*, in: MüKoStPO (2016) Band 2 § 255a Rn. 3; vgl. *Diemer*, in: KK StPO (2013) § 255a StPO Rn. 3.

zieht das Gesetz hier wiederum aufgrund einer Altersgrenze eine Trennlinie für die Anwendbarkeit der regelmäßig anzuwendenden, opferschutzbezogenen Vorschriften der § 58a Abs. 1 S. 2 Nr. 1 i. V. m. § 255a Abs. 2 StPO und der ausnahmsweise anzuwendenden (wenigstens zweifachen Ermessensentscheidungen unterliegenden) Regelungen der § 58a Abs. 1 S. 1, 2 Nr. 2 i. V. m. § 255a Abs. 1 i. V. m. § 251 StPO. Allein Erste beachten Opferschutzinteressen, weshalb erwachsenen Tatopfern von Gesetzes wegen geringerer Schutz zuteil wird.

II. Bild-Ton-Aufzeichnung statt Protokoll, § 255a Abs. 1 StPO

Für die Gesetzesvorschläge darf folgender Streit nicht unberücksichtigt bleiben: Umstritten ist die Frage nach einem von § 58a Abs. 2 StPO unberührten Verweis des § 255a Abs. 1 auf § 251 StPO; ob also die Surrogatverwendung einer Aufzeichnung in der Hauptverhandlung gemäß § 255a Abs. 1 i. V. m. § 251 StPO frei von den Anwendungsvoraussetzungen des § 58 Abs. 2 StPO zu beurteilen ist. Dies wird unter Argumentation auf die systematische Stellung des § 58a Abs. 2 StPO als allgemeinere Vorschrift abgelehnt.[291]

Unter Zugrundelegung dieser Meinung, wäre jede Verwendung einer Bild-Ton-Aufzeichnung nach § 255a Abs. 1 StPO im Sinne einer zusätzlichen Verwendungsbeschränkung noch gemäß § 58a Abs. 2 StPO davon abhängig, dass sie „zur Erforschung der Wahrheit erforderlich" ist. Soweit eine solche Erforderlichkeit nicht bestünde, wäre eine Beweisverwertung gemäß § 255a Abs. 1 i. V. m. § 251 StPO ausgeschlossen und eine Protokollverlesung nach § 251 StPO müsste ggf. ausreichen. Hierfür wird angeführt, dass eine Begrenzung des § 58a Abs. 2 StPO auf das Ermittlungsverfahren vom Gesetzgeber nicht erwogen worden sei.[292] Dem wird entgegengehalten, dass eine Beschränkung des § 255a Abs. 1 StPO durch § 58a Abs. 2 StPO im Wortlaut des § 255a Abs. 1 StPO keinerlei Stütze (mehr) erfahre. Eine Subsidiaritätsklausel sei dort gerade nicht (mehr) vorgesehen, so dass § 58a Abs. 2 StPO vor allem auf eine mögliche spätere Verwendung der Aufzeichnung im Rahmen des Ermittlungsverfahrens, bspw. im Wege des Vorhalts bei einer anderen Vernehmung, zu beziehen sei.[293] Dies steht auch nicht im Widerspruch zum weiteren Geltungsbereich des § 58a Abs. 2 StPO.

---

291 Vgl. *Schmitt*, in: Meyer-Goßner/Schmitt (2018) § 255a Rn. 5; ähnlich *Schöch*, in: Festschrift für Lutz Meyer-Gossner (2001), S. 365, 373; *Schöch*, in: Weißer Ring (2002) S. 17.

292 Vgl. nur *Schmitt*, in: Meyer-Goßner/Schmitt (2018) § 255a Rn. 5 m.w.N.

293 Vgl. hierzu ausführlich *Pott* (2004), S. 31 ff.; *Diemer*, in: KK StPO (2013) § 255a Rn. 4; *Diemer* NJW 1999, 1667, 1673; *Mosbacher*, in: LR § 255a Rn. 3.

Die Vorschrift des § 58a Abs. 2 StPO beschreibt die *Verwendung der Bild-Ton-Aufzeichnung*. Diese ist keine reine Verwendungsregelung für das Ermittlungsverfahren, sondern dient auch zu „Zwecke[n] des laufenden oder eines anderen anhängigen Strafverfahrens“[294], gilt also auch *zur Vorbereitung einer* Hauptverhandlung und auch zur Vorbereitung von Ermittlungs- oder Hauptverfahren für andere Strafverfahren.[295] Für die konkrete Verwendung als Vernehmungssurrogat hält § 255a StPO dagegen als *lex specialis* zu § 58a Abs. 2 StPO – und von diesem unberührt – genaueres bereit.

Eben dies ist für die Auslegung des gesetzgeberischen Willens ausschlaggebend und deshalb zu befürworten. Gestrichen wurde die anfängliche Formulierung des § 255a Abs. 1 StPO: „Die Vorführung der Bild-Ton-Aufzeichnung einer Zeugenvernehmung ist nur insoweit zulässig, als die Verlesung der Niederschrift über die Vernehmung zur Erforschung der Wahrheit nicht ausreicht. Die §§ 251, 252, 253 und 255 gelten entsprechend“.[296] Gleichfalls ist damit auch die hiermit korrelierende Gesetzesbegründung entfallen: „Im Interesse des betroffenen (Opfer-)Zeugen sieht Satz 1 eine zusätzliche Beschränkung für die Verwendung der Bild-Ton-Aufzeichnung in der Hauptverhandlung vor: Nur dann, wenn der Sachverhalt nicht im Wege der herkömmlichen Protokollverlesung nach § 251 StPO aufgeklärt werden kann, darf auf die Aufzeichnung zurückgegriffen werden“.[297]

Jene ursprünglichen Formulierungen und Begründungen des Gesetzgebers wäre im Falle eines gesetzgeberisch beabsichtigten Einflusses des § 58a Abs. 2 auf § 255a Abs. 1 StPO bereits *a priori* obsolet gewesen. Ferner hätte – für die Annahme eines gesetzgeberisch beabsichtigten Einflusses des § 58a Abs. 2 auf § 255a Abs. 1 StPO – der ersichtlich aktuelle gesetzgeberische Wille nach einer Geltung des § 255a Abs. 1 StPO, unabhängig eines Subsidiaritätserfordernisses im Sinne der alten Fassung noch einer zusätzlichen Änderung des Anwendungsbereichs des § 58a Abs. 2 StPO bedurft. Eine solche erfolgte aber eben gerade nicht. Hiermit kommt jedenfalls ein entsprechend fehlendes Änderungsbedürfnis zum Ausdruck. Die einfache Streichung der anfänglichen Formulierung

294 Vgl. die Gesetzesbegründung in BT-Drucks. 13/7165, S. 7.

295 *Maier*, in: MüKoStPO (2014) Band 1 § 58a Rn. 69; *Senge*, in: KK StPO (2013) § 58a Rn. 10; *Ignor/Bertheau*, in: LR § 58a Rn. 31; so auch *Schmitt*, in: Meyer-Goßner/Schmitt (2018) § 58a Rn. 10. Allerdings sieht dieser § 255a StPO durch § 58a Abs. 2 StPO ergänzt und § 255a StPO nicht als von § 58a Abs. 2 StPO unabhängige *lex specialis* Regelung. [Hervorhebung durch den Verfasser].

296 Vgl. BT-Drs. 13/7165, S. 3.

297 Vgl. Ebd., S. 11.

reichte gerade aus. Unpassend scheint daher die Argumentation, nach der die anfängliche Subsidiaritätsregelung in § 255a Abs. 1 StPO „überflüssig“ gewesen sei.[298] Auch der Einwand, § 58a Abs. 2 StPO sei die „allgemeine Vorschrift“[299] verfängt nicht. Es ist allgemeinen Vorschriften gerade eigen, durch spezielle Vorschriften näher ausgestaltet oder in ihren Anwendungsbereichen eingeschränkt oder verdrängt zu werden. Eine gesetzgeberische Begrenzung des § 58a Abs. 2 StPO auf das Ermittlungsverfahren brauchte es dagegen evident schon nicht. Die Gesetzessystematik ist eindeutig. Eine Beschränkung des Anwendungsbereichs des § 255a Abs. 1 StPO im Sinne der anfänglichen Subsidiaritätsklausel dagegen lässt sich in dem Abschnitt „Hauptverhandlung“ nun gerade nicht mehr finden. Doch zeigt die ehemalige Existenz der Subsidiaritätsklausel nicht zuletzt auch hier wieder deutlich die Tendenz des Gesetzgebers auf – entgegen schon frühzeitig anderslautender Erkenntnisse – ein weitaus weniger schutzumfassendes Regelungsregime für erwachsene Opferzeugen im Gegensatz zu minderjährigen Opferzeugen zu implementieren. Videoaufzeichnungen können daher gemäß § 255a Abs. 1 StPO im gleichen Umfang und unter den gleichen formalen Voraussetzungen wie Vernehmungsniederschriften nach den §§ 251, 252, 253 und 255 StPO in die Hauptverhandlung eingeführt werden. In Frage steht, ob STEO hiermit geholfen ist.

1. Zeuge im Sinne des § 255a Abs. 1 StPO

Auch für die Zulässigkeit der Verwertung einer Bild-Ton-Aufzeichnung nach § 255a Abs. 1 StPO i. V. m. § 251 StPO sollte nicht der Zeitpunkt der Beweiserhebung, sondern die Rolle der Auskunftsperson maßgebend sein, die sie zum Zeitpunkt des Hauptverfahrens einnehmen würde.[300] Dem entspricht gerade der normsystematische Charakter des § 255a Abs. 1 StPO als Verweisungsvorschrift auf die §§ 251 ff. StPO und führt konsequent zu gleichlaufenden Ergebnissen. Ferner erlaubte eine solche Auslegung grundsätzlich auch, eine ab dem Jahr 2020 aufgrund der neuen Vorschrift (vgl. § 136 Abs. 4 StPO-E[301]) denkbare,

298 So *Schmitt*, in: Meyer-Goßner/Schmitt (2018) § 255a Rn. 5 m.w.N.

299 Ebd.

300 Vgl. *Burhoff* (2010b), Rn. 1158c; *Schmitt*, in: Meyer-Goßner/Schmitt (2018) § 255a StPO Rn. 1; *Mosbacher*, in: LR § 255a Rn. 5.

301 Der § 136 Abs. 4 StPO-E tritt gemäß Art. 18 Abs. 2 des Gesetzes zur effektiveren und praxistauglicheren Ausgestaltung des Strafverfahrens vom 17.08.2017 am 01.01.2020 in Kraft, vgl. BGBl 2017/ I., S. 3213. und wird lauten:

Bild-Ton-Aufzeichnungsverwertung einer videotechnologischen Beschuldigtenvernehmung nach § 255a Abs. 1 StPO, wenn der Zeuge vorher als Beschuldigter vernommen worden ist und keine Verwertungshindernisse bestehen.

2. Die Verwendung der Bild-Ton-Aufzeichnung gemäß § 255a Abs. 1 i. V. m. § 251 StPO

Die Bild-Ton-Aufzeichnung kann gemäß der Verweisvorschrift des § 255a Abs. 1 StPO unter den gleichen Voraussetzungen wie ein Vernehmungsprotokoll nach den §§ 251, 252, 253 StPO in die Hauptverhandlung eingeführt werden.[302] Der Anwendungsbereich des § 255a Abs. 1 StPO und damit die Option, eine Bild-Ton-Aufzeichnung in die Hauptverhandlung einzuführen – sowohl grundsätzlich eine solche von richterlichen, als auch nichtrichterlichen Vernehmungen – ist nur dann eröffnet, wenn die Voraussetzungen der §§ 251 ff. StPO gegeben sind.

Die Vorschrift des § 255a StPO verfolgt in ihren Absätzen 1 und 2 unterschiedliche Ziele und zwecks Zielerreichung einem divergierenden Regelungsregime. § 255a Abs. 1 StPO bezweckt in Gleichstellung mit § 251 StPO bestmögliche Sachaufklärung und untersteht zentral den ökonomischen Zielen der Verfahrensbeschleunigung und Verfahrenserleichterung. § 255a Abs. 2 StPO dient dagegen dem Opferzeugenschutz zugunsten Auskunftspersonen unter 18 Jahren – bezogen entweder auf den Vorführungszeitpunkt oder auf den Tatzeitpunkt.[303] Für die Eröffnung des Anwendungsbereichs der Ausnahmevorschrift des § 255a Abs. 1 StPO kommt es nach dem gesetzgeberischen Willen in Abgrenzung zum entgegengesetzten Regelfall des § 255a Abs. 2 StPO vor allem darauf an, ob ein Vernehmungssurrogat zu Zwecken der Verfahrensbeschleunigung

---

„Die Vernehmung des Beschuldigten kann in Bild und Ton aufgezeichnet werden. Sie ist aufzuzeichnen, wenn

1. dem Verfahren ein vorsätzlich begangenes Tötungsdelikt zugrunde liegt und der Aufzeichnung weder die äußeren Umstände noch die besondere Dringlichkeit der Vernehmung entgegenstehen, oder

2. die schutzwürdigen Interessen des Beschuldigten, insbesondere von

a) Personen unter 18 Jahren oder

b) Personen, die erkennbar unter eingeschränkten geistigen Fähigkeiten oder einer schwerwiegenden seelischen Störung leiden,

durch die Aufzeichnung besser gewahrt werden können. § 58a Absatz 2 gilt entsprechend.“, vgl. BGBl. 2017/ I., S. 3208.

302 Zu einem nicht anzuerkennenden Subsidiaritätsverhältnis siehe gerade eben.

303 Vgl. *Berg*, in: BeckOK § 255a Rn. 1; *Diemer*, in: KK StPO (2013) § 255a Rn. 7; *Schmitt*, in: Meyer-Goßner/Schmitt (2018) § 255a Rn. 6a; krit. *Eisenberg* HRRS (2011), S. 66.

und Verfahrenserleichterung erforderlich ist. Dies hat gerade für STEO – die also die Altersgrenze des § 255a Abs. 2 StPO überschreiten – ganz empfindliche Einbußen in Bezug auf die Schutzqualität und Rechtssicherheit zur Folge. Die für sie einzig maßgebliche Verwertungsvorschrift des § 255a Abs. 1 StPO stellt ihrem Wortlaut, Sinn und Zweck sowie ihrer Gesetzessystematik und Historie nach nicht entscheidend auf Opferschutzgesichtspunkte ab. Angehörige dieser Opferzeugengruppe sind also von externen und personenunabhängigen Bewertungsumständen abhängig. Sie müssen deshalb mit Mehrfachvernehmungen rechnen. Nicht zuletzt auch angesichts des profanen Grundes, dass schon selten überhaupt ein Vernehmungssurrogat existiert, welches in der Hauptverhandlung vorgespielt werden *könnte*. Als Angehörige dieser Gruppe sind sie so von multiplen, für sie positiv verlaufenden, Ermessensentscheidungen abhängig. Faktisch ist bereits die erste Ermessensentscheidung gemäß § 58a Abs. 1 S. 1 StPO entscheidend, nämlich die Antwort auf eine zu stellende Frage, ob überhaupt eine Bild-Ton-Aufzeichnung erstellt wird. Diese *„kann"* bzw. *„darf"* das Tatgericht seinerseits verwerten, vgl. § 255a Abs. 1 i. V. m. § 251 Abs. 1, 2 StPO – soweit sie denn existiert. Diesen Ermessensentscheidungen liegen Umstände zugrunde, die nicht subjektiver – also nicht opferschutzbezogener –, sondern objektiver Natur sind. Erforderlich ist nämlich eine vorläufige Bedarfsprognose darüber, ob verfahrenserleichternde Umstände für die Zukunft geschaffen werden sollten, vgl. § 58a Abs. 1 S. 1 StPO. Ermittlungspersonen sind gehalten, den Einzelfall dahingehend zu antizipieren, dass die Zwecke von Sachaufklärungsinteressen und solche der ökonomischen Verfahrenserleichterung es erlauben und gebieten, von der Vernehmung eines STEO eine Bild-Ton-Aufzeichnung anzufertigen, weil dieser der Hauptverhandlung aller Wahrscheinlichkeit nach – bspw. wegen „Krankheit" im Sinne der § 255a Abs. 1 i. V. m. 251 Abs. 2 Nr. 1 StPO – *ausnahmsweise* wird fernbleiben *müssen*. Dieser gesetzliche Hintergrund, der eine gewisse Überforderungssituation der Ermittlungspersonen perpetuiert, mag auch ein Grund dafür sein, dass empirische Untersuchungen über den praktischen Gebrauch entsprechender Vorschriften in Bezug auf erwachsene Opferzeugen einen Leerlauf eben dieser attestieren.[304]

Gemäß § 255a Abs. 1 i. V. m. § 251 Abs. 1 Nr. 3 StPO ist die Ersetzung der persönlichen Vernehmung des Zeugen in der Hauptverhandlung durch zuvor angefertigte polizeiliche oder staatsanwaltschaftliche Aufzeichnungen seiner Aussage zulässig, wenn der Zeuge verstorben ist oder aus einem anderen Grund in absehbarer Zeit gerichtlich nicht vernommen werden kann. Diese Fälle

304 Siehe soeben Kap.2.B.IV. a.E. und Kap.4.B.III.1.e).

betreffen ebenso wie die übrigen Tatbestandsmerkmale des § 251 StPO weniger die hier in den Blick genommene problematische Fallkonstellation rund um lebende und physisch anwesende, aber psychisch schwer beeinträchtigte STEO. Dies sind vielmehr Fälle, in denen solch betroffene Opferzeugen der Auftritt in der Hauptverhandlung aus Gründen des Opferschutzes schwerlich zugemutet werden kann, ohne dass zeitgleich eine Verwertungsersetzung aus Gründen der Verfahrensbeschleunigung oder Verfahrenserleichterung naheliegt. Daher werden einzig noch kurz die Fälle der § 255a Abs. 1 i.V.m. 251 Abs. 2 Nr. 1 StPO in den Blick genommen.

a) Krankheit gemäß § 255a Abs. 1 i. V. m. 251 Abs. 2 Nr. 1 StPO

Mögen auch psychosomatische Beschwerden, psychische Traumatisierungen und Traumatisierungsfolgen unter den Krankheitsbegriff des § 255a Abs. 1 i. V. m. § 251 Abs. 2 Nr. 1 StPO fallen können,[305] wäre damit dennoch keine valide Lösung verbunden. Die Normanwendung steht unter dem Primat der ökonomischen Verfahrensbeschleunigung und Verfahrenserleichterung. Zudem ist sie rein tatsächlich abhängig von der Existenz eines Vernehmungssurrogats, über welche ebenfalls gemäß diesen Leitlinien beschieden werden *kann*. Erwachsene Opferzeugen können nicht davon ausgehen, als „krank" im Sinne der § 255a Abs. 1 i. V. m. § 251 Abs. 2 Nr. 1 StPO eingeordnet zu werden, soweit denn eine kritische Überprüfung stattfindet und eine Bild-Ton-Aufzeichnung an erster Stelle überhaupt erstellt wird.[306] Hieraus ergibt sich für diese Opfergruppe eine erhebliche Rechtsunsicherheit, die einem Heilungsprozess abträglich sein kann.[307] Zudem sind vielfältige Fallkonstellationen denkbar, in denen eine grundsätzlich unter die § 255a Abs. 1 i. V. m. § 251 Abs. 2 Nr. 1 StPO fallende psychische Traumatisierung im Rahmen der Bewertung des jeweiligen Einzelfalles nicht erkannt wird, eine solche nicht vorgenommen wird oder sich schwerwiegende Psychotraumata erst nach Bewertung des Einzelfalles entwickeln *und/oder* in die Wirklichkeit treten. Die denkbaren Fallkonstellationen sind vielzählig. Weiterhin müssen sich STEO nach bisher gesetzlicher Ausgestaltung von Beginn der Ermittlungen an (§ 152 Abs. 2 i. V. m. § 160 Abs. 1 StPO) bis zum Ende des Strafverfahrens (§§ 48 Abs. 1, 57 StPO) konsequent als Zeugen bereithalten.

---

305 Vgl. hierzu etwa bei *Keiser* (1998), S. 194 ff.; *Thoma* (2003), S. 97 ff.

306 Siehe zu § 48 Abs. 3 StPO bereits oben unter Kap.2.B.IV.

307 Siehe hierzu Kap.4.B.

b) Gebrechlichkeit gemäß § 255a Abs. 1 i. V. m. § 251 Abs. 2 Nr. 1 StPO und ein anderes, nicht zu beseitigendes Hindernis gemäß § 255a Abs. 1 i. V. m. § 251 Abs. 2 Nr. 1 StPO

Sofern STEO von diesen Tatbeständen erfasst sein würden, so stünde eine entsprechende Beweisverwertung wiederum – wie in obiger Fallgruppe der „Krankheit" (§ 255a Abs. 1 i. V. m. § 251 Abs. 2 Nr. 1) entsprechend –, ebenso unter dem Primat der Verfahrenserleichterung und Verfahrensbeschleunigung, sofern denn eine Bild-Ton-Aufzeichnung existierte. Damit ist für diese Gruppe keine opferschützende Rechtssicherheit verbunden.

3. Zwischenergebnis

Die Vorführung einer Bild-Ton-Aufzeichnung gemäß den § 255a Abs. 1 i. V. m. § 251 StPO ist an enge und vor allem objektive Voraussetzungen geknüpft. Sie stehen unter dem Primat der ökonomischen Verfahrenserleichterung und Verfahrensvereinfachung.

III. Zwischenergebnis

Mehrfachvernehmungen und *mittelbare Anschlussviktimisierungen* von STEO werden im Rahmen des Strafverfahrens mit dieser Gesetzessystematik nicht nur nicht vorgebeugt, sondern in Kauf genommen.

D. Ergebnis

So steht fest, dass für STEO gemäß der *lex lata* keine der Rechtssicherheit förderliche realistische Möglichkeit existiert, durch das Vernehmungssurrogat der Bild-Ton-Aufzeichnung den Zeugenpflichten zur wahrheitsgemäßen Aussage (§§ 48 Abs. 1, 57 StPO) in der Hauptverhandlung (§ 250 StPO) aus Gründen des Opferschutzes entgehen zu können.

Kapitel 3: Reformbedürftigkeit der §§ 58a, 255a StPO wegen zunehmender Erinnerungskontaminationsgefahr infolge Zeitablaufs

Die Vorschriften der §§ 58a, 255a StPO könnten aus neurophysiologischen, biologischen Gründen und dem zentralen Interesse an der bestmöglichen (materiellen) Wahrheitserforschung reformbedürftig sein.

A. Einführung

Die Begriffsbedeutung „Gedächtnis" umfasst die Fähigkeit des organischen Nervensystems aufgenommene Informationen zu speichern, umzuwandeln (zu konsolidieren) und wieder abzurufen.[308] Wesentliche Kennzeichnungsmerkmale des Gedächtnisses sind also kognitive und informative Speicherfunktionen als Bedingungen für Erinnerungen. Die Begriffsbedeutung der Erinnerung umschreibt die Fähigkeit mentaler Wiederbelebung vergangener Erlebnisse;[309] genauer, liegen Erinnerungen intrinsisch zusammenhängende aber funktional unterschiedliche Fähigkeiten mit verschiedenen neurophysiologischen Grundlagen zugrunde: sie ermöglichen die „grundlegendsten Formen des Lernens, wie etwa klassische Konditionierung, sowie die Erinnerung an die Lebenskurve".[310] Erinnerungen sind damit ureigener und wesentlicher Bestandteil der menschlichen Entwicklung und damit des Lebens selbst.

Die Erforschung des organischen Gedächtnisses hat eine lange Tradition[311] und ist längst nicht abgeschlossen. So beschrieb *Hering* im 19. Jahrhundert, „[...] [d]as Gedächtnis verbindet die zahllosen Einzelphänomene zu einem Ganzen, und wie unser Leib in unzählige Atome zerstieben müßte, wenn nicht die Attraktion der Materie ihn zusammenhielte, so zerfiele ohne die bindende

---

308 Vgl. *Dorsch* (2017), S. 637; *Pritzel/Markowitsch* (2017) S. 245.

309 *Pritzel/Markowitsch* (2017), S. 243; ähnlich auch etwa *Pohl* (2007), S. 42 ff., 62 ff., 90 ff. der Erinnerung mit Autobiographie verknüpft.

310 *Bublitz/Dresler* (2014), S. 1280.

311 Für einen ausführlichen historischen Überblick, vgl. *Tulving/Craik* (2000); zur tradierten Gedächtnisforschung vgl. ferner die Zusammenfassung bei *Pritzel/Markowitsch* (2017), S. 4 m.w.N.

Macht des Gedächtnisses unser Bewußtsein in so viele Splitter, als es Augenblicke zählt."[312] *Sinz* verstand im 20. Jahrhundert „[...] [u]nter Gedächtnis [...] die lernabhängige Speicherung ontogenetisch erworbener Informationen, die sich phylogenetischen neuronalen Strukturen selektiv artgemäß einfügt und zu beliebigen Zeitpunkten abgerufen, d.h. für ein situationsangepaßtes Verhalten verfügbar gemacht werden kann. Allgemein formuliert, handelt es sich um konditionierte Veränderungen der Übertragungseigenschaften im neuronalen ‚Netzwerk', wobei unter bestimmten Bedingungen den Systemmodifikationen (Engrammen) entsprechende neuromotorische Signale und Verhaltensweisen vollständig oder teilweise reproduziert werden können".[313] Die moderne Forschung knüpft hieran an. Nach dem Nobelpreisträger *Kandel* würde „[...] [o] hne die bindende Kraft des Gedächtnisses [..] die Erfahrung in ebenso viele Bruchstücke zersplittern, wie es Momente im Leben gibt".[314] Die Entwicklung des Gedächtnisses ist also grundsätzlich (auch) subjektiv verfärbt und daher mit der Entwicklung des Individuums verknüpft. Im Hinblick auf Erinnerungen bestehen gewisse wissenschaftliche – mittlerweile unstrittige – allgemeingültige Grundannahmen. Erinnerungen sind „[...] die Darstellung der Vergangenheit und die Anpassung zukünftiger Verhaltensweisen im Lichte früherer Erfahrungen".[315] Sie werden auch beschrieben als „[...] der Fundus, auf dem unser biographisches Gedächtnis beruht und das uns als Person und Persönlichkeit weitgehend ausmacht.[316] Erinnerungen haben damit gerade auch Einfluss auf zukünftige Geschehnisse oder Entscheidungen. In diesem Sinne kommt ihnen Bedeutung in allen zeitlichen Dimensionen zu. Mit *Leonhard* „stehen Erinnerungen immer in der Zeit".[317] Auch *Tulving* verbindet Erinnerungen mit mentalen Zeitreisen.[318] „[...] Ohne Erinnerung gäbe es kein subjektives Zeitbewusstsein, ohne dieses keine Vergangenheit".[319] Nah liegt daher also auch die Verknüpfung von Erinnerungen mit der menschlichen Identität. So vertreten *Bublitz/Dresler* mit *Locke*, dass die autobiographische Erinnerung eine notwendige Bedingung des personellen Charakters im Laufe der Zeit ist.[320]

---

312 *Hering* (1921), S. 12.
313 *Sinz* (1979), S. 19.
314 *Kandel* (2009), S. 26.
315 *Bublitz/Dresler* (2014), S. 1280.
316 *Markowitsch* (2009), S. 172.
317 *Leonhard* (1966), S. 155; *Pritzel/Markowitsch* (2017), S. 24.
318 *Tulving* (2005), S. 4 ff.; *Pritzel/Markowitsch* (2017), S. 24.
319 *Pritzel/Markowitsch* (2017), S. 24.
320 Vgl. *Bublitz/Dresler* (2014), S. 1287 m.w.N.

Zeit[321] ist mithin ein wesentlicher Bedingungsfaktor der Erinnerungsfähigkeit überhaupt. Hieran anknüpfend steht mit *Pritzel/Markowitsch* „[...] [j]edes Vergessen [...] mit einer Veränderung des Bewusstseins für das Gegenwärtige und Vergangene in Beziehung".[322]

„Das Gedächtnis" besteht aus mehreren einzelnen Gedächtnissystemen.[323] Funktionell kann grob unterschieden werden zwischen deklarativen und nicht-deklarativen Gedächtnissystemen.[324] Weiter kann im Besonderen die Informationsgewinnung, -speicherung und der Erinnerungsabruf in zeitliche Phasen zerteilt werden.

Das deklarative Gedächtnis umfasst die „verbalisierbaren semantischen, autobiographischen und episodischen Inhalte".[325] Zu den nicht-deklarativen Gedächtnissystemen zählt u.a. das prozedurale Gedächtnis (die sog. *skill memory*), welches Fertigkeiten erinnert und die Fähigkeiten bereitstellt eben jene auszuführen – diese sind, im Gegensatz zu Erinnerungen des deklarativen Gedächtnisses, schwer verbalisierbar.[326] In anderen Worten „speichert [das nicht-deklarative Gedächtnissystem] die motorischen Wahrnehmungsfähigkeiten und konditionierte Reiz-Antwort-Muster, die weniger verbal aber verhaltensbezogen in die Welt gelangen" können.[327] Die Fähigkeit „sich zu erinnern" ist damit nie Einzelakt, sondern stets ein mehrstrukturierter Prozess. Dieser beinhaltet im Sinne des *tulvingschen* Begriffs „autonoetisches Bewusstsein", etwa die Fähigkeit die Vergangenheit mental neu zu erleben.[328] Es kann unterschieden werden zwischen autobiografischen-episodischen Gedächtnisinhalten und nichtautobiografischem Material.[329] Nur Ersteres ist hier interessant. In zeitlicher Differenzierung werden Erinnerungsinhalte zunächst erfasst, dann gespeichert

---

321 Zur Bedeutung der Zeit im psychologischen Kontext, vgl. *Aristoteles* (2004) Rn. 450a ff., S. 14 ff.; vgl. auch vertiefend bei *Pritzel/Markowitsch* (2017), S. 33 ff.

322 *Pritzel/Markowitsch* (2017), S. 11.

323 Einen Überblick geben *Pritzel/Markowitsch* (2017), S. 245 ff.

324 *Pritzel/Markowitsch* (2017), S. 245; für einen vertieften Eindruck über deklarative und nicht-deklarative Gedächtnissystemen sowie Unterscheidungen innerhalb dieser Systeme vgl. *Gruber* (2018), S. 40 ff.

325 Vgl. *Bublitz/Dresler* (2014), S. 1280 m.w.N.; vgl. auch *Pritzel/Markowitsch* (2017), S. 245 m.w.N.

326 *Pritzel/Markowitsch* (2017), S. 245.

327 *Bublitz/Dresler* (2014), S. 1280 m.w.N.

328 Ebd.

329 *Pritzel/Markowitsch* (2017), S. 8 m.w.N.

und ggf. abgerufen; demgemäß bilden „(En-)Kodierung, Konsolidierung und Erinnerungsabruf die drei Hauptphasen" des Erinnerungsprozesses.[330]

Diese Unterscheidungen sind für strafverfahrensrechtliche Vorgänge relevant. Registrierte und – etwaige – strafrechtlich relevante Wahrnehmungen, werden in (u.U. sehr viel) später stattfindenden Hauptverhandlungen ganz überwiegend nicht mehr unbelastet geschildert. Die zugrundeliegenden Erinnerungen sehen sich zwischen Tatzeitpunkt und Vernehmungszeit diversen Einflussfaktoren ausgesetzt. Wie alles Lebende, unterfallen auch Erinnerungen des menschlichen Gedächtnisses jedenfalls dem Einflussfaktor „Zeit". Eben dieser Faktor ist für die Frage nach der bestmöglichen (materiellen) Wahrheitserforschung wegen neurophysiologisch, biologisch nachgewiesenen Erinnerungs(re)konstruktionen mit jedem Erinnerungsabruf, entscheidend. So wird als „stärkster Erinnerungsfeind" das „zeitbedingte Verblassen" und „äußerstenfalls gar das Verschwinden von Gedächtnisinhalten (sog. Vergessen)" auch in der juristischen Fachliteratur anerkannt.[331]

B. Erinnerungsverblassung und -veränderung durch Zeitablauf

Juristische Arbeitsfelder verschließen sich den Tatsachen zeitbedingter Erinnerungsinterferenzen nicht. Nach *Bender/Nack/Treuer* nimmt die Erinnerungsverblassung oder Erinnerungsveränderung durch Zeitablauf kontinuierlich zu, wenn sie annehmen, „[...] je länger das Ereignis zurückliegt, desto weniger [wisse] der Zeuge noch davon, weil neue Wahrnehmungen die gespeicherten ergänzen, verändern oder verdrängen".[332] Diese Annahme fußt auf fachwissenschaftlichen Befunden. Unmittelbare Wahrnehmungserlebnisse gelangen bereits nur vereinzelt in die Verarbeitungsphase und damit in das sog. „Langzeitgedächtnis". In dieser „Konsolidierungsphase" verfestigen sich „neuronale Gedächtnisspuren" als „sog.

---

330 Vgl. für einen vertieften Eindruck über die drei Phasen der Erinnerungsprozesse „Enkodierung, Konsolidierung und Abruf" *Gruber* (2018), S. 63 ff. m.w.N.; *Bublitz/Dresler* (2014), S. 1280.

331 *Eisenberg* (2017), Rn. 1374.

332 *Bender/Nack/Treuer* (2014), Rn. 122; vgl. schon *Rössner*, in: Verhandlungen (1998), L 17 m.w.N., „[...] [j]e stärker Druck und Streß auf einem Zeugen lastet und je weiter das Ereignis zurückliegt, desto mehr wird das Erinnerungsvermögen beeinträchtigt".

Engramme[333]".[334] Hierbei werden nach bisherigem Forschungswissen die Erinnerungsspuren nicht in spezifischen Hirnregionen „abgelegt", sondern sie unterliegen einer fortwährenden Veränderung in einem synaptischen, neuronalen Netzgeflecht.[335] Die oftmals benutze Sprache, nach der Erinnerungen „abgelegt" oder „gespeichert" werden würden, ist daher angesichts der multiplen neurophysiologischen Vorgänge unpräzise. Sie werden keinesfalls dauerhaft verankert. Mitnichten sind sie mit einem Computerprogramm vergleichbar und stets unverändert abrufbereit.

Erinnerungen sind fortlaufenden dynamischen Dispositionen ausgesetzt. Während jedes Abrufprozesses von Erinnerungen, erfährt das jeweilige Engramm einen weiteren Konsolidierungsprozess. Dieser Vorgang wird „Rückverfestigung" genannt.[336] Damit lässt sich annehmen, dass mit jedem Erinnerungsabruf die Erinnerungsspur neu strukturiert wird.[337] Diese mittlerweile wohl unstreitige Überzeugung führt dann zu der Folgeannahme, dass mit jedem Abruf einer Erinnerung, Veränderungen derselben einhergehen. „Ein Engramm kann folglich nicht als ein Abbild oder Abdruck eines Ereignisses, also nicht als eine originalgetreue Repräsentation dessen betrachtet werden, sondern eher als „*hochaffiner Andockkomplex*" eines sich dynamisch verändernden Netzwerks.[338]

---

333 Vgl. zu Gedächtnisspuren vertiefend bei *Gruber* (2018), S. 95 ff. m.w.N; der Begriff „Engramm" gilt als „*Inbegriff einer Gedächtnisspur*", vgl. *Pritzel/Markowitsch* (2017), S. 242 m.w.N. und veranschaulicht die bereits im Altertum angenommene Wachstafelmetaphorik nach einer Informationsauffüllung einer Wachstafel mittels eines Griffels, nach der auch das Gehirn eine Art Eingravur neu aufgenommener Informationen vornimmt, vgl. zu diesem Begriff auch *Markowitsch* (2009), S. 74 f. Wesentlicher Kritikpunkt dieser Parabel mag sein, dass sich „[...] [m]ittels dieser Metapher [...] der Unterschied zwischen einer potentiellen und der tatsächlichen Möglichkeit des Erinnerns, also des bewussten Zugangs zu bestimmten mnestischen Inhalten nicht [abbilden lässt], ohne in einen endlosen Regress der Bildung von Wachstafel von einer Wachstafel, von einer Wachstafel etc. zu geraten", so *Pritzel/Markowitsch* (2017), S. 8.

334 *Bublitz/Dresler* (2014), S. 1280 m.w.N., die unterstreichen, dass „[...] [d]ie Forschung über die Art und Weise der Erinnerungsspeicherung [..] nicht abgeschlossen [sei]. So [werde] vermutet, dass sich der Vorgang in Bezug auf unterschiedliche Erinnerungsinhalte unterscheide".

335 *Bublitz/Dresler* (2014), S. 1280 m.w.N.

336 Früher als sog. *Palimpsest* (gr. Palin = wieder, gr. *Psaein* = reiben, abschaben) verstanden, vgl. *Pritzel/Markowitsch* (2017), S. 7 ff. m.w.N.; *Bublitz/Dresler* (2014), S. 1280.

337 Ähnlich bei *Bublitz/Dresler* (2014), S. 1281 „[...] Erinnerung ist nicht, wie die alte Metapher einer Wachstafel oder modernen Varianten eines Computerspeichers nahelegt, eine Replikation oder eine Kopie der ursprünglich kodierten Reize, sondern ein immer wieder rekonstruierender Prozess und dadurch anfällig für Veränderungen und Kontaminationen".

338 *Pritzel/Markowitsch* (2017), S. 8.

Das jeweils so Erinnerte spiegelt also keineswegs eine abgefragte „externe Realität der Vergangenheit“ wieder.[339] Vielmehr kommt nur jenes Erinnerungsprodukt zum Vorschein, das infolge wiederholter Abrufvorgänge (auch *reentrance* genannt) in Worte gekleidet werden kann.[340] In diesem Sinne handelt es sich bei zunehmenden Erinnerungsabrufen weniger um eine Rekonstruktion, denn um eine Konstruktion des Geschehenen.[341] Das Gedächtnis funktioniert also „nicht wie eine Videokamera, die jegliche Informationen 1:1 aufzeichnet, sondern zum Teil ändert [das] Gehirn die enkodierte Information“.[342]

Der Vorteil einer frühestmöglichen videotechnologisch aufgezeichneten (Opfer-)Zeugenvernehmung im Kontext strafrechtlich relevanter Wahrnehmungen wird bereits deutlich: Die so gewonnenen Informationen[343] würde, wenn sie auf einem technischen Speichermodul tatsächlich abgelegt werden, obigem Wortsinne entsprechend als eine Erinnerungskonserve – unabhängig späterer unkontrollierbarer Erinnerungsveränderungen – die Erinnerungen des (Opfer-)Zeugen dann tatsächlich und ganz im Wortsinne „speichern“. Ein entsprechender Gebrauch der Bild-Ton-Technologie würde diese Informationen als Intermediär unverändert, unendlich reproduzierbar, auf Knopfdruck abrufbar werden lassen. Die konstitutionell dynamische Entwicklung eines Ermittlungsverfahrens ist dabei kein Gegensatz. Auf Grundlage einer solchen Erinnerungskonsole, ließen sich strafrechtliche Ermittlungen fortführen.

Empirische Forschungen belegen die naheliegende Annahme, dass die Anfälligkeit Falschinformationen zu erliegen durch – eine eventuell erforderliche – wiederholte Präsentation der Originalinformation reduziert wird, durch wiederholte suggestive Informationen – wie z.B. durch Fragewiederholungen in Mehrfachvernehmungen – dagegen verstärkt wird.[344] Das

339 Vgl. *Pritzel/Markowitsch* (2017), S. 23 m.w.N.

340 Ebd.

341 *Pritzel/Markowitsch* (2017), S. 23 m.w.N. unterstreichen, dass „[…] beim Erinnern und Vergessen jedenfalls das aktuell zugängliche Erinnerungsprodukt in das Vergangenheitskonstrukt der Gegenwart eingefügt [werde], und in jedem Fall [..] sich dadurch bestimmte Referenzwerte in der Verortung des „Ist- Zustandes“ in der Gegenwart [veränderten].

342 *Gruber* (2018), S. 114 ff. spricht auch von einem „konstruktiven Veränderungsprozess“ und verweist auf die erste Demonstration dieser Erkenntnisse im Jahre 1932 durch *Barlett* (1932).

343 Zur zentralen Rolle von Informationen im Strafverfahren, siehe bereits oben in der Einleitung.

344 Vgl. hierzu *Volbert*, in: Steller/Volbert (1997), S. 50 (in Bezug auf Kinder); *Eisenberg* (2017), Rn. 1379; siehe zu Mehrfachvernehmungen als Faktor für Erinnerungsinterferenzen sogleich Kap.3.D.

komplementäre[345] Gegenstück der Erinnerung ist das Vergessen.[346] *Wimber* und andere zeigten in ihrer Forschungen jüngst auf, dass jeder Erinnerungsabruf ähnliche, im Zusammenhang stehende, Erinnerungen vergessen lassen kann.[347] Insofern kann das mehrfache Erinnern an eine Wahrnehmungssequenz – neben einer Erinnerungsveränderung – das Vergessen von solchen Informationen auslösen oder steigern, die hierzu im Zusammenhang stehen oder wenigstens im Sinne eines Zusammenhangs als kontextuale „Engramme" konsolidiert wurden. Hinzu kommt ein weiteres Problem: Menschen können „sich bewusst sein, [...] etwas vergessen zu haben", oder aber sie sind sich „des Vergessenen nicht bewusst [und glauben], das fehlerhaft Konstruierte entspreche den Tatsachen", entspreche der (materiellen) Wahrheit. In letzterem Fall spricht man von Erinnerungstäuschungen[348], sog. *false memories*. Da dann grundsätzlich keine Option besteht den tatsächlichen „Bewusstseinsstatus zu hinterfragen, bilden Wahrheit und Irrtum, Erinnern und Vergessen einen unauflösbaren Gesamtkomplex".[349] Ein (wie auch immer gelagerter) Vergessensprozess von strafrechtlich relevanten Informationen würde evident die gerichtliche (materielle) Wahrheitsfindung wenigstens verschleppen, schlechtestenfalls aber, trotz nachträglicher Bemühungen,[350] unmöglich machen. Auch hier fungierte eine frühzeitig erstellte Bild-Ton-Aufzeichnung als Intermediär.

Erinnerungslücken werden von der Rechtsprechung bisweilen sehr kritisch behandelt.[351] Soweit ein Zeuge in Bezug auf ein als „wenig vergessensanfällig"

---

345 Je nach Sichtweise der sich mit Erinnerungen beschäftigenden Wissenschaften – insbesondere im naturwissenschaftlichen und geisteswissenschaftlichen Kontext – ist „das Vergessen" durchaus auch positiv konnotiert (siehe zur medizinischen Notwendigkeit sogleich): aus evolutionsbiologischer Sicht, ist das Vergessen erinnerungsunwürdiger Geschehnisse notwendig; für *Nietzsche* (1874), S. 2 ist das Vergessen ein notwendiges Regulativ für die „plastische Kraft des Menschen" Neues zu schaffen; vgl. zu all dem bei *Pritzel/Markowitsch* (2017), S. 18, 19, 22.

346 Vgl. hierzu ausführlich *Pritzel/Markowitsch* (2017), S. 3 ff.; vgl. auch *Bublitz/Dresler* (2014), S. 1281 m.w.N.

347 *Wimber et al.* (2015), S. 582 ff., abrufbar unter: https://www.ncbi.nlm.nih.gov/pmc/articles/PMC4394359/.

348 Vgl. *Pritzel/Markowitsch* (2017), S. 9 m.w.N.

349 Ebd.

350 Solche „nachträglichen Bemühungen" könnten etwa die „forensische Hypnosen" sein. Ihr Einsatz ist nicht nur nicht rechtlich, sondern auch ethisch bedenklich, vgl. *Eisenberg* (2017) Rn. 1374a; Fragen der Erinnerungs- bzw. Gedächtniswiederherstellung oder -verbesserung berühren auch Forschungszweige des „Enhancement" bzw. der Gedächtnisverbesserung, vgl. hierzu bei *Bublitz/Dresler* (2014), S. 1282 ff. m.w.N

351 Vgl. nur BGH v. 23.8.2012 – 4 StR 305/12 = NStZ-RR 2012, 384.

geltendes „Erleben“ eine „nicht erklärbare Erinnerungslücke geltend macht“, läge der Gedanke nahe, „dass er dieses Thema meiden will und sein Aussageverhalten auch im Übrigen einer entsprechenden Steuerung“ unterläge.[352] Eine Vermutung, zugunsten einer Erinnerungslücke als Indikator eines „motivationsbezogenen Glaubhaftigkeitsmerkmals“ dagegen gelte dabei nur „für Erinnerungslücken, die mit allgemeinen Gedächtnisgesetzmäßigkeiten erklärbar“ seien und deshalb „auf eine ungesteuerte Aussageweise“ hindeuteten.[353] Psychotraumabezogene Erlebnisse dürften in diesem Sinne infolge ihrer oft lebenseinschneidenden Kontextur gemeinhin als „wenig vergessensanfällig“ gelten. Sofern diesbezüglich bekundete Erinnerungslücken Opferzeugen insgesamt in ihrer Glaubwürdigkeit *und/oder* in der Glaubhaftigkeit ihrer Aussage in Zweifel ziehen und Anlass zur kritischen Überprüfung nach einer „entsprechenden Steuerung“ lieferten,[354] erscheint eine gewisse Angst vor Hauptverhandlungen mit entsprechenden Folgen[355] nicht allzu verwunderlich. Freilich bedarf jede Zeugenaussage einer kritischen Würdigung im Sinne des § 261 StPO. Erinnerungslücken in Bezug auf psychotraumatische Erlebnisse sind insbesondere nach gewissem Zeitablauf keine Seltenheit und mitunter eigentliche protektive psychische Reaktionen und als solche Folgen biologisch notwendiger Abwehr- und Schutzmechnismen.[356] Dann kann nicht stets mit der erforderlichen Gewissheit zwischen erklärbaren oder nicht erklärbaren Erinnerungslücke unterschieden werden. Auch hier würde eine frühzeitig erstellte Bild-Ton-Aufzeichnung als Erinnerungsspeicher Abhilfe schaffen und Missverständnisse vermeiden können, ohne einen abschließenden Verdachtsgrad notwendig zu präjudizieren.

Erinnerungsveränderungen bis hin zum Vergessen können gerade auch zur Gesundung psychisch traumatisierter Menschen beitragen und in diesem Sinne hilfreich und notwendig sein. Das autobiographische Gedächtnis scheint *a priori* besonders selektiv zu sein.[357] Die neurophysiologischen, natürlichen und intern hervorgerufenen Erinnerungsveränderungen bis hin zu Erinnerungslöschungen

352 BGH v. 23.8.2012 – 4 StR 305/12 = NStZ-RR 2012, 384; vgl. zusammenfassend bei *Miebach* (2014), S. 234 m.w.N.

353 BGH v. 23.8.2012 – 4 StR 305/12 = NStZ-RR 2012, 384; vgl. *Niehaus*, in: Volbert/Steller (2008), S. 314 f.; vgl. *Jansen* (2012), Rn. 723; *Miebach* (2014) S. 234.

354 Zur allgemeinen Kriteriologie der Glaubhaftigkeit von Zeugenaussagen, vgl. *Arntzen* (2011), S. 15 ff.

355 Siehe hierzu Kap.4.

356 Siehe zum Zusammenspiel von Erinnerung und Psychotrauma Kap.5.

357 *Bublitz/Dresler* (2014), S. 1281 m.w.N.

bestimmter Erinnerungen gewährleisten ein kohärentes und positives Selbstbild.[358] Sie sind also dem Menschsein immanent.

Zusammenfassend gilt: Jeder Erinnerungsabruf geht mit einer „Rückverfestigung" der Erinnerung über die abgerufene Information einher. Gleichfalls *kann* u.U. hiermit eine Löschung von durchaus wesentlichen Informationen verbunden sein. Die Information ist im menschlichen Gedächtnis im Gegensatz zu technologischen Speichermodulen nicht unverändert an einer Stelle – stets vollständig abrufbar – abgespeichert. Vielmehr werden die zugrundeliegenden Erinnerungen mit jedem Abruf, wie schon bei der ersten Verarbeitung, erneut mit anderen Informationen verknüpft und angereichert. Damit unterliegen Erinnerungen (auch solche an strafrechtlich ggf. relevante Informationen) im weiteren Ablauf der Zeit mindestens fortwährenden Veränderungen. Sie sind daher weder verlässlich reproduzierbar noch für die Zwecke einer Monate oder Jahre später stattfindenden Hauptverhandlung unbedingt konsistenter Nachweis vergangener Geschehnisse. Eine frühzeitige technologische Speicherung von ggf. strafrechtlich relevanten Wahrnehmungen würde einem Informationsverfall dagegen zuvorkommen *können*.

C. Mehrfachvernehmungen als Faktor für Erinnerungsinterferenzen

Unabhängig suggestibler Einflüsse sind die schon abstrakten Gefahren von Erinnerungsveränderungen während des Ermittlungsverfahrens in der juristischen Literatur nicht unbekannt. So heißt es bei *Bender/Nack/Treuer*, dass nach „frühere(n) Aussagen über einen Sachverhalt, die Möglichkeit [besteht], dass jemand sich mehr an die Aussage erinnert als an die Wahrnehmung selbst".[359] Auch die Rechtsprechung weiß freilich um die Probleme zeugenschaftlicher Wahrnehmungs- und (teilweise) darauf folgender Erinnerungsfehler, wenn sie etwa ausführt, „[...] [f]ehldeutungen bei der Wahrnehmung und Erinnerung von zunächst alltäglich wirkenden Ereignissen sind theoretisch immer möglich"[360]. Erinnerungsveränderungen von zunächst als unberührt angenommenen Erinnerungsspuren sind ihr dann ebenfalls aus der alltäglichen Praxis hinlänglich bekannt. So hält der *BGH* fest, „[...] [a]uch das Erinnerungsvermögen etwaiger Zeugen (...) wird mit zunehmendem Zeitablauf regelmäßig deutlich

358 Siehe hierzu Kap.5.

359 *Bender/Nack/Treuer* (2014), Rn. 183 m.w.N.

360 Vgl. BGH v. 5.6.2014 – 2 StR 624/12; vgl. auch BGH v. 20.5.2015 – 2 StR 455/14 zur Rückgewinnung verdrängter Erinnerungen.

abnehmen“[361]. Praktisch unumstrittene Anerkennung findet daher die Feststellung zu Erinnerungsveränderungen infolge Zeitablaufs von *Bender/Nack/Treuer*, „[…] [e] ndlich können bei den meisten langen Zeiträumen bis zur Hauptverhandlung die fälschenden Außeneinflüsse eine ungleich größere Wirkung ausüben […].“[362] Darüber hinaus ist die Tatsache, dass Erinnerungen formbar sind – also, Menschen dazu gebracht werden können, sich sicher an Ereignisse zu erinnern, die aber nie geschehen sind – durch jahrzehntelange Forschung fest etabliert und unumstritten.[363] Insbesondere *Loftus* wies nach, dass Erinnerungsinhalte gezielt verändert oder neue Erinnerungen implantiert werden können.[364] Daher findet die grundsätzliche höchstrichterliche[365] Vorgehensweise im Hinblick auf die Glaubhaftigkeitsbeurteilung gemäß der sog. *Nullhypothese* durchaus ihre Berechtigung. Hiernach besteht im Sinne einer „Unwahrheitshypothese“ „das methodische Grundkonzept darin, einen zu überprüfenden Sachverhalt (hier: Glaubhaftigkeit der spezifischen Zeugenaussage) so lange zu negieren, bis die Negation mit den gesammelten Fakten nicht mehr vereinbar ist.[366]

Diese psychologische Befundlage hat also immense rechtliche Bedeutung – insbesondere in Bezug auf die Bewertung von Zeugenaussagen.[367] Eine Gedächtniseinwirkung kann absichtlich oder nicht-absichtlich durch verbale oder nicht-verbale Einflüsse geschehen; insbesondere kann schon ein häufiges Wiederholen von Fragen im Ermittlungsverfahren und ggf. im Hauptverfahren – sog. Mehrfachvernehmungen – hierunter fallen.[368] Dabei wird nicht von der Hand zu weisen sein, dass sich zumindest die Gefahr unbeabsichtigter

---

361 So zuletzt etwa BGH v. 8.11.2017 – VIII ZR 13/17.

362 *Bender/Nack/Treuer* (2014), Rn. 183 mit Verweis auf BGH StV 2004, 521 und BGH NStZ 2002, 656.

363 Siehe nur *Bublitz/Dresler* (2015), S. 1280 ff. m.w.N.; *Wixted et al.* (2015), S. 522 m.w.N. zu relevante Studien.

364 Vgl. nur *Loftus/Palmer* (1974), abrufbar unter: http://dx.doi.org/10.1016/S0022-5371(74)80011-3; einen guten Überblick über die Studien von *Loftus et al.* geben *Bublitz/Dresler* (2014), S. 1284 m.w.N.

365 Exemplarischen genannt seien nachfolgende höchstrichterliche Entscheidungen zum Zusammenhang Traumatherapien, Glaubhaftigkeit, psychischen Belastungen und falschen Erinnerungen: BGH v. 25.11.1998 - 2 StR 496/98 = NStZ 1999, 108; BSG Beschl. v. 7.4.2011 – B 9 VG 15/10 B, BeckRS 2011, 72383 und BSG Urt. v. 17.4.2013 – B 9 V 1/12 R = NJOZ 2014, 72 ff.; LSG Baden-Württemberg Urt. v. 21.4.2015 – L 6 VG 2096/13, BeckRS 2015, 69461, beck-online.

366 BGHSt 45, 164 = NJW 1999, 2746, 2747; *Bender/Nack/Treuer* (2014), Rn. 298.

367 *Bublitz/Dresler* (2014), S. 1284 m.w.N.

368 Vgl. *Eisenberg* (2017), Rn. 1375 m.w.N.

verbaler oder non-verbaler Einflussfaktoren auf die ggf. strafrechtlich relevanten Erinnerungen eines (Opfer-)Zeugen während eines Strafverfahrens mit jeder hinzutretenden Vernehmung um ihren Faktor zunimmt. Die Anfälligkeit Falschinformationen zu erhalten wird durch wiederholte Präsentation der Originalinformation reduziert, während sie durch wiederholte suggestive Informationen – etwa durch (redundante) Fragewiederholungen in derselben oder in verschiedenen Befragungen – verstärkt wird.[369] Soweit relevante Erinnerungen jenen Veränderungen anheimgefallen sind, stellen sich sogleich Anschlussfragen nach ihrer rechtlichen Bewertung oder auch nach den Möglichkeiten ihrer Wiederherstellung.[370] Auch diese Fragen würden durch einen technischen Mediär wenigsten teilweise obsolet bzw. reduziert werden, wenn die frühestmögliche Erinnerungsbekundung des (Opfer-)Zeugen dauerhaft videotechnologisch konserviert werden würde.

D. Videotechnologisch unterstützte zeitnahe Vernehmungen können das Ziel der (materiellen) Wahrheitsfindung in Fällen von Belastungsaussagen verbessern

Die Vorschriften der §§ 58a, 255a StPO könnten auch bereits deswegen reformbedürftig sein, weil eine zeitnahe, umfangreiche Zeugenvernehmung der beste Prädiktor für eine größtmögliche Übereinstimmung von einer abgerufenen Zeugenerinnerung an eine potentielle Straftat oder an einen potentiellen Straftäter mit der (materiellen) Wahrheit sein kann.

---

369 Vgl. hierzu *Volbert*, in: Steller/Volbert (1997), S. 50 (in Bezug auf Kinder); *Eisenberg* (2017), Rn. 1379.

370 Der Hypothese des sog. „destruktiven Aktualisierens" zufolge wird angenommen, dass nachträgliche irreführende Informationen irreparable Gedächtnisänderungen hervorrufen, indem die ursprüngliche Gedächtnisspur durch die nachträglichen Informationen überschrieben wird, bzw. indem Original- und nachträgliche Informationen miteinander verschmelzen. – Die sog. „Koexistenzhypothese" besagt hingegen, dass Original- und nachträgliche Informationen gleichzeitig im Gedächtnis vorhanden sind. Auf Grund einer Konkurrenz zwischen beiden Gedächtnisspuren sei die ursprüngliche Gedächtnisspur schwerer abrufbar, was u.a. mit der größeren Aktualität der nachträglichen Informationen erklärt wird. Grundsätzlich bestehe aber die Möglichkeit, die Originalinformationen wieder abzurufen, vgl. hierzu weitergehend etwa bei *Eisenberg* (2017), Rn. 1376 m.w.N.; Fragen der Erinnerungs- bzw. Gedächtniswiederherstellung oder -verbesserung berühren auch Forschungszweige des „Enhancement" bzw. der Gedächtnisverbesserung, vgl. hierzu bei *Bublitz/Dresler* (2014), S. 1282 ff. m.w.N.

Viele (vermeintlich) von Straftaten betroffene STEO sind in Aussage gegen Aussage-Konstellationen einziges den Angeklagten belastendes Beweismittel.[371] Für das zentrale Ziel der (materiellen) Wahrheitsfindung sind solche Belastungsaussagen durch Wiedererkennungs- bzw. Identifizierungszeugen damit häufig (prozess-)entscheidend.[372] Bereits oben wurde beschrieben, dass sich die justizielle Praxis in Fällen von Aussage gegen Aussage-Konstellationen für die juristische Aufarbeitung des Einzelfalls ungern (allein) auf Vernehmungssurrogate stützt.[373] Dies ist nachvollziehbar, wenngleich nicht frei von Kritik. Das zentrale Ziel der (materiellen) Wahrheitsfindung könnte gerade in jenen Fällen durch Bild-Ton-Aufzeichnungen verbessert werden, wenn die erste Vernehmung des (Opfer-)Zeugen einen zuverlässigeren Rückschluss auf die tatsächlichen Geschehnisse in Bezug auf Straftat und Straftäter zuließe als dies anschließende Vernehmungen größtenteils erlaubten. Entsprechende Zwecke würden dann ideal gefördert, wenn solche Vernehmungen videotechnologisch konserviert werden würden, weil menschliche Erinnerungen durch jeden Erinnerungsabruf verändert werden.[374]

Zeugen – genauer: die Gedächtnissysteme von Menschen – werden als ebenso unzuverlässige und problematische[375] wie auch als unverzichtbare Beweisquellen angesehen.[376] Eine „fehlerfreie“ Zeugenbekundung vor Gericht ist eher die Ausnahme, als die Regel.[377] Fehleinschätzungen von Tatzeugen über den Tathergang sind trotz ihrer teilweisen großen Überzeugung über die Korrelation ihrer Bekundungen mit der (materiellen) Wahrheit in der Hauptverhandlung keine Seltenheit. Insbesondere ist dies – wie soeben erörtert[378] – einer mit zunehmendem Zeitablauf proportional ansteigenden Gefahr von Gedächtnisveränderungen

---

371 So auch *Miebach* (2014), S. 233.

372 Vgl. zu den Darstellungs- und Beweiswürdigungsanforderungen des BGH bei *Bender/Nack/Treuer* (2014), Rn. 1508 ff. m.w.N.; *Miebach* (2014), S. 233 ff.; *Miebach* (2016), S. 333 ff.

373 Siehe hierzu Kap.2.B.IV.

374 Siehe hierzu soeben Kap.3.A. und B.

375 So etwa *Kühne* NStZ (1985), 252, „[…] mannigfaltigen Fehlermöglichkeiten […], die ihn grundsätzlich zu einem eher weniger zuverlässigen Beweismittel als den Indizienbeweis machen“; vgl. auch am Anfang des Vorwortes der Herausgeber Beulke/Ignor zu *Jansen* (2012), S. V; *Bender/Nack/Treuer* (2014) Rn 13 ff; *Brause* NStZ (2007), 505, 506; *Ignor/Bertheau*, in: LR Vor § 48 Rn. 8 m.w.N.; *Miebach* (2014), S. 233.

376 Vgl. ausführlich *Kühne* NStZ (1985), 252 ff. m.w.N.; *Bender/Nack/Treuer* (2014), Rn. 17. halten Menschen als Beweismittel für eine *„Fehlkonstruktion“*.

377 *Bender/Nack/Treuer* (2014), Rn. 2.

378 Siehe hierzu soeben Kap.3.A. und B.

geschuldet.[379] Das Gedächtnis ist form- und veränderbar;[380] Erinnerungen verblassen oder verändern sich durch bloßen Zeitablauf.[381] Die videotechnologische Aufzeichnung solcher Erinnerungen von Tatzeugen, die mit einem großen eigenen Überzeugungsvertrauen im Hinblick auf die Deckungsgleichheit des erinnerten Inhalts mit der (materiellen) Wahrheit frühestmöglich abgerufen werden könnten späteren Erinnerungskontaminationen zuvorkommen. Zusätzlich legt ein nicht unerheblicher Teil neuerer empirischer Forschungsarbeiten – in Übereinstimmung mit älterer theoretischer Modelle zum Erkennungsgedächtnis – nahe, dass ein solch frühestmöglich gezeigtes großes Überzeugungsvertrauen von Wiedererkennungs- bzw. Identifizierungszeugen bei der ersten Zeugenaussage ein „hochgradig zuverlässiger Indikator“ für die Korrelation des bekundeten Erlebnisses mit der (materiellen) Wahrheit sein kann.[382]

I. Die Überzeugungs-Wahrheits-Beziehung bei Erstbekundungen von Wiedererkennungs- bzw. Identifizierungszeugen

Inhalt und Genauigkeit der Erinnerungen von Zeugen nehmen mit zunehmenden Zeitablauf grundsätzlich ab oder verändern sich. Nach rechtspraktischen Erfahrungen sind sich Zeugen dagegen umso sicherer sich „vollständig und zuverlässig“ zu erinnern, je länger die strafrechtlich relevante Erfahrung zurückliegt.[383] Dieses oftmals beobachtete Paradoxon korreliert mit obigen Befunden, nach denen Erinnerungen – nicht nur, aber gerade auch wegen Mehrfachvernehmungen – fluktuierenden Veränderungen ausgesetzt sind.[384] In Anlehnung an empirische Forschungen soll hier für das Verhältnis des Beweiswertes einer Wiedererkennungsleistung mit der (materiellen) Wahrheit der Begriff der „Überzeugungs-Wahrheits-Beziehung“[385] gebraucht werden.

Falschaussagen und in ihrer Folge ergangene falsche Urteile, sind keine Seltenheit.[386] Dieser tatsächliche Befund scheint mit jenen forensisch relevanten

379 *Bender/Nack/Treuer* (2014), Rn. 120 ff.; siehe hierzu bereits oben Kap.3.A. und B.

380 *Bublitz/Dresler* (2015), S. 1280 m.w.N.; *Wixted et al.* (2015), S. 515, 522; siehe hierzu bereits oben Kap.3.C. m.w.N.

381 *Bender/Nack/Treuer* (2014), Rn. 122 ff.; siehe hierzu bereits oben Kap.3.A. und B.

382 *Wixted et al.* (2015), S. 515 ff.

383 *Bender/Nack/Treuer* (2014), Rn. 134.

384 Ähnlich Ebd., Rn. 135.

385 *Wixted et al.* (2015), S. 515 ff.

386 Vgl. exemplarisch etwa den prominenten Fall „Mollath“, LG Nürnberg-Fürth Urt. v. 08.08.2006 – KLs 802 Js 4743/2003; sowie nach Wiederaufnahme das LG Regensburg Urt. v. 16.11.2014 – 6 KLs 151 Js 4111/2013 WA.

Laborstudien übereinzustimmen, die berichten, dass die Übereinstimmung zwischen einem gewissen Überzeugungsvertrauen eines Zeugen in die eigene Bekundung mit der (materiellen) Wahrheit bestenfalls schwach sei. *Krug* zieht etwa nach der Forschung zur „Überzeugungsvertrauens-Wahrheits-Beziehung" zusammenfassend die Bilanz, „[…] [d]ie meisten wissenschaftlichen Studien haben festgestellt, dass die [Überzeugungsvertrauens-Wahrheits-Beziehung] relativ geringe oder gar keine Aussagekraft hat; tatsächlich [sei] dies einer der konsistentesten Ergebnisse in der Literatur zur Gedächtnisforschung."[387] Ähnlich resümieren *Simons/Chabris*, „[…] [d]ie meisten Gedächtnisforscher sind sich einig, dass ein isolierter Vertrauensausdruck bestenfalls ein begrenzter Prädiktor für die Speichergenauigkeit ist […]".[388] Auch nach der aktuellen Rechtsprechung des *BGH* ist insbesondere bei einem (vermeintlichen) Wiedererkennen in der Hauptverhandlung auf eine verstärkte Suggestibilität zu achten.[389] Soweit das Tatgericht einem Wiedererkennen einen hohen Beweiswert zumessen will, muss es auch nach dem *BVerfG* – will es hiermit rechtsbeständig im Einklang stehend entscheiden – zu erkennen geben, dass „ihm die Gefahr bewusst war, dass ein Zeuge in der Hauptverhandlung den Angeklagten nicht in seinem Erscheinungsbild mit dem (vermeintlichen) Täter verglichen hat, sondern mit der von ihm anlässlich der Wahllichtbildvorlage oder Gegenüberstellung identifizierten Person".[390]

Wenn zusätzlich jene Forschungsergebnisse und empirische Untersuchungen betrachtet werden, die zeigen, dass es möglich ist falsche Erinnerungen an nie stattgefundene Ereignisse hervorzurufen,[391] könnte als naheliegende Schlussfolgerung gezogen werden, dass Erinnerungen und hierauf bezogene Überzeugungsbekundungen von Wiedererkennungs- bzw. Identifizierungszeugen grundsätzlich unzuverlässig seien. Eine solche Annahme unterschiede jedoch nicht zwischen einem Überzeugungsvertrauen, welches Wiedererkennungs- bzw.

---

387 Vgl. nur *Krug* (2007), S. 31, „[…] [c]ontrary to this popular belief, a person's level of subjective confidence is not a valid indicator of his or her accuracy. Most scientific studies have found the CA relationship to be relatively weak or nonexistent; in fact, this is one of the most consistent findings in the memory research literature".

388 *Simons/Chabris* (2011), S. 5

389 BGH v. 9.4.2013 – 5 StR 58/13 = BeckRS 2013, 07384; BGH v. 25.9.2012 – 5 StR 372/12 = NStZ-RR 2012, 381 ff.; BGH v. 25.1.2006 – 5 StR 593/05 = NStZ-RR 2006, 212 ff.; vgl. auch den Überblick bei *Miebach* (2014), S. 236.

390 BVerfG v. 30.4.2003 – 2 BvR 2045/02 = NStZ-RR 2003, 299 ff; vgl. auch den Überblick bei *Miebach* (2014), S. 236.

391 Vgl. zu alledem bei *Wixted et al.* (2015), S. 515 m.w.N.; siehe bereits oben Kap.3.III.

Identifizierungszeugen zum Zeitpunkt der Täteridentifikation oder der ersten Vernehmung zum ersten Mal äußerten, sog. „anfängliches Überzeugungsvertrauen“ und dem Vertrauen, das Monate oder Jahre später in der Hauptverhandlung zum Ausdruck gebracht wird.[392] Bestünden hier also wiederum in Bezug auf den Faktor „Zeit“ Differenzierungsnotwendigkeiten wäre obige Schlussfolgerung vorschnell.

II. Internationale empirische Forschungen zur Überzeugungsvertrauens-Wahrheits-Beziehung

Die weitverbreitete Annahme des 20. Jahrhunderts, wissenschaftliche Forschungsergebnisse hätten die grundsätzliche Unzuverlässigkeit des Schlusses von Überzeugungsvertrauen in erinnerte tatsächliche Wahrnehmungen auf die (materielle) Wahrheit nachgewiesen wird in der Fachliteratur als überholt angesehen.[393] Hiernach muss zwingend zwischen anfänglich hohem Überzeugungsvertrauen und einem solchen nach relevantem Zeitablauf unterschieden werden.

1. Ältere Forschungen

Eine weitverbreitete Messmethode der Überzeugungsvertrauens-Wahrheits-Beziehung ist die sog. statistische „Point-Biserial-Korrelationskoeffizienzmethode“.[394] Hierbei wird eine Übereinstimmung zwischen einer wahrheitsentsprechenden Antwort und der entsprechenden Überzeugungsvertrauensbewertung des Wiedererkennungs- bzw. Identifizierungszeugen in seine eigene – auf Erinnerungen beruhende – Aussage binär kodiert berechnet.[395] In der Forschung war und ist die Art der konkreten Berechnung und Aussagekraft des gefundenen Korrelationskoeffizienten umstritten.[396] In Bezug auf die Korrelationsergebnisse von Überzeugungsvertrauen und (materieller) Wahrheit haben *Juslin/Olsson/Winman* gezeigt, dass die sog. „Point-Biserial-Korrelation“ sowohl niedrig als auch hoch sein könne, abhängig davon, wie die Antworten auf unterschiedliche Vertrauenskategorien verteilt seien. Somit zeige ein niedriger Point-Biserial-Korrelationskoeffizient jedenfalls nicht notwendig auch eine

392 *Wixted et al.* (2015), S. 515 m.w.N.

393 Ebd., S. 516 f.

394 Ebd., S. 517 m.w.N.

395 Zur konkreten – für hiesige Zwecke nicht entscheidende – Art der Berechnung vgl. zusammenfassend bei *Wixted et al.* (2015), S. 517 ff.

396 Vgl. zum Streit nur *Wixted et al.* (2015), S. 517 m.w.N.

schwache Wahrheitsübereinstimmung an.[397] Daher kann festgehalten werden, dass diese Methode (allein) keinen verlässlichen Indikator für eine Korrelation eines geäußerten Überzeugungsvertrauens mit der (materiellen) Wahrheitsfindung bietet.

2. *Jüngere Forschungen*

Juslin/Olsson/Winman argumentieren weitergehend, dass die Beziehung zwischen Überzeugungsvertrauen von Zeugen und der (materiellen) Wahrheit „am besten beurteilt“ werden könne, indem der korrekte Proportionalwert mithilfe einer Funktion der subjektiven Zuversicht unter Verwendung einer Bewertungsskala, die von 0 bis 100 reicht, errechnet werden könne.[398] Unabhängig konkreter Details über die Berechnungsparameter ist Folgendes bedeutend: *Juslin/Olsson/Winman* führten im Rahmen ihrer Forschungen eine Schein-Kriminalitätsstudie durch, bei der die Teilnehmer einen Video-Diebstahl beobachten und später versuchen sollten, den schuldigen Verdächtigen anhand einer Täterwiedererkennungssequenz im Rahmen einer Gegenüberstellung zu identifizieren. Hierbei wurde eine durchaus beeindruckend starke Beziehung zwischen dem Überzeugungsvertrauen vom Zeugen und der (materiellen) Wahrheit beobachtet.[399] Auf Grundlage dieser Forschung entwickelte sich eine große und stetig wachsende Sammlung von Studien, die in den Jahren nach der Forschung von *Juslin/Olsson/Winman* durchgeführt wurden.[400]

Diese Studien haben laut der Anschlussforschung durch *Wixted* und andere für Erwachsene, die eine Identifizierung aus einer Täterwiedererkennungssequenz im Rahmen einer Gegenüberstellung machten, „*zweifelsfrei*“ bewiesen, dass die Übereinstimmung zwischen anfänglichem Überzeugungsvertrauen, also bei frühzeitiger, erster Befragung und Gegenüberstellung, mit der (materiellen) Wahrheit in einer typischen forensisch relevanten Laborstudie – entgegen den tradierten Annahmen – „*hoch*“ sei.[401] Die Gegenüberstellungen bzw. Wiedererkennungssequenzen sind insbesondere in den auch hier relevanten Fällen der Aussage gegen Aussage-Konstellationen von Bedeutung, weil sog.

397 *Juslin/Olsson/Winman* (1996), S. 1304 ff.; hierauf stellen auch *Wixted et al.* (2015), S. 517 ab.

398 *Juslin/Olsson/Winman* (1996), S. 1304 ff.; *Wixted et al.* (2015), S. 517 m.w.N.

399 *Juslin/Olsson/Winman* (1996), S. 1304 ff.; *Wixted et al.* (2015), S. 518, figure 1, vgl. auch m.w.N.

400 Relevante Studien fassen *Wixted et al.* (2015) S. 518 zusammen.

401 Ebd., S. 518 m.w.N.

Wiedererkennungs- bzw. Identifizierungszeugen nicht selten die einzig maßgeblichen Beweisquellen sind.

Die durch *Wixted* und andere gezeigten Korrelationen sind deshalb bedeutsam, weil jede dieser Studien zeigte, dass im Rahmen geschehensnaher Befragungen oder Gegenüberstellungen Identifizierungen bzw. Zeugenbekundungen, die mit einem geringen Überzeugungsvertrauen abgegeben wurden, mit einer geringen (materiellen) Wahrheitsentsprechung assoziiert sind. Solche Identifizierungen bzw. Zeugenbekundungen hingegen, die mit einem großen Überzeugungsvertrauen abgegeben wurden, sind mit hoher (materieller) Wahrheitsentsprechungen assoziiert.[402] Diese Befunde können dabei nicht auf bloße Zufälligkeiten zurückgeführt werden, weil die zahlreichen unterschiedlichen Studien jeweils große Stichproben umfassten.[403] Diese Erkenntnisse rechtfertigen den Schluss, dass die Übereinstimmungswahrscheinlichkeit zwischen einem anfänglich gezeigten großen Überzeugungsvertrauen in der ersten Zeugenvernehmung mit der (materiellen) Wahrheit grundsätzlich als hoch zu vermuten ist.

3. *Korrelation zwischen anfänglich großem Überzeugungsvertrauen und (materieller) Wahrheit in der Rechtswirklichkeit*

Die in der experimentell kontrollierten Forschung beobachtete Beziehung zwischen einem anfänglichen großen Überzeugungsvertrauen des Zeugen mit der (materiellen) Wahrheit wird auch durch Daten diverser Feldstudien mit Realfällen untermauert. Diese zeigen, dass positive Täteridentifikationen mit niedrigem Überzeugungsvertrauen relativ fehleranfällig sind, während solche Identifikationen mit großem Überzeugungsvertrauen sehr viel weniger fehleranfällig sind.[404] Daher kann die Übereinstimmung eines anfänglich gezeigten großen Überzeugungsvertrauens von Wiedererkennungs- bzw. Identifizierungszeugen im Hinblick auf den Wahrheitsgehalt ihrer Erinnerungsbekundungen während einer frühzeitig durchgeführten Zeugenvernehmung mit der (materiellen) Wahrheit tatsächlich hoch sein.

---

402 *Wixted et al.* (2015), S. 518 m.w.N.

403 Ebd.

404 Ebd., S. 521 m.w.N.

III. Zur Formbarkeit des Gedächtnisses und erinnerungswahrenden Vernehmung

Das Gedächtnis ist formbar.[405] Daher dürfen forcierende anfängliche Zeugenvernehmungen nicht in einer die Suggestibilität fördernden Weise geschehen. So kann etwa bereits ein bestätigendes Feedback durch Verhörspersonen das anfängliche zeugenschaftliche Überzeugungsvertrauen bei der Täteridentifikation oder Erinnerungsbekundung sofort aufblähen, verzerren oder verfälschen.[406] Wahllichtbildvorlagen, welche gegenüber Wahlgegenüberstellungen als weniger zuverlässig gelten, sollten etwa nicht nebeneinander, sondern sequentiell vorgelegt werden.[407] Auch sollte etwa jene Bilder nicht Fotos von Fahndungsaushängen entsprechen, weil sonst die naheliegende Möglichkeit besteht, dass bei Wiedererkennungs- bzw. Identifizierungszeugen die originäre Erinnerung schon durch das Fahndungsfoto „überschrieben"[408] worden ist.[409] Darüber hinaus kann ein wiederholtes Abrufen des (Gesichts-)Gedächtnisses das Überzeugungsvertrauen, dass ein unschuldiger Verdächtiger der Täter sei, erhöhen und dieses daher eine entsprechende (materielle) Wahrheitskorrelation verfälschen, sog. „*mugshot exposure effect*"[410]. Studien, die eine Vielzahl von Paradigmen verwenden haben gezeigt, dass falsche Erinnerungen während wiederholender Gedächtnisabrufe auftreten können,[411] freilich insbesondere dann, wenn diese unter suggestivem Einfluss abgerufen werden.[412]

IV. Frühzeitige Aufzeichnung eines frühzeitig gezeigten Überzeugungsvertrauens

Da obige empirische Befunde einen sicheren Schluss darauf zulassen, dass ein hohes Überzeugungsvertrauen eines (Opfer-)Zeugen in die eigene

405 Siehe einführend bereits oben Kap.3.C.,B.
406 *Wixted et al.* (2015), S. 522 m.w.N.
407 Vgl. BGH v. 14.4.2011 – 4 StR 501/10 = NStZ 2011, 648, 649; *Miebach* (2014), S. 236.
408 Vgl. BGH v. 21.7.2009 – 5 StR 235/09 = NStZ 2010, 53, 54; vgl. auch BGH v. 27.10.2005 – 4 StR 234/05 = BeckRS 2005, 13482; *Miebach* (2014), S. 236.
409 BGH v. 19.3.2013 – 5 StR 79/13 = NStZ 2013, 725; vgl. schon BGH v. 28.6.1961 – 2 StR 194/61 = BGHSt 16, 204, 206; *Miebach* (2014), S. 236.
410 *Wixted et al.* (2015), S. 522 m.w.N.; letztlich dürften diesem als entsprechendem Effekt beschriebenen Phänomen die oben beschriebenen Erinnerungsinterferenzen durch Zeit und infolge Mehrfachvernehmungen zugrundeliegen, siehe Kap.3.A.,B.,C.
411 *Wixted et al.* (2015), S. 522 m.w.N.; siehe bereits oben unter Kap.3.A.,B.,C.
412 Ebd., S. 522 m.w.N.

Erinnerungsbekundung während der ersten (umfassenderen) Vernehmung ein hinreichend verlässlicher Wahrscheinlichkeitsindikator für die Korrelation mit der (materiellen) Wahrheit sein *kann*, sollten jene frühen (Opfer-)Zeugenvernehmungen schon aus diesem Grunde mittels Bild-Ton-Technologie aufgezeichnet werden. Dies umso mehr, um Erinnerungsinterferenzen infolge Zeitablaufs und Mehrfachvernehmungen,[413] gerade um die eben als sog. „*mugshot exposure effect*" umschriebenen Erinnerungsveränderungen infolge externer Einwirkungen zu vermeiden.

Hiermit ginge jedenfalls in Aussage gegen Aussage-Konstellationen eine erhebliche Verbesserung der Ziele der (materiellen) Wahrheitsfindung einher, weil die Belastungsaussage eines (Opfer-)Zeugen insoweit zumindest verbessert nachvollziehbar und überprüfbar werden würde. Darüber hinaus geht die Forschergruppe um *Wixted*, wenn sie annimmt, „[...] [b]ecause eyewitness confidence on an initial test of memory is diagnostic of guilt (whereas eyewitness confidence on a later memory test may not be)"[414] und „[...] [i]n our view, if it were understood that initial confidence (and only initial confidence) is clearly diagnostic of guilt [...]"[415]. Derlei Schlüsse – gar eine Schulddiagnose – verbieten sich jedoch. Sie sind zwingend dem erkennenden Gericht vorbehalten, § 261 StPO. Dennoch lässt ein frühzeitig großes Überzeugungsvertrauen des (Opfer-) Zeugen bei Identifizierung des (vermeintlichen) Täters gemäß den empirischen Befunden und unter Berücksichtigung der Daten realer Feldstudien, durchaus als Indiz die Annahme einer hohen Übereinstimmungswahrscheinlichkeit mit der (materiellen) Wahrheit zu. Dieses kann daher im Einzelfall eine profunde Prognose im Sinne eines erhöhten strafverfahrensrechtlichen Verdachtsgrades unterstützen.

Dieser indizielle Verdacht ersetzte dabei keinesfalls die unbedingt erforderliche tatrichterliche umfassende Beweiswürdigung gemäß § 261 StPO. Der Beweiswert von solch frühzeitig mitgeteilten Informationen jedoch könnte durch eine videotechnologische Aufzeichnung gestützt werden. Ein Wiedererkennen im Rahmen einer Wahllichtbildvorlage muss sich an strengen Anforderungen der Rechtsprechung messen lassen. So gilt der Beweiswert des Wiedererkennens als „stark herabgesetzt, wenn der Zeuge den Angeklagten lediglich auf einer Einzelbildvorlage erkannt hat".[416] „[...] Erkennt der Zeuge den Angeklagten nach einer

---

413 Siehe bereits oben unter Kap.3.A.,B.,C.

414 *Wixted et al.* (2015), S. 523.

415 Ebd., S. 524.

416 *Miebach* (2016), S. 333.

Einzelbildvorlage im Ermittlungsverfahren in der Hauptverhandlung wieder, handelt es sich um ein sog. wiederholtes Wiedererkennen, dessen Verlässlichkeit wegen der Beeinflussung durch die Situation des ersten Wiedererkennens und der durch diese bedingten mögliche Überlagerung des ursprünglichen Erinnerungsbildes nochmals deutlich vermindert ist".[417] Diese nach der Rechtsprechung aktuell zu vermutende verminderte Beweiskraft von erstem und wiederholtem Wiedererkennen muss der Tatrichter nach der Rechtsprechung des *BGH* in seine Beweiswürdigung einstellen, sonst bleibt diese lückenhaft und ist damit revisibel.[418] Jedenfalls würde eine frühzeitige videotechnologische Aufzeichnung nicht nur das nach den internationalen empirischen Forschungen zuverlässigere anfängliche Überzeugungsvertrauen[419] des (Opfer-)Zeugen dauerhaft konservieren. Eine videotechnologische Aufzeichnung einer geschehensnahen Wiedererkennung könnte darüberhinausgehend – zusammen mit etwaig hierbei geschilderten Zusatztatsachen – eine valide Grundlage für das Ziel des Strafverfahrens bieten, das von einer möglichen Inflation des Überzeugungsvertrauens im Sinne einer verfälschten und verzerrten Erinnerung unberührt bliebe.[420]

V. Zwischenergebnis

Damit kann der Beweiswert im Hinblick auf die Übereinstimmung zwischen einem frühzeitig gezeigten hohen Überzeugungsvertrauen eines (Opfer-)Zeugen bezüglich seiner Erinnerungsbekundung und der (materiellen) Wahrheit bei einer ersten Augenzeugenidentifikation oder bei einer ersten Zeugenvernehmung nicht mehr als grundsätzlich stark herabgesetzt vermuten werden. Wissenschaftliche Beweise legen nahe, dass jeweils mit signifikant erhöhter Wahrscheinlichkeit, ein niedriges Überzeugungsvertrauen mit einer geringen (materiellen) Wahrheitsübereinstimmung korreliert und ein großes Überzeugungsvertrauen mit einer hohen (materiellen) Wahrheitsübereinstimmung korreliert, soweit das tat- und geschehensnahe Überzeugungsvertrauen des (Opfer-) Zeugen zum Zeitpunkt einer ersten Identifikation oder einer ersten Zeugenvernehmung und nicht ein solches während später stattfindender Hauptverhandlungen betrachtet wird.[421]

---

417 Ebd., S. 133.

418 Vgl. jüngst BGH v. 30.3.2016 – 4 StR 102/16 = NStZ-RR 2016, 223; BGH v, 14.4.2011 – 4 StR 501/10 = NStZ 2011, 648 ff.; BGH v. 9.11.2011 – 1 StR 524/11 = NJW 2012, 791; einen Überblick gibt *Miebach* (2016), S. 333.

419 *Wixted et al.* (2015), S. 523 m.w.N.

420 Ebd., S. 523 m.w.N.

421 Ebd., S. 524 m.w.N.

Bei einer ersten Erinnerungsabfrage kann der Gedächtnis „speicher" – das organische Gedächtnissystem – von (Opfer)-Zeugen damit insoweit als zuverlässiger bewertet werden, als dass Überzeugungsvertrauen und (materielle) Wahrheit einander wahrscheinlichkeitserhöhend entsprechen *können*. Umgekehrt bedeutet die in den internationalen empirischen Forschungen gezeigte starke Korrelation zwischen anfänglichem Überzeugungsvertrauen und (materieller) Wahrheit, dass anfängliche Täteridentifizierungen oder Zeugenbekundungen, die mit niedrigem Überzeugungsvertrauen gemacht wurden, eine hohe Fehlerwahrscheinlichkeit implizieren können. Eine gänzliche Missachtung dessen führt wiederum zu einer erhöhten Gefahr, fälschlich einen unschuldigen Verdächtigen zu „überführen", wenn eine Identifikation oder Zeugenbekundung mit einem großen Überzeugungsvertrauen während der Hauptverhandlung, einer anfängliche Identifikation oder Zeugenbekundung mit einem niedrigen Überzeugungsvertrauen vorgezogen wird bzw. wenn eine solche wegen Erinnerungsveränderungen nicht mehr abrufbar ist.

Anstatt die Bekundungen von (Opfer-)Zeugen betreffend ihres Überzeugungsvertrauen pauschal als geringwertig, wenig oder gar nicht zu berücksichtigen, kann daher als viel besserer Ansatz gewinnbringend sein, einen ersten Ausdruck des Überzeugungsvertrauens als einen gewissen richtungsweisenden Prädiktor für die (materielle) Wahrheit im Sinne eines erhöhten strafverfahrensrechtlichen Verdachtsgrades zu behandeln.

E. Ergebnis

Es wurde herausgearbeitet, dass Erinnerungen bereits durch bloßen Zeitablauf – etwa infolge Erinnerungsabrufs im Wege der sog. „Rückverfestigung" – verblassen, sich verändern oder gar verschwinden können. Zudem sind Erinnerungen – beabsichtigter oder nicht beabsichtigter – Manipulationen durch die Außenwelt zugänglich. Ferner kann ein frühzeitig durch Wiedererkennungs- bzw. Identifizierungszeugen gezeigtes großes Überzeugungsvertrauen darüber, sich vollständig und zuverlässig an einen etwaigen Täter oder an ggf. strafrechtlich relevante Geschehnisse erinnern zu können, videotechnologisch dokumentiert, ein Indikator für eine hohe Übereinstimmung mit der (materiellen) Wahrheit sein. Bereits diese Befunde legen die frühestmögliche videotechnologische Aufzeichnung strafrechtlich relevanter Informationen auch wegen Effizienzgewinnen für das primäre Ziel des Strafverfahrens, der (materiellen) Wahrheitserforschung, nahe.

F. Exkurs: Internationale Anerkennung der Videotechnologie im Strafverfahren

International[422] ist ein umfangreicher Gebrauch der Videotechnologie als Vernehmungssurrogat in Strafverfahren hinlänglich erprobt.[423] So etwa in Australien, dem Vereinigten Königreich[424] und in einigen Bundesstaaten der USA[425].[426] Auch die Verfahrensordnungen der internationalen Strafgerichtshöfe kennen entsprechende Dokumentationsanforderungen und Verwertungsmöglichkeiten.[427] Ungeachtet der maßgeblichen Unterschiede zwischen den prozessualen Verfahrenssystemen ist ein extensiver Gebrauch der Videotechnologie in Strafverfahren international durchaus anerkannt. So wird eine frühzeitige videotechnologische Aufzeichnung der (Opfer-)Zeugenvernehmung in Strafverfahren etwa bereits in England und Wales[428] und in Teilen der USA sowie der Schweiz angestrebt und auch durchgeführt.

Der Youth Justice and Criminal Evidence Act des Vereinigten Königreichs aus dem Jahr 1999[429] strebte eine Verbesserung des Verfahrens für schutzbedürftige Personen an. Vor Inkrafttreten dieses Gesetzes konnte videoaufgezeichnete Aussagen nur von Kindern (üblicherweise in Fällen von sexuellem Missbrauch) in Hauptverfahren als Beweismittel verwendet werden. Die Definition der Schutzbedürftigkeit wird in section 16 und 17 des Gesetzes behandelt. Zu der Gruppe

---

422 Zu strukturellen Unterschieden zwischen den (europäischen) Strafverfahrenssystemen vgl. *Kühne* (2015) Vorbem. § 71, Rn. 1146 ff. m.w.N; vgl. auch *Gless* (2011) S. 193 ff., die den Einsatz von Videotechnologie in zahlreichen europäischen Ländern beschreibt; einen guten Überblick über die Erfahrungen mit der Videotechnik im Ausland gibt auch *Swoboda* (2002), S. 90 ff.

423 *Swoboda* (2002), S. 90 spricht von einer „*Vorreiterrolle auf dem Gebiet der Videotechnik anderer Staaten des europäischen Auslandes, vor allem aber die Staaten des angloamerikanischen Rechtsraumes*". [Hervorhebung durch den Verfasser].

424 Vgl. hierzu *Gless* (2011), S. 196 ff. m.w.N.

425 Siehe hierzu detailliert bei *Swoboda* (2002), S. 91 ff. m.w.N.

426 Zu den überwiegend positiven Erfahrungen mit der Bild-Ton-Aufzeichnung von Zeugenvernehmungen im anglo-amerikanischen Rechtskreis, vgl. *Bohlander* (2000), S. 253 ff. m.w.N.; *Köhnken* StV 1995, 376 ff.; *Bohlander* ZStW 107 (1995), 82 ff.; *Laubenthal* (JZ) 1996, 335.

427 Vgl. etwa die Rule 43 VBR-IStGH; vgl. auch *Herz* (2002), S. 224 ff.

428 Zum Strafrechtssystem in England und Wales vgl. vertiefend bei *Kühne* (2015) § 71, Rn. 1149 m.w.N.; vgl. auch *Gless* (2011), S. 196 ff. m.w.N.; *Swoboda* (2002), S. 99 ff.; *Herz* (2002), S. 224 ff.

429 Vgl. Ss. 16 – 33 *Youth Justice and Criminal Evidence Act 1999*, abrufbar unter: http://www.hmso.gov.uk.

der schutzbedürftigen Personen werden z.B. gezählt: Personen mit einer psychopathischen oder irgendeiner anderen Persönlichkeitsstörung, einer Schizophrenie oder einer anderen Geisteskrankheit. Gemäß section 17 des Gesetzes wird die Schutzbedürftigkeit aus bestimmten Umständen der (mutmaßlichen) Tat selbst abgeleitet (z.B. ist ein Zeuge schutzwürdig aufgrund von Einschüchterung, Furcht, Leid). Darüber hinaus existieren verschiedene Dienstanweisungen für die Polizei (z.B. Murder Investigation Manual, Domestic Violence Manual, Serious Offence Manual), in denen empfohlen wird, solche bedeutsamen Zeugen unter Verwendung von Videoaufzeichnung zu befragen.

Weiterhin ermöglicht der Criminal Justice Act von 2003 (S. 137) jedem Befragten, ungeachtet seiner Schutzbedürftigkeit, auf eine Videovernehmung zu insistieren und die auf Video aufgezeichnete Aussage in der gerichtlichen Hauptverhandlung als Beweismittel zu verwenden.[430]

Die gesetzliche Grundlage für eine Bild-Ton-Aufzeichnungsmöglichkeit von Vernehmungen in der Schweiz bildet im Grundsatz Art. 76 Abs. 4 StPO-CH. Hiernach *kann* die Verfahrensleitung Ton-Bildaufnahmen einer jeglichen Verfahrenshandlung anordnen. Diese grundsätzlich als Ermessensvorschrift konzipierte Regelung wird jedenfalls durch das Obergericht des Kantons Zürich praktisch deutlich weitgehender umgesetzt. Nach der Rechtsprechung dieses Obergerichts sind in dem Ermittlungsverfahren (Art. 299 ff. StPO-CH) Einvernahmen des Opfers von vor allem sexueller Straftaten *konsequent* mittels Video- und Tonaufzeichnungen aktenkundig festzuhalten.[431]

Auch ein neuerer Bericht der u.s.-amerikanischen National Academy of Sciences gibt wiederum in Bezug auf die für Aussage gegen Aussage-Konstellationen maßgeblichen Augenzeugenidentifizierungen mehrere Empfehlungen ab, die obigen empirischen Befunden entsprechen. Eine Empfehlung lautet etwa, dass Ermittler ihre Beurteilung von zeugenschaftlichem Überzeugungsvertrauen zum Zeitpunkt der ersten Identifikation oder der ersten Vernehmung dokumentieren sollten, weil „[…] Beweise darauf hindeuteten, dass das zeugenschaftlich berichtete Vertrauen zum Zeitpunkt der Hauptverhandlung kein zuverlässiger Prädiktor für die (materielle) Wahrheit“ sei. „[…] Die Beziehung zwischen dem bestätigten Überzeugungsvertrauen des Zeugen und der (materiellen) Wahrheit“ könne „[…] zum Zeitpunkt der ersten Identifizierung oder

430 Vgl. hierzu vertiefend bei *Kühne* (2015) § 71, Rn. 1186 m.w.N; vgl. auch *Milne/Bull*, in: Deckers/Köhnken (2014) S. 301 ff., 308 m.w.N.

431 Vgl. in diesem Sinne den Beschluss des Obergerichts des Kantons Zürich vom 14.11.2014, in: Zürcherische Rechtsprechung Bd. 114 (2015), Nr. 3, Erw. 1.3.; vgl. auch *Weder*, in: Gysi/Rüegger (2018) S. 304. [Hervorhebung durch den Verfasser].

der ersten Vernehmung größer sein als zum Zeitpunkt des Hauptverfahrens".[432] Eine weitere eng anverwandte Empfehlung der u.s.-amerikanischen National Academy of Sciences lautet, dass „Richter [...] alle erforderlichen Schritte unternehmen [sollten], um die Geschworenen über frühere Identifizierungen, Art und Zeitrahmen ihrer Durchführung und das Konfidenzniveau des damaligen Augenzeugen zu informieren".[433]

Weitergehend schlug der Bericht der Nationalakademie vor eine Idee umzusetzen, die bereits seit Langem wissenschaftlich vertreten wurde:[434] nämlich den Prozess der Täteridentifikation durch Zeugen videotechnologisch aufzunehmen.[435] Mit Videoaufzeichnungen der Erstidentifizierungen würden die Geschworenen sich selbst davon überzeugen können, wie zuversichtlich die Augenzeugen von Anfang an waren, was wiederum helfen könne, dieses Vertrauensbeurteilungsverhalten unter Missachtung des unzuverlässigeren Konfidenzurteils in der Hauptverhandlung zu beurteilen. Auf Rechtssysteme ohne Geschworenenjury übertragen, bedeutete dies gleichfalls eine Möglichkeit für das erkennende Gericht sich über die Beurteilung des (Opfer-)Zeugen betreffend seines Überzeugungsvertrauens zum Zeitpunkt der ersten Vernehmung ein eigenes, realistisches Bild machen zu können, ohne auf die unsichere *ex post*-Beurteilung während der späteren Hauptverhandlung beschränkt zu sein.

Angelehnt an diese internationalen Vorschläge und an den Vorschlag von *Behrman/Davey*, könnten die (Opfer-)Zeugen am Beispiel einer Täterwiedererkennungssequenz im Rahmen einer aufzuzeichnenden Gegenüberstellung – und ggf. auch bei übrigen Einvernahmen – routinemäßig zu bitten sein, anzugeben, wie sicher ihre gedächtnisbasierten Angaben und ihre Wiedererkennung zutreffen.[436]

Dieser grobe Eindruck verdeutlicht die Anerkennung und Verwendungspraxis der Videotechnologie als Vernehmungshilfe in Strafverfahren auf internationaler Ebene.

---

432 National Research Council (2014), S. 74, abrufbar unter: https://www.innocenceproject.org/wp-content/uploads/2016/02/NAS-Report-ID.pdf.; *Wixted et al.* (2015), S. 524.

433 National Research Council (2014), S. 76; *Wixted et al.* (2015), S. 524.

434 *Wixted et al.* (2015), S. 524 m.w.N.

435 National Research Council (2014), S. 74; *Wixted et al.* (2015), S. 524.

436 Etwa „(a) Ich bin sicher, dass ‚X' die Person ist, die [die Straftat] begangen hat – (b) Obwohl ich nicht sicher bin, denke ich, dass dies die Person ist, die [die Straftat] begangen hat – (c) Ich erkenne niemanden als die Person wieder, die die Straftat begangen hat", vgl. *Behrman/Davey* (2001), S. 475 ff., abrufbar unter: http://dx.doi.org/10.1023/A:1012840831846; ebenso bei *Wixted et al.* (2015), S. 524

Kapitel 4: Reformbedürftigkeit der §§ 58a, 255a StPO aus psychotraumatologischen Gründen

A. Einleitung

Infolge gewalttätiger Straftaterlebnisse können sich Opfer ihres bisherigen Lebens entrissen fühlen. Trotz des als nachhaltig und bedrohlich empfundenen Eingriffs kann bestenfalls – früher oder später – in ein geregeltes Lebensmuster zurückgefunden werden. Schlechtestenfalls aber können auch in als sicherstehend geglaubten Lebensparametern (Um-)Brüche festgestellt und nachhaltige Persönlichkeitsveränderungen entwickelt werden. Psychotraumata erwachsen aus Erlebnissen, die wegen ihrer Intensität die psychischen Verarbeitungsmöglichkeiten des Betreffenden überschreiten.[437]

Hinsichtlich der Erlebnisse kann im Besonderen unterschieden werden zwischen plötzlichen Ereignissen (etwa sog. Schocktrauma) und gewissen „subtraumatische Überforderungen", die zu lange andauern oder sich zu oft wiederholen (sog. Stresstrauma).[438] Abstrakt lösen psychotraumatische Erfahrungen „unmittelbar Angst, Schrecken und völlige Hilflosigkeit" aus,[439] wobei die konkreten individuellen Folgen des psychotraumatischen Erlebnisses sehr verschieden sein können.[440] So können sich lebensbiographische Veränderungen sowohl „kurz-, mittel- oder langfristig auswirken und phasenweise in Formen von Belastungserleben *und/oder* Nachhallerinnerungen auftreten".[441]

Ebenso wie die Entstehung und das Auftreten von Psychotraumata ist auch ein erfolgreicher Heilungsverlauf „von zahlreichen Faktoren abhängig; er erfordert jedoch stets integrative Fähigkeiten des Opfers und seines sozialen Umfelds".[442] Eine bestmögliche Aufarbeitung des Erlebten und eine ggf. nötige Heilung von Psychotraumata sollte idealerweise unabhängig externer Störfaktoren ermöglicht sein. Nicht selten können strafrechtliche Aufarbeitungen die persönliche

---

437 *Fabricius/Dallmeyer/Singelnstein* (2012), S. 75 m.w.N.

438 Ebd., S. 75 f.

439 Ebd., S. 75 f.

440 Ebd., S. 75 f.

441 *Becker/Kaufmann/Schickedanz*, in: Gysi/Rüegger (2018) S. 544 [Hervorhebungen durch den Verfasser].

442 Ebd., S. 544.

Stabilität zurückbringen und nötige Heilungsverläufe unterstützen. Dort jedoch, wo strafrechtliche Verfahren den Heilungsprozess stören oder hemmen stellt sich die Frage nach alternativen Regelungskonzepten. Sie stellt sich aber ebenso im umgekehrten Falle: Dort also, wo heilungsunterstützende Psychotherapien wiederum Strafverfahren stören oder hemmen können. Abermals erscheinen diese Interessen antagonistisch, da „[...] [v]eränderungswirksame Psychotherapien die Rekonstruktion und Transformation von impliziten Gedächtnisinhalten explizit beeinflussen und verändern" *können*.[443] Vorangestellt sei dabei schon hier: Als veränderungswirksame Heilungsansätze sind konfrontative Psychotraumatherapieelemente nach gesicherten Forschungsergebnissen für einen erfolgreichen Genesungsprozess von schweren Psychotraumata unabdingbar.[444] Sie sind genuin notwendig für die Therapie.

Jüngere Forschungsergebnisse[445] unterstützen ältere Annahmen und führen empirische Beweise dafür an, dass aus Sicht eines Tatopfers die psychischen Folgen, jenen körperlicher oder materieller Art nicht nur nicht nachstehen, sondern als ebenso oder oft als schwerer wiegend empfunden werden.[446] So kamen schon ältere internationale Untersuchungen zu den Ergebnissen, dass „[...] durch die Tat das Selbst- und Weltbild vieler Betroffener nachhaltig erschüttert" werden kann.[447] Die „[...] Welt sei feindseliger und unkontrollierbar" geworden; viele Opfer berichten, sie seien „durch die Tat misstrauischer, pessimistischer und selbstunsicherer" geworden.[448]

Freilich kann nicht jede als nachteilig empfundene Reaktion auf Straftaten durch das repressive Strafverfolgungssystem opferschutzbezogen und vollständig rücksichtswahrend aufgefangen werden. Soweit jedoch diagnostizierte psychische (Anfangs-)Schäden infolge der Straftat verbleiben und sich infolge eines Strafverfahrens verfestigen oder steigern (bzw. zu steigern drohen), ist effektiver staatlicher Schutz – auch durch angemessene Regelungen – erforderlich (Art. 20 Abs. 3, 1, Art. 1 Abs. 1, Art. 2 Abs. 2 GG).

---

443 Ebd., S. 544; siehe hierzu vertiefend Kap.5.C. [Hervorhebungen durch den Verfasser].

444 Siehe hierzu Kap.5.B.,C. und D.

445 Nach einer von *Dölling et al.* (2017), S. 128. durchgeführten, repräsentativen Opferbefragung *„fühlten sich 89,4 % der Befragten durch die erlittene Straftat [psychisch] beeinträchtigt."* [Hervorhebungen durch den Verfasser].

446 Vgl. etwa *Baurmann/Schädler* (1991), S. 103 ff.; zusammenfassend bei *Orth* (2000), S. 13.

447 *Orth* (2000), S. 13.

448 Ebd., S. 13.

Nicht selten entwickeln Opfer schwerwiegender Gewalttaten behandlungsbedürftige psychische Krankheiten, wie posttraumatischen Belastungsstörungen, Angststörungen vielgestaltigen Ausmaßes, sowie Depressionen.[449] Die in der kriminologischen Forschung als hoch vermuteten Dunkelziffern führen zu der Annahme, dass Anzeigen gegen Täter keinesfalls die Regel zu sein scheinen.[450] Gründe hierfür können Kosten materieller oder immaterieller Art – insbesondere zeitlicher oder beziehungsstruktureller Herkunft – sein.[451] Im Mittelpunkt aller Erklärungsversuche dürften jedoch die durch die Forschung recht früh beschriebenen Vermeidungstendenzen von Tatopfern stehen, welche Strafverfahren als Belastung erleben[452] *und/oder* soziale negative Umfeldreaktionen befürchten.[453] Als Oberbegriff wurde für solche Erfahrungen der Terminus *mittelbare Anschlussviktimisierung* begründet.[454]

Im Mittelpunkt steht hier die Frage, ob sich Strafverfahren nachteilig auf die Bewältigung von durch Straftaten verursachte (schwere) Psychotraumata auswirken[455] und ob die Bild-Ton-Technologie zumindest für solche Opfergruppen ein wirkungsvoller Mediär sein kann. Hypothetisch kann das Strafverfahren einerseits durch Ausgleich und Genugtuung auch zugunsten STEO unterstützend wirken. Andererseits kann das Strafverfahren auch die unbeabsichtigten Gefahren weiterer oder vertiefender psychischer Traumatisierungen in sich bergen. Es kann als (re-)traumatisierend erlebt werden und den nötigen Heilungsprozess stören. Soweit die fachspezifischen Forschungsergebnisse bestätigten, dass strafverfahrensrechtlich praktizierte Vorgänge und das hiermit zusammenhängende gelebte atmosphärische Umfeld eines Strafverfahrens – insbesondere im Hinblick auf die mehrfache Tatkonfrontation – für psychisch traumatisierte Opferzeugen ganz grundsätzlich und in einer nicht unerheblichen Anzahl langfristig psychische Folgeprobleme auslöst oder psychosomatische Störungen vertieft, ist angesichts der staatlichen Schutzpflichten (Art. 20 Abs. 1, 3, Art. 1 Abs. 1, Art. 2 Abs. 2 GG) ein Reformbedürfnis aufgezeigt. Dann kann auch aus diesem Grunde eine verhältnismäßige Reformfähigkeit der §§ 58a, 255a StPO hinterfragt werden. Im Gegensatz zu – hierfür nicht in Frage kommenden – Modulationen der

449 Ebd., S. 13; siehe hierzu Kap.4.B.II.
450 Ebd., S. 13.
451 Ebd., S. 13.
452 Ebd., S. 13.
453 Ebd., S. 13 ff.
454 Siehe zu diesem Begriff bereits oben unter Kap.2.A.III.
455 Vgl. hierzu auch bei *Streng* (1995) S. 7 ff.; *Orth* (2000), S. 14.

menschlichen Psyche bzw. der Gedächtnissysteme[456] könnten gesetzgeberische Regelungsinstrumente *de lege ferenda* verfassungskonform und unmittelbar zielführend den staatlichen Schutzpflichten entsprechende Verbesserungsmöglichkeiten eröffnen.

B. Psychotraumata und Strafverfahren im Kontext theoretischer und empirischer Hintergründe

I. Allgemeines zu psychischen Opferbelastungen durch kriminelle Viktimisierungen

Die aktuelle polizeiliche Kriminalstatistik des Jahres 2017 verzeichnete für Deutschland 188.946 Fälle von Gewaltkriminalität. Dabei fasst der Terminus „Gewaltkriminalität" mehrere Deliktsgruppen zusammen, insbesondere Mord, Totschlag, Vergewaltigung und sexuelle Nötigung, Raub und Körperverletzungsdelikte.[457] Opfer einer solchen Straftat geworden zu sein hat in vielen Fällen neben „bloßen" Ungerechtigkeitserfahrung auch ein Psychotrauma zur Folge.[458] Ein psychisch traumatisierendes Belastungserleben durch eine solche Erfahrung hat für die Betroffenen und ggf. auch deren Angehörigen zunächst den Charakter einer „[…] äußerst erheblichen Stresssituation, deren zentraler Inhalt ein überwältigendes Gefühl eigener Ohnmacht und Hilflosigkeit ist"[459]. Fast 75 % einer Untersuchungsgruppe schätzten die Erfahrung der „Opferwerdung" als das „[…] schlimmste Erlebnis ihres Lebens" ein.[460] Eine solche Kategorisierung sollte nicht überbewertet werden. Dennoch skizziert sie apodiktisch gewisse lebensumwerfende Prozesse und Gefühle, die nicht besonders fernliegend scheinen. Während ein Großteil materieller Schäden in der Regel über entsprechende Versicherungen abgedeckt werden oder sich auch persönlich als vergleichsweise leicht kompensierbar erweisen mögen, können erlittene

---

456 Zu Fragen der Erinnerungs- bzw. Gedächtnisverbesserung im Sinne des sog. *„Enhancement"* vgl. *Bublitz/Dresler* (2014), S. 1282 ff. m.w.N

457 Polizeiliche Kriminalstatistik des Bundeskriminalamtes der Bundesrepublik Deutschland (Jahrbuch 2017) Band 4, S. 160, abrufbar unter: https://www.bka.de/DE/AktuelleInformationen/StatistikenLagebilder/PolizeilicheKriminalstatistik/PKS2017/pks2017_node.html, zuletzt abgerufen am 15.10.2018.

458 *Haupt et al.* (2002), S. 32.

459 Ebd., S. 32.

460 *Richter*, in: Kaiser/Jehle (1995), S. 243; *Haupt et al.* (2002), S. 32.

psychische Beeinträchtigungen vielfach weniger einfach abgegolten werden; diese können lange andauern und zusätzliche Folgeprobleme schaffen.[461]

Im Hinblick auf längerfristige psychische Kriminalitätsfolgen berichtet eine ältere Studie von *Baurmann/Schädler* exemplarisch,[462] dass „[...] 83% der Gewaltopfer an psychischen Folgen leiden, wohingegen 63% körperliche Verletzungen und 42% die materiellen Schäden in den Mittelpunkt rückten"[463]. Die psychischen Folgeerkrankungen wurden hier ebenfalls „[...] von den meisten Betroffenen langfristig als die schwerwiegendsten Tatfolgen" wahrgenommen.[464] Auch die Opferbefragung einer aktuellen Forschungsstudie ergab,[465] dass „[...] sich 89,4% von den 320 befragten Opferzeugen psychisch durch die erlittene Straftat beeinträchtigt fühlten"[466].

Diese Zahlen sind insofern bemerkenswert, als dass sie sich näherungsweise entsprechen, obwohl in Bezug auf die Erhebungszeiträume eine Zeitspanne von immerhin 26 Jahren dazwischenliegt. Sie stehen trotz voneinander unabhängigen und infolge der zeitlichen Divergenz teilweise auch unterschiedliche Generationen ansprechenden Opferzeugenbefragungen im Einklang miteinander. Von den 320 befragten Menschen letztgenannter Studie gaben bei der Frage, wie belastet sie sich durch die jeweilige Straftat gefühlt haben, „[...] 69,1 % der Befragten eine sehr starke, 20,0 % eine starke, 7,2 % eine mittlere sowie 1,9 % eine geringe Belastung" an. Lediglich „0,6 % sahen sich als überhaupt nicht belastet".[467]

Diese jüngere Studie soll näher in den Blick genommen werden. Um das bisher abstrakt aufgezeigte weit verbreitete opferbezogene Belastungserleben zu verstehen, müssen zunächst für relevant erachtete Psychotraumaerscheinungen im Überblick betrachtet sein. Im Folgenden soll empirisch nachgewiesenes, konkret opferbezogenes Belastungserleben in den wichtigsten Verfahrensstadien aufgezeigt werden.

461 *Schädler*, in: Kaiser/Jehle (1994) S. 119; *Haupt et al.* (2002), S. 32.
462 Siehe hierzu sogleich vertiefend.
463 *Baurmann/Schädler* (1991), S. 104 f.
464 Ebd., S. 106 ff.
465 Siehe hierzu sogleich vertiefend.
466 *Dölling et al.* (2017), S. 128.
467 Ebd., S. 125.

1. Erläuterungen der Begriffsbedeutungen von „Psychotraumata" und deren Typologie im Überblick

Mit Viktimisierungen durch Gewalttaten geht für Betroffene oftmals ein psychisches Trauma einher.[468] In den international verwendeten Klassifikationssystemen DSM und ICD (DSM-IV/DSM-5 bzw. ICD-10/ICD-11) wird ein psychisch traumatisches Ereignis nach dem DSM-5[469] definiert als, „tatsächliche oder drohende Konfrontation mit dem Tod, einer erheblichen körperlichen Verletzung oder einem sexuellen Übergriff".[470] Im sog. ICD-10[471] wird Psychotrauma definiert als, „belastendes Ereignis oder eine Situation außergewöhnlicher Bedrohung oder katastrophenartigen Ausmaßes (kurz oder langanhaltend), die bei fast jedem Menschen eine tiefe Verstörung hervorrufen würde".[472] Konkret kann für eine Klassifikation von Psychotraumata weiter zwischen „[...] menschlich verursachten [psychischen] Traumata (sog. man-made desasters: kriminelle und familiäre Gewalt, Kriegserlebnisse, politische Gewalt)" und „[...] zufallsbedingter [psychischen] Traumata (Katastrophen, Unfälle, Unglücke)"[473] unterschieden werden. Dem Untersuchungsziel folgend, ist hier nur erstgenannte Gruppe von Bedeutung.

Bereits ältere Forschungen zeigen, dass menschlich verursachte Ereignisse in der Regel schwerwiegende und länger anhaltende psychische Folgeerscheinungen mit sich bringen.[474] Ein weiteres wichtiges Klassifikationsmerkmal ist

468 Siehe hierzu sogleich.

469 The Diagnostic and Statistical Manual of Mental Disorders (DSM) ist in der 5. Auflage des DSM-5 das seit Mai 2013 aktuelle und gültige Klassifikationssystem in den USA für psychiatrische Diagnostik, vgl. DSM History of the Manual der American Psychiatric Association, abrufbar unter https://www.psychiatry.org/psychiatrists/practice/dsm/history-of-the-dsm, zuletzt abgerufen am 23.03.2018.

470 *Overkamp*, in: in: Gysi/Rüegger (2018) S. 181 m.w.N.

471 Internationale statistische Klassifikation der Krankheiten und verwandter Gesundheitsprobleme (ICD, International Statistical Classification of Diseases and Related Health Problems) ist ein global anerkanntes Klassifikationssystem für medizinische Diagnosen und wird von der Weltgesundheitsorganisation (WHO) herausgegeben. Die aktuelle, international gültige Ausgabe ist die ICD-10, Version 2016. Seit 2007 wird an einer Neufassung gearbeitet: Die ICD-11 sollte im Mai 2018 nach Verabschiedung durch die WHO in Kraft treten (dies ist bis zum Zeitpunkt der Bearbeitung noch nicht geschehen), vgl. *ICD-11 Joint Linearization for Mortality and Morbidity Statistics: Project Plan 2015–2018*, zuletzt abgerufen am 28. Mai 2018.

472 *Weltgesundheitsorganisation* (2015), S. 157.

473 Vgl. nur *Maercker* (1997) S. 3–49; *Orth* (2000), S. 18.

474 Ebd., S. 18 m.w.N.

einmal mehr eine zeitliche Differenzierung. Nämlich die „[...] Trennung zwischen kurzdauernden Ereignissen (sog. Typ-I-Traumata: Unfälle, Katastrophen, Gewalttaten etc.)" und „[...] länger andauernden oder wiederholten Ereignissen (sog. Typ-II-Traumata: etwa nach Geiselnahmen, Kriegsgefangenschaft, wiederholter sexueller Missbrauch etc.)"[475]. Während die sog. Typ-I-Traumata eher durch ihre Plötzlichkeit und einer akuten Lebensgefahr gekennzeichnet sind, ist bei den sog. Typ-II-Traumata vor allem die geringe Vorhersagbarkeit der künftigen Entwicklung zentral.[476] Dabei führen die länger andauernden psychischen Traumatisierungen häufig zu schweren Folgen bis hin zu starken Persönlichkeitsveränderungen.[477]

2. *Initialreaktionen*

Betroffene Personen zeigen unmittelbar nach einer Kriminalitätserfahrung, also in den ersten Minuten und Stunden, häufig Symptome, „[...] die emotionale Erstarrung, kognitive Verwirrung, starke Gefühle der Angst, Hilflosigkeit, Schutzlosigkeit oder Einsamkeit gleichen". Das Spektrum dieser Schockreaktionen ist dabei vielfältig.[478]

3. *Kurzfristige Reaktionen*

In der sich anschließenden Zeit durchleben viele Opfer starke Gefühlsschwankungen. Hinzu kommen oft „Ruhelosigkeit Schlafschwierigkeiten und Alpträume, Wiedererlebenssymptome, psychosomatische Symptome, depressive und suizidale Stimmung".[479]

4. *Langfristige Reaktionen*

Auch die Langzeitfolgen sind vielfältiger Natur. Die psychischen Folgen der Tat können sich über Monate und Jahre erstrecken und chronifizieren.[480] „[...] Vor allem Opfer von Gewaltdelikten berichten von Intrusion (z.B. Albträume, Flashbacks), Vermeidungstendenzen (sozialer Rückzug, Alkoholabusus) oder allgemeiner Übererregung Schreckhaftigkeit, Reizbarkeit,

475 Ebd., S. 18 m.w.N.
476 Ebd., S. 18 m.w.N.
477 Ebd., S. 18 m.w.N.
478 Ebd., S. 18 m.w.N.
479 Ebd., S. 18 m.w.N.
480 Ebd., S. 18 m.w.N.

Konzentrationsschwierigkeiten als Folge ihrer Opfererfahrung; diese hielten in einigen Fällen über mehrere Monate an und beeinträchtigten die Verletzten fortwährend in erheblichem Maße".[481]

II. Besonderes zu psychischen Störungen

Dem Untersuchungsziel folgend soll der Einfluss des Strafverfahrens auf psychisch traumatisierte (auch erwachsene) Opferzeugen nun näher beleuchtet werden. (Opfer-)Zeugen werden auch als „Torwächter des Strafsystems" bezeichnet, da lediglich 5 % der Straftaten des Hellfeldes den Strafverfolgungsbehörden aufgrund eigener Aktivitäten und nahezu der übrige Rest aufgrund der Anzeige eines [Opferzeugen] bekannt werden.[482] Für die im Hinblick auf die Kausalität hier zentral stehenden Gewalt- und Sexualdelikte spricht insoweit auch die aktuelle Polizeiliche Kriminalstatistik des Jahres 2017: So waren etwa „[...] [b]ei vollendetem Mord und Totschlag (..) 63,1 % (2016: 53,5 %) Verwandte oder nähere Bekannte tatverdächtig". „[...] Bei Straftaten gegen die sexuelle Selbstbestimmung unter Gewaltanwendung oder Ausnutzen eines Abhängigkeitsverhältnisses (einschl. Versuche) wurden wie schon [in den Vorjahren] nahezu jede zweite erfasste Tat (48,8 %, 2016: 58,1 %) von Verwandten oder näheren Bekannten verübt". „[...] Bei Straftaten gegen die persönliche Freiheit wurden für 46,5 % der Opfer (2016: 46,6 %) Bekannte oder Verwandte als Tatverdächtige ermittelt". Dagegen lag „[...] [w]ie in den Vorjahren (..) der Anteil ohne oder mit ungeklärten Vorbeziehungen bei Raubdelikten am höchsten (82,0 %, 2016: 83,6 %)".[483] Daher lässt sich festhalten, dass die strafrechtlichen Institutionen bei der Entdeckung und Verfolgung solcher Straftaten jedenfalls entscheidend auf die Mitarbeit und Anzeigebereitschaft von Opferzeugen und Bevölkerung angewiesen sind. Jede opferzeugenschutzbezogene Gesetzesreform wird eine entsprechende Bereitschaft wenigstens nicht schmälern, sondern eher verbessern. Mögliche Gründe von Opfern sich *gegen* eine Anzeige zu entscheiden, bestehen zunächst in der Befürchtung vor negativen sozialen Umfeldreaktionen bei Bekanntwerden der Tat, negativen Einschätzung der Erfolgsaussichten eines Strafverfahrens, der Befürchtung von Belastungen und schlechter Behandlung im Strafverfahren

---

481 *Dölling et al.* (2017) S. 75.

482 *Meier* (2016) S. 233 spricht von „Torwächter[n] (gate keeper)".

483 Vgl. die Polizeiliche Kriminalstatistik des Bundeskriminalamtes der Bundesrepublik Deutschland (Jahrbuch 2017) Band 2 „Opfer" S. 25, abrufbar unter: https://www.bka.de/DE/AktuelleInformationen/StatistikenLagebilder/PolizeilicheKriminalstatistik/PKS2017/pks2017_node.html, zuletzt abgerufen am 15.10.2018

selbst, der Suche nach einer privaten Versöhnung mit dem Täter oder sie liegen in Nähebeziehungen zum Täter begründet.[484] Gleichermaßen vielzählig können die Gründe *für* eine Anzeige sein. Genannt werden etwa das Interesse an einer Täterbestrafung oder Schadensregulation sowie die Wahrnehmung einer Pflicht zur Anzeige oder das Bedürfnis Hilfe für sich selbst zu forcieren.[485]

Das Erleiden eines Psychotraumatas allein scheint daher für sich grundsätzlich nicht schon immer *für* oder *gegen* eine erhöhte oder verminderte Anzeigebereitschaft zu sprechen. Vielmehr scheinen aber Psychotraumata im Kontext der Erlebnisse während eines Strafverfahrens insoweit an Bedeutung zu gewinnen. Auch hierauf bezogene Befürchtungen mögen bei der Frage der Anzeigeerstattung eine Rolle spielen. Erlittene Psychotraumata *und* die (befürchteten) Erlebnisse während eines Strafverfahrens könnten die Anzeigebereitschaft entscheidend vermindern. Sofern dies der Fall ist könnte ein verbesserter Ablauf die entsprechende Anzeigebereitschaft erhöhen. Um das Belastungserleben und die Bedürfnisse von psychisch traumatisierten Opferzeugen im Strafverfahren aufzuzeigen, werden zunächst die häufig auftretenden Belastungsstörungen umrissen. Unabhängig des Alters können menschliche Folgestörungen auf psychisch traumatisierende Ereignisse – wie etwa Straftaten – vielfältig sein. Psychopathologische Reaktionen können im Hinblick auf den Faktor „Zeit“ weiter zerteilt werden. Untergliedernd wird in der klinischen Diagnostik – grob – zwischen der akuten und der posttraumatischen Belastungsstörung unterschieden.

1. *Akute Belastungsstörungen*

Psychische Traumafolgestörungen im Sinne akuter Belastungsstörungen weisen grundsätzlich folgende Kausalketten und Symptome auf:[486] „[…] Die Person erlebte, beobachtete oder war mit einem oder mehreren Ereignissen konfrontiert, die den tatsächlichen oder drohenden Tod oder eine ernsthafte Verletzung oder Gefahr der körperlichen Unversehrtheit der eigenen oder anderen Person(en) beinhalteten. Die [Initialreaktionen][487] der Person umfasste intensive Furcht, Hilflosigkeit oder Entsetzen. Entweder während oder nach dem extrem belastenden Ereignis zeigte die Person mindestens drei der folgenden dissoziativen Symptome: Subjektives Gefühl von emotionaler Taubheit, von Losgelöstsein oder Fehlen emotionaler Reaktionsfähigkeit. Beeinträchtigung der bewussten

---

484 Siehe hierzu bereits oben unter Kap.2.A.; vgl. *Orth* (2000), S. 31.

485 Ebd., S. 31.

486 Vgl. auch *Haupt et al.* (2002), S. 33 f. m.w.N.

487 Siehe hierzu im Überblick soeben Kap.4.B.I.1.

Wahrnehmung der Umwelt (bspw. das Gefühl: ‚wie betäubt [zu] sein'). Derealisationserleben (i. S. d. Erlebens der Umwelt als fremd oder unwirklich). Depersonalisationserleben (i. S. d. Erlebens der Entfremdung von sich selbst). Dissoziative Amnesie (etwa i. S. v. Unfähigkeit, sich an einen wichtigen Aspekt des Psychotraumas zu erinnern)".

Das psychisch traumatische Ereignis wird fortwährend auf mindestens eine der folgenden Arten wiedererlebt:[488] „[…] Wiederkehrende Bilder, Gedanken, Träume, Illusionen, Flashback-Episoden oder das Gefühl das Trauma wiederzuerleben bzw. starkes Leiden bei Reizen, die an das Trauma erinnern. Einhergehende deutliche Vermeidung von Reizen, die an das Trauma erinnern (bspw. Gedanken, Gefühle, Gespräche, Aktivitäten, Orte oder Personen, Gerüche, Geräusche etc.); sowie deutliche Symptome von Angst oder erhöhtem Arousal[489] (etwa durch Schlafstörungen, Reizbarkeit, Konzentrationsschwierigkeiten, Hypervigilanz[490], übertriebene Schreckreaktionen, motorische Unruhe). Die Störung verursacht in klinisch bedeutsamer Weise Leiden oder Beeinträchtigungen in sozialen, beruflichen oder anderen wichtigen Funktionsbereichen oder beeinträchtigt die Fähigkeit der Person, notwendige Aufgaben zu bewältigen. So auch etwa notwendige Unterstützung zu forcieren oder zwischenmenschlich kompensatorische Ressourcen zu erschließen, indem etwa Familienmitgliedern über das Trauma berichtet wird. Eine solche Beeinträchtigung dauert grundsätzlich mindestens zwei Tage und höchstens vier Wochen und tritt innerhalb von vier Wochen nach dem traumatisierenden Ereignis auf. Das Störungsbild geht nicht auf die direkte körperliche Wirkung einer Substanz (z.B. Droge, Medikament) oder eines medizinischen Krankheitsfaktors zurück".

2. Posttraumatische Belastungsstörung

a) Begriffsbedeutung und Symptome

Als Posttraumatische Störungen werden all jene psychischen Diagnosen in den diagnostischen Manualen des ICD-10/ICD-11 oder des DSM-IV/DSM-V genannt, die „infolge einer Traumatisierung auftreten" und „affektive, kognitive, verhaltensmäßige und physiologische Veränderungen mit Krankheitswert" beschreiben.[491] Häufig auftretende psychische Störung nach kriminellen Viktimisierungen ist die posttraumatische Belastungsstörung, wobei weitere, sog.

488 Vgl. auch *Haupt et al.* (2002), S. 33 f. m.w.N.

489 Neurophysiologische Reaktionsbereitschaft auf innere und äußere Reize.

490 Hypervigilanz ist ein Begriff aus der Psychologie für erhöhte Wachheit.

491 Zusammenfassend bei *Overkamp*, in: in: Gysi/Rüegger (2018) S. 181.

komorbide Erkrankungen[492] häufig hinzutreten.[493] Weitere mögliche Störungsdifferenzierungen bestehen in verschiedenen Angststörungen (Agoraphobien, Panikstörungen, spezifische Phobien, Zwangsstörungen) sowie Depressionen und Suizidalität, Medikamenten- und Alkoholmissbrauch, sexuelle Funktionsstörungen nach Vergewaltigung sowie Somatisierungsstörungen.[494] Die posttraumatische Belastungsstörung wurde im sog. DSM-System[495] zunächst der Gruppe der Angststörungen zugeordnet.[496] Seit dem Jahr 2015 (erstmals im DSM-5) sind posttraumatischen Störungen einer eigenen diagnostischen Kategorie zugeordnet, als sog. „Trauma- und belastungsbezogene Störungen".[497] Im sog. ICD-System[498] sind sie der Gruppe der Belastungsstörungen zugerechnet.

Durch heterogene Erklärungsmodelle nimmt die posttraumatische Belastungsstörung eine „Sonderstellung im System der Psychopathologie" ein.[499] „[...] Das komplizierte Zusammenspiel von Bedingungsfaktoren und deren systematischen Wirkungen [lässt] keine stringente Kausalkette als Erklärungsmodell für die Entstehung von pathologischen Phänomenen zu".[500] Folgende heterogene Symptomatik ist herauszustellen:[501] Zu den „[...] markantesten Charakteristika gehört die Gruppe der Wiedererlebenssymptome (sog. Intrusionen) in Form von ungewollt wiederkehrender Erinnerungsbruchstücken an das Ereignis, belastenden Träumen oder Alpträumen sowie Erinnerungsattacken (auch „Flashbacks" genannt). Hier glauben sich die Betroffenen wieder in der traumatischen Situation" befindlich. Des Weiteren ist die Störung durch eine „ausgeprägte Vermeidung traumaverbundener Reize" gekennzeichnet: Es werden Gedanken oder Gefühle zum Ereignis vermieden. Ebenso vermieden werden Aktivitäten, Orte oder Menschen, die an das Ereignis erinnern könnten.

---

492 Eine Komorbidität ist ein weiteres, diagnostisch abgrenzbares Krankheitsbild oder Syndrom, das zusätzlich zu einer Grunderkrankung (Indexerkrankung) vorliegt. Übersetzt bedeutet der Begriff Begleiterkrankung, die englische Bezeichnung lautet *comorbidity*.

493 *Orth* (2000), S. 18 f.; vgl. zusammenfassend auch bei *Haupt et al.* (2002), S. 34 ff.

494 Vgl. *Orth* (2000), S. 18 f. m.w.N.

495 Ebd., S. 18 f.

496 So noch *American Psychiatric Association* (1996); *Orth* (2000) S. 18 f.

497 *American Psychiatric Association* (2015); vgl. hierzu *Overkamp*, in: Gysi/Rüegger (2018).

498 *Weltgesundheitsorganisation* (2015), S. 157.

499 *Rohmann*, in: Deckers (2014) S. 197; zu den systematischen Wirkungen von Erinnerungen im psychotraumatologischen Kontext siehe Kap.5.

500 Ebd., S. 197 m.w.N.

501 Vgl. *Orth* (2000), S. 19 m.w.N.

„[…] Zur Gruppe der Vermeidungssymptome zählen auch Merkmale emotionaler Taubheit“, die in einer eingeschränkten Bandbreite des Affekts, einem Gefühl der Entfremdung von anderen und in psychogenen Amnesien bestehen können. Eine „[…] dritte Symptomgruppe bilden die Überregungssymptome“. Diese sind regelmäßig durch „Schlafstörungen, Reizbarkeit und Wutausbrüchen, Konzentrationsschwierigkeiten, Hypervigilanz und übertriebenen Schreckreaktionen“ charakterisiert. Insgesamt werden Im DSM-IV insgesamt 17 potentielle Symptome genannt.

b) *Prävalenz*

Die Entwicklungswahrscheinlichkeit einer posttraumatischen Belastungsstörung nach kriminellen Viktimisierungen kann mit *häufig* angegeben werden, wobei insbesondere Sexualdelikte als pathogen für psychische Traumata gelten:[502] „[…] Epidemiologischen Daten zufolge entwickeln zwischen 35 und 70 % [dieser] Betroffenen eine posttraumatische Belastungsstörung.[503] Bei Opfern von Raubüberfällen liegen die Angaben dagegen zwischen 18 und 28 %.[504] Bei körperlichen Angriffen schwanken die Befunde stark zwischen 2 und 58 %“.[505] Eine Posttraumatische Belastungsstörung entsteht zumeist innerhalb der ersten drei Monate nach dem Erlebnis.[506]

Nicht stets, aber häufig „[…] nimmt die Krankheit einen chronischen Verlauf“.[507] Wissenschaftlichen Schätzungen zufolge halten bei etwa der Hälfte der Personen, die eine posttraumatische Belastungsstörung entwickelt haben, die Beschwerden „[…] über mehr als ein Jahr“ an.[508] Dabei ist nicht ausgeschlossen, dass die Störung(en) auch über Jahrzehnte hinweg bestehen bleiben. *Kilpatrick/Resnick* berichten in diesem Zusammenhang, dass „[…] nach ein bis drei Jahren noch knapp 40 % der von Vergewaltigungen betroffenen Frauen unter posttraumatischen Belastungsstörungen litten; nach 15 Jahren noch ca. 15 %“.[509] Insbesondere nach langandauernden psychischen Traumatisierungen, wie gerade auch infolge sexuellen Missbrauchs, kann es zu einer „komplexen posttraumatischen

502 Ebd., S. 19 m.w.N.
503 Ebd., S. 19 m.w.N.
504 *Kilpatrick/Resnick* (1993) S. 113 ff.; *Orth* (2000), S. 19.
505 Ebd.
506 *Overkamp*, in: in: Gysi/Rüegger (2018) S. 181.
507 *Orth* (2000), S. 19 m.w.N.
508 Ebd.
509 *Kilpatrick/Resnick* (1993) S. 113 ff.; *Orth* (2000), S. 19.

Belastungsstörung" kommen.[510] Dieser gesteigerte Krankheitsbegriff beschreibt eine „stärker gestörte Affekt- und Impulsregulation, die sich beispielsweise in extremen Wut- oder Schuldgefühlen" äußern können. Neben einer „ausgeprägten Hoffnungslosigkeit, Selbstabwertung und der Überzeugung, ein definitiv beschädigtes Leben zu führen, kann es zu Persönlichkeitsstörungen und dissoziativen Störungen" kommen.[511] „[...] Die Lebenszeitprävalenz in der Allgemeinbevölkerung für die Erkrankung an einer Posttraumatischen Belastungsstörung liegt in Deutschland zwischen 1,5 – 2%".[512] Diese Zahlen sind freilich in „Risikopopulationen wie Psychiatriepatienten deutlich höher".[513] Unbehandelt besteht für die psychischen Traumafolgestörungen eine „hohe Chronifizierungsneigung".[514]

c) *Mittelbare Anschlussviktimisierungen und Posttraumatische Belastungsstörung*

Bereits oben[515] wurde der Begriff der *sekundären* Viktimisierung als zu unscharf kritisiert und stattdessen als Oberbegriff der Terminus „*mittelbare* Anschlussviktimisierung" begründet. Gemeint sind alle negativen sozialen Umfeldreaktionen, durch welche negative psychische Opferreaktionen geschürt oder verstärkt werden können.[516] Diese werden von den Betroffenen oft als erneute *und/oder* als wiederholte Verletzungen erlebt. Im folgenschwersten Fall kann dadurch ein gewisser „Grundstein einer Opferidentität" gelegt werden, in welcher sich der Betroffene nur noch als „Spielball unkontrollierbarer Mächte"[517] erkennt. Unabhängig psychischer Störungen lösen Straftaterfahrungen vielfältige hierzu vorgelagerte emotionale und kognitive Veränderungen bei fast allen Betroffenen aus.[518] So gehen viele Viktimisierungen mit Verlusten des Selbstwertgefühls einher.[519] Für das Empfinden einer Person, dass ihr bisheriges „Selbst- und

---

510 *Orth* (2000), S. 19 m.w.N.
511 Ebd., S. 19 m.w.N.
512 *Overkamp*, in: Gysi/Rüegger (2018) S. 181 m.w.N.
513 Ebd., S. 181 m.w.N.
514 Ebd., S. 181.
515 Siehe oben unter Kap.2.A.III.
516 Vgl. zu sog. „sekundären Viktimisierungen" auch bei *Herbert/Dunkel-Schetter* (1992) S. 497 ff.
517 *Baurmann/Schädler*, in: BKA (1996), S. 82.
518 *Orth* (2000), S. 19 m.w.N.
519 Ebd., S. 19 f. m.w.N.

Weltkonzept zusammengebrochen"[520] ist,[521] hat *Janoff-Bulman* den Begriff „*shattered assumptions*" geprägt.[522] Gleichwohl wurden (auch) den jüngsten umfangreicheren empirischen Forschungsergebnissen zu Folge[523] – insbesondere nach Straftaten in sexuellem Kontext, ähnlich aber teilweise auch nach Gewaltdelikten – bei einem nicht unerheblichen Teil der befragten Opfer „[...] deutliche Hinweise auf Leitsymptome einer Posttraumatischen Belastungsstörung"[524] festgestellt. Hierbei wurde in unmittelbarem Zusammenhang mit der Hauptverhandlung und dem vorgehenden Ermittlungsverfahren vor allem die Notwendigkeit als belastend erlebt, sich das Tatgeschehen zu vergegenwärtigen und detailliert schildern zu müssen.[525]

III. Psychische Opferbelastungen im Besonderen: Infolge des Ermittlungsverfahrens

Im Hinblick auf das Ermittlungsverfahren verdeutlichen diverse Untersuchungen[526] der letzten Jahrzehnte, dass die psychischen Opferbelastungen durch Mehrfachvernehmungen erheblich sind.

Dabei ist die Praxis der Informationssammlung und der Informationsdokumentation von Opferzeugenbekundungen nicht nur aus Opferschutzperspektive

---

520 Vgl. ebd., S. 20 m.w.N., „Opfer erleiden Verluste in ihrer Invulnerabilitätsüberzeugung und erleben in dieser Sphäre eine Veränderung ihres bisher wahrgenommenen Selbst- und Weltbildes. Viele gesunde Menschen unterliegen gemäß entsprechenden Forschungserkenntnissen einem gewissen Grade nach einer Illusion der Unverwundbarkeit. Bezogen auf ihre eigene Person unterschätzen sie die Eintrittswahrscheinlichkeit negativer Ereignisse. Dies gilt insbesondere für nicht alltägliche Ereignisse wie Unfälle und Verbrechen. Opfer können jedoch eben dies vor sich selbst nun nicht mehr behaupten, sondern müssen (sich selbst) Gegenteiliges eingestehen. Die Einschätzung der Wahrscheinlichkeit, Opfer eines Verbrechens zu werden, wird in diesem Zusammenhang auch als kognitive Komponente der Kriminalitätsfurcht aufgefasst. Zwar ist der Einfluss von Opfererfahrung auf eine erhöhte Kriminalitätsfurcht nicht unumstritten, es finden sich jedoch in einigen Untersuchungen bestätigende Befunde".

521 Durch Viktimisierungen wird häufig auch die Überzeugung beschädigt, dass es in der Welt gerecht zugeht, vgl. bei *Orth* (2000), S. 20.

522 *Janoff-Bulman* (1992), S. 8 ff. [Hervorhebungen durch den Verfasser].

523 Siehe sogleich hierzu vertiefend.

524 *Dölling et al.* (2017), S. 87 ff.

525 Ebd., S. 88.

526 Siehe hierzu die zusammenfassende Darstellung ebd., S. 10 ff.

durchaus kritikwürdig,[527] sondern auch unter den Gesichtspunkten der bestmöglichen Annäherung an die (materiellen) Wahrheit als primäres Ziel des Strafverfahrens. Grundsätzlich wird die Bekundung eines Zeugen im Ermittlungsverfahren von einer Vernehmungsperson protokolliert.[528] Dies bedeutet regelmäßig, dass der Vernehmungsbeamte zeitgleich die Vernehmung und das Protokoll führt. Im Hinblick auf das zentrale Ziel der (materiellen) Wahrheitsfindung durch bestmögliche Informationssammlung und -speicherung wird die Aufzeichnung von Zeugenbekundungen mittels schriftlicher Vernehmungsprotokolle „jeher als Schwachstelle" gesehen.[529] Am Ende der Vernehmung wird die mündliche Anzeige abgeschlossen indem auch der (Opfer-)Zeuge mit seiner Unterschrift unter der Vernehmungsniederschrift bestätigt, dass das aufgenommene Protokoll den von ihm berichteten Sachverhalt korrekt wiedergibt. Das schriftliche Protokoll kann naturgemäß nur einen Bruchteil dessen wiedergeben, was in der Vernehmung gesagt und getan wurde. Zum einen handelt es sich (zumeist) schon nicht um ein Wortprotokoll.[530] Besondere Regeln zur Protokollierung von technologisch unterstützten Vernehmungen sind der StPO fremd. Gemäß §§ 168 b Abs. 1, 2, 168a Abs. 1, 168 StPO soll das Protokoll alle wesentlichen Vorgänge festhalten. Daher genügt grundsätzlich ein Inhaltsprotokoll.[531] Dieses beinhaltet von Gesetzes wegen im Vergleich zum Wortprotokoll schon weniger Informationen; noch dazu ist jede Protokollierung fehleranfällig, sodass sich auch ein Wortprotokoll berechtigten Zweifeln ausgesetzt sähe.[532] Denn zum anderen fällt es Menschen schwer zeitgleich eine umfassende Vernehmung zu führen und diese dem Sinn einer informationserhaltenden Protokollierung entsprechend umfassend festzuhalten. Obwohl vor Gericht das Protokoll selbst eingeschränkten Beweiswert hat, soll es die Aussagebewertung

527 Siehe hierzu sogleich.

528 *Schmitt*, in: Meyer-Goßner/Schmitt (2018) § 168b Rn. 1, 2; 163a Rn. 10 ff.

529 So *Nack/Park/Brauneisen* NStZ (2011), 310; *Kühne* NStZ (1985), 252, 255; vgl. auch *Banscherus* (1977), S. 86 f., „Protokoll als Zerrbild der Vernehmung, anstatt sie widerzuspiegeln"; *Hohlweck* (JuS) 2002, 1207 ff.

530 Vgl. hierzu und überhaupt krit. zur praktischen Protokollierung *Artkämper*, in: Kriminalistik (2009), 417, 422 f.; *Altenhain* (2015), S. 276; vgl. auch *Nack* (2002), S. 33, der kritisiert, „[...] [e]s kommt hinzu, daß die Vernehmungsprotokolle zumeist keine Wortprotokolle sind, wiewohl sie für die Praxis der Hauptverhandlung eine erhebliche Bedeutung haben (‚Bestätigungsvernehmungen')".

531 *Rogall*, in: SK § 58a Rn. 22 (Fn. 2).

532 So auch *Nack/Park/Brauneisen* NStZ 2011, S. 310; *Kühne* NStZ (1985), 252, 255; *Banscherus* (1977), S. 86 f.; *Hohlweck* (JuS) 2002, 1207 ff.

durch die Staatsanwaltschaft ermöglichen und dem Gericht einen hinreichenden Eindruck von der Befragung vermitteln. Für einen solchen Gesamteindruck empfiehlt Nr. 45 Abs. 2 S. 1 RiStBV – für die Beschuldigtenvernehmung, jedoch auf Zeugenvernehmungen analog anwendbar[533] – „für bedeutsame Teile der Vernehmung [...] die Fragen, Vorhalte und Antworten möglichst wörtlich in die Niederschrift aufzunehmen". Dagegen lassen sich diverse weitere Bedenken formulieren:[534] Schriftliche Aufzeichnungen sind zunächst weniger authentisch als – videotechnologisch – Wahrgenommenes; das Protokoll wird von der Verhörsperson in einer gewissen „Formulierungshoheit" verfasst. Die abschließende Bestätigung durch den (Opfer-)Zeugen geschieht angesichts seiner Zeugenpflichten i.S.e. erzwungenen Rekonstruktion der (ggf.) Kriminalitätserlebnisse in einer gewissen psychischen Anspannungs- und Drucksituation. Diese und ein konfrontatives, manchmal als hegemonisch empfundenes, Vernehmungsumfeld wird schnellstmöglich beendet werden wollen. Insoweit ist eine tatsächliche und gewollte „Gegenkorrektur" im Sinne eines geflissentlichen Gegenlesens eines mehrseitigen Aussageprotokolls durch STEO fernliegend. Ferner vermag jedermann etwaige Suggestionen mittels einer Bild-Ton-Aufzeichnung besser nachzuvollziehen als mittels eines Schriftprotokolls. Überhaupt lieferte eine Bild-Ton-Aufzeichnung einen authentischen Nachweis über die Einhaltung aller Formalien im Rahmen der Zeugenbefragung. Unabhängig dieser Bedenken könnten Mehrfachvernehmungen von Opferzeugen während des Ermittlungsverfahrens zulasten STEO eine Überobligation darstellen.

1. Überblick über empirische Untersuchungen zu psychischen Opferbelastungen im Ermittlungsverfahren

Das empirisch nachgewiesene psychische Belastungserleben von Opferzeugen soll in Bezug auf das Ermittlungsverfahren nun kursorisch vorstellt werden.

a) Dölling und andere

Die Forschergruppe um *Dölling*[535] setzte sich als Untersuchungsziel die Opferbelastungen in Ermittlungsverfahren zu ergründen. Sie analysierte hierfür Strafakten anhand Aktenerhebungsbögen, führten Opferbefragungen und Gruppendiskussionen durch. In den untersuchten Akten wurden 284 Opferzeugenvernehmungen gesichtet. Bei 63 von insgesamt 251 Opferzeugen, also bei

533 Vgl. *Meyberg*, in: BeckOK Nr. 45 RiStBV Rn. 6; *Altenhain* (2015), S. 276.

534 Ähnlich bei *Dölling et al.* (2017), S. 164.

535 *Dölling et al.* (2017), S. 7 ff.

rund 25 % der Opferzeugen, wurden mehr als eine Vernehmung registriert.[536] In 51 von 63 – also in 80 % – dieser Fälle wurde zumindest die zweite Vernehmung bei der Auswertung für erforderlich befunden. In wenigen Fällen (11) gab es eine dritte oder noch mehr Vernehmungen. Gemäß den Erkenntnissen dieser empirischen Forschung kommt es insbesondere bei Sexualdelikten zu sehr langen Vernehmungen: Im Schnitt betrug die Dauer über 120 Minuten.[537] Dies wird auch der Tatsache geschuldet sein, dass diese Fälle oft durch Aussage gegen Aussage-Konstellationen geprägt sind, die mangels übriger Beweismittel überwiegend rein indiziell durch Belastungsaussagen der Wiedererkennungs- bzw. Identifizierungszeugen[538] aufgeklärt werden müssen.[539]

Dabei wurden in der ersten Vernehmung insgesamt lediglich acht Videovernehmungen durchgeführt. Dies entspricht 3,8 % aller durchgeführten Erstvernehmungen.[540] Alle Videovernehmungen wurden im Rahmen von Ermittlungen zu Sexualdelikten durchgeführt. Hierbei zeigte sich, dass die Mehrzahl der

536 Ebd., S. 22 f.

537 Ebd., S. 23.

538 Siehe hierzu bereits oben unter Kap.3.D.

539 In Aussage gegen Aussage-Konstellationen hat der BGH besondere Anforderungen an die Darlegung einer zur Verurteilung führenden Beweiswürdigung formuliert. Angesichts der eingeschränkten Verteidigungsmöglichkeiten des Angeklagten in einem solchen Fall müssen die Urteilsgründe erkennen lassen, dass das Tatgericht alle Umstände, welche die Entscheidung zugunsten oder zuungunsten des Angeklagten zu beeinflussen geeignet sind, erkannt, in seine Überlegungen einbezogen hat, (vgl. BGH v. 22.4.1987 – 3 StR 141/87 = BeckRS 1987, 31100951 m.w.N.; BGH v. 3.2.1993 – 2 StR 531/92 = BeckRS 1993, 06294 m.w.N.) und auch in einer Gesamtschau gewürdigt hat (st. Rspr.; vgl. nur BGH v. 6.4.2016 – 2 StR 408/15 = BeckRS 2016, 08334 m.w.N.). Entscheidende Bedeutung kommen dabei neben der Persönlichkeit des Belastungszeugen (vgl. BGH v. 14.5.2002 – 1 StR 46/02 = BeckRS 2002, 5106), der Aussagegenese und dem Gesichtspunkt der Aussagekonstanz zu. Erforderlich sind insbesondere eine sorgfältige Inhaltsanalyse der Angaben, eine möglichst genaue Prüfung der Entstehungsgeschichte der belastenden Aussage (BGH v. 21.4.2005 - 4 StR 98/05 = NStZ-RR 2005, 232, 233), eine Bewertung des feststellbaren Aussagemotivs (vgl. BGH v. 7.2.2018 – 2 StR 447/17 = BeckRS 2018, 2801 m.w.N.) sowie eine Prüfung von Konstanz, Detailliertheit und Plausibilität der Angaben (BGH v. 7.3.2012 – 2 StR 565/11 = BeckRS 2012, 08650). Diese Anforderungen würden durch hier diskutierte Bild-Ton-Vorschriften *de lege ferenda* nicht tangiert werden, sondern vielmehr unterstützt, vgl. insoweit Kap.6.B. Zur der Bedeutung von frühzeitig gezeigtem hohen Überzeugungsvertrauen in Erstbekundungen von Wiedererkennungs- bzw. Identifizierungszeugen siehe oben Kap.3.D.

540 *Dölling et al.* (2017), S. 28.

Videovernehmungen mit Minderjährigen durchgeführt wurde. Diese Überrepräsentation der Opfergruppe minderjähriger Opferzeugen bei den Videovernehmungen ist nach Meinung der Forschergruppe „[...] auf die aktuelle Gesetzeslage zurückzuführen"; nämlich „darauf [..], dass § 58a StPO (i. V. m. § 163 Abs. 3 StPO) ausdrücklich regelt, dass bei Personen unter 18 Jahren eine Videovernehmung durchgeführt werden ‚soll', wenn damit die schutzwürdigen Interessen der Person besser gewahrt werden können. In Bezug auf Personen, die volljährig sind und nicht als Kinder oder Jugendliche durch eine der in § 255a Abs. 2 StPO genannten Straftaten verletzt worden sind, statuiert § 58a StPO, dass eine Videovernehmung durchgeführt werden ‚kann' [...]".[541]

In einigen Fällen konnte ein inadäquater Umgang der Polizei mit der konkreten Situation festgestellt werden, wobei Art und Intensität sehr unterschiedlich ausgeprägt waren.[542] Von den Befragten mit psychischer Beeinträchtigung durch die Straftat gaben „[...] 65,7 % an, sich *deswegen* in therapeutische Behandlung" begeben zu haben.[543] Angaben zur zeitlichen Dauer des Ermittlungs- und Gerichtsverfahrens vom Beginn der Ermittlungen bis zur richterlichen Entscheidung bzw. bei noch laufenden Verfahren bis zum Befragungszeitpunkt machten 250 Personen (78,1 %). Die durchschnittliche Dauer betrug 12,3 Monate.[544] Die Länge des Verfahrens empfanden 52,8 % als lang und sich dadurch als belastet.[545]

Alle an dieser jüngeren Opferstudie teilnehmenden Opfer von Straftaten gegen die sexuelle Selbstbestimmung berichteten, dass sie auf der Polizeidienststelle „[...] mehrfach und durch wechselnde Ermittlungsbeamten vernommen" worden sind.[546] In diesem Zusammenhang wurde häufiger berichtet, „[...] sehr ähnliche Fragen während des Ermittlungsverfahrens mehrfach beantworten" zu müssen. In der Forschungsstudie wurde dies anteilig gewissen „[...] Zweifeln

541 Ebd., S. 30; siehe zur *lex lata* ausführlich oben unter Kap.2.

542 Bei *Dölling et al.* (2017), S. 32 stach ein Fall besonders negativ heraus: „So wurde in einem Ermittlungsverfahren der körperliche Zustand einer Verletzten kurze Zeit nach der Tat vom aufnehmenden Polizeibeamten als nicht problematisch eingestuft, während eine später übernehmende Polizeibeamtin vermerkte, die Verletzte bedürfe einer sofortigen medizinischen Behandlung, sie sei in einem sehr schlechten psychischen und körperlichen Zustand. Die spätere Vorstellung bei einem Arzt ergab, dass eine stationäre Behandlung bei dieser Verletzten erforderlich war. Insgesamt hatte sie bei der Polizei 200 Minuten verbracht, bis die Behandlungsbedürftigkeit registriert wurde".

543 *Dölling et al.* (2017), S. 130. [Hervorhebung durch den Verfasser].

544 Ebd., S. 136.

545 Ebd., S. 136.

546 Ebd., S. 84 ff.

der Vernehmungsbeamten am geschilderten Tatgeschehen" zugerechnet, teilweise auch mit „[...] lückenhaften Dokumentationen von Zeugenbekundungen" erklärt.[547] Die Vernehmungen und die für die Beweissicherung notwendigen Untersuchungen dauerten oftmals mehrere Stunden. Sie wurde als sehr beanspruchend erlebt. In einigen Fällen bestätigten die befragten Opfer, dass die angefertigten Protokolle nur zum Teil jenen Inhalt wiedergäben, der zuvor bekundet worden war. Das bedeutet gemäß diesen Forschungsergebnissen, dass lang andauernde und ungenau dokumentierte Informationsabfragen im Ermittlungsverfahren mit dazu beitragen können, dass die Betroffenen mit erlebten psychischen Traumatisierungen fortgesetzt konfrontiert werden.

Die Opferbefragungen von *Dölling* und anderen ergaben zusammengefasst weiter, dass sich die Opferbelastungen durch Ermittlungsverfahren vor allem aus Folgendem ergeben: Distanzierte, faktenbasierte Fragen von Vernehmungspersonen können den Eindruck eines strikt unpersönlichen Vorgangs verstärken. Viele Opferzeugen verspüren in der ungewohnten Vernehmungsatmosphäre eine gewisse Drucksituation „wahrheitsgemäß und verbindlich" antworten zu müssen.[548] Hier gilt es jedoch anzumerken, dass solche ermittlungsspezifischen Vorgänge nicht selten unvermeidlich sind. Dies scheint jedoch nicht unbedingt für folgende Eindrücke zu gelten: Die Befragungen werden oft durch wechselnde Vernehmungspersonen geführt. Die mit diesen personellen Fluktuationen einhergehenden mehrfachen Wiederholungen gleicher Fragen inhaltlicher Art werden ebenso als belastend empfunden, wie Ermittlungsmaßnahmen mit Intimbezug. Der zeitlich teilweise unflexible Abruf zu einer (weiteren) Vernehmung wird als störend empfunden.[549] Die Opferzeugenbefragungen dieser Forschungsstudie verdeutlichten damit insgesamt deutliche Unterschiede im Hinblick auf Vernehmungspraktiken in Ermittlungsverfahren.

Entsprechende psychische Belastungsreaktionen von Opferzeugen *jeden Alters* können erheblich sein. Die Belastungen durch Mehrfachvernehmungen im Ermittlungsverfahren stechen deutlich heraus. Im Durchschnitt werden gemäß den Forschungsergebnissen aktuell bestenfalls 3,8 % aller durchgeführten Erstvernehmungen,[550] und 4,9 % aller Opferzeugenvernehmungen videotechnologisch aufgezeichnet. Jeweils handelt es sich bei mehr als der Hälfte um minderjährige Opferzeugen.[551]

---

547 Ebd., S. 84 ff.
548 Ebd., S. 98 ff.
549 Ebd., S. 98 ff.
550 Ebd., S. 28.
551 Ebd., S. 184.

b) Hartmann und andere

Eine ebenfalls jüngere Untersuchung zu Vernehmungen von Opfern von Sexualdelikten legten *Hartmann* und andere[552] vor. Grundlage dieser Untersuchung war eine Analyse von Strafverfahrensakten aus Bremen des Jahrgangs 2012, eine Auswertung der Verfahrensregister von Polizei und Staatsanwaltschaft sowie Interviews und Gruppendiskussionen mit Verfahrensbeteiligten. Hinsichtlich der Durchführung von Videovernehmungen zeigte sich vor allem die Staatsanwaltschaft kritisch und befürchtete suggestible Einflussnahmen. Die Vernehmungsdauer bei der Schutzpolizei war überwiegend gering, der Kriminaldauerdienst vernahm dagegen oftmals länger und ausführlicher. Der Kriminaldauerdienst erstellte Vernehmungsprotokolle, die die Aussagen der Opfer in Form von Gesprächsprotokollen des Vernehmungsbeamten wiedergaben.[553] Insgesamt wurde die Art und Weise dieser Protokollierung von der an diese Untersuchung anknüpfende Forschergruppe *Dölling* und anderen als mangelhaft bewertet; sie stellte in diesem Kontext ferner fest, „[...] dass einschlägige Fortbildungen bei der Justiz ausbaufähig seien, die Beamten des Sonderdezernats der Polizei [besuchten] dagegen [Fortbildungen] regelmäßig".[554]

c) Barton/Flotho

Barton/Flotho[555] untersuchten die Qualität der anwaltlichen Opferzeugenvertretung mithilfe einer Analyse von Strafverfahrensakten erstinstanzlicher Landgerichtsverfahren aus dem Bezirk des Oberlandesgerichts Hamm. Sie führten Interviews mit Nebenklagevertretern dieser Verfahren und einer Expertendiskussion mit Vertretern aus allen Bereichen der Strafrechtspflege durch. Insgesamt wurden erhebliche Qualitätsunterschiede im Hinblick auf Nebenklageanwälte bemängelt.[556] Dies lässt einen Rückschluss auf unzureichende einheitliche Opferschutzgewähr zu.

d) Dieckerhoff

Dieckerhoff[557] befragte Richter und Staatsanwälte in Rheinland-Pfalz zum praktischen Einsatz der Videotechnologie. Soweit überhaupt eine hinreichende

552 *Hartmann et al.* (2015), S. 1 ff.
553 Ebd., S. 61 ff.
554 *Dölling et al.* (2017), S. 15.
555 *Barton/Flotho* (2010), S. 10 ff.
556 Ebd., S. 54 ff.
557 *Dieckerhoff* (2008), S. 11 ff.

technische Ausstattung vorhanden war, registrierten sie eine nur zurückhaltende Nutzung von den Möglichkeiten der Videovernehmung.[558]

e) Vogel

Vogel[559] gelangte in einer entsprechenden Untersuchung zu dem gleichen Ergebnis: Im Ermittlungsverfahren werde nur in Ausnahmefällen eine Videovernehmung durchgeführt. Dies geschehe überwiegend bei Vernehmungen minderjähriger Opferzeugen eines sexuellen Missbrauchs. Bei erwachsenen Opferzeugen von Sexualstraftaten kam es nur in insgesamt dreizehn Fällen zur Aufzeichnung während einer ermittlungsrichterlichen Opferzeugenvernehmung; das entsprach 9,6 % aller bekannt gewordenen Verfahren.[560]

f) Scheumer

Scheumer[561] führte in den Jahren 2001 bis 2003 in ausgewählten niedersächsischen Landgerichtsbezirken ebenfalls eine Aktenanalyse zum Einsatz der Videotechnologie durch. Auch sie gelangte zu dem Ergebnis, dass die Videotechnologie im Strafverfahren (und insbesondere im Ermittlungsverfahren) nur sehr zurückhaltend eingesetzt wird.[562]

g) Kilchling

Kilchling erfragte die Haltung der Betroffenen zur Strafverfolgung[563] und zur Verfahrenserledigung[564] bei 2217 Opfern und Nichtopfern. Die Opferquote betrug 35,9 %.[565] Lediglich 11 % der befragten Opferzeugen waren der Ansicht, dass Opferzeugen im Strafverfahren mit ihren Bedürfnissen ausreichend ernst genommen werden würden.[566]

558 Ebd., S. 96 ff., 145 ff.

559 *Vogel* (2003), S. 118, vgl. insgesamt zur (Nicht-)Anwendung der Videotechnik in der Praxis bei *Vogel* (2003), S. 81 ff.

560 Ebd., S. 91; vgl. auch die „*Tabelle 7*" bei *Vogel* (2003), S. 86.

561 *Scheumer* (2007), S. 79 ff., 275 ff.

562 Ebd., S. 279 ff.

563 *Kilchling* (1995), S. 260 ff.,

564 Ebd., S. 315 ff.

565 Ebd., S. 96.

566 Ebd., S. 285.

h) Kaiser

Kaiser[567] untersuchte die Rechtswirklichkeit nach dem 1. Opferschutzgesetz[568] durch Prozessbeobachtungen, Opferzeugenbefragungen und Befragungen der prozessbeteiligten Juristen. Etwa ein Viertel der 35 befragten Opferzeugen gab an, ausreichend über Rechte und Befugnisse des Verletzten im Strafverfahren informiert zu sein.

i) Baurmann und Schädler

Bereits exemplarisch erwähnt wurde die Studie von *Baurmann/Schädler*.[569] Die Forscher befragten 203 Opfer von Gewaltdelikten (28,1 %), von Eigentumsdelikten (50,7 %) und von sonstigen Delikten (21,2 %). Ihre Untersuchung ergab unter Einbeziehung von Ergebnissen aus drei deutschen und zwei englischen Untersuchungen sowie praktischer Erfahrungen aus einer Opferunterstützungseinrichtung, dass ein großer Anteil der Betroffenen nur deshalb eine Strafanzeige erstatten, um einen Nachweis für die Schadensversicherung zu erlangen. Dagegen waren ihre Erwartungen an einen „Erfolg der Anzeigeerstattung“ sehr gering. Die Hälfte der Betroffenen berichtete über konkrete Vorstellungen hinsichtlich einer Opferunterstützung. Vorrangig wurden hierbei Kompensationen durch eine Versicherung, emotionale Unterstützung und Hilfe bei Erledigungen von Formalitäten genannt.

j) Fehrmann und andere

Fehrmann und andere[570] befragten 100 weibliche Opfer von Sexualdelikten. Die Befragten bewerteten das Verhalten von Schutz- und Kriminalpolizei als überwiegend positiv. Das Gegenteil ergab sich für das Verhalten der Kriminalbereitschaft. Bemängelt wurden dabei insbesondere Fragen mit Intimbezug sowie Hinweise auf die strafrechtlichen Konsequenzen einer falschen Verdächtigung. Allgemein wurde die Vernehmungsatmosphäre kritisiert, die häufig von Störungen bspw. durch hereinkommende Beamte oder Telefonate geprägt gewesen sei.[571]

---

567 *Kaiser* (1992), S. 118 ff.
568 Siehe hierzu Kap.1.
569 *Baurmann/Schädler* (1991), S. 103 ff.
570 *Fehrmann et al.* (1986), S. 9 ff.
571 Ebd., S. 97 ff.

k) Weis und Baurmann

Weis[572] und *Baurmann*[573] befragten jeweils eigenständig und zeitlich voneinander unabhängig Opfer von Sexualstraftaten. Die befragten Opfer berichteten studienübergreifend übereinstimmend von unangenehmen Vernehmungssituationen, die teilweise als Ursache für psychische Schädigungen gesehen wurden oder die noch Jahre später nachwirkten. Teilweise wollten jene Befragte es im Wiederholungsfall vorziehen, keine Anzeige zu erstatten.

l) Banscherus

Eine ältere Untersuchung von *Banscherus*[574] verglich im Hinblick auf die Qualität von Vernehmungsprotokollen Tonbandaufzeichnungen und Protokolle simulierter Vernehmungen miteinander. Es zeigte sich eine ganz erhebliche Anzahl von Protokollierungsfehlern.[575]

2. Zwischenergebnis

Der Überblick über empirische Forschungen zu psychische Belastungen von Opferzeugen im und durch das Ermittlungsverfahren ergibt Folgendes: Die Untersuchungen weisen erhebliche psychische Probleme von Opferzeugen nach, die *durch* das Strafverfahren hervorgerufen oder verstärkt werden und bereits im Ermittlungsverfahren beginnen.

Sie betreffen im Besonderen u.a. die Anzahl und konkrete Ausgestaltung der Opferzeugenvernehmungen. Nach der Aktenanalyse der jüngsten empirischen Untersuchung sind die Opfer bereits in den Ermittlungsverfahren teilweise „[...] erheblichen Belastungen ausgesetzt“[576]. Dies gilt insbesondere im Hinblick auf Vernehmungen. So ist etwa ein Viertel der befragten Opferzeugen mehr als einmal vernommen worden. Insbesondere bei Sexualdelikten dauerten die Vernehmungen teilweise länger als zwei Stunden. Eine videotechnologische Dokumentation der Vernehmungen fand äußerst selten bzw. überhaupt nicht statt. Zusammenfassend lässt sich gemäß der jüngsten empirischen Untersuchung festhalten, dass die subjektiv empfundenen Belastungen in jenen Verfahren von mehr als zwei Drittel der Betroffenen als „stark oder sehr stark wahrgenommen“ wird, wobei sich „kein statistisch signifikanter Geschlechterunterschied im

572 *Weis* (1982), S. 1 ff., 223 ff.

573 *Baurmann*, in: Kriminalistik (1981), 278 ff.

574 *Banscherus* (1977), S. 47 ff., 67 ff.

575 Vgl. Ebd., S. 258, These 7.

576 *Dölling et al.* (2017), S. 45.

Belastungserleben zeigte". Insbesondere „[…] das Alter [stand] in keinem signifikanten Zusammenhang mit der subjektiv erlebten Belastung".[577]

Die Untersuchungen geben damit Hinweise darauf, dass einzelne Elemente des Ermittlungsverfahrens, insbesondere die Anzahl und Dauer der Vernehmungen sowie die Dauer des gesamten Strafverfahrens, einen eindeutigen Zusammenhang mit dem subjektiv opferbezogenen Belastungsempfinden aufzeigen. Daher ist anzunehmen, dass die grundsätzliche psychische Opferbelastung infolge des Ermittlungsverfahrens längerfristig als nicht unerheblich zu bewerten ist. Diesbezügliche Befürchtungen dürften sich in einem gewissen Rahmen auch entscheidend auf die Anzeigebereitschaft von Opferzeugen auswirken.

IV. Im Besonderen: Psychische Belastungen durch das Hauptverfahren

Die dargestellten erheblichen psychischen Belastungen für (auch erwachsene) Opferzeugen in Ermittlungsverfahren lässt mit Blick auf ggf. folgende Hauptverhandlungen keine wesentlichen Besserungen vermuten. Dies insbesondere deswegen nicht, weil sich als wesentliches Belastungskriterium Mehrfachvernehmungen herausgestellt haben.

Im Blickpunkt des Hauptverfahrens stehen der Angeklagte und die Gesellschaft, deren Rechtsfrieden gebrochen wurde.[578] Ein Opferzeuge, der nicht auch Nebenkläger ist, hat zunächst die Funktion eines personifizierten Beweismittels inne. Er steht in seiner personellen Glaubwürdigkeit und mit seiner glaubhaften Bekundung auf dem Prüfstand. Als „Nebenbeteiligter" wird er jedenfalls erfasst von der prozessualen Fürsorgepflicht des Gerichts (§§ 52 Abs. 3, 244 Abs. 2, 265 Abs. 4 StPO)[579] unter dem Primat der (materiellen) Wahrheitserforschung und der hierzu für notwendig befundenen störungsfreien Kommunikation.[580]

---

577 Ebd., S. 154.

578 *Kirchhoff*, in: BKA (1996) S. 38 ff.

579 Die prozessuale Fürsorgepflicht des Gerichts (und der Strafverfolgungsbehörden) erwächst aus dem Rechtsstaatsprinzip, aus dem Grundsatz des Vertrauensschutzes (vgl. BVerwG v. 25. 10. 1957 - BVerwG III C 370/56 = BVerwGE 5, 312 = NJW 1958, 884 f.), aus dem Recht auf Verteidigung und dem Recht auf ein faires Verfahren (vgl. BVerfG v. 3. 6. 1969 - 1 BvL 7/68 = BVerfGE 26, 66, 71 = NJW 1969, 1423 f.) sowie der allgemeinen Rechtspflicht, das Verfahren justizförmig, pfleglich und zweckvoll zu gestalten, vgl. hierzu *Schmitt*, in: Meyer-Goßner/Schmitt (2018) Einleitung Rn. 156; *Roxin/Schünemann* (2017) § 44, Rn. 26; vgl. allgemein *Plötz* (1980), S. 168 ff.; krit. *Rüping* (JZ) 1983, 663, 664.

580 *Schmitt*, in: Meyer-Goßner/Schmitt (2018) Einleitung Rn. 155 ff., 157.

Zusätzlich leitet sich für ihn aus dem Grundgesetz (Art. 2 GG) das Recht auf eine angemessene und schonende Behandlung durch das Gericht und die Verfahrensbeteiligten ab (vgl. auch Nr. 19a Abs. 1 S. 1 RiStBV).

Schon durch den äußeren Rahmen, etwa die sonst untypischen Roben, eine vorgegebene Sitzordnung, ein erhöhter Richtertisch und die Machtbefugnis des Gerichts kann die Vernehmungssituation in der Hauptverhandlung durchaus zur Einschüchterung eines – auch gesunden – Zeugen geeignet sein. Solche können mit den Besonderheiten eines Strafverfahrens im Gegensatz zu manchem Täter weniger vertraut sein. Furcht und Suggestibilität können so im Einzelfall hervorgerufen bzw. unterstützt werden und ein für den Zeugen untypisches, situativ angepasstes (Antwort-) Verhalten nach sich ziehen. Viele Zeugen berichten im Nachhinein von dem empfundenen – eventuell auch selbsterzeugten – Stress, rasch und in jedem Falle eine Antwort geben zu müssen. Stress resultiere nach den Berichten auch daraus, dass ihre Antworten angezweifelt und hinterfragt werden.[581] Dies ist freilich unumgänglich (vgl. § 244 Abs. 2 StPO). Insgesamt 58 % der befragten Opferzeugen erlebten den Auftritt vor Gericht als Belastung.[582] Dieses opferbezogene Belastungserleben in und durch das Hauptverfahren soll nun anhand empirischer Studien näher veranschaulicht werden.

1. *Psychische Opferbelastungen durch das strafrechtliche Hauptverfahren nach* Orth

In seiner Untersuchung fragt *Orth*, ob sich Hauptverhandlungen langfristig auf die Bewältigung der psychischen Tatfolgen bei Opferzeugen auswirken. An der im Querschnitt angelegten Untersuchung mit einem standardisierten Fragebogen nahmen 174 Opfer von Vergewaltigungen, Körperverletzungen, Raubüberfällen, versuchten Tötungsdelikten und Freiheitsberaubungen teil.[583] Die Untersuchungsteilnehmer wurden um eine Beurteilung der Auswirkungen des Strafverfahrens auf das eigene Leben gebeten. Dabei wurden fünf Elemente verwendet, welche die Folgen für die Tatverarbeitung, das Selbstwertgefühl, das Zukunftsvertrauen, das Rechtsvertrauen und den Glauben an eine gerechte Welt thematisierten.[584]

Die befragten Opferzeugen sahen sich durch das Strafverfahren insgesamt negativen Folgewirkungen ausgesetzt.[585] Besonders schwerwiegend waren dabei

581 *Richter* (1996), S. 61 f.
582 *Richter* (1996), S. 61 f.
583 *Orth* (2000), S. 114 ff.
584 Ebd., S. 96.
585 Ebd., S. 96, Tabelle 55.

die wahrgenommenen Folgen für die Modalitäten des Rechtsvertrauens und den Glauben an eine gerechte Welt. Jedoch fielen auch die wahrgenommenen Folgen für die Tatverarbeitung deutlich negativ auf; die Folgen für das Zukunftsvertrauen und das Selbstwertgefühl wurden noch am schwächsten eingeschätzt.[586] Als Kriterium einer Krankheitsbewältigung von Psychotraumata der psychischen Tatfolgen wurde die sog. revidierte „Impact of Event-Skala (IES-R) verwendet.[587] Diese erfasst ebenfalls[588] die Symptomatik der posttraumatischen Belastungsstörung und gliedert sich in die Skalen: Intrusion, Vermeidung und Überregung. Die Befragten wurden gebeten, die Ausprägung der Symptome in der jeweils zurückliegenden Woche zu beurteilen. Das Untersuchungsergebnis weist zusammengefasst deliktsübergreifend auf eine starke Ausprägung der posttraumatischen Symptomatik hin. Als Forschungsergebnis schätzte *Orth* die Krankheitshäufigkeit der posttraumatischen Belastungsstörung für diese Stichprobe auf 52 %.[589] Im Einzelnen lagen die Häufigkeiten bei 52 % für Vergewaltigungsopfer, bei 53 % für weibliche Opfer nicht-sexueller Taten und bei 46 % für männliche Opfer nicht-sexueller Taten.[590] Nach *Orth* ist „[...] das Strafverfahren für Opfer nur selten und in begrenztem Ausmaß psychisch hilfreich, sehr viel häufiger aber Ursache weiterer und zum Teil langfristiger psychischer Belastungen". Nach ihm ist das Strafverfahren, insbesondere die Hauptverhandlung, grundsätzlich *„sekundär viktimisierend"*.[591]

2. *Psychische Opferbelastungen durch das strafrechtliche Hauptverfahren nach älteren Studien*

Auch ältere Forschungsarbeiten konstatieren, dass die Situation von Kriminalitätsopfern in und durch Hauptverhandlungen „sehr belastend" sein kann.[592] Verantwortlich sei hierfür zum einen der *Kontext* in dem die Verhandlungen stattfinden. Zulasten vieler Opferzeugen existiere ein Informationsgefälle im Vergleich zu den übrigen Prozessbeteiligten, da der Zeitraum von der Anzeige bis zur Hauptverhandlung üblicherweise von einiger Dauer ist. Darüber hinaus

586 Ebd., S. 96, Tabelle 55.
587 Ebd., S. 102 ff.
588 Siehe zur Skalierbarkeit, Symptomatik und Prävalenz der Posttraumatischen Belastungsstörung bereits oben unter Kap.4.B.II.2.
589 *Orth* (2000), S. 103 ff.
590 *Orth* (2000), S. 103 ff.
591 Ebd., S. 126 f. [Hervorhebungen durch den Verfasser].
592 Vgl. die Übersicht bei Orth (2000), S. 33 ff.

könnten die detaillierte Schilderung bei der (wiederholten) Zeugenaussage vor Gericht, nachdem eine solche – oder schlimmstenfalls mehrere – bereits im Ermittlungsverfahren getätigt wurde, die mit der Tat verbundenen Gefühle aktualisieren. In Anbetracht interpsychischer Bewältigungsprozesse seit der Tat sei insbesondere bei Gewaltopfern mit der Möglichkeit von Erinnerungslücken und widersprüchlichen Erinnerungen zu rechnen.[593] Die kritische Überprüfung ihre Glaubwürdigkeit bewirke bei den Betroffenen weitere Verunsicherung und Belastung.[594]

In einer Untersuchung von *Richter* schätzten 36 % der befragten Gewaltopfer die Aussagesituation als *sehr belastend* ein und insgesamt 60 % als *belastend*.[595] Hiervon ausgehend bewerten also 96 % einer befragten Opferzeugengruppe die justizielle Aussagesituation wenigstens als *belastend*. Von entscheidender Bedeutung für das Belastungserleben ist die Art der Behandlung in der Hauptverhandlung durch die Prozessbeteiligten. Nach *Kühne* bedienten sich manche Verteidiger eines „[…] aggressiven Befragungsstils, die den Zeugen verunsichern und so die Glaub[haftigkeit] der Aussage erschüttern soll, um letztendlich den Zeugen als nicht glaubwürdig erscheinen zu lassen".[596] Auch Umgekehrtes scheint nicht fernliegend. So fragt *Rössner*, „[…] [i]st es denn so undenkbar, daß nicht auch ein Staatsanwalt in Versuchung geraten könnte, einen Entlastungszeugen durch entsprechende Fragen bloßzustellen oder auseinanderzunehmen, daß er seine Beweiskraft verliert?"[597] Weiter stellt hierzu er fest, „[…] [w]enn dies kein Thema ist, so ist das ein gutes Zeichen für die Praxis des Strafverfahrens, nicht aber Leitlinie für ein verantwortliches Strafprozeßrecht mit vielen Beteiligten und Interessen".[598] Besonders in Prozessen, die Sexualdelikte an Kindern und Jugendlichen zum Gegenstand haben, aber auch nicht selten bei übrigen Verhandlungen von (Sexual-)Straftaten, kann es zu Bloßstellungen, Herabwürdigungen oder Beleidigungen der Betroffenen kommen, die das Verhandlungsklima erheblich belasten.[599]

---

593 Siehe hierzu Kap.5.

594 *Orth* (2000), S. 33 ff. m.w.N.

595 *Richter* (1997), S. 55.

596 *Kühne* NJW 1998, 3027 f.

597 *Rössner*, in: Verhandlungen (1998), L 17.

598 Ebd., L 17.

599 Zur Diskussion des Rechtsmissbrauchs durch die Verteidigung siehe nur *Kühne* NJW 1998, 3027 f.

V. Kein positiver Einfluss des Strafverfahrens auf STEO a priori

Durchaus wird die Meinung vertreten, dass dem Strafverfahren eine gewisse positive Bedeutung für den Bewältigungsprozess zukommen könne.[600] So wird etwa behauptet, „[…] dass ein gutes Gerichtsurteil sich bisweilen ähnlich positiv auswirken könne wie eine gute Therapie“[601]. Der ehemaligen Vorsitzenden Richterin am Landgericht Wuppertal *Belker* zufolge, „[…] zeigt[e] [sich], dass man dem Opfer, das sicherlich seit Erhalt der Ladung bis zum Beginn der Hauptverhandlung *unendlich belastet war*, vielleicht ein Stück weit bei der Konfliktbewältigung hat helfen können“.[602] Nicht selten meldet[e] [sich bei ihr] auch ein Zeugenbeistand oder die Nebenklagevertreterin, um mitzuteilen, dass es der Mandantin sehr viel besser gehe, nachdem sie erfahren habe, dass sie in der Hauptverhandlung mit diesem Trauma habe umgehen können. Auch würden „[…] Psychologen und Psychiater [zu finden sein], die [..] bestätigen, dass ein solches Erlebnis ein sehr wichtiger Therapieschritt sein kann“.[603] Behauptet wird darüberhinausgehend, dass „[…] die möglichen Belastungen durch das Verfahren, insbesondere durch die Zeugenaussage, empirischen Befunden zufolge keine langfristigen negativen psychischen Folgen für das Opfer“[604] mit sich brächten.

Festzuhalten ist zunächst, dass sich das Forschungsergebnis letztgenannter Ansicht ausschließlich auf nicht erwachsene Opferzeugen bezieht. Schon deswegen ist der Schlussfolgerung in ihrer Bedenkenlosigkeit und Pauschalität nicht beizupflichten. Unabhängig davon ist die Hypothese, dass keine langfristigen negativen psychischen Folgen für Opferzeugen durch die Befolgung ihrer Zeugenpflichten in Strafverfahren zu befürchten seien, keineswegs empirisch nachgewiesen. Dass das Gegenteilige der Fall sein *kann* wurde hingegen empirisch erforscht und aufgezeigt. Der Zeitraum vor und während eines Strafverfahrens ist gerade dadurch geprägt, dass die Konfrontation des (Opfer-)Zeugen mit Tat

600 *Orth* (2000), S. 44 m.wN.

601 Ebd., S. 44 m.w.N.

602 *Belker*, in: Verhandlungen (2004), O 67 f. [Hervorhebung durch den Verfasser].

603 Ebd.

604 *Busse/ Volbert*, in: Steller/Volbert (1997), S. 224, 233 (in Bezug auf Kinder), „[…] [a]ktuellere und methodisch ausgereiftere Untersuchungen lassen hingegen eher annehmen, daß sich nach Abschluß der Verfahren in der Regel keine bedeutsamen Unterschiede bezüglich Erlebens- und Verhaltensauffälligkeiten finden lassen zwischen Kindern, die aussagen, und solchen, die nicht aussagen mußten“. Unklar lassen *Busse/Volbert*, wann Unterschiede derart signifikant sind, dass sie „bedeutsam“ werden können; vgl. hierzu auch Orth (2000), S. 48.

und Täter von Gesetzes wegen beabsichtigt ist. Die Vermeidung bzw. Aufarbeitung der Erinnerungen an das strafrechtlich relevante Ereignis werden durch dessen zentraler Stellung *in* und *infolge* des Strafverfahrens wesentlich erschwert. Nicht in Abrede gestellt werden soll, dass in Einzelfällen von hilfreichen oder unterstützenden Empfindungen durch Strafverfahren berichtet werden mögen. Durchweg positive Auswirkungen des Strafverfahrens auf STEO sind jedoch mitnichten der Regelfall. Vielmehr zeugen die strukturellen Muster von Psychotraumata als biologische Abwehrreaktionen des Menschen auf massiv strapazierende bzw. lebensbedrohliche Geschehnisse deutlich davon, dass – auch nach fachwissenschaftlichen Erkenntnissen – regelmäßig ein adaptives Verhalten[605] *und/oder* ein Vermeidungsverhalten bei Tatopfern ungesteuert einsetzt. Erzwungene Gegentendenzen infolge strafverfahrensbedingter Mehrfachvernehmungen brechen solche biologisch-willensunabhängigen Systemreaktionen.

Um ihrer Zeugenpflichten gewissenhaft nachkommen zu können, bereiten sich viele (Opfer-)Zeugen vor dem Beginn des Strafverfahrens notwendigerweise gedanklich hierauf vor. Freilich liegen keine allgemeingültigen Daten zu der Frage vor, in welchem Ausmaß die Situationen im Strafverfahren tatsächlich (re-)traumatisierend sind. Obigen Forschungsergebnissen[606] folgend ist jedoch zu vermuten, dass es während des Strafverfahrens häufig zu einer zumindest zeitweiligen Verstärkung der posttraumatischen Intrusions- und Überregungssymptomatik kommt bzw. eine solche jedenfalls nicht für die Vielzahl der Fälle ausgeschlossen werden kann und diese jedenfalls auch nachteiligen Einfluss auf einen sonst ggf. schnelleren und nachhaltigeren Heilungsverlauf haben kann. Sicher lässt sich sagen, dass die Konfrontation von STEO mit Tat und Täter im Rahmen eines konfliktträchtigen Strafprozesses jedenfalls fundamentale Unterschiede aufweist, zu einer professionell durchgeführten psychotherapeutischen Traumakonfrontation in einem geschützten Raum.

VI. Zwischenergebnis

Opferzeugen sind im Strafverfahren – im Ermittlungs- wie auch im Hauptverfahren – vielfachen psychischen Belastungen ausgesetzt. Die mitunter vermuteten therapeutischen oder heilenden Wirkungen eines Strafverfahrens auf STEO sind *a priori* nicht zugrunde zu legen. Entsprechende Befürchtungen dürften sich in einem gewissen Rahmen auch entscheidend auf die Anzeigebereitschaft von Opferzeugen auswirken.

---

605 Siehe hierzu Kap.4.B.VII.
606 Siehe Kap.4.B.III. und IV.

C. Ergebnis

Die Forschungsergebnisse verdeutlichen, dass die Aufarbeitung der Opfererfahrungen idealerweise eine unmittelbare psychische Auseinandersetzung in geschützten Räumen erfordert.[607] Nahezu alle Befragungen, Diskussionen und Forschungsergebnisse kommen zu dem Schluss, dass grundsätzlich alle Opferzeugen – unabhängig des Alters – erheblichen psychischen (Folge-)Belastungen durch Strafverfahren ausgesetzt sind. Sie weisen erheblich erhöhte psychische Traumasymptome auf. Zudem wird das Ermittlungsverfahren von Opfern jeden Alters überwiegend als starke Belastung empfunden. Insbesondere sind hier Mehrfachvernehmungen herauszustellen. Insgesamt werden die Einzelvernehmungen als zu lang kritisiert. Die hieraus folgenden Belastungen potenzieren sich mit dem Wiederholungsgrad. Aktenanalysen zeigen, dass etwa ein Viertel der Opfer mehrfach vernommen werden. In diesem Zusammenhang wird häufig eine Redundanz der Fragen bemängelt, wobei die oft zeitgleichen schriftlichen Protokollierungen der Vernehmungen und wechselnde Vernehmungsbeamte eine Erklärung hierfür bieten könnten.

Diese zentralen Probleme könnte *de lege ferenda* mittels erweiternder Anwendung von der Bild-Ton-Technologie begegnet werden. Diese kann jedenfalls psychisch stark traumatisierte Opferzeugen jeden Alters entlasten. Im Durchschnitt werden in Umsetzung der aktuellen §§ 58a, 255a StPO gemäß den Forschungsergebnissen aktuell bestenfalls 4,9 % aller Opferzeugenvernehmungen videotechnologisch aufgezeichnet, wobei es sich bei mehr als der Hälfte um minderjährige Opferzeugen handelt.[608] Zentrales Problem ist die Vereinbarkeit effektiver Psychotraumatherapien mit den Zwecken des Strafverfahrens. Ein früher Therapiebeginn könnte die strafrechtliche (materielle) Wahrheitsfindung beeinträchtigen, andererseits entspricht nur eine solche dem schützenswerten Opferwohl. Auch hier ist eine Bild-Ton-Aufzeichnung wirkungsvoller Mediär. Nachträgliche und ergänzende Vernehmungen, stets unter dem Primat einer gewissen Erforderlichkeit stehend, wären hierdurch nicht ausgeschlossen. Als weiterer Effekt würde eine realistische Unterstützung durch einen Intermediär

---

607 Vgl. zur Heilung der mit dem (später entwickelten) Begriff „*shattered assumptions*" umschriebenen psychischen Traumata vorgelagerten Opferreaktionen genauer bei *Janoff-Bulman* (1979), S. 1798 ff., hiernach erscheint „[…] für die Aufrechterhaltung oder Wiederherstellung einer positiven Selbstsicht, geprägt von Selbstwertgefühl und Selbstüberzeugung [..] die Auseinandersetzung mit möglichen Ursachen der Tat und der Tat an sich unumgänglich". [Hervorhebung durch den Verfasser].

608 Siehe hierzu Kap.4.B.III.1.a); *Dölling et al.* (2017), S. 184.

die Anzeigebereitschaft von Opferzeugen erhöhen und auch insofern Effizienzgewinne für die Zwecke des Strafverfahrens verzeichnen lassen.

Die empirischen Forschungsergebnisse bestätigen, dass die strafverfahrensrechtliche Praxis in Umsetzung der bestehenden Gesetzeslage und das hiermit zusammenhängende atmosphärische Umfeld eines Strafverfahrens, insbesondere im Hinblick auf die mehrfache Tatkonfrontation, für Tatopfer ganz grundsätzlich und in einer nicht unerheblichen Anzahl langfristige psychische Folgeprobleme auslösen bzw. vertiefen kann. Angesichts dessen ist schon hiermit, entsprechend den staatlichen Schutzpflichten aus Art. 20 Abs. 1, 3, Art. 1 Abs. 1, Art. 2 Abs. 2 GG, ein Reformbedarf der §§ 58a, 255a StPO offengelegt. Ein Reformbedürfnis könnte aufgrund Erinnerungsveränderungen infolge von Psychotraumatherapien und aufgrund Erinnerungsveränderungen psychotraumabezogener Erlebnisse verstärkt werden. Nach dieser Darstellung wird sich im Anschluss der Frage nach der verhältnismäßigen Reformfähigkeit der §§ 58a, 255a StPO zugewendet werden.

Kapitel 5: Reformbedürftigkeit der §§ 58a, 255a StPO wegen psychotraumatherapiebedingten Erinnerungsveränderungen und Erinnerungsveränderungen psychotraumabezogener Erlebnisse infolge Zeitablaufs

Nachdem die Reformbedürftigkeit der §§ 58a, 255a StPO wegen Erinnerungsveränderungen infolge Zeitablaufs[609] und aus psychotraumatologischen Gründen aufgezeigt wurde[610] soll nun untersucht werden, ob zudem psychotraumatherapiebedingte Erinnerungsveränderungen sowie konkrete Erinnerungsveränderungen psychotraumabezogener Erlebnissen infolge Zeitablaufs ein solches Reformbedürfnis untermauern könnten. Hiermit könnte auch eine Verbesserung der Interessen an der bestmöglichen (materiellen) Wahrheitserforschung verbunden sein. Zunächst sollen sowohl die Entstehung von Psychotraumata als auch von psychotraumabezogenen Erinnerungen im Kontext von Psychotraumatherapien und Strafverfahren, insbesondere im Hinblick auf konfrontative Psychotraumatherapieelemente betrachtet werden.

A. Psychotraumabezogene Erinnerungen im Kontext von konfrontativer Psychotraumatherapie und Strafverfahren

I. Allgemeines zu psychotraumatischen Erinnerungen

Ein grobes Verständnis zur weiteren Entstehung von Psychotraumata ist notwendig, um erfolgsversprechende Therapieansätze zu umreißen und ihre rechtlichen Bedeutungen in Bezug auf Strafverfahren einzuordnen. Aufbauend auf der engrammbezogenen Wachsmetapher[611] unterstrich schon *Aristoteles* in *de memoria et reminiscentia* eine wesentliche Voraussetzung für das Erinnern sei der *Eindruck* den eine frühere „Wahrnehmung“ oder „Meinung“ als „Affektion“

609 Siehe hierzu Kap.3.
610 Siehe hierzu Kap.4.
611 Siehe hierzu sogleich.

oder „Habitus“ im Subjekt hinterlassen habe; dies sei gleichsam einer Spur, die sich in die Seele *einzeichnete* wie das Bild ins Wachs „beim Siegeln mit dem Ringe“.[612] Sofern psychotraumabezogene Erinnerungen in diesem Sinne gewissermaßen als „kontaminiertes Wachs“ aus medizinischen Gründen bearbeitet werden müssen, drängt die aristotelische Parabel auf ein Konservierungsbedürfnis. Bereits oben wurden Psychotraumata vorgestellt und unterschiedliche Gedächtnissysteme angerissen.[613] Diese Grundlagen sollen nun im Hinblick auf psychotraumabezogene Erinnerungen in dem erforderlichen Umfang vertieft werden.

Während psychotraumatischer Ereignisse können sowohl das implizite als auch das explizite Gedächtnis(-system) angesprochen werden.[614] Dabei *„speichert“*[615] Ersteres unbewusste Erinnerungen.[616] Soweit infolge stressbedingter Hormonüberflutung der Hippocampus versagt können bewusste Erinnerungen Schäden erleiden oder schon ihre Aufnahme gänzlich unmöglich sein.[617] Dies ist sowohl bei kurz und intensiv empfundenem Stress oder Angst als auch bei entsprechend lang andauernden Angstzuständen möglich.[618] Insoweit müssen Therapieansätze zur Heilung psychischer Krankheiten häufig versuchen die implizit *„gespeicherten“*[619], unbewussten Erinnerungen freizulegen und zu bearbeiten.

Im Einzelnen gilt als gesichert, dass das vegetative Nervensystem auf psychotraumatische Erlebnisse mit Überregung oder Unterregung[620] und auf neuronaler Ebene mit „emotionaler Über- bzw. Unterregulierung“ reagiert.[621] Diese Reaktionsmuster unterliegen dabei keiner steuerbaren Kontrolle.[622] Sie sind steuerungsresistent. Gefühle werden im menschlichen Gehirn in unterschiedlichen Gehirnstrukturen hervorgerufen und reguliert.[623] Im Einzelnen: „Das limbische System kann als emotionales Gehirn betrachtet werden, welches an der

612 *Aristoteles* (2004) Rn. 450a, S. 14.
613 Siehe hierzu Kap.3.A.,B. und Kap.4.A.,B.
614 *Fabricius/Dallmeyer/Singelnstein* (2012), S. 39 m.w.N.
615 Zu dieser angesichts der multiplen neurophysiologischen Vorgänge eigentlich unpräzisen Sprache, siehe bereits oben Kap.3.B.
616 *Fabricius/Dallmeyer/Singelnstein* (2012), S. 43.
617 *Solms/Turnbull* (2004), S. 184; *Fabricius/Dallmeyer/Singelnstein* (2012), S. 39 f.
618 *Fabricius/Dallmeyer/Singelnstein* (2012), S. 39 f. m.w.N.
619 Zu dieser angesichts der multiplen neurophysiologischen Vorgänge eigentlich unpräzisen Sprache, siehe bereits Kap.3.B.
620 *Schlumpf/Jäncke*, in: Gysi/Rüegger (2018) S. 107.
621 Ebd., S. 108.
622 Ebd., S. 108.
623 Ebd., S. 108.

Entstehung von Gefühlen beteiligt ist".[624] „Die Amygdala ist eine Teilstruktur des limbischen Systems und wird als zentrale Schaltstelle des ‚Furchtzentrums' aufgefasst".[625] „Die Aktivität in diesem Furchtzentrum wird über den präfrontalen Kortex kontrolliert und moduliert".[626] „Neurowissenschaftliche Studien konnten belegen, dass der präfrontale Kortex die Aktivität der Amygdala und somit das Gefühl der Angst unterdrücken kann".[627] Dieser Vorgang wird als *„frontolimbische Inhibition"* bezeichnet.[628] Menschen schütten in psychisch traumatischen Situationen eine Flut von Stresshormonen aus, welche die Funktionsfähigkeit des präfrontalen Kortex beeinträchtigen. In diesen Fällen kann u.a. deshalb die Amygdala-Aktivität nicht mehr unterdrückt werden und auf diese Weise die eigentlich nötige *„frontolimbische Inhibition"* unmöglich werden lassen.[629] Ebenso weisen neuere neurowissenschaftliche Forschungen ein „gegenläufiges neuronales Aktivierungsmuster nach, wonach auch eine emotionale Überregulation als psychotraumabedingte Stressreaktion möglich ist.[630]

Als feststehend gilt jedenfalls, dass Psychotraumata zu „komplexen stressbedingten neuronalen Veränderungen" führen.[631] „Des Weiteren können spezifische Veränderungen in der Hirnaktivierung bei PTBS-Patienten während einer Symptomprovokation nachgewiesen werden".[632] Während solcher – konfrontativer – „Provokationsmethoden werden die PTBS-Patienten mit Reizen konfrontiert, die mit der ursprünglichen traumatischen Erfahrung assoziiert" sind.[633] Zusammenfassende Analysen kommen zu einem „robusten Befund einer erhöhten Amygdala- und einer reduzierten präfrontale Kortexaktivität"[634] sowie einer „überschießenden vegetativen Stressreaktion".[635]

Aus alledem folgern *Schlumpf/Jänke* schließlich:[636] „[...] Damit Opfer von Sexualdelikten auf Fragen zum Tathergang adäquate Antworten geben können,

---

624 Ebd., S. 108.
625 Ebd., S. 108 m.w.N.
626 Ebd., S. 108.
627 Ebd., S. 108 m.w.N.
628 Ebd., S. 108 m.w.N.
629 Ebd., S. 108 m.w.N.
630 Ebd., S. 108 m.w.N.
631 Ebd., S. 110.
632 Ebd., S. 110.
633 Ebd., S. 110.
634 Ebd., S. 110 m.w.N.
635 Ebd., S. 110 m.w.N.
636 Ebd., S. 111.

ist es von immenser Bedeutung, dass es dem Einvernehmenden gelingt, das Opfer in einem neutralen Erregungszustand zu halten […]". Dieser neutrale Erregungszustand wird „*Toleranzfenster*" genannt.[637] Insoweit sei bereits hier angemerkt, dass dieses Ziel in einer strafrechtlichen Hauptverhandlung ungleich schwerer zu erlangen sein wird als etwa noch während einer videotechnologischen, richterlichen Opferzeugenvernehmung in einem noch evident weniger konfrontativen Umfeld eines Ermittlungsverfahrens.

II. Konfrontative Psychotraumatherapien als unabdingbare Notwendigkeit zur Heilung schwerer Psychotraumata

Sowohl im Vergleich zu zufallsbedingten Psychotraumata[638] als auch zu anderen menschlich verursachten Psychotraumata, wie etwa physischer Gewalt, „ist das Risiko für die Entwicklung von Symptomen nach sexuellen Gewaltdelikten hoch".[639] Bereits oben wurden allgemeine Prävalenzzahlen zur Posttraumatischen Belastungsstörung geschildert.[640] Diese Entwicklungswahrscheinlichkeit soll nun im Besonderen vor dem Hintergrund eines rudimentären Verständnisses für Heilungsmöglichkeiten durch konfrontative Psychotraumatherapien, insbesondere betreffend der hier im Mittelpunkt stehenden Opferzeugengruppe von (vermeintlichen) Gewalt- bzw. Sexualdelikten verfeinert dargestellt sein.

In einer spezifischen Untersuchung mit Opfern von sexuellem Missbrauch „entwickelten 90 % der Betroffenen in den ersten Stunden oder Tagen nach dem Ereignis psychische Symptome".[641] „Rund zwei Drittel der von einer akuten sexuellen Gewalterfahrung Betroffenen entwickeln eine Posttraumatische Belastungsstörung, d.h. die Symptome persistieren über einen Zeitraum von mehr als vier Wochen hinweg".[642] *Müller-Pfeiffer* nimmt in diesem Zusammenhang an, dass „[…] [j]e länger die Symptome anhalten, desto kleiner [..] die Wahrscheinlichkeit [ist], dass sich diese ohne spezifische Behandlung zurückbilden".[643] Dies verdeutlicht in solchen Fällen ein äußerst dringende Bedürfnis nach einer veränderungswirksamen, effektiven und nachhaltigen (konfrontativen)

637 Ebd., S. 111 m.w.N.
638 Zum Unterschied zwischen sog. „man-made-desasters" und zufallsbedingten Psychotraumata, siehe oben Kap.4.B.I.
639 *Müller-Pfeiffer*, in: Gysi/Rüegger (2018) S. 118.
640 Siehe oben Kap.4.B.II.2.b).
641 *Müller-Pfeiffer*, in: Gysi/Rüegger (2018) S. 118 m.w.N.
642 Ebd., S. 118 m.w.N.
643 Ebd., S. 119 m.w.N.

Psychotraumatherapie. Gleichwohl kann sich eine „Posttraumatische Belastungsstörung teilweise auch erst Wochen, Monate oder gar Jahre nach dem traumatischen Ereignis manifestieren".[644] „[...]Zwar entwickeln auch diese [Betroffene] in der Regel vereinzelt posttraumatische Symptome schon bald nach dem Ereignis, doch kommt es erst später, [bspw.] aufgrund erneuter traumatischer oder nicht traumatischer belastender Erfahrungen, zur psychischen Dekompensation und dem Vollbild einer Posttraumatischen Belastungsstörung".[645] Insbesondere dürfte im Hinblick auf eine solche erneute belastende Erfahrung die durch *mittelbare Anschlussviktimisierungen* in Strafverfahren durchlebten Geschehnisse nicht außer Acht zu lassen sein.

Nach *Müller-Pfeiffer* ist „[...] [s]pätestens bei einer Persistenz posttraumatischer Symptome über mehr als vier Wochen hinweg [..] die Einleitung einer auf das traumatische Ereignis fokussierten Psychotherapie angezeigt".[646] Als einzig wirksame Therapiemethode hat sich für diese schweren Fälle von Psychotraumata jene mit konfrontativen Therapieelementen erwiesen. So haben alle psychotherapeutischen Verfahren, „[...] deren Wirksamkeit bei der Posttraumatischen Belastungsstörung belegt sind, [..] als gemeinsames Merkmal die aktive Auseinandersetzung mit dem traumatischen Ereignis" im Sinne einer konfrontativen Therapie gemein.[647] Keinen oder nur einen geringen Effekt haben dagegen „[...] [u]nspezifische Psychotherapien oder das alleinige Erlernen von Entspannungs- oder Stressregulationstechniken auf die entsprechenden Symptome".[648]

Daher kann nach aktuell gesichertem wissenschaftlichem Kenntnisstand eine für die Zwecke des Strafverfahrens angestrebte bloße psychische „Stabilisierung"[649] eine veränderungswirksame, konfrontative Psychotraumatherapie keinesfalls ersetzen. Auch eine „alleinige" Psychopharmakotherapie[650] „[...] hat

644 Ebd., S. 119 m.w.N.

645 Ebd., S. 119.

646 Ebd., S. 119 m.w.N.

647 Ebd., S. 119 m.w.N.

648 Ebd., S. 119 m.w.N.

649 Siehe hierzu sogleich.

650 Schwer verifizierbar sind die tatsächliche Anzahl und Wirkkraft der im Rahmen von Psychotraumatherapien initiierten „aggressiveren" physiologischen Faktoren, die auf ein Vergessen hinwirken können, wie etwa die im Rahmen von Psychopharmakotherapien bekannte sog. „Pille(n) des Vergessens". Eine solche mag „den Abruf bereits gespeicherter negativer Erinnerungen" unterdrücken zu können. Als eine solche gilt etwa Propranolol. Dies ist ein Beta-Blocker, der die Wirkung von Noradrenalin unterdrückt und dadurch emotionalen Gedächtnisinhalten entgegenwirken kann, vgl. hierzu bei *Pritzel/Markowitsch* (2017), S. 21.

in der Regel einen geringeren Effekt als eine erfolgreich durchgeführte traumafokussierte Psychotherapie, so dass nur diese die Behandlung der Wahl bei der Posttraumatischen Belastungsstörung [ist]".[651] Demnach führen diese Befunde zur unabdingbaren Notwendigkeit einer konfrontativen Psychotraumatherapie in Fällen von schwereren Psychotraumata.

III. Zwischenergebnis

Damit kann festgehalten werden, dass in Fällen schwererer Psychotraumata – auch zugunsten erwachsener Opferzeugen – eine konfrontative Psychotraumatherapie aus medizinischen Gründen zeitnah stattfinden und insbesondere nicht bis zum rechtskräftigen Abschluss eines Strafverfahrens aufgeschoben werden sollte. Ansonsten ist eine veränderungswirksame Heilungsoption (zusätzlich) erschwert. Eine Bild-Ton-Aufzeichnung einer (frühzeitig durchgeführten) richterlichen Opferzeugenvernehmung als Vernehmungssurrogat *kann* im Sinne eines wirkungsvollen Intermediärs sowohl die Interessen von STEO – jeden Alters – als auch die Interessen der (materiellen) Wahrheitsfindung im Hauptverfahren unterstützen, ohne dass eine der beiden Interessen zurückstehen müsste.

B. Psychotraumabezogene Erinnerungsveränderungen im Kontext von konfrontativer Psychotraumatherapie, dem Faktor „Zeit" und Strafverfahren

Im Folgenden sollen psychotraumatische Erinnerungen an möglicherweise strafrechtlich relevante Erlebnisse im Kontext von konfrontativen Psychotraumatherapien, speziell im Hinblick auf ihre Veränderbarkeit hin, betrachtet werden. Auch psychotraumatische Erinnerungen unterliegen dem Zeitfaktor. Wie gesehen, erfassen Psychotraumatherapien im weit verstandenen Sinne all jene „therapeutischen Rahmenbedingungen, die speziell auf die Bedürfnisse traumatisierter Patienten angepasst sind; allgemein bestehen sie aus stützend-stabilisierenden und konfrontativen Behandlungsstrategien".[652] Spezieller wird unter Psychotraumatherapien im engeren Sinne „die konfrontative Bearbeitung von Traumafolgesymptomen" verstanden.[653] Hieran anknüpfend sollen

651 Vgl. *Müller-Pfeiffer*, in: Gysi/Rüegger (2018) S. 120 m.w.N., wonach „[…] als Ausschlusskriterium bei einer solchen (alleinigen) Psychotraumatherapiestrategie die hohe Gefahr einer Suchtentwicklung" hinzukomme.

652 *Sack*, in: Gysi/Rüegger (2018) S. 535.

653 Ebd., S. 535.

im strafverfahrensrechtlichen Kontext sogleich allgemeine Probleme rund um Glaubhaftigkeitsbeurteilungen nach Psychotraumatherapien vorgestellt werden.

Mit obigen Ergebnissen gilt, dass zum einen mit einer konfrontativen und nachhaltig heilenden Psychotraumatherapie während eines zeitgleich laufenden Strafverfahrens aus psychotherapeutischen Gründen nicht effektiv begonnen werden kann. Zum anderen kann eine nötige veränderungswirksame, konfrontative Psychotraumatherapie (oder -teile) ggf. strafrechtlich relevante Erinnerungen an das entsprechende Erlebnis nachhaltig verändern, wenn aus gesundheitlichen Gründen mit einer konfrontativen Psychotraumatherapieform oder mit solchen Therapieteilen nicht bis zum Schluss eines Strafverfahrens gewartet werden sollte.[654] Daher könnten auch die Interessen an der (materiellen) Wahrheitsfindung im Hauptverfahren (§ 244 Abs. 2 StPO) tangiert sein.

I. Psychotraumatherapien als Faktor einer Erinnerungsinterferenz im Kontext von Strafverfahren und aussagepsychologischen Gutachten[655]

Unabhängig von sogleich zu erörternden weiteren Besonderheiten von konfrontativen Psychotraumatherapien besteht nach *Deckers* „[...] die hohe Gefahr, dass sich Erinnerungsinhalte mit psychotherapeutischen Diagnose- und Erklärungsversuchen vermischen".[656] In Psychotraumatherapien (im weit verstandenen Sinne – worunter auch stabilisierende Behandlungen zu verstehen sind) seien „[...] Patienten für Suggestionen besonders anfällig".[657] In einem „[...] Gefüge von rational und emotional verquickter Kommunikation wird eine Metaebene der Wirklichkeitsbearbeitung geschaffen, die es für die Patientin kaum ermöglicht, die Quellen ihrer Erinnerung zu diskriminieren".[658] Dieser „Therapieknoten gordischen Ausmaßes" sei „[...] auch in einer späteren aussagepsychologischen Untersuchung nicht mehr zu entwirren".[659] Gegenstand einer gerichtlich initiierten aussagepsychologischen Begutachtung ist die Frage, ob die auf ein bestimmtes Geschehen bezogenen Angaben zutreffen.[660] Die Beurteilung

654 Siehe hierzu soeben.

655 Vgl. vertiefend zu aussagepsychologischen Begutachtungen bei *Jansen* (2012), S. 144 ff.

656 *Deckers*, in: Deckers/Köhnken (2014) S. 144 m.w.N.

657 Ebd., S. 144.

658 Ebd., S. 144.

659 Ebd., S. 144 m.w.N.

660 BGH v. 30. 7. 1999 - 1 StR 618–98 = BGHSt 45, 164 = NJW 1999, 2746, 2747; *Hilgert* NJW 2016, 986; vgl. auch *Krehl*, in: KK, § 244 Rn. 49.

„[…] der Glaubhaftigkeit von Zeugenaussagen gehört zum Wesen richterlicher Rechtsfindung; sie ist Recht und Pflicht des Tatrichters“[661] und würde infolge eines tatsächlichen *Therapieknotens* erheblich betroffen sein. Die Einholung von aussagepsychologischen Gutachten ist vor allem in Sexualstrafverfahren (auch bei erwachsenen Opferzeugen) „eher die Regel“.[662] Diese durch die StPO nicht dezidiert geregelte[663] Beurteilung beinhaltet regelmäßig auch die Exploration des Opferzeugen in Form einer psychiatrischen oder psychologischen Untersuchung durch einen Sachverständigen. Die Exploration setzt notwendig die Einwilligung des Opferzeugen voraus.[664] Lehnt ein Opferzeuge die Untersuchung ab, so ist die Exploration grundsätzlich unzulässig.[665] Dann ist der Sachverständige gehalten seine Erkenntnisse allein aus bestehendem Aktenmaterial und ggf. aus Wahrnehmungen während der Hauptverhandlung oder einer richterlichen Vernehmung zu gewinnen.[666] So müssen die häufig von Therapierenden angefertigten „[…] Protokolle oder audiografischen Gesprächsaufzeichnungen herangezogen werden, um den möglichen Einfluss einer Psychotraumatherapie sachgerecht beurteilen zu können“.[667] Verhindert ein Opferzeuge mangels Einwilligung eine solche Aufklärung, kann also „[…] die Hypothese der Überlagerung [häufig] nicht falsifiziert werden“.[668] Alle Angaben die ein Opferzeuge nach Beginn einer solchen Therapie gemacht hat, unterlägen dann „diesem Makel.“[669] Solche Gefahren für die Falsifizierungsbestrebungen würden mit einer frühzeitigen richterlichen, videotechnologischen Opferzeugenvernehmung erheblich vermindert werden können.

---

661 St.Rspr., siehe wörtlich BGH v. 13. 6. 1952 - 2 StR 259/52 = BGHSt 3, 52, 53 = NJW 1952, 1064; ähnlich BGH v. 5. 7. 1955 - 1 StR 195/55 = BGHSt 8, 38 ff. = NJW 1955, 1644; BGH v. 21. 5. 1969 - 4 StR 446/68 = BGHSt 23, 8, 12 = NJW 1969, 2293; vgl. für einen Überblick bei *Krehl*, in: KK, § 244 Rn. 49.

662 *Hilgert* NJW 2016, 985.

663 Die Vorschrift des § 81c StPO ist nicht unmittelbar anwendbar, vgl. BGH v. 14. 10. 1959 - 2 StR 249/59 = BGHSt 13, 394 = NJW 1960, 584, 585; *Hilgert* NJW 2016, S. 986; a.A. *Eisenberg* (1995), S. 626 der Glaubhaftigkeitsuntersuchungen eher als eine Art Vernehmung ansieht.

664 Vgl. BGH v. 29.6.1989 - 4 StR 201/89 = NJW 1989, 2762 = NStZ 1989, 485; vgl. auch BGH v. 5. 3. 2013 - 1 StR 602/12 = NStZ-RR 2013, 218; *Hilgert* NJW 2016, 986.

665 Vgl. BGH v. 18.9.1990 – 5 StR 184/90 = BeckRS 1990, 31093316; *Hilgert* NJW 2016, 986.

666 Vgl. BGH v. 03.06.1982 - 1 StR 184/82 = NStZ 1982, 432; *Hilgert* NJW 2016, 986.

667 *Deckers*, in: Deckers/Köhnken (2014) S. 144.

668 Ebd., S. 144.

669 Ebd., S. 144.

II. Zu potentiellen Erinnerungsveränderungen infolge konfrontativer Psychotraumatherapien

Nach *Sack* ist die psychotherapeutisch naheliegende und zentrale „[...] Zielsetzung [..], die Behandlung von gegenwärtig vorhandenen Traumafolgesymptomen".[670] Erinnerungen sind nach obiger Definition stets subjektiv konnotierte Eindrücke der Vergangenheit mit perspektivischem Richtungsbezug für die Gegenwart und Zukunft.[671] Auch belastende Erinnerungen „[...] sind immer eine subjektive Rekonstruktion vergangener Ereignisse aus einer heutigen Perspektive"; sie haben daher stets auch „Bezug zur aktuellen Lebenssituationen".[672]

Als wissenschaftlich gesichert gilt, dass erfolgreiche psychotraumatherapeutische Heilbehandlungen erfordern, dass die pathologisch kausalen traumatischen Erinnerungen „aktualisiert und durchgearbeitet werden müssen".[673] Als ebenso gesichert gilt als notwendige Voraussetzung für eine erfolgreiche Psychotraumaverarbeitung die „[...] Konfrontation des Patienten mit der traumatischen Belastung".[674] Insofern trifft der Topos „*Remember to forget!*"[675] im Sinne einer neuronalen Aktivierung des Vergessens den Kern der Wirklichkeit. Ferner ist in der Gedächtnisforschung weithin unumstritten, dass „[...] Erinnerungen durch gezielte Aktualisierung potentiell veränderbar" sind.[676] In Bezug auf psychisch traumatische Erinnerungen gilt als wissenschaftlich „hinreichend gesichert", dass „[...] dysfunktional abgespeicherte Informationen bezüglich traumatische[r] Situationen (z.B. sich weiter bedroht fühlen) oder traumaassoziierte Selbstbewertungen (z.B. Schuld- und Schamgefühle) durch Verknüpfen der traumatischen Erinnerung mit funktionalen Information (z.B. es ist vorbei, ich habe getan, was möglich war) korrigiert und modifiziert, sozusagen ‚verlernt' werden können."[677] Insoweit steht fest, dass „[...] wirksame Psychotherapien die Rekonstruktion und Transformation von impliziten Gedächtnisinhalten explizit

---

670 *Sack*, in: Gysi/Rüegger (2018) S. 535.

671 Siehe zu Erinnerungen und Erinnerungsveränderung oben Kap.3.A.,B.,C.

672 *Sack*, in: Gysi/Rüegger (2018) S. 535.

673 Ebd., S. 535.

674 Siehe hierzu bereits eben gerade; vgl. auch bei *Sack*, in: Gysi/Rüegger (2018) S. 535 m.w.N.

675 Vgl. *Bublitz/Dresler* (2014) S. 1287 ff. m.w.N.; vgl. auch bei *Pritzel/Markowitsch* (2017), S. 161 ff. m.w.N.

676 Siehe insoweit auch bereits oben unter Kap.3.A. und C.; vgl. auch bei *Sack*, in: Gysi/Rüegger (2018) S. 535.

677 *Sack*, in: Gysi/Rüegger (2018) S. 535 m.w.N.

beeinflussen und verändern" können.[678] Soweit dies also der Fall ist folgt daraus das rechtliche Bedürfnis nach einer frühzeitigen Konservierung der bestenfalls unveränderten Erinnerungsbekundung im Interesse der strafrechtliche Aufarbeitung und der (materiellen) Wahrheitsfindung im Hauptverfahren (§ 244 Abs. 2 StPO).

Im Besonderen ist die Zielsetzung einer für notwendig befundenen erinnerungsverändernden Heilbehandlung „[…] die Verknüpfung der traumatischen Erinnerung mit funktionalen Informationen bzw. das Rückgängigmachen der in der traumatischen Situation entstandenen Dissoziationen".[679] Dissoziative Störungen sind gemäß des DSM-5 insoweit traumabedingten Störungen gleichgestellt, als dass sie den engen kontextualen Zusammenhang zwischen den zugrundeliegenden diagnostischen Kriterien widerspiegeln.[680] So beinhalten Symptome von akuten Belastungsreaktionen sowie von der Posttraumatischen Belastungsstörung auch dissoziative Symptome „wie etwa Amnesie, Flashbacks, Empfindungslosigkeit und Depersonalisation bzw. Derealisation".[681]

Im Rahmen der Verknüpfung der psychotraumatischen Erinnerung mit funktionalen Informationen bzw. des Rückgängigmachens der in der psychotraumatischen Situation entstandenen Dissoziationen sollen in der konfrontativen Psychotraumatherapie die traumatische(n) Erinnerung(en) „[…] ergänzt und korrigiert und ein kohärentes Narrativ über das Geschehene erarbeitet werden". Insoweit werden aus „[…] impliziten und häufig in bruchstückhafte Fragmente dissoziierten Traumaerinnerungen dann verarbeitete, mit dem Wissen um die heutige Sicherheit und die heutigen Kompetenzen ergänzte Erinnerungen".[682]

Eine Indikation zur konfrontativen psychotraumatologischen Heilbehandlungsbedürftigkeit psychotraumatischer Erinnerungen besteht dabei immer dann, „[…] wenn Symptome vorliegen, die die alltägliche Lebensführung beeinträchtigen und eindeutig oder zumindest sehr wahrscheinlich auf die Folgen nicht ausreichend verarbeiteter traumatischer Erfahrungen zurückzuführen

678 *Becker/Kaufmann/Schickedanz*, in: Gysi/Rüegger (2018) S. 544; siehe sogleich vertiefend.

679 *Sack*, in: Gysi/Rüegger (2018) S. 535.

680 Vgl. *Becker/Kaufmann/Schickedanz*, in: Gysi/Rüegger (2018) S. 545 f., m.w.N., wonach „[…] die neurowissenschaftlichen Befunde [..] den Schluss zu[ließen], dass nicht nur die PTBS, sondern auch die Dissoziative Identitätsstörung eine Traumafolgestörung [sei]."

681 Siehe hierzu bereits oben unter Kap.4.B.II.; *Becker/Kaufmann/Schickedanz*, in: Gysi/Rüegger (2018) S. 545 f., m.w.N.

682 *Sack*, in: Gysi/Rüegger (2018) S. 535.

sind."[683] Die Wirksamkeit konfrontativer Psychotraumatherapien wurde „systematisch an verschiedenen Patientengruppen evaluiert".[684] Ihre Wirksamkeit gilt als wissenschaftlich gesichert.[685] Insbesondere zeigte sich „[…] durchweg eine hohe bis sehr hohe Wirksamkeit von Therapiemethoden, die konfrontative Behandlungselemente enthalten".[686] „[…] Im Vergleich mit einer Behandlung durch Medikamente (z.B. SSRI-Antidepressiva), führt die psychotherapeutische Behandlung der PTBS zu einer signifikant stärkeren Abnahme der Beschwerdesymptomatik".[687] Daher gilt „[…] [d]ie konfrontative Behandlung als Behandlungsmethoden der ersten Wahl der posttraumatischen Belastungsstörung".[688]

Unter Zugrundelegung dieser wissenschaftlich nachgewiesenen Befunde und im Hinblick auf die wissenschaftlich gesicherte Wirksamkeit der beschriebenen psychotherapeutischen Vorgehensweise wird in der wissenschaftlichen Fachliteratur zugegeben, dass „[…] [i]m Kontext von noch nicht abgeschlossenen gerichtlichen Verfahren […] [diese] Form von Therapie potentiell als Veränderung von Erinnerungen im Sinne einer therapeutischen Beeinflussung und damit als Einschränkung der Glaubhaftigkeit von Angaben des Opfer[zeugen] ausgelegt werden kann".[689] *Sack* empfiehlt sogar ausdrücklich, „[…] Aussagen über den Tathergang vor Beginn einer Therapie gerichtsfest z.B. durch eine Videoaufzeichnung [zu] dokumentier[en], weil es nicht zumutbar [sei], Traumabetroffene monate- oder jahrelang ohne geeignete Behandlung bis zum Abschluss eines Gerichtsverfahrens warten zu lassen".[690]

Damit kann festgehalten werden, dass konfrontative Psychotraumatherapie(-elemente) mögliche strafrechtlich relevante Erinnerungen an das entsprechende Erlebnis mindestens nachhaltig verändern *können*. Auch dies untermauert die Reformbedürftigkeit der §§ 58a, 255a StPO. Einer frühzeitigen richterlichen videotechnologischen Opferzeugenvernehmung ist auch aus diesem Grunde ein dringendes Bedürfnis zu attestieren.

683 Ebd., S. 536.
684 Ebd., S. 537.
685 Siehe hierzu soeben Kap.5.B.II.
686 *Sack*, in: Gysi/Rüegger (2018) S. 537.
687 Ebd., S. 537.
688 Ebd., S. 538 m.w.N.; siehe hierzu soeben Kap.5.B.II.
689 *Sack*, in: Gysi/Rüegger (2018) S. 536.
690 Ebd., S. 536.

III. Zur Erinnerungsveränderung durch bloßen Zeitablauf im Kontext traumatischer (ggf. strafrechtlich relevanter) Erlebnisse

Auch ohne konfrontative Heilbehandlungen psychischer Erkrankungen könnten psychotraumabezogene Erinnerungen infolge Zeitablaufs Veränderungen unterworfen sein.[691] *Meesters* und andere fanden etwa heraus, dass es auch Erwachsenen schwerer fallen *kann*, fakten- und kontextbezogene Informationen – wie etwa Namen oder Adressen – abzurufen, nachdem sie Erinnerungen an sexuellen Missbrauch wiedererlangt haben.[692]

Dabei darf nicht unerwähnt bleiben, dass „[...] Studien, die explizit auf die Erinnerung an hochgradig traumatische Ereignisse ausgerichtet waren, widersprüchliche Ergebnisse zeigten":[693] So stellten *Porter/Birt* fest, „[...] dass Erinnerungen an sexuelle Gewalt als lebhaft eingeschätzt wurde und mehr sensorische Komponenten enthielten als Erinnerungen an andere Formen von Gewalt".[694] Gegensätzlich dazu fanden *Koss* und andere heraus, „[...] dass Erinnerungen an eine Vergewaltigung als weniger klar und lebhaft eingeschätzt wurde, eher seltener in bedeutungsvoller Ordnung auftraten, schlechter abrufbar und gedanklich weniger präsent waren und seltener angesprochen wurden".[695] Hierzu berichten *Byrne/Hyman/Scott*, „[...] dass die Traumaerinnerungen ihrer Teilnehmenden im Vergleich zu positiven Erinnerungen weniger visuelle und olfaktorische Einzelheiten hatten".[696]

Diese etwas älteren Forschungsergebnisse wurden in Bezug auf ihre heterologen Befunde jüngst bestätigt. So zeigen auch neuere Studien, „[...] dass Unterschiede zwischen traumatischen und nicht traumatischen Erinnerungen in nicht klinischen Gruppen weder übereinstimmend noch klar umrissen sind".[697] In diesem Zusammenhang zeigte sich „[...], dass Individuen mit hohen Graden dissoziativer Symptome besonders gut darin zu sein scheinen, negative Stimuli bewusst zu vergessen oder ihnen keine Aufmerksamkeit zu widmen; dieses Muster wird besonders deutlich, wenn sie unter kognitiver Belastung stehen".[698] In einigen systematischen Studien zeigte sich, „[...] dass bewusst abgerufene

691 Zur allgemeinen Erinnerungsveränderung infolge Zeitablaufs siehe soeben Kap.3.A.,B.
692 *Brewin*, in: Gysi/Rüegger (2018) S. 129 m.w.N.
693 Zusammenfassend Ebd., S. 129.
694 Ebd., S. 129 m.w.N.
695 Ebd., S. 129 m.w.N.
696 Ebd., S. 129 m.w.N.
697 Ebd., S. 130 f. m.w.N.
698 Ebd., S. 131 m.w.N.

Traumaerinnerungen im Laufe der Zeit Abweichungen und Fehler beim Abruf zeigen".[699] Mit diesen Befunden korreliert die Vorstellung, „[…] dass sich der bewusste Abruf eines Traumas" – etwa im Rahmen einer (Opfer-)Zeugenvernehmung – „vom unwillkürlichen Erinnern unterscheidet".[700] Konsequenterweise „wird die PTBS im DSM IV-TR und im DSM-5 charakteristisch durch Amnesie für die Details des Ereignisses beschrieben".[701] So erinnern sich „[…] Patienten gewöhnlich daran, dass das traumatische Ereignis stattgefunden hat, beschreiben jedoch Lücken oder Phasen, in denen ihre Erinnerung für die Einzelheiten des Ereignisses vage und undeutlich ist".[702] Diese Beschreibungen von Patienten wurde „in diagnostischen Messungen bestätigt"; so „[…] wurden Traumanarrative, die von Individuen mit klinischen Störungen bewusst abgerufen wurden, als desorganisiert und lückenhaft beschrieben".[703]

Diese Ergebnisse wurden durch *Brewin* ausgiebiger getestet und u.a. jüngst durch *Gysi/Rüegger* dargestellt:[704] „[…] Aus sechs solcher methodologisch höherwertigen Studien, vier mit Stichproben von Erwachsenen und zwei mit Jugendlichen, wurde übereinstimmend berichtet, dass die Traumanarrative von Patienten mit PTBS oder akutem Belastungssyndrom desorganisierter sind als die von Traumaopfern ohne jene Störungen".[705] „[…] Auch Studien mit weniger strikten Methoden, wie etwa Eigenangaben über Fragmentierung", „decken sich" nach *Brewin* „im Wesentlichen" mit den Ergebnissen.[706] So kamen diverse Forschergruppen übereinstimmend zu dem Schluss, „[…] dass diese Desorganisiertheit für die Traumaerinnerungen dieser Gruppe spezifisch ist".[707] Das menschliche Alter ist demnach kein wesentliches Unterschiedskriterium.

Konkret lässt sich ein „[…] höherer Grad an Desorganisiertheit der Erinnerung bei Patienten mit einer klinischen Störung bereits in der ersten Woche nach dem Trauma" finden.[708] „[…] Die Belege dafür, dass Fragmentation und Desorganisation von Traumaerinnerungen im Laufe der Genesung von einer PTBS abnehmen, sind sehr unstimmig".[709] Insbesondere für kurz zurückliegende

---

699 Vgl. Ebd., S. 133 m.w.N.
700 Ebd., S. 131 ff. m.w.N.
701 Ebd., S. 133.
702 Ebd., S. 133.
703 Ebd., S. 133 m.w.N.
704 Ebd., S. 133.
705 Ebd., S. 133 m.w.N.
706 Ebd., S. 134.
707 Ebd., S. 134 m.w.N.
708 Ebd., S. 134 m.w.N.
709 Ebd., S. 134 m.w.N.

Traumata zeigte sich, „[…] dass Personen, die den Kriterien einer akuten Belastungsstörung entsprechen, weitgehend auf der Grundlage einer ausgeprägten Dissoziationsreaktion, traumabezogenes Material leichter vergessen als Kontrollpersonen“.[710]

Erinnerungsveränderungen oder -verluste traumabezogener Ereignisse sind auch in der Rechtspraxis nicht unbekannt. So hat etwa der 3. Strafsenat des *BGH* in seinem Beschluss vom 25.10.2011 – 3 StR 315/11[711] – im Rahmen der für erfolgreich beschiedenen Verfahrensrüge wegen eines Verstoßes gegen § 250 StPO die Entscheidungsrelevanz eines vorübergehenden Gedächtnismangels der Hauptbelastungszeugin infolge erheblicher Traumatisierung durch die Tat angenommen. Insoweit hätte u.U. auch die Sachrüge erfolgreich sein können,[712] wenn wie der 5. Strafsenat in einem anderen Urteil annahm, über die Zusammenhänge von ggf. durch die Tat hervorgerufenen Traumatisierungen der einzigen Belastungszeugin und deren qualitätsverminderter Aussage abgestellt worden wäre.[713] Gleichwohl sind bisherige Entscheidungen der höchstrichterlichen Rechtsprechung im Zusammenhang mit traumabezogenen Erinnerungsveränderungen bzw. der Glaubhaftigkeit dem zugrundeliegender Bekundungen noch selten.[714] *Brause* vermutet jedoch, dass die Revisionssenate in absehbarer Zeit „Gelegenheit“ bekommen werden, „[…] sich mit der Problematik vertieft zu beschäftigen“.[715] Auch dies verdeutlicht die Aktualität hier diskutierter Probleme. So berichtet dieser im Anschluss an *Schwenn*[716] und unter Verweis auf die angeführte Entscheidung des *BGH* vom 25.10.2011 sowie auf ein Urteil vom 25.01.2011[717] von „[…] der erkennbaren Neigung der Tatgerichte, auch

---

710 Ebd., S. 138 m.w.N.

711 BGH v. 25.10.2011 – 3 StR 315/11 = StraFo 2012, 64; vgl. im Überblick bei *Brause* (NStZ) 2013, 135.

712 So *Brause* (NStZ) 2013, 135.

713 Vgl. BGH v. 27. 10. 2010 – 5 StR 319/10 = NStZ-RR 2011, 51 f.; vgl. im Überblick bei *Brause* (NStZ) 2013, 135.

714 Exemplarischen genannt seien nachfolgende höchstrichterliche Entscheidungen zum Zusammenhang Traumatherapien, Glaubhaftigkeit, psychischen Belastungen und falschen Erinnerungen: BGH v. 25.11.1998 - 2 StR 496/98 = NStZ 1999, 108; BSG Beschl. v. 7.4.2011 – B 9 VG 15/10 B, BeckRS 2011, 72383 und BSG Urt. v. 17.4.2013 – B 9 V 1/12 R = NJOZ 2014, 72 ff.; LSG Baden-Württemberg Urt. v. 21.4.2015 – L 6 VG 2096/13, BeckRS 2015, 69461, beck-online.

715 Vgl. *Brause* (NStZ) 2013, 135.

716 *Schwenn* StV 2012, 255 f.

717 BGH v. 25.01.2011 - 5 StR 418/10 = BeckRS 2011, 4353; vgl. im Überblick bei *Brause* (NStZ) 2013, 135.

Aussagen von die Zeuginnen betreuenden Psychologen und Psychiatern als Belege für posttraumatische Belastungsstörungen zu akzeptieren und dann quasi naheliegend sowie zeit- und kostensparend Aussagemängel als durch die Störung bewiesen anzusehen und diese der Straftat zuzurechnen".[718] Würde sich diese Gepflogenheit bestätigen, sähen sich oben dargestellte Einwände *gegen* eine erweiterte Anwendung der Bild-Ton-Technologie zugunsten STEO im Strafverfahren begründeten Einwänden der Zirkelschlüssigkeit ausgesetzt. Wird doch – neben einem „Kostenargument" – überwiegend gegen eine ausweitende Anwendung der Videotechnologie im Strafverfahren die „Durchbrechung des Unmittelbarkeitsgrundsatzes" angeführt,[719] leistet diese Rechtspraxis der monierten Durchbrechung gerade Vorschub. Eine bereits im Ermittlungsverfahren erstellte Erinnerungskonserve speichert dagegen traumabezogene Erinnerungen langfristig und ohne dass sie Verminderungsgefahren anheimfielen. Zudem wäre solch ein Intermediär gegenüber Aussagen Dritter direkteres und unmittelbareres Beweismittel.

Im Ergebnis sprechen sowohl obige wissenschaftliche Befunde als auch die derzeitige rechtspraktische Handhabe für eine frühzeitige videotechnologische richterliche Opferzeugenvernehmung, um bestmöglich jene unveränderten Erinnerungen zu konservieren, die zu diesem frühen Zeitpunkt von STEO abgerufen werden können.[720]

IV. Zwischenergebnis

Damit kann festgehalten werden, dass die – jedenfalls – für die Gruppe STEO *jeden Alters* unbedingt notwendigen konfrontative Psychotraumatherapien potentiell strafrechtlich relevante Erinnerungen – mindestens – verändern *können*. Im Kontext psychisch traumatischer Erlebnisse, die unter Umständen strafrechtlich relevant sind, verändern sich Erinnerungen ebenfalls regelmäßig infolge Zeitablaufs.

---

718 Vgl. *Brause* (NStZ) 2013, 135.

719 Siehe oben Kap.1.B.; zur Teilbetroffenheit des Unmittelbarkeitsgrundsatzes siehe Kap.6.B.I.5.

720 Möglich ist auch, dass Erinnerungen zu diesem frühen Zeitpunkt in Einzelfällen noch nicht (vollständig) abrufbar sind oder erst nach weiterem Zeitablauf in den Vordergrund treten oder Einzelheiten zu bereits bekundeten Erinnerungen später hinzutreten, vgl. hierzu *Müller-Pfeiffer* in: Gysi/Rüegger (2018) S. 118 m.w.N. In all jenen Fällen böte die Möglichkeit einer ergänzenden (Opfer-)Zeugenbefragung *de lege ferenda* hinreichende Möglichkeiten.

C. Zur Unmöglichkeit nachhaltiger konfrontativer Psychotraumatherapien während eines laufenden Strafverfahrens

Als besondere Belastungen eines Strafverfahrens werden auch aus psychotherapeutischer Sicht Vernehmungen, Begutachtungen und Verhandlungen mit Täterkonfrontation bewertet, die Opferzeugen immer wieder mit dem Geschehenen konfrontieren.[721] Freilich sind diese mitunter unausweichlich; mitunter ließe sich aber auch Redundantes vermeiden.

In der Literatur – wie auch in der therapiebegleitenden Praxis[722] – wird auch aus diesem Grunde während eines laufenden Strafverfahrens eine „[...] Stabilisierung als Kernaufgabe der (trauma)therapeutischen Begleitung"[723] gesehen. Nach *Becker/Kaufmann/Schickedanz* erfahren auch gutgemeinte „kurzfristige Traumakonfrontationskonzepte[724] hier bereits sehr schnell ihre Grenzen"[725], soweit sie denn im konkreten Fall überhaupt begonnen werden. „[...] Die Unwägbarkeiten eines sich über Monate erstreckenden laufenden Ermittlungs-, und ggf. Hauptverfahrens führen sowohl im zeitlichen Ablauf als auch in der Vielschichtigkeit einer Konfrontation mit den unterschiedlichen Aspekten des psychotraumatischen Ereignisses und den persönlichen Traumafolgen nicht nur zu einer Reaktivierung traumatischer Erinnerungen, sondern können sich zudem kumulativ psychisch traumatisierend auswirken".[726] Dies kennzeichnet die grundsätzliche Unvereinbarkeit nachhaltiger konfrontativer Psychotraumatherapien während eines noch nicht beendeten Strafverfahrens. Daher sei während laufender strafrechtlicher Verfahren „umfassende Stabilisierung das Hauptziel".[727] Konfrontative Psychotraumatherapien und zeitgleich laufende Strafverfahren sind hiernach miteinander grundsätzlich unvereinbar. Diese Einschätzung wird auch von praktisch tätigem Fachpersonal geteilt.

721 *Becker/Kaufmann/Schickedanz*, in: Gysi/Rüegger (2018) S. 548.
722 Siehe hierzu sogleich Kap.5.E.
723 *Becker/Kaufmann/Schickedanz*, in: Gysi/Rüegger (2018) S. 548.
724 Vgl. Ebd., S. 548 m.w.N.
725 Ebd., S. 548.
726 Ebd., S. 548.
727 Ebd., S. 548.

D. Befragung zweier Expertengruppen

Die dargestellte fachwissenschaftliche Befundlage deckt sich mit einer vom Verfasser durchgeführten Befragung zweier Expertengruppen über ihre Erfahrungen mit psychisch traumatisierten Personen in justiziellen Verfahren anlässlich internationaler Fachkonferenzen im Jahre 2017.[728]

Die praktisch tätigen Befragten wurden zu Zwecken der analytischen Auswertung in Expertengruppen unterteilt, weil sie sich in ihren Fachbereichen und Qualifikationen unterscheiden. Die befragte Expertengruppe 1 erfasst praktizierende Ärzte und Psychiater. Die befragte Expertengruppe 2 erfasst praktizierende Psychologen und Psychotherapeuten. Beiden Gruppen wurde der im Anhang zu findende Fragebogen ausgeteilt. Der Rücklauf betrug hinsichtlich der Expertengruppe 1 zwölf und hinsichtlich der Expertengruppe 2 neun vollständig und inhaltlich hinreichend ausgefüllte Fragebögen.

Zusammengefasst rechtfertigt die Auswertung folgende Schlüsse:

(a) Justizielle Verfahren beeinträchtigen Psychotraumatherapien.
(b) Während Initiierung, Ab- und Fortlauf justizieller Verfahren ist keine konfrontative Psychotraumatherapie mit dem Ziel einer nachhaltigen Heilung von Opferzeugen möglich, sondern es können nur *Stabilisierungen bzw. temporäre Linderungen* erfolgen.
(c) Justizielle Verfahren – insbesondere strafrechtliche Hauptverhandlungen – haben überdurchschnittlich häufig negative Auswirkungen auf psychotraumatherapeutische Fortschritte.
(d) Bestehende Gesetze für den Opferschutz werden von der Mehrheit der Befragten mit *nicht angemessen* bewertet.
(e) Als zentrale Probleme werden im Besonderen identifiziert: Die Unmöglichkeit effektiver Psychotraumatherapien während justizieller (insbesondere strafrechtlicher) Verfahren, sowie Mehrfachvernehmungen und zu lange Verfahrensdauer.
(f) Die Mehrheit aller befragten Experten (sowohl jene der Expertengruppe 1 als auch 2) votieren für eine frühzeitige videotechnologische Opferzeugenvernehmung aus Gründen der Minimierung oder Vermeidung weiterer oder späterer (Mehrfach-)Vernehmungen, weil sie eine Verringerung von (Mehrfach-)Vernehmungen für ihre psychotherapeutische Arbeit als förderlich erachten.

---

728 Bei den besuchten Fachkonferenzen handelt es sich um die 19. Jahrestagung der Deutschsprachigen Gesellschaft für Psychotraumatologie und um die 22. Züricher Psychotraumatologie Tagung in Zürich vom 09. Februar 2017 bis zum 11. Februar 2017.

Im Einzelnen wurden die aufgeworfenen Fragestellungen von den befragten Experten zusammenfassend wie folgt beantwortet:

In der Expertengruppe 1 beschrieben zwölf Befragte – alle Teilnehmer dieser Gruppe –, dass justizielle Verfahren und damit zusammenhängende Themen jeweils zur Hälfte „manchmal" und „regelmäßig oder häufig" Einfluss auf Ihre Arbeit hätten. Die Expertengruppe 2 attestierte mit einer geringfügigen Mehrheit, dass justizielle Verfahren einen „wesentlichen Einfluss" auf Ihre Arbeit hätten: Fünf von neun Befragte gaben hier die Häufigkeitsparameter „manchmal" und „regelmäßig oder häufig" an. In diesem Zusammenhang stellten in der Expertengruppe 1 überdurchschnittlich viele Befragte heraus, dass während justizieller Verfahren keine psychotherapeutische Arbeit, insbesondere keine Traumakonfrontation, Exposition bzw. Kompensation möglich sei, weil es *häufiger zu einer justiziellen Retraumatisierung* komme und in diesem Stadium nur die *Stabilisierung oder Krisenintervention* der Opferzeugen im Vordergrund stehe (insgesamt acht von zwölf der Befragten in der Expertengruppe 1). Ebenso überdurchschnittlich viele Experten der Expertengruppe 2 teilten diese Ansicht.

In der Expertengruppe 1 waren eine Mehrzahl der Befragten der Ansicht, dass justizielle Verfahren negative Auswirkungen auf psychotherapeutische Fortschritte hätten: Fünf Befragte bewerteten die negativen Auswirkungen mit größer als 50 %, während nur ein Befragter mit kleiner als 50 % und für positive Auswirkungen votierte; drei Befragte blieben unentschieden und ein Befragter stand dem *neutral* gegenüber. Die Expertengruppe 2 gab dieses Verhältnis in etwa ebenso an: Vier von sechs Befragten waren in unterschiedlicher Höhe aber jedenfalls in Höhe von über 50 % der Ansicht, dass justizielle Verfahren negative Auswirkungen auf Psychotraumatherapien hätten.

Negative Gerichtsentscheidungen beeinflussten alle Befragten in der Expertengruppe 1 in ihrer Arbeit und besonders dann, wenn Patienten sich vom Ausgang des Strafverfahrens wegen *nicht zufriedenstellender Ergebnisse* enttäuscht zeigen. Auffällig ist hierbei (Frage Nr. 8), dass vier der Befragten der Expertengruppe 1 (also immerhin ein Drittel der Befragten) – mit dieser Frage nicht explizit herausgefordert – angaben, dass *Psychotraumatherapien erst beginnen können, wenn justizielle Verfahren abgeschlossen seien und es bis dahin nur um Stabilisierung* gehe. Auch in der Expertengruppe 2 gab ein Befragter ebenfalls eine entsprechende Auskunft. Gemäß vier Befragter jener Expertengruppe bräuchten *Patienten [nach Beendigung des Strafverfahrens] Auf- und Verarbeitung bzw. Trost*. Dies spricht für eine erhebliche Belastung. Nur zwei der Befragten dieser Expertengruppe sahen sich i. d. S. *unbeeinflusst* in ihrer Arbeit.

Kongruent waren die Bewertungen der Expertengruppe 1 auch darin, dass die bestehenden Gesetze für den Opferschutz nicht angemessen genug seien: Die Belastung wegen einer empfundenen *Beweislast der Opferzeugen* sei zu hoch (sechs von zwölf); weitere große Probleme seien die *Retraumatisierungen und bestehende Ängste* vor und durch justizielle Verfahren (drei von zwölf). Ebenso sieht es die Expertengruppe 2. Zwei Befragte der Expertengruppe 1 schlagen zur Verbesserung vor, die Ausbildung der justiziell beteiligten Praktiker in diesem Bereich zu verbessern. Zu gleichem Lösungsansatz kommen drei Befragte der Expertengruppe 2.

Zentral stehen drei Experten der Expertengruppe 1 (immerhin ein Viertel der Befragten), die nicht explizit herausgefordert angaben, dass *Mehrfachvernehmungen und zu langsame Verfahren* die zentralen Probleme darstellten.

Die Antworten der Fragen hinsichtlich der Fragekomplexe rund um die Themen mit Bezug zu „Erinnerungen" (vgl. insbesondere die Fragen 12 und 13 a., b., c., d.), erfolgten in den beiden Gruppen ungleich (in etwa jeweils die Hälfte pro bzw. contra). Auffällig ist jedoch auch hier, dass festgestellt wurde mit einer konfrontative Psychotraumatherapie nicht effektiv beginnen zu können, ohne dass das justizielle Verfahren abgeschlossen ist. Bis zu diesem Zeitpunkt *„verschieben"* die Hälfte der Experten der 1. Gruppe *psychotherapeutische Interventionen und stabilisieren nur* (sechs von zwölf der Expertengruppe 1). Insbesondere beantworteten sie die Frage 14 damit, dass es Diskrepanzen zwischen Psychotraumatherapie und Justiz gäbe und Letztere Erstere *wesentlich* beeinflusse.

Sieben von zwölf Befragte der Expertengruppe 1 sind für eine frühzeitige videotechnologische Opferzeugenvernehmung aus Opferschutzgründen. Zwei Experten dieser Gruppe können dem wegen *therapieblockierender Konsequenzen* nichts abgewinnen. Sie erkennen aber durchaus insoweit ihre Vorteile an, als dass Opferzeugen dann *ungestört in Therapien gehen könnten*, weil *die justizielle Seite abgeschlossen sei.*

Es kann festgehalten werden, dass die Antworten der befragten Experten und die oben dargestellten wissenschaftlichen Befunden miteinander im Einklang stehen.

E. Die Opferbewältigung möglicher psychischer Folgen aus Straftaten bei gleichzeitiger strafrechtlicher Aufarbeitung

Die grundsätzliche Opferbelastung durch Strafverfahren – sowohl infolge des Ermittlungs- wie auch des Hauptverfahrens – ist längerfristig als nicht unerheblich zu bewerten. Redundante Mehrfachvernehmungen, bzw. *mittelbare*

Anschlussviktimisierungen, sind insbesondere im Kontext der strafrechtlichen Aufarbeitung von Sexual- und Gewalttaten keine Seltenheit. Daher stellt sich die Frage nach der Vereinbarkeit von bestmöglichem Opferschutz bzw. therapierenden Heilungsverläufen mit den zentralen Zwecken des Strafverfahrens nach der größtmöglichen Annäherung an die (materielle) Wahrheit.

Eine möglichst schnelle und nachhaltige Psychotraumatherapie ist aus Opfersicht wünschenswert und oftmals nötig. Gleichwohl bergen konfrontative Psychotraumatherapien nicht unerhebliche Gefahren der Erinnerungsverfälschung.[729] Dies stellt ein Problem dar. Zunächst sind grundsätzlich zwei praktisch umsetzbare Abhilfemöglichkeiten evident: nämlich eines frühen oder eines späten Beginns der Psychotraumatherapie im Kontext des Strafverfahrens. Jedem Modell inhärent sind dabei Verluste entweder im Hinblick auf die Effektivität des Strafverfahrens oder in Bezug auf eine wirksame und nachhaltige (konfrontative) Psychotraumatherapie.

Dagegen besteht eine weitere – mediative – Möglichkeit. Das aufgezeigte Dilemma könnte mit verhältnismäßig frühzeitigen Bild-Ton-Aufzeichnungen von hinreichend fundierten Opferzeugenvernehmungen (auch solcher von erwachsenen, traumatisierten Opferzeugen) begegnet werden. Traumatisierte Opferzeugen würde dank eines technisches Mediärs – freilich einem Idealfall folgend – nach bestmöglich-umfassender richterlicher videotechnologischer Zeugenvernehmung mit veränderungswirksamen, konfrontativen Psychotraumatherapien beginnen können. Bisherige – nicht selten praktizierte – redundante Mehrfachvernehmungen wären im Grundsatz nicht mehr erforderlich.

Psychisch traumatisierte Opferzeugen können mit frühzeitigen detaillierten Schilderungen überfordert sein, psychische Schutzbarrieren errichten oder errichtet haben bzw. sich erst nach weiterem Zeitablauf über Einzelheiten bewusstwerden. Ebenso kann Gegenteiliges der Fall sein. Insoweit gelten nach wie vor die typischen praktischen Anforderungen im Rahmen der Beweiswürdigung (§ 261 StPO) im Hinblick auf die Glaubwürdigkeitsbeurteilung einer Auskunftsperson und die Glaubhaftigkeitsbeurteilung ihrer Bekundung. Soweit Opferzeugen hinreichend umfassende Bekundungen des Geschehenen frühzeitig möglich sind, kann ein frühzeitig bekundetes – videotechnologisch dokumentiertes – hohes Überzeugungsvertrauen betreffend der eigenen Erinnerungsbekundungen zum einen ein starker Indikator für die Korrelation des Bekundeten mit der (materiellen) Wahrheit sein. Zum anderen wären Opferzeugen in der Lage früher mit konfrontativen Psychotraumatherapieelementen

729 Siehe Kap.5.C.

beginnen zu können. Eben dies ist neben ohnehin schon beachtenswerten gesundheitsverbessernden Motiven wesentlicher Vorteil einer Bild-Ton-Aufzeichnung als Intermediär im Strafverfahren.

Die Problematik, wann dem behandlungsbedürftigen Opfer bei zeitgleichem Fortlauf des Strafverfahrens eine Diagnose gestellt und mit der Therapie begonnen werden sollte, war auch in einer Gruppendiskussion des Forschungsprojekts um *Dölling* umstritten. Aufgrund jener Gruppenzusammensetzung und inhaltlich heterogen vertretener Positionen spiegelt sie exemplarisch den Meinungsstand wider.[730]

(Auch) Um Einbußen zulasten der Zwecke der (materiellen) Wahrheitserforschung zu vermeiden, mag zunächst für einen möglichst späten Beginn der Psychotraumatherapie plädiert werden. Naheliegenderweise kann als Argument ein Informationsgefälle zwischen einem frühen Ermittlungsstadium und dem Hauptverfahren angeführt werden, das erst nach Abschluss des Erkenntnisverfahrens ausgeräumt sein würde; zudem sei bei gleichzeitigem Traumatherapiebeginn infolge erhöhter Suggestibilitätsgefahren die Glaubhaftigkeit der Zeugenbekundung und die Glaubwürdigkeit des Opferzeugen zweifelhaft.[731] Außerdem sei es aus psychotraumatologischer Sicht wegen „[…] der Gefahr der Reaktualisierung von Traumata nicht ratsam für das Opfer, in der Latenzphase viel über die Tat zu sprechen. Eine psychotraumatologische Arbeit mit dem Opfer sei parallel zum Strafverfahren kaum möglich".[732] Andererseits mag für einen frühestmöglichen Beginn der Psychotraumatherapie unabhängig des Gleichlaufs mit einem Strafverfahren votiert werden. Hierfür drängt sich das Argument auf, dass STEO schnellstmöglich medizinische Hilfe benötigen und diese keinen Aufschub duldet.[733] Insoweit dürfte hierbei mindestens darüber Einigkeit bestehen, dass mit einer solchen nicht bis zur unter Umständen Jahre dauernden Eintritt der Rechtskraft eines Urteils abgewartet werden kann. Dies führt zur vermittelnden Handhabe, nach der jedenfalls eine „stabilisierende Behandlung gewährt werden"[734] sollte. Auch dieser Vorschlag ist nicht frei von Kritik, verzögert sich doch ebenso ein effektiver Heilungsprozess künstlich nach hinten. Eine „stabilisierende Behandlung" kann keine traumaheilende,

730 *Dölling et al.* (2017), S. 174 f.
731 Ebd.
732 Ebd.
733 Ebd.
734 Ebd.

konfrontative Psychotraumatherapie ersetzen.[735] Jene Behandlungen sollen und können – schon dem Wortlaut nach – allenfalls „nur" den Status quo zu erhalten suchen. Daher würden auch nach diesem Vorschlag die tatsächlich effektiv nachhaltigen, heilenden psychotraumatherapeutischen Behandlungen erst später, nämlich nach Abschluss des Hauptverfahrens, stattfinden können.

In konfrontativen Psychotraumatherapien ist die konkrete Bewältigung psychischer Tatfolgen oft nicht „nur" auf die kritische Betrachtung der Tat und Täter, also die tatspezifischen externen Parameter, beschränkt. Zusätzlich betrifft sie auch Fragen von Selbstursächlichkeiten im Sinne von (Mit-)Verantwortung, also intrinsische Aspekte.[736] Hiermit wird ebenso die Aufarbeitung wie auch Vorbeugung weiterer Taten als Ziel verbunden, wobei dies nach Aussage vieler Untersuchungsteilnehmer der Studie von *Dölling* und anderen „immer wiederkehrende gedankliche Beschäftigung" und „langwierige quälende Auseinandersetzung mit den Fragen nach möglichen Ursächlichkeiten" bedeutet.[737] Die durch Opfer erstrebte Krankheitsheilung kann durchaus gelingen und positive Folgen für das Selbst- und Weltverständnis[738] haben.[739]

Wie oben bereits angeklungen sind auch nach *Dölling* und anderen die beschriebenen psychotraumatische Reaktionen „[…] nicht lediglich als behandlungsbedürftige Symptome, sondern auch als adaptives Verhalten zu verstehen".[740] „[…] Das psychische System schützt sich durch die phasenweise Leugnung vor einer Überforderung, Gegenstand von Intrusion sind im günstigen Falle wohldosierte Diskrepanzerlebnisse, die Person vergegenwärtigt sich schrittweise das, was sie in seiner Totalität zunächst nicht zu betrachten in der Lage ist".[741] „Im Zuge eines ‚günstigen' Auseinandersetzungsprozess geht die ‚Oszillation' zwischen der Vermeidung und Intrusion in einer dritten Phase der Traumaverarbeitung über, die als Durcharbeitungsprozess im engeren Sinne bezeichnet werden und als Voraussetzung für die Integration traumatischer Erlebnisse gelten kann".[742] Diese Phase baut sich im Heilungsverlauf allmählich ab.[743] Diese

735 Siehe hierzu soeben.
736 *Dölling et al.* (2017), S. 94 m.w.N.
737 Ebd., S. 94.
738 Siehe hierzu den von *Janoff-Bulman* geprägten Begriff *„shattered assumptions"* oben unter Kap.4.B.II.2.c).
739 *Dölling et al.* (2017), S. 94 m.w.N.
740 Ebd., S. 95.
741 Ebd.
742 *Dölling et al.* (2017), S. 95, siehe zur Traumaheilung durch konfrontative Psychotraumatherapien soeben.
743 *Horowitz* (1997); *Dölling et al.* (2017), S. 95.

hiermit angedeuteten Fragen im Zuge der Traumabewältigung bedingen also „*notwendig*" Zeit.[744] Im Laufe des Ermittlungsverfahrens können solche opferbezogene Auseinandersetzungsprozesse mit den Zielen und Zwecken des Strafverfahrens aufeinanderprallen.

Das Ziel einer Psychotraumabewältigung besteht gerade darin einen gewissen Bedeutungsverlust belastender Erinnerungen zu erreichen.[745] Die Dauer des Ermittlungsverfahrens und die Aussicht einer grundsätzlichen Verpflichtung (§ 48 StPO) in einem späteren Hauptverfahren als Zeuge aussagen zu müssen (§ 250 StPO) sind dabei nach den Forschungsergebnissen „*häufiges Hemmnis*" einer Heilung.[746] Schwierigkeiten kann dabei schon die Initiierung eines Bewältigungsprozesses an sich bereiten. Fortschritte können durch destabilisierende Befragungen und Konfrontationen zerstört werden.[747] Ein beabsichtigter „Bedeutungsverlust" kann durch fortwährende thematische Reaktualisierung der Geschehnisse durch das Strafverfahren, durch soziale Umfeldreaktionen und Medien unmöglich gemacht werden.[748] Ferner wurde in den jüngsten Opferbefragungen von *Dölling* und anderen berichtet, dass ein „[…] langwieriges Ermittlungsverfahren und die späte Einleitung eines [Hauptverfahrens] den Zugang zu notwendiger psychotherapeutischer Unterstützung erheblich erschwert[en]oder verzögert[en]".[749]

So bestand auch unter den Diskussionsteilnehmern dieses Forschungsprojekts Einigkeit darüber, dass durch die Polizei Mehrfachvernehmungen zulasten von Opferzeugen „*regelmäßig praktiziert*" werden.[750] Jene Einigkeit deckt sich mit den empirischen Ergebnissen der weiteren oben vorgestellten Forschungsprojekte.[751] Entsprechende Lösungsansätze sind jedoch vielfältig und umstritten. So wird gegen einen erweiterten Gebrauch von Bild-Ton-Aufzeichnung als Vernehmungssurrogat eingewendet, dass neue Ermittlungsfragen weitere Vernehmungen erforderlich machten,[752] oder Opferzeugen in frühen Ermittlungsstadien nicht in der Lage zu umfassenden Bekundungen sein könnten.[753] Sofern

744 So auch *Dölling et al.* (2017), S. 95.
745 Ebd., S. 96 f. m.w.N.
746 Ebd., S. 97.
747 Ähnlich Ebd., S. 97.
748 Ähnlich Ebd., S. 97.
749 Ebd., 98 f.
750 Ebd., S. 164.
751 Siehe hierzu soeben und oben 4. Kap. B. III. 1. b)–m).
752 So bei *Dölling et al.* (2017), S. 164.
753 Vgl. Ebd., S. 95 f.

sich aber – im Einzelfall – ermittlungsbezogene neue Fragen stellten, wären zielgerichtete Anschlussvernehmungen ebenso nötig, denkbar und ausreichend, wie konkrete Aussageergänzungen im Kontext später wiederkehrender Erinnerungen[754].[755] Jedenfalls mehrfache Konfrontationen von Opferzeugen mit Tat und Täter und redundante Mehrfachvernehmungen würden durch einen erweiterten Gebrauch von Bild-Ton-Aufzeichnung im Regelfall zugunsten STEO jeden Alters entbehrlich.

F. Ergebnis

Feststeht also, dass sich in Fällen von notwendig durchgeführten konfrontativen Psychotraumatherapien potentiell strafrechtlich relevante Erinnerungen verändern *können*. Zudem verändern sich solche Erinnerungen ebenfalls infolge bloßen Zeitablaufs. Darüber hinaus wird sowohl in der medizinisch-psychotraumatologischen Fachliteratur als auch von Befragten entsprechend praktisch tätiger Expertengruppen voneinander unabhängig ganz überwiegend attestiert, dass mit einer notwendig induzierten konfrontativen Psychotraumatherapie während eines laufenden strafrechtlichen Verfahrens nicht effektiv begonnen werden kann. Diese Kollision besteht dann, wenn therapiebedürftige „Patienten" gleichzeitig noch als Opferzeugen zu mehrfachen Vernehmungen, Begutachtungen und Verhandlungen mit Täterkonfrontation in Ermittlungs- wie Hauptverfahren verpflichtet sind. Dies untermauert mit Blick auf die rechtspraktische Anwendung der bestehenden Gesetze[756] ein Reformbedürfnis der §§ 58a, 255a StPO.

754 Solche sind aber mitnichten der Regelfall, sondern vielmehr muss regelmäßig von sukzessiver Erinnerungsverblassung, -veränderung, -löschung mit zunehmendem Zeitablauf ausgegangen werden, siehe hierzu 4. Kap.B.

755 Zu den idealerweise einzuhaltenden (Form-)Erfordernissen einer solchen Befragung siehe Kap.6.B.I.4.a); so nehmen auch die fachkundigen Diskussionsteilnehmer bei *Dölling et al.* (2017), S. 164 an, dass „[…] [j]e professioneller aber eine Erstvernehmung sei, desto weniger Nachvernehmungen nötig [seien]".

756 Siehe hierzu Kap.2.

Kapitel 6: Verhältnismäßige Begrenzungen der Zeugnispflicht *de lege ferenda* zugunsten STEO im Strafverfahren

Die bisherigen Untersuchungen zeigen, dass die Reformbedürftigkeit der §§ 58a, 255a StPO sowohl besteht wegen Erinnerungsveränderungen infolge Zeitablaufs[757], als auch aus psychotraumatologischen Gründen[758]. Zudem ist eine solche wegen psychotraumatherapiebedingten Erinnerungsveränderungen und konkreter Gefahren von Erinnerungsveränderungen psychotraumatabezogener Erlebnisse infolge Zeitablaufs gegeben.[759] Diese Gründe untermauern schon jeweils für sich und dann auch kumulativ, dass der aufgezeigte Gesetzesleerlauf der bestehenden §§ 58a, 255a StPO geschlossen werden sollten.

Um nun eine verhältnismäßige Reformfähigkeit der §§ 58a, 255a StPO zu hinterfragen, müssen dementsprechende Regelungen *de lege ferenda* auf ihre verhältnismäßige Vereinbarkeit mit den strafverfahrensrechtlichen Verfahrens*regeln* hin untersucht werden. Dies wird sogleich überprüft. Zur Umsetzung des aufgezeigten Reformbedürfnisses könnte ein Zeugnis- oder Auskunftsverweigerungsrecht *de lege ferenda* als ein geeignetes aber milderes Mittel zur Verbesserung der legitimen Zwecke sowohl von Opferschutzinteressen, als auch jenen der (materieller) Wahrheitserforschung förderlich sein.

A. Kein Zeugnis- oder Auskunftsverweigerungsrecht *de lege ferenda* in Fällen von STEO

Zeugnisverweigerungsrechte sind höchstpersönlicher Natur.[760] Damit können sie grundsätzlich keiner Zeugengruppe pauschal zustehen, sondern nur einem Zeugen, also einer Person, die in einem nicht gegen sich selbst gerichteten Strafverfahren „[…] [ihre] Wahrnehmungen über Tatsachen durch Aussagen kundgeben soll".[761] Nur in begründeten Einzelfällen wird durch Zeugnisverweigerungsrechte individuellen Interessen Vorrang vor den Interessen an der

---

757 Siehe hierzu Kap.3.

758 Siehe hierzu Kap.4.

759 Siehe hierzu Kap.5.

760 Vgl. BGH v. 19. 9. 1967 - 5 StR 456/67 = BGHSt 21, 303 ff. = NJW 1967, 2273; *Senge*, in: KK StPO (2013) § 52 Rn. 2.

761 Vgl. nur *Eisenberg* (2017), Rn. 1000 m.w.N.

(materiellen) Wahrheitsfindung eingeräumt (vgl. §§ 52 ff. StPO). Im Grundsatz besteht also eine allgemeine Zeugnispflicht, vgl. § 48 Abs. 1 StPO. Aus der zentralen Funktion des Zeugen als Auskunftsperson[762] folgt, dass grundsätzlich jeder Mensch Zeuge sein kann sofern er in der Lage ist „[...] bestimmte Tatsachen wahrzunehmen, in Erinnerung zu behalten und später wiederzugeben".[763] Dabei erklärt das Gesetz ebenso wenig Zeugen(-gruppen) anfänglich für zeugnisunfähig. Vielmehr ist grundsätzlich von einer Zeugnisfähigkeit auszugehen. Die Bewertung der Zeugnisunfähigkeit einer Auskunftsperson unterliegt immer einer Einzelfallbewertung des jeweils zuständigen Organs der Strafrechtspflege, die regelmäßig erst nach einer Zeugenvernehmung getroffen werden kann.[764] Auch etwaig betroffene Opferzeugen sind damit nicht pauschal als zeugnisunfähig anzusehen.

Zugunsten eines altersunabhängigen verbesserten Schutzes von Opferzeugen vor den oben beschriebenen möglichen enormen Belastungen und Folgen durch Strafverfahren[765] schlägt der „Alternativentwurf Zeugnisverweigerungsrechte"[766] u.a. vor, Opferzeugen *de lege ferenda* ein abgestuftes Zeugnisverweigerungsrecht einzuräumen.[767] Grundrechtlichen Strukturen folgend, trennt der Entwurf zwischen absoluten und relativen Zeugnisverweigerungsrechten. Bei Betroffenheit des Kernbereiches der Persönlichkeitssphäre wird hiernach ein absolutes Zeugnisverweigerungsrecht vorgeschlagen, während die weiteren Sphären des Persönlichkeitsrechts eine Abwägung mit den Interessen der Strafrechtspflege und den Verteidigungs- und Rehabilitationsinteressen des Beschuldigten erfordern.[768] Konsistente Neuvorschläge müssten sich an wissenschaftlich und praktisch übereinkommenden Überzeugungen messen lassen. Das *BVerfG* misst Fragen mit kontextualen Bezug zur Persönlichkeitssphäre und zu (ggf.) strafbaren Handlungen grundsätzlich nicht dem Kernbereich privater Lebensgestaltung zu.[769] Auch der AE-ZVR setzt sich nicht über die gesicherten

---

762 Siehe hierzu in der Einleitung.

763 *Eisenberg* (2017), Rn. 1000 m.w.N.

764 Ebd.

765 Siehe hierzu oben unter Kap.4.

766 Sog. Alternativentwurf Zeugnisverweigerungsrechte und Beschlagnahmefreiheit, Entwurf eines Arbeitskreises deutscher, österreichischer und schweizerischer Strafrechtslehrer (im Folgenden: AE-ZVR).

767 Vgl. § 55 Abs. 1 S. 1 Nr. 3, Abs. 2 S. 1 Nr. 2 StPO AE-ZVR.

768 Vgl. AE-ZVR, S. 63 ff.

769 Vgl. BVerfG, Urteil v. 3.3.2004 - 1 BvR 2378/98 u. 1 BvR 1084/99 = BVerfGE 109, 279, 319 = MMR 2004, 302 ff.

Grundsätze des grundrechtlichen Persönlichkeitsschutzes hinweg, wenn er dem Kernbereich persönlicher Lebensgestaltung ein absolutes Zeugnisverweigerungsrecht und das relative Zeugnisverweigerungsrecht einer Abwägung zugänglich macht. So verzichtet der AE-ZVR selbst zugunsten minderjähriger Opferzeugen auf ein grundsätzliches Zeugnisverweigerungsrecht.[770] Auch insoweit verneint er also ein absolutes Zeugnisverweigerungsrecht, weil auch hier die Interessen der Strafaufklärung und des Beschuldigten nicht unberücksichtigt bleiben dürften.[771] Daher gehörten jedenfalls auch hiesige Fälle von STEO grundsätzlich in die so verstandene zweite Sphäre im Sinne des AE-ZVR. Also wäre auch *de lege ferenda* stets eine einzelfallbezogene Interessenabwägung möglich und stets erforderlich.[772]

Weiter ist nun zu fragen, inwiefern ein solches (relatives) Zeugnisverweigerungsrecht *de lege ferenda* tatsächliche Verbesserungen für die aufgezeigten Opferschutzinteressen zeitigen würde und inwiefern diesem die gegenläufigen Interessen der Beschuldigten und jene an einer effektiven Strafverfolgung entgegenstünden. Bereits in diesen Fragestellungen klingt das zentrale Problem an: Ein solches Zeugnisverweigerungsrecht würde einen tatsächlichen Antagonismus in obigem Sinne[773] provozieren, wohingegen Vorschriften der §§ 58a, 255a StPO *de lege ferenda* – wie dargestellt – die scheinbar divergierenden Interessen insgesamt fördern können.

Mit zunehmender Deliktsschwere treten zunächst sowohl die Interessen des Staates an einer effektiven Strafverfolgung als auch die Verteidigungs- und Rehabilitationsinteressen des Beschuldigten gewichtiger zu Tage.[774] Ein Zeugnisverweigerungsrecht *de lege ferenda* würde zu einem kompletten Ausfall eines Beweismittels führen. Dieser könnte insbesondere in Fällen von Belastungsaussagen in „Aussage gegen Aussage-Konstellationen" – so insbesondere bei den hier virulenten Straftaten gegen die sexuelle Selbstbestimmung und bei schweren Gewalttaten – zur Unaufklärbarkeit der (materiellen) Wahrheit führen.[775]

770 AE-ZVR (1996), S. 26 f., 101.

771 So auch *Wollmann* (2008), S. 257.

772 Vgl. auch *Rautenberg*, in: Verhandlungen (1998), L 54 mit Beispiel unverhältnismäßiger Eingriffe in Art. 2 Abs. 1 i.V.m. Art. 1 Abs. 1 GG durch die Preisgabe des Wohnortes im Rahmen der Identitätsfeststellung des Zeugen vor Gericht.

773 Siehe hierzu bereits oben in der Einleitung.

774 *Jung* (GA) 1998, 322.

775 Vgl. auch *Jung* (GA) 1998, 320, „[...] [e]rlaubt man Zeugen, sich durch Ausübung von Zeugnisverweigerungsrechten aus dem Verfahren auszuklinken, kann die Wahrheitsfindung – jedenfalls dann, wenn es sich um das einzige Beweismittel handelt – auf der Strecke bleiben".

Auf der anderen Seite würde über das Bestehen eines (relativen) Zeugnisverweigerungsrechts aus psychotraumatologischen Gründen stets „nur“ im Einzelfall entschieden werden können. Dies entspricht der strukturellen Konzeption aller Zeugnisverweigerungsrechte in der StPO als genuin höchstpersönliche Rechte, vgl. §§ 52 ff. StPO. Daher bestünde auch jedenfalls keine der Rechtssicherheit förderliche Gewissheit für Opferzeugen darüber, schädigenden Mehrfachvernehmungen in Strafverfahren realistisch entgehen zu können. Insbesondere bestünde auch keine Gewissheit darüber, mit den erforderlichen konfrontativen Psychotraumatherapieelementen schon während eines laufenden Strafverfahrens beginnen zu können. Dies indes ist nötig. Im Rahmen einer abstrakten Abwägung würden daher die Interessen an einer effektiven Strafverfolgung und die Verteidigungs- und Rehabilitationsinteressen der Beschuldigten den Interessen von Opferzeugen auf den Bestand eines relativen Zeugnisverweigerungsrechts verhältnismäßig vorgehen. Beschuldigte könnten sich ansonsten von Vorwürfen durch Belastungsaussagen sich nun verweigernder Opferzeugen wesentlich schwerer erwehren. Eine Aufklärung der (materiellen) Wahrheit als zentrales Ziel eines jeden Strafverfahrens würde zumindest in Fällen reiner „Aussage gegen Aussage-Konstellationen“ in vielen Fällen unmöglich werden.

Hieran schließen sich weitere teleologische Argumente an: Würde Opferzeugen bei unzumutbaren Belastungen durch das Strafverfahren die Möglichkeit eines (relativen) Zeugnisverweigerungsrechts in Aussicht gestellt, so stünden dysfunktionale Tendenzen zu befürchten. Opferzeugen könnten sich gerade dann eines erhöhten Drucks durch Beschuldigte ausgesetzt sehen, wenn diese auf die Geltendmachung eines solches Zeugnisverweigerungsrecht drängen – etwa um die günstige Rechtsfolge des Grundsatzes *in dubio pro reo* zu provozieren. Solche Drucksituationen sind u.U. schwer nachweisbar. Sie können durch präventiven polizeilichen Schutz ebenso schwer verhindert werden.[776] Noch dazu stehen sie Opferschutzinteressen an einer möglichst gesicherten Vernehmungsatmosphäre in Strafverfahren diametral entgegen. Eine etwaige Mitwirkungsbereitschaft künftiger Opferzeugen würde damit keinesfalls gefördert oder unterstützt werden. Viel eher würde dies weiter zur Abschreckung beitragen Straftaten zur Anzeige zu bringen. Langfristig drohten u.U. eine Zunahme gewisser Straftatdunkelfelder und ein Wachstum des Unsicherheitsgefühls der Bevölkerung. Damit würden sämtliche general- und spezialpräventive Strafzwecke *ad absurdum* geführt.

776 So auch AE-ZVR, S. 108.

Ferner könnte ein (relatives) Zeugnisverweigerungsrecht zugunsten STEO gerade bei schweren Straftaten mit besonders schweren Tatfolgen infolge ihrer dann erforderlichen Mitwirkungsbereitschaft und ihres erforderlichen Verzichts auf einen Gebrauch eines Zeugnisverweigerungsrechts *de lege ferenda*, schwere Delikte *contra legem* faktisch in Strafantragsdelikte umwandeln.[777] Dies widerspräche dem vom StGB vorgegebenen und durch das Strafmaß ausgedrückten Unrechtsgehalt der jeweiligen Normen und kollidierte – wie auch *Schmoll*[778] feststellt – „[...] zwangsläufig mit den Interessen der Allgemeinheit an der Aufklärung besonders schwerwiegender Straftaten". Auch dies wiederum würde tatsächlich zu nachteiligen Folgen für die eigentlich general- und spezialpräventiv gegenteilig bezweckten Pönalisierungen führen. Demzufolge sollten sich Opferzeugen nicht von Anfang an ihren grundsätzlichen Zeugenpflichten entziehen können dürfen.

Gleiches gilt für ein Aussageverweigerungsrecht *de lege ferenda*. Dieses müsste sich selbstverständlich ebenfalls an den strukturellen Grundkonzeptionen eines *Aussage*verweigerungsrechts i.S.d. § 55 StPO orientieren. Hier käme als weiterer wesentlicher Ablehnungsgrund hinzu, dass ein solches eben nie zum Ausschluss der Zeugnispflicht an sich sondern allenfalls zu vereinzelten Antwortverweigerungsmöglichkeiten dezidierter Fragen berechtigte. Folglich wären hiermit Mehrfachvernehmungen in Strafverfahren überhaupt nicht vorgebeugt. Mit konfrontativen Psychotraumatherapieelementen könnte aufgrund der grundsätzlich weiterhin bestehenden Zeugnispflicht während des Strafverfahrens weiterhin nicht effektiv begonnen werden. Auch ein Aussageverweigerungsrecht *de lege ferenda* ist abzulehnen.[779]

Mit einem Zeugnis- oder Auskunftsverweigerungsrecht *de lege ferenda* wäre eine der Rechtssicherheit förderliche Gewissheit von reduzierten Mehrfachvernehmungen in Strafverfahren und eines frühestmöglichen Beginns konfrontativer Therapie mitnichten verbunden. Sowohl die Interessen an der Ermittlung der (materiellen) Wahrheit, als auch die Rehabilitations- und Verteidigungsinteressen des Beschuldigten würden bei Einführung eines Zeugnisverweigerungsrechts – wie auch eines Auskunftsverweigerungsrechts – erheblich geschwächt werden. Gleichzeitig würden Opferschutzbelange durch ein solches

777 Vgl. *Dippel*, in: Festschrift für Herbert Tröndle (1989) S. 599, 619 f.; ähnlich in Bezug auf „Kinder" *Jung* (GA) 1998, 322.; ebenso *Schmoll* (1999), S. 246 m.w.N.

778 *Schmoll* (1999), S. 247.

779 So im Ergebnis auch *Widmaier*, in: Verhandlungen (1998), L 32, „[...] [e]ines allgemeinen Aussageverweigerungsrechts im Hinblick auf die Intim- und innere Persönlichkeitssphäre des Zeugen bedarf es nicht".

Zeugnisverweigerungs- oder Auskunftsverweigerungsrecht nicht effektiv verbessert werden, weil ein frühzeitiger Beginn konfrontativer Psychotraumatherapie und eine Vermeidung von redundanten Mehrfachvernehmungen in Strafverfahren hiermit nicht gewährleistet wären. Solch ein Zeugnis- oder Auskunftsverweigerungsrecht wäre daher kein geeignetes Mittel zur Umsetzung des aufgezeigten Reformbedürfnisses. Sie sind als unzweckmäßig abzulehnen. Die Reformbedürftigkeit der §§ 58a, 255a StPO bleibt erforderlich.

B. Regelmäßigere Anwendung der vernehmungsersetzenden Bild-Ton-Technologie bei Betroffenheit von STEO

Zu fragen ist, ob gesetzliche Neuvorschläge für eine vernehmungsersetzende Anwendung der Bild-Ton-Technologie bei Beteiligung von STEO mit strafrechtlichen Verfahrens*regeln* in Einklang gebracht werden können. Zunächst sollen die strafrechtlichen Verfahrensmaximen auf eine diesbezügliche Betroffenheit hin untersucht werden. Anschließend soll eine Betroffenheit für die Opferschutzinteressen zugeordneter Grundrechtsnormen durch die praktische Umsetzung der *lex lata* skizziert werden. Soweit durch entsprechende gesetzliche Neuvorschläge Verfahrens*regeln* betroffen sind, ist in einem letzten Schritt sodann eine Rechtfertigung von Vorschriften *de lege ferenda* durch eine Abwägung mit kollidierenden Verfahrensgrundsätzen zu überprüfen.

I. Betroffenheit strafrechtlicher Verfahrens*regeln*

Im Rahmen der nun folgenden Untersuchung, ob und inwieweit durch gesetzliche Neuvorschläge für eine vernehmungsersetzende Anwendung der Bild-Ton-Technologie eventuell gegenläufige Interessen tangiert sind müssen die unterschiedlichen Verfahrensstadien eines Strafverfahrens im Blick behalten werden, weil ihnen unterschiedliche Ziele innewohnen.[780] Das Ermittlungsverfahren dient als Stoffsammlung für die Vorbereitung der Anklage (§ 170 StPO) und verfolgt u.a. mit dem Legalitätsprinzip (§ 160 StPO) das Ziel der bestmöglichen Sachverhaltsaufklärung.[781] In dem Ermittlungsverfahren werden die Ergebnisse der Beweiserhebungen schriftlich zu den Akten genommen. Die Ermittlungen finden unter Ausschluss der Öffentlichkeit statt.[782] Es ist damit als

780 Vgl. hierzu nur bei *Kudlich*, in: MüKoStPO (2014) Band 1 Einl. Rn. 206 ff. m.w.N.

781 *Krehl* (2002), S. 1; *Meier* (GA) 2004, 442; zweifelnd im Hinblick auf die Praxis *Satzger*, in: Verhandlungen (2004), C 18.

782 *Satzger*, in: Verhandlungen (2004), C 17 f.

ein weitgehend schriftliches, mittelbares und geheimes Verfahren (vgl. § 169a StPO) noch eher mit dem Inquisitionsverfahren vergleichbar.[783] Dies entspricht den Gesetzesvorgaben; so beschreibt etwa § 168c Abs. 3, 5 S. 2 StPO die eingeschränkten Anwesenheits- und Teilhaberechte des Beschuldigten.[784] Dagegen stellt die Hauptverhandlung das „Kernstück" des Strafverfahrens dar. Mit dem *BVerfG* ist allein sie nach der Maßgabe konzipiert eine eventuelle Schuld des Angeklagten festzustellen und folgt damit unter Berücksichtigung der Effektivität der Verteidigungsrechte des Angeklagten der Ratio, die bestmögliche Gewähr für die Ermittlung der (materiellen) Wahrheit zu bieten und als Grundlage für ein „gerechtes" Urteil zu fungieren.[785] Aus diesen Gründen werden erst in diesem Verfahrensstadium die Verteidigungsrechte des Angeklagten grundsätzlich umfassend gewährleistet.[786]

Ebenso wie in der Menschheitsgeschichte regulative Mechanismen gesellschaftlich-revolutionären Veränderungen angeglichen worden sind, kommen das Recht und seine praktische Anwendung auch heute nicht umhin, sich den technologischen Fortschritten des 21. Jahrhunderts anzupassen. Den historischen Entwicklungen vergangener Jahrhunderte zugunsten erhöhter gesellschaftlicher Mitbestimmung und Teilhabe folgten insoweit entsprechend vielzählige Gesetzesangleichungen – auch der rechtlichen Verfahrenssysteme i.S.d. geforderten Verwirklichung liberaler Grundsätze wie der Mündlichkeit, Öffentlichkeit, unmittelbaren Beweiserhebung in der Hauptverhandlung sowie der freien richterlichen Beweiswürdigung.[787] Der kontrollierende Ausgleich der Gewaltenteilung als Regulator setzte der Hilflosigkeit der verdächtigen Person (Inquisiten) gegenüber der schrankenlose Gewalt eines ermittelnden Richters (Inquirenten) Grenzen. Nach der bürgerlichen Revolution zentralisieren sich der Schutz des Individuums vor dem Staat und die bürgerliche Teilhabe am Staat in ihrer Bedeutungshierarchie. Diesen Schutzmechanismen folgend sieht das Strafverfahrensrecht zugunsten der Inquisiten die Trennung des Ermittlungs- vom Hauptverfahren vor.[788] Den hier zu überprüfenden strafrechtlichen Verfahrensgrundsätzen liegen als Sinn und Zweck also zentrale und moderne

783 *Geppert* (1979), S. 97 geht davon aus, dass der historische Gesetzgeber bewusst das Vorverfahren dem alten Inquisitionsprozess angeglichen habe.

784 Siehe Kap.6.B.I.2.,3.

785 BVerfG Beschl. v. 16.5.2007 - 2 BvR 93/07, Rn. 40 = BeckRS 2007, 23783; *Meier* (GA) 2004, 442 f.

786 BVerfG Beschl. v. 16.5.2007 - 2 BvR 93/07, Rn. 57 = BeckRS 2007, 23783.

787 *Geppert* (1979), S. 96 ff.

788 *Weigend* ZStW 113 (2001), 271 f.

Schutzregularien der Beschuldigten gegen das staatliche Strafverfolgungsmonopol zugrunde; sie gewährleisten damit ein rechtsstaatliches Verfahren und den modernen Rechtsstaat überhaupt.[789] Treffend begreift *Weigend* sie auch als „*unverzichtbar*“ für das Strafverfahren.[790]

Die strafrechtlichen Verfahrensgrundsätze sind dabei keineswegs allesamt *Prinzipien*.[791] Rechtsdogmatisch sind Prinzipien mit *Alexy* als Normen zu verstehen, „[…] die gebieten, dass etwas in einem relativ auf die rechtlichen und tatsächlichen Möglichkeiten in einem möglichst hohen Maße realisiert wird“.[792] *Prinzipien* sind demnach „*Optimierungsgebote*“, also Normen „[…] die dadurch charakterisiert sind, dass sie in unterschiedlichen Graden erfüllt werden können und dass das gebotene Maß ihrer Erfüllung nicht nur von den tatsächlichen, sondern auch von den rechtlichen Möglichkeiten abhängt“.[793] *Regeln* sind ebenfalls Normen, „[…] die jedoch stets nur entweder erfüllt oder nicht erfüllt werden können“.[794] Entweder ist eine Norm also eine *Regel* oder ein *Prinzip*.[795] Den strafverfahrensrechtlichen Grundsätzen, wie etwa die der Unschuldsvermutung, des Anspruchs auf rechtliches Gehör, dem Amtsermittlungsgrundsatz, dem Grundsatz auf Verfahrensfairness, der Unmittelbarkeit, Mündlichkeit und der freien richterlichen Beweiswürdigung mag eine Reihe von Interpretationsproblemen anhaften und für Lösungsentwicklungen mögen auch *Prinzipien* herangezogen werden können – doch aber formulieren diese *Regeln*.[796] Denn das, was sie verlangen, ist jeweils etwas, was stets nur entweder erfüllt oder nicht erfüllt werden kann. Dies ist hier deshalb wichtig, weil diese Unterscheidung für die dogmatische Begründung etwaiger Ausnahmevorschriften *de lege ferenda* bedeutend ist. „[…] *Prinzipienkollisionen* sind anhand von Güterabwägungen zu lösen“.[797] „[…] Ein Konflikt zwischen oder unter Beteiligung von *Regeln* kann nur dadurch gelöst werden, dass entweder eine Ausnahmeklausel in eine *Regel* eingefügt wird, die den Konflikt beseitigt, oder mindestens eine *Regel* für ungültig erklärt wird“.[798] Dabei kann die „[…] Einfügung einer

---

789 Hierzu *Beulke* (2016) § 2, Rn. 15 ff; *Kindhäuser* (2016) § 18, Rn. 1.
790 *Weigend* ZStW 113 (2001), 271, 282, 286 f., 297 f., wobei er Ausnahmen zulässt.
791 So aber wohl *Wollmann* (2008), S. 118, Fn. 734.
792 *Alexy* (1994), S. 75
793 Ebd., S. 75 f. [Hervorhebungen durch den Verfasser].
794 Ebd., S. 76 [Hervorhebungen durch den Verfasser].
795 Ebd., S. 77 [Hervorhebungen durch den Verfasser].
796 Ebd., S. 92 f. [Hervorhebungen durch den Verfasser].
797 Ebd., S. 78 ff. [Hervorhebungen durch den Verfasser].
798 Ebd., S. 77 [Hervorhebungen durch den Verfasser].

Ausnahmeklausel freilich aufgrund eines Prinzips oder mehrerer Prinzipien erfolgen".[799]

Demnach könnten also opferschutzbezogene Grundrechtsverletzungen gegenüber etwaig *weniger schwer* betroffenen kollidierenden Verfahrens*regeln* als derart *schwer* berührt zu beurteilen sein, dass zu ihren Gunsten gesetzliche Ausnahmevorschriften *de lege ferenda* gerechtfertigt erscheinen. Damit erfordert die Untersuchung im Besonderen nunmehr strafverfahrensrechtliche Verfahrens*regeln* daraufhin zu überprüfen, ob diese durch Vorschriften *de lege ferenda* zugunsten STEO im Hinblick auf das Vernehmungssurrogat der Bild-Ton-Aufzeichnung überhaupt betroffen sind. Soweit dies der Fall ist muss weiter untersucht werden, ob hiervon wegen anschließend dargestellter kollidierender *Prinzipien* von den Opferschutzinteressen zugeordneter Grundrechtsnormen, gesetzliche Ausnahmen *de lege ferenda* zugunsten STEO im Hinblick auf das Vernehmungssurrogat der Bild-Ton-Aufzeichnung zu rechtfertigen sind.

1. *Keine Betroffenheit der Unschuldsvermutung*

Zunächst könnte die das Strafverfahren beherrschende Maxime der Unschuldsvermutung von einer Ausweitung der Videotechnologie *de lege ferenda* im Sinne gesetzlich geregelter vernehmungsersetzender Ausnahmetatbestände zugunsten STEO berührt sein, wenn dadurch eine „Schuldvermutung" begründet werden würde. Gemäß Art. 6 Abs. 2 EMRK, Art. 48 Abs. 1 GRCh und als besondere Ausprägung des Rechtsstaatsprinzips (Art. 20 Abs. 3, Abs. 2 S. 2 GG, Art. 1 Abs. 1 GG) normiert die Unschuldsvermutung als Verfahrensgrundsatz, dass jede Person, die einer Straftat angeklagt ist, bis zum gesetzlichen Beweis ihrer Schuld als unschuldig gilt. Die Unschuldsvermutung hat Verfassungsrang.[800] Sie gilt – über den Wortlaut des Art. 6 Abs. 2 EMRK hinaus – nicht erst ab der Anklage, sondern bereits im Ermittlungsverfahren.[801] Da durch sie umfassende Sicherung gewährt wird, i.S.v. „[...] everyone charged with a criminal offence" bzw. „tout accusé d'une infraction", „[...] kann [...] nicht [..] eine formelle Anklageerhebung

799 Ebd., S. 88 [Hervorhebungen durch den Verfasser].

800 BVerfG v. 15. 12. 1965 - 1 BvR 513/65 = BVerfGE 19, 342, 347 = NJW 1966, 243; BVerfG v.19. 7. 1967 - 2 BvR 489/66 = BVerfGE 22, 254, 265 = NJW 1967, 2151, 2153; BVerfG v. 29.5.1990 - 2 BvR 254/88, 2 BvR 1343/88 = BVerfGE 82, 106, 114 = NJW 1990, 2741; *Valerius*, in: BeckOK, Art. 6 EMRK Rn. 31.

801 *Kudlich*, in: MüKoStPO (2014) Band 1, Einleitung Rn. 203; *Valerius*, in: BeckOK, Art. 6 EMRK Rn. 31; *Schmitt*, in: Meyer-Goßner/Schmitt (2018) Anhang 4 Art. 6 EMRK Rn. 1; *Paeffgen*, in: SK-StPO Art. 6 EMRK Rn. 187; *Frister* StV 1998, S. 159; EGMR v. 27. 11. 2008 - 36391/02 = EGMR NJW 2009, 3707 ff.

vorausgesetzt sein".[802] Nach der Unschuldsvermutung hat jeder Beschuldigte das subjektive Recht darauf, dass jede Schuld voraussetzende staatliche Maßnahme unterbleibt, bis diese in einem formell und inhaltlich ordnungsgemäßen Verfahren nachgewiesen wurde.[803]

Die Unschuldsvermutung ist Teil des Fairnessgrundsatzes.[804] Einer *Vermutung* ist begrifflich ihre Widerlegbarkeit immanent. Bis zu ihrer Widerlegung ist eine bislang nicht rechtskräftig verurteilte Person daher nicht als schuldig zu behandeln.[805] So seien nach *von Galen* „[…] [a]lle Verfahrensvorschriften, die Besonderheiten und Rechte für ‚Opferzeugen' vorsehen, die für ‚normale' Zeugen nicht gelten, (..) nur anwendbar, wenn vor dem Urteil (und teilweise weit vor dem Urteil) die Entscheidung getroffen wird, dass es sich bei dem Zeugen tatsächlich um ein Opfer der angeklagten Straftat handelt. Dieses Prinzip der ‚Opfervermutung' [widerspräche] der Unschuldsvermutung und [drohe] die Unschuldsvermutung außer Kraft zu setzen".[806] Demnach könnte auch im Rahmen der Beweiserhebung mittels Videotechnologie grundsätzlich nur von mutmaßlichen Tätern und mutmaßlichen Opferzeugen gesprochen werden dürfen.[807] Nach einem solchen Verständnis könnte dann auch die Ausweitung der Videotechnologie zugunsten STEO als eine unzulässige „Vorentscheidung" im

---

802 Vgl. *Frister* StV 1998, 159; so auch bereits *Müller*, in: Festgabe für Ludwig Koch (1989), S. 191, 196.

803 Vgl. BVerfG v. 26.03.1987 - 2 BvR 589/79 u.a. = BVerfGE 74, 358, 371 = NJW 1987, 2427, 2428; BVerfG v. 29.5.1990 - 2 BvR 254/88, 2 BvR 1343/88 = BVerfGE 82, 106, 114 = NJW 1990, 2741; BGH v. 5. 5. 1975 - III ZR 43/73 = NJW 1975, 1829, 1831; *Valerius*, in: BeckOK, Art. 6 EMRK Rn. 32.

804 BVerfG v. 26.3.1987 – 2 BvR 589/79, 740/81 und 284/85 = BVerfGE 74, 358, 370 f. = BeckRS 1987, 111172.

805 Vgl. BVerfG v. 15. 12. 1965 - 1 BvR 513/65 = BVerfGE 19, 342, 347 = NJW 1966, 243 ff.; BVerfG v. 8. 10. 1974 - 2 BvR 747/73 u.a.= BVerfGE 38, 105, 115 = NJW 1975, 103 ff.; BVerfG v. 26.3.1987 – 2 BvR 589/79, 740/81 und 284/85 = BVerfGE 74, 358, 371 = BeckRS 1987, 111172; BVerfG v. 29.5.1990 - 2 BvR 254/88, 2 BvR 1343/88 = BVerfGE 82, 106, 114 = NJW 1990, 2741.

806 Vgl. *von Galen* StV 2013, 174.

807 So etwa *Fischer* (JZ) 1998, 816, 818, vgl. auch 820; *Salditt* StV 2001, 311, 313 f.; ähnlich *Schünemann* StV 1998, 401; *Schünemann* ZStW 114 (2002), 30 f.; *Swoboda* (2002), S. 52, *„potentieller Täter und potentielles Opfer"*; *Deckers* NJW 1999, 1365, 1366 mit Verweis auf den sog. Montessori-Prozess in Münster und die Mainzer Verfahren Worms I bis III; ebenso *Rieß*, in: Verhandlungen (1984), C 52 f.; vgl. hierzu auch *Wollmann* (2008), S. 118.

Hinblick auf die damit einhergehenden Kategorisierungen aufgefasst werden.[808] Nach häufigen Äußerungen seien hiermit zusammenhängende Sorgen der Befangenheit ernst zu nehmen, der sich Richter mit der frühen Zuschreibung einer Opfereigenschaft aussetzten. Die damit einhergehenden Konflikte mit der Unschuldsvermutung – als der zentralen Säule des Strafverfahrens – lägen offen zu Tage.[809]

Solche Sorgen jedoch räumt das Gesetz selbst aus. Die Unschuldsvermutung verbietet eine Schuldantizipation.[810] Daher steht die Unschuldsvermutung ebenso wenig beziehungslos neben dem Grundsatz *in dubio pro reo* wie sie neben dem Fairnessgrundsatz steht. Der Grundsatz *in dubio pro reo* stellt rechtsdogmatisch eine „Entscheidungs*regel*" für jene Fälle dar, die der Unschuldsvermutung wegen fehlendem Schuldnachweis anheimfallen.[811] Wer als schuldig verurteilt wird und dadurch zum Verurteilten wird muss notwendig ehemals Angeklagter und zuvor Beschuldigter gewesen sein (§ 157 StPO). Die Verwirklichung der Unschuldsvermutung setzt also an erster Stelle umgekehrt eine Schuldvermutung im Sinne eines Tatverdachts voraus;[812] das Strafverfahren bezweckt dessen Aufklärung.[813] Notwendig unberührt von dem Gebot der Unschuldsvermutung müssen dann solche strafprozessualen Maßnahmen sein,[814] die noch an einen Tatverdacht

---

808 So für die bisherige Rechtslage *Meurer* (JuS) 1999, 937, 941; *Fischer* (JZ) 1998, 816, 820; *Stüber* (2005) S. 255; vgl. auch Stellungnahme des Deutschen Richterbundes (DRB), in: FD-StrafR 2014, 364785; *Kett-Straub* (ZIS) 2017, 344.

809 Vgl. *Esser*, LTO v. 14.12.2015, online verfügbar unter https://www.lto.de/recht/hintergruende/h/drittes-opferrechtsreformgesetz-strafprozess-opfer-straftat-psychosoziale-prozessbegleitung/ „Ein ‚Opfer' im Strafverfahren ist ein mutmaßliches Opfer, solange die Unschuldsvermutung für den mutmaßlichen ‚Täter', den zu diesem Zeitpunkt eben nur Angeklagten, streitet; vgl. auch die Stellungnahme 66/2014 des Deutschen Anwaltvereins (DAV), 2014, S. 5, online verfügbar unter: http://www.bundesgerichtshof.de/SharedDocs/Downloads/DE/Bibliothek/Gesetzesmaterialien/18_wp/opferschutzrefG/stellung_dav_refe.pdf?__blob=publicationFile; zusammenfassend auch *Kett-Straub* (ZIS) 2017, 344 m.w.N.

810 *Geppert* Jura 1993, S. 161; *Wollmann* (2008), S. 119.

811 *Kudlich*, in: MüKoStPO (2014) Band 1, Einleitung Rn. 203 [Hervorhebung durch den Verfasser].

812 Vgl. nur *Geppert* Jura 1993, S. 161, Fn. 7.

813 BVerfG v. 29.5.1990 - 2 BvR 254/88, 2 BvR 1343/88 = BVerfGE 82, 106, 115 = NJW 1990, 2741, 2743; *Valerius*, in: BeckOK, Art. 6 EMRK Rn. 33.

814 BVerfG v. 26.3.1987 – 2 BvR 589/79, 740/81 und 284/85 = BVerfGE 74, 358, 372 = BeckRS 1987, 111172; BVerfG v. 29.5.1990 - 2 BvR 254/88, 2 BvR 1343/88 = NJW 1990, 2741 ff.

im Sinne einer Schuldvermutung anknüpfen.[815] Also ist die Grundsatz*regel* der Unschuldsvermutung nicht opfer- sondern delinquenzbezogen. Ein (potentielles) Trauma, ein gewisser Opferstatus oder eine *(mittelbare) (Anschluss-)Viktimisierung* eines (potentiellen) Opferzeugen können insoweit von dem Ausgang eines Strafverfahrens unabhängig bestehen.[816] Opferzeugen sind *auch* Beweismittel im Sinne der StPO und dienen damit der (materiellen) Wahrheitsfindung. Demzufolge schließt die Unschuldsvermutung genauso wenig aus, dass (Opfer-) Zeugen im Ermittlungsverfahren als Opfer behandelt werden (und auch werden sollten). Damit ist die Grundsatz*regel* der Unschuldsvermutung durch eine Ausweitung der Videotechnologie im Sinne gesetzlich geregelter vernehmungsersetzender Ausnahmetatbestände zugunsten STEO nicht berührt.

Dies wird auch angesichts der bestehenden Regelung in § 58a Abs. 1 S. 1 Nr. 1 StPO – die sich in § 255a Abs. 2 S. 1, 2 StPO fortsetzt – deutlich, wonach schon von Gesetzes wegen tatsächlich *Verletzte einer Straftat* neben der bis zur rechtskräftigen Verurteilung geltenden Unschuldsvermutung – also einem nur mutmaßlichen Täter – stehen.[817] Gründe die dafür sprächen anders als in Fällen minderjähriger Opferzeugen bei STEO einen Verstoß gegen die Unschuldsvermutung erkennen zu müssen sind nicht ersichtlich. Das bloße Alter von Opferzeugen allein, kann schlechthin kein taugliches Kriterium sein, um die Betroffenheit dieser Grundsatz*regel* zu begründen.

Hierfür schließlich streitet auch die Existenz des § 24 Abs. 1 S. 1 Nr. 3, S. 2 GVG als gesetzgeberische Grundentscheidung. Gemäß § 24 Abs. 1 S. 1 Nr. 3 GVG sind Amtsgerichte in Strafsachen u.a. dann nicht zuständig, wenn die Staatsanwaltschaft wegen der besonderen Schutzbedürftigkeit von *Verletzten der Straftat*, die als Zeugen in Betracht kommen, Anklage beim Landgericht erhebt. Nach § 24 Abs. 1 S. 2 GVG liegt eine solche besondere Schutzwürdigkeit insbesondere dann vor, wenn zu erwarten ist, dass die Vernehmung für Opferzeugen mit einer besonderen Belastung verbunden sein wird und deshalb mehrfache Vernehmungen vermieden werden sollten. *Von Galen* bewertet die Norm als einen „*Irrweg*“;[818] die Antizipation der Opferrolle von Tatzeugen wirke sich für Angeschuldigte auch nach *Eschelbach* nachteilig aus, weil sie nach Art. 6 Abs. 2 EMRK als unschuldig gelten würden.[819] Dem ist jedoch neben dem

815 *Geppert* Jura 1993 S. 161.

816 So im Ergebnis auch *Wollmann* (2008), S. 120; ebenso *Weigend* (1989), S. 424 Rn. 161.

817 So im Ergebnis auch *Wollmann* (2008), S. 120 m.w.N.; EGMR v. 25.9.1992 – 66/1991/318/390 = EuGRZ 1992, 472.

818 *Von Galen* StV 2013, 171.

819 *Eschelbach*, in: BeckOK § 24 GVG Rn. 12.

eindeutigen Wortlaut auch der Sinn und Zweck der Vorschrift des § 24 Abs. 1 GVG entgegenzuhalten. Die Ratio der Norm besteht im Opferschutz von Opferzeugen vor einer zweiten Tatsacheninstanz.[820] § 24 Abs. 1 S. 2 GVG bezweckt damit Gefahren resultierend durch *mittelbare Anschlussviktimisierungen*[821] zu vermeiden.[822] Diese gesetzgeberische Intention bestätigt obige Annahme des – aufgrund der Delinquenzbezogenheit – möglichen Nebeneinanders von (potentiellen) Opferzeugen und mutmaßlichen Tätern und steht daher im Einklang mit der Unschuldsvermutung. Entgegen *von Galen*[823] geht mit einer opferbezogenen Antizipation über Viktimisierungen und Belastungen keinesfalls auch eine Bewertung der Schuld des Angeklagten geschweige denn eine Feststellung derselben einher.

Soweit für eine Betroffenheit der Unschuldsvermutung ins Feld geführt wird, der Beschuldigte sei durch Bild-Ton-Aufzeichnungen eines erhöhten Geständnisdrucks ausgesetzt,[824] vermag dies ebenfalls nicht zu verfangen. Ein – grundsätzlich widerrufliches – Geständnis befreit das erkennende Tatgericht nicht von seinen Prüfpflichten.[825] Schließlich ist Zweck der Unschuldsvermutung gerade nicht, einem Täter, dessen Schuld zur Überzeugung des Gerichts feststeht, die Schuld abzusprechen, sondern diese ist auch ein Vehikel zur (materiellen) Wahrheitsfindung in oben verstandenem Sinne.[826] Der Vorteil von Bild-Ton-Aufzeichnungen als Beweismittel liegt eben gerade darin die gesamte (Opfer-)Zeugenvernehmung, einschließlich der Glaubwürdigkeit des (Opfer-)Zeugen und Glaubhaftigkeit des von ihm Bekundeten selbst, authentisch erleben, reproduzieren und bewerten zu können.[827] Dies kann aber eben auch zur Entlastung des mutmaßlichen Täters beitragen. Jene Vorteile erkannte bereits der Gesetzgeber bei Schaffung des § 255a StPO, wenn er ausführt: „Bild-Ton-Aufzeichnungen

---

820 LG Ravensburg v. 7.1.2014 – 2 KLs 420 Js 12079/13 = NStZ-RR 2014, 90, 91; so auch *Eschelbach*, in: BeckOK § 24 GVG Rn. 12.

821 Siehe zu dem Begriff bereits Kap.2.A.III.

822 So auch *Eschelbach*, in: BeckOK § 24 GVG Rn. 12, der den Begriff der *„tertiären Viktimisierung“* verwendet.

823 *Von Galen* StV 2013, 171 ff.

824 *Swoboda* (2002), S. 404 f.; vgl. hierzu auch *Schöch*, in: Weißer Ring (2002) S. 14 f.; *Vogel* (2003), S. 102, 106 ff.

825 BGH v. 10. 6. 1998 - 2 StR 156-98 = NJW 1999, 370, 371 f.; *Esser*, in: LR Art. 6 EMRK Rn. 461; *Wollmann* (2008), S. 122.

826 Siehe hierzu in der Einleitung.

827 *Wollmann* (2008), S. 122; siehe auch *Swoboda* (2002), S. 404 f.: „[…] Die Unschuldsvermutung wird durch die audiovisuelle Dokumentation nicht automatisch in ihr Gegenteil verdreht“.

fixieren dauerhaft Aussageinhalt und Aussageverhalten und ermöglichen deren grundsätzlich unbegrenzte Reproduzierbarkeit".[828] Eine Schuldvermutung wird hierdurch gerade nicht begründet. Die Unschuldsvermutung ist nicht betroffen.

2. *Keine Betroffenheit des Anspruchs auf rechtliches Gehör (Art. 103 Abs. 1 GG)*

Zu prüfen ist weiter, ob der – gerade auch das Strafverfahren beherrschende – Grundsatz des rechtlichen Gehörsanspruchs (Art. 103 Abs. 1 GG) von einer Ausweitung der Videotechnologie im Sinne gesetzlich geregelter vernehmungsersetzender Ausnahmetatbestände zugunsten STEO betroffen sein könnte. Entsprechende Vorschriften *de lege ferenda* könnten Friktionen mit den etwaig vom grundrechtsgleichen Recht des Art. 103 Abs. 1 GG (vgl. Art. 93 Abs. 1 Nr. 4a GG) umfassten Beschuldigtenrechten auf Akteneinsicht[829] oder auf Konfrontation[830] hervorrufen.

Art. 103 Abs. 1 GG normiert Jedermanns Anspruch vor Gericht auf rechtliches Gehör. Diese *Regel* wird vom *BVerfG* als „prozessuales Urrecht des Menschen"[831] verstanden und ist Grundlage eines fairen, rechtsstaatlichen (Straf-) Verfahrens[832] sowie Teil der Menschenwürde.[833] Die grundsätzliche rechtliche Gehörsgarantie wird umfassend begriffen und schließt verfahrensübergreifend neben dem eigentlichen Recht auf Äußerung gewisse „Vor- und Nachwirkungen" mit ein.[834] Als drei „Verwirklichungsstufen" können ein Anspruch auf Information als Grundlage einer effektiven Äußerung, ein Recht zur Äußerung selbst sowie ein Anspruch auf Beachtung der Äußerung unterschieden werden.[835]

---

828 BT-Drucks. 13/7165, S. 6.

829 Vgl. EGMR v. 13. 2. 2001 - 24479/94 = NJW 2002, 2013 f.; BVerfG v. 11.7.1994 - 2 BvR 777/94 = NJW 1994, 3219, 3220 f.; BVerfG v. 5. 5. 2004 - 2 BvR 1012/02 = NJW 2004, 2443, 2444; BVerfG v. 19.1.2006 - 2 BvR 1075/05 = NJW 2006, 1048 ff.

830 *Walther* (GA) 2003, 204, 219 f.

831 Vgl. BVerfG v. 19.1.2006 - 2 BvR 1075/05 = NJW 2006, 1048.

832 BVerfG v. 9. 7. 1980 - 2 BvR 701/80 = BVerfGE 55, 1, 6 = NJW 1980, 2698; BVerfG v. 5. 5. 2004 - 2 BvR 1012/02 = NJW 2004, 2443.

833 BVerfG v. 8.1.1959 - 1 BvR 396/55 = BVerfGE 9, 89, 95 = NJW 1959, 427 ff.

834 *Kudlich*, in: MüKoStPO (2014) Band 1, Einleitung Rn. 70.

835 Vgl. BVerfG v. 17.5.1983 - 2 BvR 731/80 = BVerfGE 64, 135 ff. = NJW 1983, 2762; BVerfG v. 30.1.1985 - 1 BvR 876/84 = BVerfGE 69, 145, 148 = NJW 1985, 1150; aus der Lit. statt vieler nur *Remmert*, in: Maunz/Dürig (2017) Art. 103 Rn. 63 ff., 78 ff., jeweils m.w.N.; *Wohlers* (JZ) 2011, 78, 79 f.; *Kudlich*, in: MüKoStPO (2014) Band 1, Einleitung Rn. 70.

Ebenso formuliert es das *BVerfG* demzufolge die Person „[…] nicht nur Objekt der richterlichen Entscheidung sein, sondern von einer Entscheidung, die seine Rechte betrifft, zu Wort kommen, um als Subjekt Einfluss auf das Verfahren und sein Ergebnis nehmen zu können […] Rechtliches Gehör sichert den Beteiligten ein Recht auf Information, Äußerung und Berücksichtigung mit der Folge, dass sie ihr Verhalten im Prozess selbstbestimmt und situationsspezifisch gestalten können“.[836] Dabei ist stets zu beachten, dass durch Art. 103 Abs. 1 GG „kein Anspruch auf ein Rechtsgespräch“ begründet wird.[837] Als Teil des Fairnessgrundsatzes kann der Grundsatz auf rechtliches Gehör auch dann gewahrt sein, soweit er zwar zunächst missachtet, letztlich aber beachtet wurde.[838] Verletzungen können also *ex tunc* im weiteren Verfahrensverlauf grundsätzlich geheilt werden, indem jedenfalls vor Gerichtsentscheidungen das Gehörsrecht eingehalten wird.

Für diese grundsätzliche Heilungsmöglichkeit streiten auch sowohl Wortlaut wie Telos des – systematisch im Vierten Abschnitt des Ersten Buches der StPO *Gerichtliche Entscheidungen und Kommunikation zwischen den Beteiligten* verorteten – § 33a StPO. Nach dessen amtlicher Überschrift ist eine Wiedereinsetzung in den vorigen Stand bei Nichtgewährung rechtlichen Gehörs ausdrücklich vorgesehen. Dieses Verfahren bezweckt eine entsprechende Rückwirkung geradezu.[839] Den hiesigen Fallkonstellationen näherstehend streitet hierfür auch die Normierung des § 255a Abs. 2 S. 4 StPO, wonach „eine ergänzende Zeugenvernehmung zulässig ist“. Konsequenterweise müsste eine Vorschrift *de lege ferenda* für STEO ebenfalls einen solchen Regelungsgehalt beinhalten. Auch die ständige Rechtsprechung des *BVerfG* fordert im Zusammenhang mit Art. 103 Abs. 1 GG, dass einer richterlichen Entscheidung nur jene Tatsachenfeststellungen und Beweise als Grundlage dienen dürfen zu denen die Beteiligten Gelegenheit hatten

---

836 BVerfG v. 19.1.2006 - 2 BvR 1075/05 = NJW 2006, 1048.

837 Vgl. BVerfG v. 19.05.92 - 1 BvR 986/91 = BVerfGE 86, 133, 145 = DtZ 1992, 327, 328; *Kudlich*, in: MüKoStPO (2014) Band 1, Einleitung Rn. 71.

838 BVerfG v. 25.9.2001 - 2 BvR 1152/01 = NJW 2001, 3695, 3697; ebenso Esser, in: LR Art. 6 EMRK Rn. 199, „[…] *Gesamtschau des Verfahrens […] unter Berücksichtigung ihrer Auswirkungen und etwaigen Kompensationen insgesamt doch ein faires Verfahren hatte.*“ [Hervorhebung durch den Verfasser; vgl. auch Wollmann (2008), S. 123 f.

839 Vgl. nur *Valerius*, in: MüKoStPO (2014) Band 1 § 33a Rn. 1; für eine grundsätzliche Heilungsmöglichkeit BVerfG v. 30.4.2003 - 1 PBvU 1/02 = BVerfGE 107, 395, 410 f. = NJW 2003, 1924, 1926 f.; *Maul*, in: KK StPO (2013) § 33a Rn. 8; *Stuckenberg*, in: LR § 201 Rn. 41; *Paeffgen*, in: SK § 201 Rn. 20; *Wenske*, in: MüKoStPO (2016) Band 2 § 207 Rn. 91.

Stellung zu nehmen.[840] Erst gänzlich unterlassene Kenntnisnahme und Nichtberücksichtigung eines Sachvortrags des Beschuldigten seitens des Gerichts führt zu einem revisiblen Verfahrensfehler.[841] Notwendige Bedingung einer insoweit verfahrensfehlerfreien gerichtlichen Entscheidung ist umgekehrt also, dass die Ausführungen des Angeklagten bzw. seiner Verteidigung durch das erkennende Gericht zur Kenntnis genommen wurden und in seine Willensbildung eingeflossen sind.[842]

Freilich wäre eine entsprechende heilende Nachholung der Mitwirkungsrechte dem Ziel der Vermeidung oder Verringerung von Mehrfachvernehmungen und *mittelbaren Anschlussviktimisierungen* abträglich und idealerweise nicht von Nöten – dann nämlich nicht, wenn entsprechende Rechte bereits berücksichtigt worden sind. Bei Missachtung wäre eine Verletzung des Akteneinsichts- und Konfrontationsrechts und damit des Rechts auf rechtliches Gehör (Art. 103 Abs. 1 GG) nicht schon per se gegeben.[843] Ebenso wenig wie es dem Gesetzgeber nicht verwehrt war als Ausnahme von § 250 StPO die bereits bestehenden Ausnahmetatbestände der §§ 251 ff. StPO und den aktuellen § 255a Abs. 2 StPO als Beweisverwertungsvorschrift für Bild-Ton-Aufzeichnungen für Fälle minderjähriger Opferzeugen zu normieren,[844] blieben ihm die hier diskutierten Neuregelungen im Hinblick auf erwachsene Opferzeugen wegen Art. 103 Abs. 1 GG verwehrt. Wiederum vermag nicht zu überzeugen, warum sich aufgrund einer Altersgrenze insoweit Unterschiede ergeben sollten. Durch eine Ausweitung der Videotechnologie im Sinne gesetzlich geregelter vernehmungsersetzender Ausnahmetatbestände zugunsten STEO wird der Grundsatz des Art. 103 Abs. 1 mithin nicht berührt.

840 St. Rspr. BVerfG v. 25. 5. 1956 - 1 BvR 128/56 = BVerfGE 5, 22, 24 = NJW 1956, 1026; BVerfG v. 25.10. 1956 - 1 BvR 440/54 = BVerfGE 6, 12, 14 = NJW 1957, 17; BVerfG v. 13. 2. 1958 - 1 BvR 56/57 = BVerfGE 7, 275, 278 = NJW 1958, 665.

841 BVerfG v. 8. 11. 1978 - 1 BvR 158/78 = BVerfGE 50, 32, 35 = NJW 1979, 413 ff.; BVerfG v. 21.10.1981 - 1 BvR 1024/79 = BVerfGE 58, 353, 356 = NJW 1982, 30; BVerfG v. 30.01.1985 - 1 BvR 393/84 = BVerfGE 69, 141, 143 = NJW 1986, 833.

842 St. Rspr. BVerfG v. 18. 9. 1952 - 1 BvR 612/52 = BVerfGE 1, 418, 429 = NJW 1953, 177 ff.; BVerfG v. 13. 11. 1956 - 1 BvR 513/56 = BVerfGE 6, 19, 20 = NJW 1957, 17; BVerfG v. 12.02.2004 - 2 BvR 1687/02 = StV 2004, 633, 634 = BeckRS 2004, 21090

843 Ebenso *Wollmann* (2008), S. 124.

844 *Schmoll* (1999), S. 210 ff m.w.N.

3. Keine Betroffenheit des Fairnessgrundsatzes wegen des Tatbestandsmerkmals der „Mitwirkungsgelegenheit"

Im Folgenden soll untersucht werden, ob der Fairnessgrundsatz von entsprechenden Vorschriften *de lege ferenda* betroffen sein könnte. Der Fairnessgrundsatz bewirkt Verfahrensgerechtigkeit auf jeweils drei Ebenen in den jeweiligen Verfahrensstadien:[845] Zunächst zwingt der aus dem Rechtsstaatsprinzip (Art. 20 Abs. 3, Abs. 2 S. 2 GG, Art. 23 Abs. 1 S. 1, Art. 28 Abs. 1 S. 1 GG, Art. 1 Abs. 1 GG) fließende und in Art. 6 Abs. 1 EMRK festgeschriebene „fair trial"-Grundsatz den Gesetzgeber das (Straf-)Verfahrensrecht rechtsstaatlich auszugestalten.[846] Sodann eröffnet es dem Betroffenen auf zweiter Ebene ein Teilhaberecht seine prozessualen Rechte selbständig wahrzunehmen.[847] Als dessen Voraussetzung verbietet der „fair trial"-Grundsatz strafrechtlich Verfolgte zum bloßen Objekt der Entscheidungsfindung herabzuwürdigen.[848] Dieser ist vielmehr ein mit eigenen Rechten ausgestattetes Verfahrenssubjekt und kann auf Verfahrensablauf und -ergebnis einwirken.[849]

Auch der Grundsatz des fairen Verfahrens gilt dabei nicht erst ab der Anklage, sondern für das gesamte Strafverfahren – also auch bereits im Ermittlungsverfahren.[850] Schließlich ist der Grundsatz ein Leitfaden für die Auslegung sämtliche Verfahrensrechte.[851] In diesem Zusammenhang fordert die Rechtsprechung des *EGMR* im Hinblick auf einen paritätischen Ausgleich des Fairnessgrundsatzes, dass jene Interessen des Beschuldigten bzw. des Angeklagten mit denen der

---

845 *Geppert* Jura 1992, S. 599 m.w.N.

846 Ebd., S. 599, „[...] Direktive an den Gesetzgeber, das Verfahrensrecht rechtsstaatlich auszugestalten".

847 BVerfG v. 11.2.1993 - 2 BvR 710/91 = NJW 1993, 2301 ff.; vgl. auch *Geppert* Jura 1992, S. 599 m.w.N.

848 *Valerius*, in: BeckOK, Art. 6 EMRK Rn. 9.

849 BVerfG v. 17.5.1983 - 2 BvR 731/80 = NJW 1983, 2762, 2763; BVerfG v. 30. 4. 2003 - 1 PBvU 1/02 = BVerfGE 107, 395, 408 = NJW 2003, 1924, 1926; BVerfG v. 5. 7. 2006 - 2 BvR 1317/05 = NJW 2007, 204, 205; vgl. *Valerius*, in: BeckOK, Art. 6 EMRK Rn. 9; BVerfG v. 21.1.1976 - 2 BvR 941/75 = BVerfGE 41, 246, 249 = NJW 1976, 413; BVerfG v. 19.10.1977 - 2 BvR 462/77 = BVerfGE 46, 202, 210 = NJW 1978, 151 f.; BVerfG v. 9.31983 - 2 BvR 315/83 = BVerfGE 63, 332 = NJW 1983, 1726.

850 *Esser*, in: LR, Art. 6 EMRK Rn. 178; *Valerius*, in: BeckOK, Art. 6 EMRK Rn. 9; *Wollmann* (2008), S. 126.

851 *Esser*, in: LR, Art. 6 EMRK Rn. 180; *Valerius*, in: BeckOK, Art. 6 EMRK Rn. 9; *Geppert* Jura 1992, S. 599 *„Auslegungsmaxime"*; ähnlich auch *Wollmann* (2008), S. 126.

(Opfer-)Zeugen abgewogen werden müssen.[852] Wie oben[853] vermögen auch hier Heilungshandlungen in der Hauptverhandlung vormalige Verteidigungseinschränkungen *ex tunc* auszugleichen.[854] Etwaig eingeschränkte Verteidigungsmöglichkeiten könnten nach der Rechtsprechung des *BGH,* der umstrittenen sog. Beweiswürdigungslösung[855], im Rahmen der Beweiswürdigung gemäß § 261 StPO berücksichtigt werden. Im Kontext einer gesetzlichen Ausweitung der Anwendungsmöglichkeiten der Bild-Ton-Technik auf STEO bedeutete dies konkret, dass ein Verstoß wegen Nichtbeteiligung des Beschuldigten entweder bereits noch im Vorverfahren ausgeglichen werden müsste, oder andererseits, dass im unwahrscheinlichen Einzelfall die Beweiswürdigungslösung des *BGH* über einen formellen Verstoß hinweghelfen kann.

Um Letztere nicht zu einer Regelmäßigkeit werden zu lassen, müsste für einen gesetzlichen Neuvorschlag zur extensiven Anwendungsmöglichkeit der Bild-Ton-Technik auf STEO ebenso wie in § 255a Abs. 2 S. 1 StPO eine entsprechende Formulierung gewählt werden, wonach eine Ersetzung der Zeugenvernehmung in der Hauptverhandlung nur stattfinden darf, wenn „der Angeklagte und sein Verteidiger Gelegenheit hatten, an dieser mitzuwirken".[856] Mit dem Tatbestandsmerkmal der *Mitwirkungsgelegenheit* könnte der Fairnessgrundsatz hinreichend berücksichtigt sein.

Für ein verfahrensfehlerfreies Verfahren ist insoweit entscheidend wie das Tatbestandsmerkmal der *Mitwirkungsgelegenheit* auszulegen ist.[857] Mit der gesetzgeberischen Konnotation und einer wortlautorientierten Betrachtungsweise

---

852 EGMR v. 20.12.2001 – 33900/96 = NJW 2003, 2893, 2894; EGMR v. 23.11.2005 – 73047/01 = JR 2006, 289, 291.

853 Siehe Kap.6.B.I.2.

854 Vgl. EGMR v. 25.06.1992 – 17/1991/269/340 = NJW 1992, 3088, 3089, nach dem es „[…] [d]ie Aufgabe des Gerichtshofs ist (..), sich zu vergewissern, ob das Verfahren in seiner Gesamtheit einschließlich der Beweisaufnahme fair war"; vgl. auch die Nachweise Wollmann (2008), S. 126.

855 Vgl. hierzu nur BGH v. 25. 7. 2000 - 1 StR 169/00 = BGHSt 46, 93 ff. = JuS 2001, 194; vgl. zum betreffenden Streit vertiefend bei *Wollmann* (2008), S. 126 m.w.N.

856 Das Tatbestandsmerkmal „Mitwirkungs*gelegenheit*" des aktuellen § 255a Abs. 2 S. 1 wurde aufgrund der Beschlussempfehlung des Vermittlungsausschusses am 02.03.1998 in das Gesetz aufgenommen, vgl. BT-Drucks 13/10001, S. 2 f.

857 So auch *Wollmann* (2008), S. 127. Kritik an unterschiedlichen Auslegungsmöglichkeiten des Wortlauts äußerte *Swoboda* (2002), S. 426 f., wenn sie in ihrem Entwurfsvorschlag eines „§ 255a Abs. 2 V-StPO" als Erfordernis vorschlägt, *„wenn der Angeklagte und sein Verteidiger an dieser mitgewirkt haben"*, vgl. *ebd.*, S. 427. [Hervorhebung durch den Verfasser].

kann einerseits eine „(Mitwirkungs-)*Gelegenheit*" als ein bloßes Anwesenheitsrecht verstanden werden; andererseits kann Darüberhinausgehendes verstanden werden – etwa im Sinne von *Rieß*, der hiermit eine „Garantie zur effektiven Wahrnehmung prozessualer Rechte" verknüpft.[858] Letztgenannte Auslegung ist abzulehnen. Die gesetzgeberische Grundentscheidung und der Wortlaut sind eindeutig. Auch für den *EGMR* sind Verteidigungsrechte der Beschuldigten immer dann hinreichend berücksichtigt, sobald im gesamten Strafverfahren zu irgendeinem Zeitpunkt eine adäquate und angemessene Möglichkeit zur Prüfung der Beweismittel bestand.[859] Für die Erfüllung des Tatbestandsmerkmals ist hiernach also *eine bloße* Gelegenheit ausreichend. In Abgrenzung zur erstgenannten – wortlautorientierten – Auslegung nimmt *Rieß*[860] offenbar (begründungsarm) an, dass die *Mitwirkungsgelegenheit* mehr umfassen müsse als etwa ein bloßes Anwesenheitsrecht gemäß § 168c Abs. 2 StPO.

Welche Rechte das Gebot des fairen Verfahrens explizit im Einzelnen beinhaltet ist wegen fehlender gesetzlicher Vorgaben weitgehend ungeklärt.[861] Für die *angeklagte Person* regelt Art. 6 Abs. 3 EMRK jedenfalls Mindestvorgaben,[862] die ihrer Ratio nach eine gewisse rechtliche Grundsicherung garantieren sollen.[863] Das *Prinzip* der Waffengleichheit ist Teil des Rechts auf ein faires Verfahren.[864] Es besagt, dass die sich im (Straf-)Verfahren gegenüberstehenden Prozessbeteiligten – insbesondere im Strafverfahren Beschuldigte bzw. Verteidigung und Staatsanwaltschaft – grundsätzlich gleichwertige Möglichkeiten haben müssen,

858 *Rieß* NJW 1998, 3240 f., Fn. 30; *Rieß* (StraFo) 1999, 4.

859 Vgl. EGMR v. 25.06.1992 – 17/1991/269/340 = NJW 1992, 3088, 3089, nach dem es „[…] [d]ie Aufgabe des Gerichtshofs ist [..], sich zu vergewissern, ob das Verfahren in seiner Gesamtheit einschließlich der Beweisaufnahme fair war"; EGMR v. 25. 3. 1999 - 25444–94 = NJW 1999, 3545 „[…] [d]er Gerichtshof hat allerdings zu prüfen, ob das Verfahren vor den Gerichten eines Vertragsstaates als Ganzes gesehen, einschließlich der Art und Weise, in der die Beweisführung erfolgte, fair war".

860 *Rieß* NJW 1998, 3240, 3241 Fn. 30; *Rieß* (StraFo) 1999, 4.

861 Siehe hierzu einen Überblick der Rechtsprechung des *EGMR* bei Jahn ZStW 127 (2015), 549 (568 ff.); *Jung* (GA) 2013, 90 ff. m.w.N.; *Valerius*, in: BeckOK, Art. 6 EMRK Rn. 12.1.

862 *Valerius*, in: BeckOK, Art. 6 EMRK Rn. 12.1.

863 *Wollmann* (2008), S. 127 m.w.N.

864 BVerfG v. 8.10.1974 - 2 BvR 747/73 u.a. = BVerfGE 38, 105, 111 = NJW 1975, 103; BVerfG v. 30.3.2004 - 2 BvR 1520/01 u. 2 BvR 1521/01 = BVerfGE 110, 226, 253 = NJW 2004, 1305, 1308; BVerfG v. 12.8.2002 - 2 BvR 932/02 = BeckRS 2002, 23460; *Valerius*, in: BeckOK, Art. 6 EMRK Rn. 10.

auf die Entscheidungsfindungen des Gerichts einzuwirken.[865] Dabei sind unterschiedliche Gewichtungen nicht nur nicht ausgeschlossen, sondern insbesondere im Ermittlungsstadium notwendig und konstitutionell beabsichtigt. Eine absolute Gleichwertigkeit der Befugnisse wäre ansonsten nicht mit dem Offizialprinzip vereinbar.[866] Beispiele für weitere Ausprägungen des „fair trial"-Grundsatzes sind etwa:[867] Die Offenlegung des gesamten Beweismaterials, das für oder gegen den Angeklagten spricht,[868] sowie das Recht auf Akteneinsicht.[869]

De lege lata schreibt die Beweisverwertungsvorschrift des § 255a Abs. 2 S. 1 StPO vor, dass die Vorführung der Bild-Ton-Aufzeichnung nur dann erlaubt ist, wenn der Angeklagte *und* sein Verteidiger Gelegenheit hatten an der richterlichen Vernehmung mitzuwirken. Gemäß dieser kumulativen Verknüpfung setzt der Wortlaut der Norm also zwingend eine *Mitwirkungsgelegenheit* sowohl für Angeklagten als auch Verteidigung voraus. Auch eine Vorschrift für einen gesetzlichen Neuvorschlag der Anwendungsmöglichkeiten der Bild-Ton-Technik auf STEO müsste eine solche *Mitwirkungsgelegenheit* enthalten, weshalb eben jene Rechtsfolgen gelten würden. Daraus ergibt sich als notwendige Konklusion, dass das Beweismittelsurrogat der Bild-Ton-Aufzeichnung aber dann nicht verwertbar ist, wenn der Angeklagte als damaliger Beschuldigter gemäß § 168c Abs. 3 StPO von einer richterlichen Opferzeugenvernehmung ausgeschlossen wurde – ganz gleich ist dabei, ob die Verteidigung teilnahm.[870] Unberührt bleibt freilich ein Vorgehen gemäß § 168e StPO.[871]

Aus diesen Erarbeitungen ergibt sich nun folgende Prüfungsfolge: Für eine gesetzliche Ausweitung der Anwendungsmöglichkeiten von Bild-Ton-Technologie im Sinne eines opferschutzbezogenen Vernehmungssurrogates auf STEO müssen die Rechte der Beschuldigten auf ausreichend Zeit und Gelegenheit zur

---

865 *Esser*, in: LR, Art. 6 EMRK Rn. 204; *Paeffgen*, in: SK Art. 6 EMRK Rn. 79; *Valerius*, in: BeckOK, Art. 6 EMRK Rn. 10.

866 *Esser*, in: LR, Art. 6 EMRK Rn. 209 f.; vgl. auch BVerfG v. 8.11.1983 - 2 BvR 1138/83 = NStZ 1984, 228; *Valerius*, in: BeckOK, Art. 6 EMRK Rn. 10.

867 *Valerius*, in: BeckOK, Art. 6 EMRK Rn. 12.1.

868 *Gaede* StV 2006, 599, 601, 602 m.w.N.; *Valerius*, in: BeckOK, Art. 6 EMRK Rn. 12.1.

869 BGH v. 29.11.1989 - 2 StR 264/89 = NStZ 1990, 193, 194; siehe auch OLG Naumburg v. 5.11. 2012 (2 Ss (Bz) 100/12) = DAR 2013, 37; vgl. aber BGH v. 15.4. 2003 - 1 StR 64/03 = NJW 2003, 2761, 2763; vgl. zur Kritik zu BGH NJW 2003, 2761 *Gaede* StV 2006, 599, 600 m.w.N.; *Valerius*, in: BeckOK, Art. 6 EMRK Rn. 12.1.

870 So auch BGH v. 12.2.2004 - 3 StR 185/03 = NJW 2004, 1605; *Diemer*, in: KK StPO (2013) § 255a Rn. 10.

871 So auch BGH v. 12.2.2004 - 3 StR 185/03 = NJW 2004, 1605, 1608 m.w.N.; *Diemer*, in: KK StPO (2013) § 255a Rn. 10.

Vorbereitung seiner Verteidigung (Art. 6 Abs. 3 lit. b EMRK), das Recht auf Verteidigung (Art. 6 Abs. 3 lit. c EMRK) und das Fragerecht (Art. 6 Abs. 3 lit. d EMRK) auf ihre Betroffenheit hin untersucht werden. Als deren besondere strafverfahrensrechtliche Ausgestaltungen[872] werden im Folgenden die Notwendigkeiten einer vorherigen Akteneinsicht, einer Benachrichtigungspflicht und eines Rechts auf Terminsverlegung sowie die Frage einer notwendigen Verteidigung und das Konfrontationsrecht untersucht.[873]

a) Die „Mitwirkungsgelegenheit" und das Frage- und Konfrontationsrecht

Zu prüfen ist, ob durch entsprechende Vorschriften *de lege ferenda* wegen etwaiger Einschränkungen der Frage- und Konfrontationsrechte der verfolgten Personen der Fairnessgrundsatz betroffen sein könnte. Mit einem entsprechenden Vernehmungssurrogat würde das Fragerecht des Angeklagten sowie der Verteidigung (§§ 240 Abs. 2, 241a Abs. 2 StPO) in der Hauptverhandlung – wie bereits durch die Vernehmungssurrogate der §§ 251 ff. StPO auch – eingeschränkt werden. Eine solche Vorschrift sollte in Anschluss an § 255a Abs. 2 S. 1 StPO, das Tatbestandsmerkmal der „*Mitwirkungsgelegenheit*" und wie dessen S. 4 StPO die Möglichkeit einer ergänzenden Zeugenbefragung beinhalten sowie als Ermessensvorschrift ausgestaltet werden. Damit wäre zunächst sichergestellt, dass die persönliche Zeugenvernehmung nicht absolut ausgeschlossen ist. Gegen opferschutzbezogene Vernehmungssurrogate wird eingewendet, dass sie das Frage- und Konfrontationsrecht der verfolgten Personen unzulässig einschränkten.[874] Ob dies der Fall ist soll übergeprüft werden.

Als Mindestvoraussetzung schreibt der Wortlaut des Art. 6 Abs. 3 lit d. EMRK zunächst ein Fragerecht „der angeklagten Person" an den Belastungszeugen vor. Die Vorschrift schreibt jedoch nicht dezidiert ein Recht auf Konfrontation oder auf Gegenüberstellung in der Hauptverhandlung vor. Der StPO selbst ist ebenfalls kein originäres Recht des Beschuldigten auf persönliche Gegenüberstellung

---

872 Vgl. hierzu auch bei *Keiser* (2002), S. 168 f. m.w.N.; ähnlich auch *Wollmann* (2008), S. 127.

873 Für die *lex lata* siehe *Wollmann* (2008), S. 128 ff.

874 *Beulke* ZStW 113 (2001), 709, 737 f.; Auch *Schünemann* StV 1998, 395 betont, „[…] [ü]ber dem Bestreben, den Zeugen im Prozeß nach allen Richtungen zu schützen und abzuschirmen, geht die für die Wahrheitsfindung unverzichtbare Chance des Angeklagten und der Verteidigung, die vom Richter systematisch überschätzte Aussage eines Belastungszeugen im Kreuzverhör zu demontieren, buchstäblich in die Binsen"; ähnlich auch *Deckers* (2003), S. 147, 154; vgl. auch *Bender/Nack/Treuer* (2007), Rn. 976 ff., die ebenfalls vor einer solchen richterlichen Vernehmung warnen.

mit Opferzeugen zu entnehmen.[875] Nach § 168c Abs. 2 StPO haben Beschuldigte und Verteidigung im Vorverfahren ein Anwesenheitsrecht, aber kein ausdrückliches Recht auf persönliche Gegenüberstellung. Die Ausschlussmöglichkeiten des § 168c Abs. 3, 5 S. 2 StPO bestätigen dies im Grundsatz.[876] Die Vorschrift des § 240 Abs. 2 StPO indes gilt nur für Hauptverhandlungen.[877] Ungeachtet dessen, räumt selbst diese Norm nach Auffassung des *BGH* jedenfalls kein Recht auf eine persönliche Gegenüberstellung ein, sondern ist eher als ergänzendes Vernehmungsansinnen denn als eine autonome Parteivernehmungsoption zu verstehen.[878] Also besteht weder nach dem gesetzgeberischen Willen noch gemäß vermehrter Literaturansicht oder der höchstrichterlichen Rechtsprechung ein Rechtsanspruch der Beschuldigten auf eine persönliche Gegenüberstellung oder auf eine Konfrontation.[879] Ein entsprechendes Drängen des Beschuldigten hierauf wird gemäß § 244 Abs. 2 StPO als Beweisanregung zu verstehen sein, der im Rahmen der richterlichen Wahrheitserforschungspflicht gemäß ihren Erfordernissen nachgekommen werden *kann*. Im Hauptverfahren bleibt es dem Angeklagten im Grundsatz unbenommen die Mimik und Gestik eines Zeugen zu beobachten.[880] Unberührt hiervon bleiben die Ausnahmevorschriften der §§ 231 b ff., 247 f. StPO. Auch für das Fragerecht des Art. 6 Abs. 3 lit. d EMRK als Mindestgarantie gilt grundsätzlich nichts Wortlautabweichendes; es beinhaltet

875 Zur Suche nach einem Konfrontationsrecht in der StPO vgl. bei *Walther* (GA) 2003, 204, 207 ff.

876 So auch *Wollmann* (2008), S. 144.

877 Hierzu *Gaede*, in MüKOStPO (2016) Band 2 § 240 Rn. 12.

878 BGH v.18. 12. 1968 - 2 StR 322/68 = BGHSt 22, 289, 296 f. = NJW 1969, 703 ff.

879 Vgl. BVerfG v. 8.10. 2009 - 2 BvR 547/08 = NJW 2010, 925, 926 „[…] [s]elbst wenn der Angeklagte zu keinem Zeitpunkt die Gelegenheit zur konfrontativen Befragung des Zeugen hatte, so verstößt dies aber nicht ohne Weiteres gegen den Grundsatz der Verfahrensfairness. Entscheidend ist vielmehr, ob das Verfahren in seiner Gesamtheit einschließlich der Art und Weise der Beweiserhebung und -würdigung fair war (vgl. BGH v. 25.7. 2000 - 1 StR 169/00 = BGHSt 46, 93, 95 = NJW 2000, 3505). Bei der Prüfung, ob insgesamt ein faires Verfahren vorlag, kommt es auch darauf an, ob der Umstand, dass der Angeklagte keine Gelegenheit zur konfrontativen Befragung hatte, der Justiz zuzurechnen ist"; BGH v. 27.2.2004 - 2 StR 146/03 = NStZ 2004, 505, 506; vgl. auch schon BGH v. 12. 8. 1960 - 4 StR 48/60 = NJW 1960, 2156, 2157.

880 Vgl. BGH v. 17.10.1983 - GSSt 1/83 = BGHSt 32, 115, 124 f. = NJW 1984, 247, 248, wonach „[…] eine optische oder akustische Abschirmung des Zeugen" [grundsätzlich] unzulässig ist [zu den – neueren – Ausnahmevorschriften sogleich]; vgl. ebenso BGH v. 5.11.1982 - 2 StR 250/82 = BGHSt 31, 148, 156 = NJW 1983, 1005; BGH v.16.3.1983 - 2 StR 543/82 = BGHSt 31, 290, 293 = NJW 1983, 1572.

nach überwiegender Meinung kein Konfrontationsrecht im Sinne einer Gegenüberstellung.[881] Vielmehr bezweckt es „nur“ sicherzustellen, dass Beweispersonen nicht einseitig, sondern auch nach den für die Verteidigung relevanten Gesichtspunkten befragt werden.[882] Es enthält damit ein sachlich-inhaltliches Fragerecht.[883] Der Ratio nach sollen Beschuldigten nicht die Möglichkeiten genommen werden die Glaubwürdigkeit eines Zeugen zu erschüttern oder den Wahrheitsgehalt einer Aussage zu hinterfragen.[884] Damit zielt die Vorschrift des Art. 6 Abs. 3 lit. d EMRK als Teilbestandteil des Fairnessgrundsatzes darauf ab, die Beschuldigtenrechte mit den Befugnissen der Staatsanwaltschaft auszutarieren.[885] Vorläufig kann damit festgehalten werden, dass sowohl der StPO als auch dem Konventionsrecht kein striktes Verbot zu entnehmen ist eine außerhalb des Gerichts getätigte Aussage mittelbar durch ein anderes Beweismittel in die Verhandlung einzuführen – etwa auch durch die Vorführung von Bild-Ton-Aufzeichnungen.[886] Zeugen müssen daher hiernach nicht notwendig vor Gericht vernommen werden.

Ob ein Verstoß gegen das so verstandene Konfrontationsrecht und damit auch gegen den Fairnessgrundsatz vorliegt ist umfassend danach zu beurteilen, ob das Verfahren in seiner Gesamtheit, einschließlich der Art und Weise der Beweiserhebung fair verlaufen ist.[887] Bei Beurteilung dessen spielen auch

---

881 Vgl. BGH v. 25.7.2000 - 1 StR 169/00 = BGHSt 46, 93, 96 = NStZ 2001, 212, 213, „[…] [e]ine Gegenüberstellung mit dem Belastungszeugen ist daher nicht in jedem Fall zwingend geboten, um die Aussage verwertbar zu machen“; vgl. auch EGMR v. 7. 7. 1989 - 19/1987/142/196; EGMR v. 7. 8. 1996 - 48/1995/554/640; *Esser*, in: LR Art. 6 EMRK Rn. 773; *Valerius*, in: BeckOK, Art. 6 EMRK Rn. 50; a.A. *Walther* (GA) 2003, 204, 214 ff.; wohl auch *Wohlers* (GA) 2005, 32.

882 *Degener* StV 2002, 621.

883 Vgl. BVerfG v. 29.3.2007 - 2 BvR 1880/06 = NStZ 2007, 534.

884 *Esser*, in: L/R Art. 6 EMRK Rn. 773; vgl. auch BVerfG v. 26.5.1981 - 2 BvR 215/81 = BVerfGE 57, 250, 283 = NJW 1981, 1719, 1723; *Valerius*, in: BeckOK, Art. 6 EMRK Rn. 49.

885 *Esser*, in: L/R Art. 6 EMRK Rn. 759; *Gaede* StV 2012, 51, 54 ff.; *Valerius*, in: BeckOK, Art. 6 EMRK Rn. 4.

886 Vgl. für die bestehende Gesetzeslage *Valerius*, in: BeckOK, Art. 6 EMRK Rn. 48; für Vernehmungssurrogate nach § 251 StPO vgl. EGMR v. 24.11.1986 - Nr. 1/1985/87/134 = EuGRZ 1987, 147, 150; BGH v. 23.1.1985 - 1 StR 722/84 = NStZ 1985, 376, 377; BGH v. 25.7.2000 - 1 StR 169/00 = BGHSt 46, 93, 96 = NStZ 2001, 212, 213; BGH v. 4.4.2007 - 4 StR 345/06 = BGHSt 51, 280 ff. = NStZ 2008, 50 ff.

887 Vgl. EGMR v. 25.06.1992 – 17/1991/269/340 = NJW 1992, 3088, 3089, nach dem es „[…] [d]ie Aufgabe des Gerichtshofs ist [..], sich zu vergewissern, ob das Verfahren in seiner Gesamtheit einschließlich der Beweisaufnahme fair war“; EGMR

Zurechnungsfragen eine Rolle. Etwa, ob die fehlende Möglichkeit den Zeugen zu befragen der Justiz zuzurechnen ist.[888] Eine diesseitige Zurechnung dürfte in nahezu allen Fällen bei Betroffenheit von STEO aber gerade nicht anzunehmen sein. Psychotraumata als psychische Folgen von Straftaten und Strafverfahren können nach hier diskutiertem technischem Übertragungsmodell Gründe für die eingeschränkten Möglichkeiten sein Opferzeugen in Hauptverhandlungen zu befragen. Als Ursachen sind diese mitnichten grundsätzlich bei dem Opferzeugen selbst zu suchen. Insbesondere nicht in Fällen von *mittelbaren Anschlussviktimisierungen*. Gleichwohl gebietet der Grundsatz des fairen Verfahrens, dass der Beschuldigte gerade gegenüber einem Belastungszeugen *eine* angemessene, geeignete und realistische Gelegenheit bekommt[889] Fragen zu stellen[890] oder stellen zu lassen.[891] Umgekehrt verbietet dieser und auch der Grundsatz des Art. 103

---

v. 25. 3. 1999 - 25444–94 = NJW 1999, 3545 „Der Gerichtshof hat allerdings zu prüfen, ob das Verfahren vor den Gerichten eines Vertragsstaates als Ganzes gesehen, einschließlich der Art und Weise, in der die Beweisführung erfolgte, fair war“; vgl. auch BVerfG v. 8.10.2009 - 2 BvR 547/08 = NJW 2010, 925, 926 „[...] [s]elbst wenn der Angeklagte zu keinem Zeitpunkt die Gelegenheit zur konfrontativen Befragung des Zeugen hatte, so verstößt dies aber nicht ohne Weiteres gegen den Grundsatz der Verfahrensfairness. Entscheidend ist vielmehr, ob das Verfahren in seiner Gesamtheit einschließlich der Art und Weise der Beweiserhebung und -würdigung fair war (vgl. BGH v. 25.7.2000 - 1 StR 169/00 = BGHSt 46, 93, 95 = NJW 2000, 3505). Bei der Prüfung, ob insgesamt ein faires Verfahren vorlag, kommt es auch darauf an, ob der Umstand, dass der Angeklagte keine Gelegenheit zur konfrontativen Befragung hatte, der Justiz zuzurechnen ist“; BGH v. 27.2.2004 - 2 StR 146/03 = NStZ 2004, 505, 506; *Valerius*, in: BeckOK, Art. 6 EMRK Rn. 48.

888 Vgl. BVerfG v. 8.10.2009 - 2 BvR 547/08 = NJW 2010, 925, 926 „[...] [b]ei der Prüfung, ob insgesamt ein faires Verfahren vorlag, kommt es auch darauf an, ob der Umstand, dass der Angeklagte keine Gelegenheit zur konfrontativen Befragung hatte, der Justiz zuzurechnen ist“; ebenso BGH v. 29.11.2006 - 1 StR 493/06 = BGHSt 51, 150, 154 = NStZ 2007, 166, 167; BGH v. 9.6.2009 - 4 StR 461/08 = NStZ 2009, 581; umfangreich auch in BGH v. 17. 3. 2010 - 2 StR 397/09 = NStZ 2010, 410, 411 m.w.N; *Valerius*, in: BeckOK, Art. 6 EMRK Rn. 48.

889 Das BVerfG v. 29.3.2007 - 2 BvR 1880/06 = NStZ 2007, 534 fordert insoweit, „[...] dass dem Angekl. die effektive Möglichkeit verschafft werden muss, einen Zeugen zu befragen und seine Glaubwürdigkeit und Zuverlässigkeit in Frage zu stellen“; vgl. auch BGH v. 26.9.2002 - 1 StR 111/02 = NJW 2003, 74, 75 m.w.N.

890 EGMR v. 19.7.2012 – 26171/07 = NJW 2013, 3225, 3226; BGH v. 27.2.2004 - 2 StR 146/03 = NStZ 2004, 505, 506; BGH v. 3.12.2004 - 2 StR 156/04 = NStZ 2005, 224, 225; *Valerius*, in: BeckOK, Art. 6 EMRK Rn. 49.

891 EGMR v. 19.7.2012 – 26171/07 = NJW 2013, 3225, 3226; *Valerius*, in: BeckOK, Art. 6 EMRK Rn. 49 m.w.N.

Abs. 1 GG dem erkennenden Gericht es, eine Verurteilung ausschließlich oder maßgeblich auf die Aussage eines Belastungszeugen zu stützen, welchen der Beschuldigte nicht befragen oder nicht hat befragen lassen können.[892] Hieraus folgt, dass der Beschuldigte wenigstens *einmal* im Laufe des Strafverfahrens die *Gelegenheit* eingeräumt worden sein muss sein Fragerecht effektiv ausüben zu können.[893] Der Zeitpunkt ist dabei grundsätzlich unerheblich.[894] Diesem Mindesterfordernis entspricht gerade die *Mitwirkungsgelegenheit* des bestehenden § 255a Abs. 2 S. 1 StPO, die daher auch für eine Vorschrift *de lege ferenda* zu fordern wäre. Ein wiederholtes und mehrfaches Fragerecht besteht demgegenüber grundsätzlich nur, wenn und soweit sich neue Beweisthemen ergeben.[895]

Diese Forderung reicht im Grundsatz weiter als die schwächeren Maßgaben, die der *BGH* in einer aktuellen Entscheidung statuiert. Der *BGH* berücksichtigt die vorgenannte Rechtsprechung rund um Art. 6 Abs. 3 lit. d EMRK hier im Rahmen der Beweiswürdigung (§ 261 StPO). Von maßgeblicher Bedeutung ist, ob eine unterbliebene Möglichkeit zur Befragung durch kompensierende Maßnahmen (zum Beispiel durch Anwesenheit des Verteidigers bei der Zeugenbefragung) ausgeglichen wurde. Ist dies nicht der Fall und die unterbliebene konfrontative Befragung des Zeugen der Justiz zurechenbar, kann eine Verurteilung auf die Angaben des Zeugen dann noch gestützt werden, wenn diese durch andere gewichtige Gesichtspunkte außerhalb der Aussage bestätigt werden. In jedem Fall bedarf die Aussage eines Zeugen, den der Angeklagte nicht befragen (lassen) konnte, einer besonders sorgfältigen und kritischen Würdigung durch

---

892 EGMR v. 20. 12. 2001 - 33900/96 = NJW 2003, 2893, 2894; EGMR v. 17. 11. 2005 - 73047/01 = NStZ 2007, 103, 104; EGMR v. 28. 9. 2010 – 40156/07 = NJOZ 2011, 1739, 1740; BVerfG v. 26.5.1981 - 2 BvR 215/81 = BVerfGE 57, 250, 292 f. = NJW 1981, 1719, 1725; BVerfG v. 8.10.2009 - 2 BvR 547/08 = NJW 2010, 925, 926 m.w.N.; BGH v. 3.12.2004 - 2 StR 156/04 = NStZ 2005, 224, 225 m.w.N.; BGH v. 29.11.2006 - 1 StR 493/06 = BGHSt 51, 150, 155 = NStZ 2007, 166, 167; vgl. auch BGH v. 17.3.2009 - 4 StR 662/08 = NStZ-RR 2009, 212, 213; vgl. auch *Jung* (GA) 2013, 90 ff.; *Jung* (GA) 2009, 235; *Radtke* (GA) 2012, 187, 195 ff.; *Valerius*, in: BeckOK, Art. 6 EMRK Rn. 50.

893 Ähnlich BVerfG v. 5. 7. 2006 - 2 BvR 1317/05 = NJW 2007, 204, 205 „[...] [d]a der Angeklagte nicht nur Objekt des Verfahrens sein darf, muss er die *Möglichkeit* erhalten, zur Wahrung seiner Rechte auf den Gang und das Ergebnis des Verfahrens Einfluss zu nehmen". [Hervorhebung durch den Verfasser].

894 EGMR v. 15.12.2015 – 9154/10 = StV 2017, 213, 217; EGMR v. 25.6.1992 - 17/1991/269/340 = NJW 1992, 3088, 3089; *Valerius*, in: BeckOK, Art. 6 EMRK Rn. 50.

895 *Esser*, in: LR Art. 6 EMRK Rn. 779; vgl. auch *Paeffgen*, in: SK-StPO Art. 6 EMRK Rn. 165; *Valerius*, in: BeckOK, Art. 6 EMRK Rn. 50; vgl. auch *Keiser* (1998) S. 326; *Schlothauer* StV 2001, 127, 128.

das Tatgericht.[896] Hiernach führte eine unterbliebene *Mitwirkungsgelegenheit* jedenfalls nicht per se zu einem Beweisverwertungsverbot, sondern wäre heilbar. Für die Frage der verhältnismäßigen Gesetzeskonzeption soll die *Mitwirkungsgelegenheit* gleichwohl gefordert werden.

Für die Beantwortung der Frage, ob, wann und unter welchen Voraussetzungen ein Strafverfahren als fair beurteilt werden kann, arbeitete der *EGMR* in jüngerer Zeit drei Kriterien heraus, die u.a. auch für in Hauptverhandlungen abwesende (Opfer-)Zeugen anwendbar sind[897] und deshalb auch für hiesige Fragen Geltung beanspruchen können. Für die Abwesenheit des (Opfer-)Zeugen muss hiernach zunächst ein gewichtiger Grund vorliegen. Dann ist zu prüfen, ob die Verurteilung allein oder wesentlich auf die Aussage des abwesenden (Opfer-) Zeugen gestützt wird. Soweit dies der Fall sein sollte, ist in einem letzten Schritt zu untersuchen, ob hinreichend (verfahrens-)ausgleichende Faktoren bestanden haben.[898] Diese Grundsätze gelten vor allem für jene Fälle, in denen Beweisergebnisse mittelbar über Zeugen vom Hörensagen in die Hauptverhandlung eingeführt werden.[899] Ebenso mittelbar werden aber auch Aussagen von Opferzeugen über das Vernehmungssurrogat einer „Bild-Ton-Aufzeichnung" in die Hauptverhandlung eingeführt. Gegenüber einem Zeugen vom Hörensagen hätte der technische Mediär aber entscheidend die originalgetreue und inhaltsgenaue Wiedergabe der Erstbekundung als Vorteil. Insoweit wäre es quasi „unmittelbareres Beweismittel". Eine Vorschrift *de lege ferenda* als gesetzlicher Neuvorschlag für eine erweiternde und opferschutzbezogene Anwendung der Bild-Ton-Technik würde sich jedenfalls an eben jenen Maßstäben messen lassen müssen.

Zu prüfen ist daher nun, ob diese Maßstäbe durch eine solche Vorschrift grundsätzlich Berücksichtigung fänden. Zunächst lägen triftige Gründe für

---

896 BGH v. 4.5.2017 – 3 StR 323/16 = NStZ 2018, 51 ff.

897 Ausführlich EGMR v. 18.12.2014 - 14212/10 = EGMR BeckRS 2015, 81215 Rn. 46 ff.; vgl. ferner jüngst EGMR v. 15.12.2015 – 9154/10 = NJOZ 2017, 544, 547 ff. (Rn. 110 ff.); zusammenfassend *Valerius*, in: BeckOK, Art. 6 EMRK Rn. 50.

898 EGMR v. 18.12.2014 – 14212/10 = EGMR BeckRS 2015, 81215 Rn. 51; EGMR v. 15.12.2015 – 9154/10 = NJOZ 2017, 544, 548 ff. (Rn. 114 ff.); *Valerius*, in: BeckOK, Art. 6 EMRK Rn. 50.

899 BGH v. 25.7.2000 - 1 StR 169/00 = BGHSt 46, 93, 96 = NStZ 2001, 212, 213; *Safferling* NStZ (2006), 75, 77 ff.; *Wattenberg* StV 2000, 688, 692 ff.; *Valerius*, in: BeckOK, Art. 6 EMRK Rn. 50; vgl. auch VGH Kassel v. 29.5.2013 – 8 B 1005/13, 8 D 1006/13 = NJW 2014, 240, 241 ff.; OLG Nürnberg v. 16.2.2015 – 1 OLG 8 Ss 295/14 = NStZ-RR 2015, 251, 252 f.; a.A. *Paeffgen*, in: SK-StPO Art. 6 EMRK Rn. 160: keine Berücksichtigung der Aussage möglich.

die Abwesenheit eines STEO in der Hauptverhandlung vor, wegen psychischer Krankheiten, den Schutzinteressen vor Mehrfachvernehmungen und den Interessen auf Verringerung bzw. Ausschluss der Gefahren vor *mittelbaren Anschlussviktimisierungen*. Soweit im Einzelfall allein oder weit überwiegend die Aussage des Opferzeugen entscheidend ist – etwa, weil der ein Opferzeuge in „Aussage gegen Aussage-Konstellationen" (einziger) Belastungszeuge ist –, so würden mit der *Mitwirkungsgelegenheit* und der Option einer ergänzenden Zeugenbefragung *de lege ferenda* auch hinreichend (verfahrens-)paritätische Faktoren berücksichtigt. Für eine solche Vorschrift wären das Tatbestandsmerkmal der *Mitwirkungsgelegenheit* und die optionale, ergänzende Zeugenbefragung sowie auch die Ausgestaltung als Ermessensvorschrift zwingend erforderlich. Dann aber, würde eine solche Vorschrift *de lege ferenda* nicht unzulässig die Fragerechte der verfolgten Person und daher so auch nicht den Fairnessgrundsatz berühren.

b) Die „Mitwirkungsgelegenheit" und das Akteneinsichtsrecht

Die Frage, ob ein Akteneinsichtsrecht vor einer videotechnologischen, richterlichen Zeugenvernehmung als ein notwendiger Bestandteil des Tatbestandsmerkmals der *Mitwirkungsgelegenheit* einzuordnen ist wird für den aktuellen § 255a Abs. 2 S. 1 StPO differenziert beantwortet.[900] Trotz einer nicht gewährten Akteneinsicht befand der *BGH* den Art. 6 Abs. 3 lit. d EMRK für nicht tangiert.[901] Da die Tatbestandsmerkmale des § 255a Abs. 2 S. 1 StPO *de lege lata*: Die *Mitwirkungsgelegenheit* und die Möglichkeit einer ergänzenden Befragung auch für einen gesetzlichen Neuvorschlag der erweiternden Anwendungsmöglichkeiten der Bild-Ton-Technologie zugunsten STEO zwingend zu fordern wären ist diese Frage relevant. Soweit die *Mitwirkungsgelegenheit* ein Akteneinsichtsrecht notwendig einschlösse, wäre im Falle ihrer absoluten Nichtbeachtung ein Beweisverwertungsverbot regelmäßige Rechtsfolge.[902] Die Beantwortung dieser Frage ist damit von hoher Relevanz.

---

900 *Beulke* ZStW 113 (2001), 709, 713; *Kretschmer* (JR) 2006, 453, 458; *Schlothauer* StV 1999, 47, 49; *Schünemann* StV (1998), 399 f.: *Vogel/Norouzi* (JR) 2004, 215, 217; *Wolter*, in: SK-StPO § 168e Rn. 49; vgl. zum Akteneinsichtsrecht von Opfer(-zeugen) abstrakt bei *Riedel/Wallau* NStZ (2003), 393 ff.

901 BGH v. 15. 4. 2003 - 1 StR 64/03 = BGHSt 48, 268 ff. = NJW 2003, 2761 ff., krit. Bespr. *Eisenberg/Zötsch* NJW 2003, 3676, 3677 f.; ebenso krit. *Gaede* StV 2006, 599, 600.

902 Siehe hierzu sogleich; für eine solche Notwendigkeit sind etwa *Schlothauer* StV 1999, 47, 49, *Beulke* ZStW 113 (2001), 709, 713; *Krüger*, in: MüKOStPO (2016) Band 2 § 255a Rn. 33a; *Keiser* (1998) S. 306 f.; *Swoboda* (2002), S. 353.

Das Recht auf Akteneinsicht soll die Möglichkeit zur effektiven Ausübung des – auch von Art. 6 Abs. 3 lit. d EMRK umfassten – Fragerechts des Angeklagten in der Hauptverhandlung gewährleisten.[903] Es ist unter Art. 6 Abs. 3 lit. b EMRK einzuordnen.[904] Zur Verteidigungsvorbereitung kann der Beschuldigte etwa eigene Nachforschungen betreiben, Auskünfte einholen und Einsicht in Verfahrensakten nehmen.[905] Die Gewährung von Akteneinsicht erstrebt eine „*Wissensparität*"[906] und stellt damit letztlich informationelle Waffengleichheit unter den Prozessbeteiligten her.[907] Um ein verfassungswidriges Informationsgefälle in der Hauptverhandlung zu verhindern müssen Angeschuldigte bzw. Verteidigung grundsätzlich vor deren Beginn Zugang zum gesammelten Verfahrensstoff erhalten, um nach dessen Sichtung zur gehaltvollen Prozessbeteiligung befähigt zu sein.[908] Also bedingt das Recht des Angeklagten auf rechtliches Gehör (Art. 103 Abs. 1 GG) ein solches auf Akteneinsicht. Daher kann festgehalten werden, dass das Recht auf Akteneinsicht spätestens vor einer eine Stellungnahme voraussetzenden gerichtlichen Entscheidung gestattet werden muss.[909]

Obwohl Art. 6 Abs. 3 lit. b EMRK für das gesamte Verfahren, also nicht nur während der Hauptverhandlung, sondern bereits für das Ermittlungsverfahren gilt,[910] differenziert die StPO in Bezug auf die konkrete Ausgestaltung der Gewährung von Akteneinsicht in den Verfahrensstadien: So ist ein uneingeschränktes Akteneinsichtsrecht (vgl. § 147 Abs. 2, Abs. 7 StPO *e contrario*) erst nach Abschluss der Ermittlungen (§ 169a StPO) notwendige Bedingung eines

---

903 *Eisenberg* (2017), Rn. 792a m.w.N.; *Gaede* StV 2006, 599, 600 m.w.N.

904 Vgl. auch EGMR v. 31.03.2005 – 62116/00 = BeckRS 2008, 06639; *Deumeland* NStZ (1998), 429; *Gaede* StV 2006, 599, 600 m.w.N.

905 EGMR v. 12.03.2003 - 46221/99 = EuGRZ 2003, 472, 480; vgl. Walischewski StV 2001, 243, 245; *Valerius*, in: BeckOK, Art. 6 EMRK Rn. 40.

906 *Lüderssen*, in: LR § 147 Rn. 4.

907 Ähnlich auch *Wollmann* (2008), S. 128.

908 *Gaede* StV 2006, 599, 600 m.w.N.

909 Eben dies ergibt sich – auch schon nach früherem Recht – aus der Rechtsprechung des EGMR (vgl. etwa EGMR StV 2010, 490 ff.) und des BGH (vgl. etwa BGH StV 1996, 79 ff.) zum Akteneinsichtsrecht bei in Untersuchungshaft befindlichen Beschuldigten, vgl. nur die weiteren Nachweise bei *Laufhütte/Willnow*, in: KK StPO (2013) § 147 Rn. 16. Entsprechend wird diese Rechtsprechung auch auf die Anordnung des dinglichen Arrests angewandt, vgl. etwa BVerfG v. 19. 1. 2006 - 2 BvR 1075/05 = NJW 2006, 1048 ff; LG Kiel v. 14. 6. 2006 - 46 Qs 42/06 = NStZ 2007, 424. Gleiches gilt für das Klageerzwingungsverfahren, vgl. BVerfG v. 22. 4. 1964 - 2 BvR 190/62, BVerfGE 17, 356, 362 f. = NJW 1964, 1412 f.

910 EGMR EuGRZ 1996, 587, 592; *Valerius*, in: BeckOK, Art. 6 EMRK Rn. 41.

fairen Verfahrens. Vor dem staatsanwaltschaftlichen Vermerk gemäß § 169a StPO darf die Akteneinsicht – etwa wegen Gefährdung des Untersuchungszwecks, § 147 Abs. 2, Abs. 7 – verweigert werden. Vom *BVerfG* wird dies als verfassungskonform gebilligt, weil das „[…] Ermittlungsverfahren der Klärung des Tatverdachts dient und daher nicht offen geführt werden kann".[911] Eben dies ist kennzeichnender Unterschied des Ermittlungsverfahrens vom Hauptverfahren. Ansonsten wären die (materielle) Wahrheitsfindung und diese voraussetzende Sachverhaltserforschung und Stoffsammlung als zentrales Ziel des Strafverfahrens gefährdet. Ein gewisses Informationsgefälle zugunsten der Staatsanwaltschaft kann bis zu einem gewissen Zeitpunkt notwendig sein. Dabei wird das Tatbestandsmerkmal der Gefährdung des Untersuchungszwecks im Sinne des § 147 Abs. 2 S. 1 StPO restriktiv ausgelegt und immer erst dann angenommen, wenn bei Vorliegen „konkreter Anhaltspunkte" aufgrund der Akteneinsicht zu befürchten ist, dass dysfunktionale Verdunkelungshandlungen vorgenommen werden könnten – bspw. etwa Repressionshandlungen gegen Zeugen wahrheitswidrig auszusagen.[912]

Soweit vertreten werden würde, dass die Surrogatfunktion einer entsprechenden Vorschrift *de lege ferenda* einen Teil der Hauptverhandlung in das Vorverfahren vorverlagerte – wie es für den aktuellen § 255a Abs. 2 StPO vertreten wird[913] – schiene es, in Fortführung dieses Gedankens, auch konsequent anzunehmen, dem Beschuldigten wie auch seiner Verteidigung jene Rechte zuzugestehen die ihnen in der Hauptverhandlung ebenfalls offenstehen. Der Verteidigung wäre dann zur Vorbereitung auf die ermittlungsrichterliche, videotechnologische Opferzeugenvernehmung regelmäßig umfassende Akteneinsicht zu gewähren.[914] Eine Anwendung einer entsprechenden Vorschrift *de lege ferenda* wie auch der aktuellen Beweisverwertungsvorschrift des § 255a Abs. 2 S. 1 StPO wäre danach immer dann ausgeschlossen, sofern dementsprechende Akteneinsicht nicht uneingeschränkt gewährt wurde.[915] Insofern wäre der Anwendungsbereich der § 147 Abs. 2 und Abs. 7 StPO in den Fällen des § 255a Abs. 2 StPO und einer entsprechenden Vorschrift *de lege ferenda* verschlossen

---

911 BVerfG v. 11.07.1994 - 2 BvR 777/94 = NStZ 1994, 551, 552.

912 Vgl. exemplarisch nur BGH v. 2. 5. 1979 - 2 StR 99/79 = BGHSt 29, 1, 3 f.= NJW 1980, 1056 f.; BGH v. 17-10-1983 - GSSt 1/8332 = BGHSt 115, 129 = NJW 1984, 247, 249.

913 Vgl. etwa *Maier*, in: MüKoStPO (2014) Band 1 § 58a Rn. 72.; vgl. auch *Walther* (JZ) 2004, 1107, 1112, „fundamentale Einschränkung".

914 Vgl. für die Rechtslage *de lex lata* Beulke ZStW 113 (2001), 709, 713; *Schlothauer* StV 1999, 47, 49: *Krüger*, in: MüKoStPO (2016) Band 2 § 255a Rn. 33.

915 So für den § 255a Abs. 2 StPO *Keiser* (1998), S. 306 f.; *Swoboda* (2002), S. 353.

und das Akteneinsichtsrecht wäre als notwendiger Bestandteil des Tatbestandsmerkmal *Mitwirkungsgelegenheit* einzuordnen.

Hierfür könnte zunächst eine gewisse Zweckentwertung der Zeugenschutzvorschrift ins Feld geführt werden, wenn bei Nichtgewährung von Akteneinsicht oftmals zu befürchten sein wird, dass eine erneute Vernehmung des Opferzeugen beantragt werden wird, obwohl Mehrfachvernehmungen von Opferzeugen mittels der Videovernehmungen doch gerade vermieden werden sollen.[916] Dieser rechtspraktische Einwand muss sich konsequent an der Rechtspraxis messen lassen. Nach dem *BGH* erfordert „[...] [d]ie vernehmungsersetzende Vorführung der Bild-Ton-Aufzeichnung einer früheren richterlichen Vernehmung in der Hauptverhandlung nach § 255a Abs. 2 S. 1 StPO nicht, dass der Verteidiger vor seiner Mitwirkung an jener früheren Vernehmung teilweise oder vollständige Akteneinsicht nehmen konnte".[917] Hiernach steht in Fällen nichtgewährter Akteneinsicht vor Videovernehmungen von Opferzeugen kein Beweisverwertungsverbot zu befürchten, weil eine solche nicht notwendige Bedingung des Tatbestandsmerkmals *Mitwirkungsgelegenheit* sei. Bei dessen Nichtberücksichtigung seien Bild-Ton-Aufzeichnungen also nicht schon deswegen als taugliche Vernehmungssurrogate auszuschließen.[918]

Dieser Ansicht ist sich auch wegen gesetzgeberischer Grundentscheidungen grundsätzlich anzuschließen. Auch soweit bei Nichtgewährung von Akteneinsicht die Gefahr bestehen mag, dass eine erneute Vernehmung des Opferzeugen beantragt werden wird so stünden demgegenüber Mehrfachvernehmungen mit aller Sicherheit immer dann zu befürchten, soweit das Recht auf Akteneinsicht als notwendige Bedingung des Tatbestandsmerkmals *Mitwirkungsgelegenheit* einzuordnen wäre, ihm jedoch nicht nachgekommen worden ist. Dann nämlich müsste ein solch betroffener Opferzeugen wegen eines folgerichtigen Beweisverwertungsverbots im Hinblick auf das Vernehmungssurrogat „Bild-Ton-Aufzeichnung" gemäß der allgemeinen Regelung der StPO stets als Zeuge bereitstehen, vgl. § 48 Abs. 1 S. 2 StPO. Entgegen der Zwecke eines verbesserten Opferschutzes durch Bild-Ton-Aufzeichnungen sähen sich Opferzeugen im Hinblick auf die Unterstützungsmöglichkeiten durch ein solches Vernehmungssurrogat wiederum externen Faktoren und Entscheidungsträgern ausgesetzt.

---

916 So für den § 255a Abs. 2 StPO *Eisenberg/Zötsch* NJW 2003, 3676, 3677 f.; im Ergebnis auch *Schlothauer* StV 1999, 47, 49; *Maier*, in: MüKoStPO (2014) Band 1 § 58a Rn. 72.

917 Vgl. nur BGH v. 15. 4. 2003 - 1 StR 64/03 = BGHSt 48, 268 ff. = NJW 2003, 2761 ff.

918 BGH v. 15. 4. 2003 - 1 StR 64/03 = BGHSt 48, 268 ff. = NJW 2003, 2761 ff., m. abl. Anm. *Eisenberg/Zözsch* NJW 2003, 3676, 3677 ff., m. abl. Anm. *Schlothauer* StV 2003, 652; a.A. auch *Velten*, in: SK-StPO § 255a Rn. 24.

Auch Wortlaut und Systematik der § 58a Abs. 2 S. 3 StPO i. V. m. § 255a Abs. 2 StPO können für diese Auslegung fruchtbar gemacht werden: Hiernach sind die §§ 147, 406e [StPO] entsprechend anzuwenden, mit der Maßgabe, dass den zur Akteneinsicht Berechtigten Kopien der Aufzeichnung überlassen werden können. Die Vorschrift des § 58a Abs. 2 StPO beschreibt die Verwendung der Bild-Ton-Aufzeichnung. Diese ist keine reine Verwendungsregelung für das Ermittlungsverfahren, sondern dient auch zu „Zwecke[n] des laufenden oder eines anderen anhängigen Strafverfahrens",[919] gilt also auch *zur Vorbereitung einer* Hauptverhandlung und auch zur Vorbereitung von Ermittlungs- oder Hauptverfahren für andere Strafverfahren.[920] Für die konkrete Verwendung als Vernehmungssurrogat hält § 255a StPO dagegen als *lex specialis* zu § 58a Abs. 2 StPO – und von diesem unberührt – Genaueres bereit. Als Vorschrift *auch* für *ein* Hauptverfahren verweist § 58a Abs. 2 StPO auf eine entsprechende Anwendung des § 147 StPO. Die Vorschriften des Ermittlungsverfahrens halten im Gegenzug eben keine Ausnahmen von § 147 StPO in Fällen der Beweiserhebung mittels Bild-Ton-Aufzeichnung bereit – also auch keine Ausnahmen von § 147 Abs. 2 StPO. Daraus ergibt sich, dass der Gesetzgeber die Anwendung des § 147 (Abs. 2) StPO auch in den besonderen Fällen der Bild-Ton-Aufzeichnungen nicht abweichend gehandhabt wissen wollte. Auch ein sich hieran anschließender rechtssystematischer Vergleich mit § 168c Abs. 2 StPO unter Berücksichtigung des Zusammenwirkens mit eben jenem § 147 Abs. 2 StPO stützt dieses Ergebnis. Die Vorschrift des § 168c Abs. 2 StPO regelt das Anwesenheitsrecht von und durch Beschuldigte und Verteidigung bei richterlichen Zeugenvernehmungen. Eine eventuelle Absage einer vorherigen Akteneinsicht gemäß § 147 Abs. 2 StPO verhindert in diesem Zusammenhang nicht schon die richterliche Zeugenvernehmung, sondern kann unter den Voraussetzungen des § 147 Abs. 2 StPO drängend sein. Demzufolge kann eine solche Absage auch keinen Einfluss auf die Anwendung von Beweisverwertungsverboten bestehender Vernehmungssurrogate (§§ 251 ff. StPO) haben, sondern vermag allenfalls im Rahmen der Beweiswürdigung (§ 261 StPO) oder der Aufklärungspflicht (§ 244 Abs. 2 StPO)

919 Vgl. die Gesetzesbegründung in BT-Drucks. 13/7165, S. 7.

920 *Maier*, in: MüKoStPO (2014) Band 1 § 58a Rn. 69; *Senge*, in: KK StPO (2013) § 58a Rn. 10; *Ignor/Bertheau*, in: LR § 58a Rn. 31; so auch *Schmitt*, in: Meyer-Goßner/Schmitt (2018) § 58a Rn. 10 allerdings sieht dieser § 255a StPO durch § 58a Abs. 2 StPO ergänzt und § 255a StPO nicht als von § 58a Abs. 2 StPO unabhängige *lex specialis* Regelung; siehe zum Zusammenhang dieser Vorschrift zu § 255a StPO bereits oben Kap.2.C.II. [Hervorhebung durch den Verfasser].

Berücksichtigung zu finden.[921] Dann ist aber kein Grund ersichtlich diese Fälle anders zu behandeln als jene der ermittlungsrichterlichen Videovernehmungen. Vielmehr sprechen die aktuellen §§ 251 Abs. 1, 2, 255a Abs. 2 StPO – ebenso wie eine Vorschrift *de lege ferenda* dies vorschreiben müsste – von der *Ersetzung* der persönlichen Zeugenvernehmung in der Hauptverhandlung.

Indes wird die Wahrscheinlichkeit des Erfordernisses einer ergänzenden Vernehmung nach § 255a Abs. 2 S. 4 StPO und gemäß einer inhaltsentsprechenden Vorschrift *de lege ferenda* steigen, wenn der Verteidigung das Akteneinsichtsrecht vor der aufzeichnenden Opferzeugenvernehmung verweigert wird.[922] Die Akteneinsichtsgewährung vor Mitwirkung der Verteidigung an der Opferzeugenvernehmung mittels Videotechnologie kann also vor allem zur Vermeidung einer späteren ergänzenden Vernehmung (§ 255a Abs. 2 S. 4 StPO – und entsprechend *de lege ferenda*) und auch unter dem Gesichtspunkt der prozessualen Fürsorge sowie zur sachgerechten Förderung des Verfahrens mit Blick auf eine etwaige spätere Hauptverhandlung regelmäßig als sinnvoll und notwendig erkannt werden.[923] Gleichfalls ist damit schon längst nicht gesagt, dass sie dann auch notwendige Voraussetzung im Hinblick auf die Frage nach der Zulässigkeit der späteren vernehmungsersetzenden Vorführung der Bild-Ton-Aufzeichnung wäre. Ein solch notwendiger Bedingungszusammenhang ist abzulehnen. Demzufolge bleibt § 147 Abs. 2 unberührt.[924] Soweit dies in Abrede gestellt werden würde, wäre nicht nachvollziehbar warum mit herkömmlichen Vernehmungen gegenüber einem Vorgehen nach §§ 58a, 255a StPO und ähnlichen Vorschriften *de lege ferenda* eine Privilegierung beim Akteneinsichtsrecht im Ermittlungsverfahren verbunden sein sollte.[925] Die Ratio des Akteneinsichtsrechts gebietet dies ebenso wenig wie die der Bild-Ton- Aufzeichnungsvorschriften. Mit einer richterlichen Videovernehmung ergeht noch keine den Art. 103 Abs. 1 StPO berührende gerichtliche Entscheidung. In diesen Fällen werden eventuell für den Angeklagten nachteilige Entscheidungen regelmäßig erst *in* der Hauptverhandlung getroffen. Entscheidungen über die Anwendung von Beweisverwertungsvorschriften

921 Ähnlich auch *Wollmann* (2008), S. 132.

922 Vgl. für die Rechtslage *de lege lata* nur BGH v. 15. 4. 2003 - 1 StR 64/03 = BGHSt 48, 268, 272 = NJW 2003, 2761, 2763; vgl. auch *Krüger*, in: MüKoStPO (2016) Band 2 § 255a Rn. 33; *Berg*, in: BeckOK, § 255a Rn. 14.

923 Vgl. hierzu ebenfalls BGH v. 15. 4. 2003 - 1 StR 64/03 = BGHSt 48, 268 = NJW 2003, 2761; *Mosbacher*, in: LR § 255a Rn. 12; *Velten*, in: SK § 255a Rn. 24; *Krüger*, in: MüKoStPO (2016) Band 2 § 255a Rn. 33.

924 Für die aktuelle Gesetzeslage vgl. *Krüger*, in: MüKoStPO (2016) Band 2 § 255a Rn. 33.

925 Ebd.

bzw. über eine Einbeziehung von Vernehmungssurrogaten gemäß den §§ 251 ff. StPO – oder gemäß den Ermessensentscheidungen nach § 255a Abs. 2 StPO oder *de lege ferenda* zugunsten STEO – werden gerade erst *in* Hauptverhandlungen getroffen. In dieser hat der Angeklagte aber jedenfalls die Möglichkeit zur Stellungnahme, § 257 Abs. 1 StPO. Daher wird die Vorschrift des Art. 103 Abs. 1 GG nicht tangiert.

Insoweit wird also befürwortet, dass im Rahmen des *de lege ferenda* zwingend zu fordernden Tatbestandsmerkmals der *Mitwirkungsgelegenheit* eine vorherige Akteneinsicht gewährt wird sofern die restriktive Auslegung des § 147 Abs. 2 StPO eben diese erlaubt.[926] Eine diesbezügliche Notwendigkeit ist dagegen abzulehnen. Denkbar wäre in diesem Zusammenhang auch, dass bei einer angenommenen Gefährdung des Untersuchungszwecks im Sinne des § 147 Abs. 2 StPO eine nur eingeschränkte Akteneinsicht erfolgen könnte, etwa nur in Bezug auf die vorherige Zeugenbekundung, um etwaige diesbezügliche Widersprüche aufzudecken.[927]

Angesichts des Verfahrensstadiums bei Erstellung einer richterlichen Bild-Ton-Aufzeichnung gelten die Vorschriften und Zwecke des Ermittlungsverfahrens trotz der Tatsache, dass die Videokonserve oftmals zum Zweck der Verwendung in der Hauptverhandlung erstellt wird – obwohl sie freilich auch anderen Zwecken dienlich sein kann[928]. Da dies aber grundsätzlich jeder Beweiserhebung und Beweisgewinnung im Ermittlungsverfahren eigen ist, kann dieser Umstand keine Besonderheit darstellen. Daher sind gesetzlich abweichende Folgewirkungen auch nicht zu rechtfertigen. Allein die parteiübergreifende Auslegung des § 147 Abs. 2 StPO, nämlich auch inklusive des bestehenden § 255a Abs. 2 S. 4 StPO bzw. *de lege ferenda* einer ebensolchen Vorschrift – also auch

926 Das Akteneinsichtsrecht sollte auch im Rahmen einer Neuregelung wie auch für bisherige Videoaufzeichnungen nach § 58a Abs. 2, S. 3, 4 StPO erfolgen, indem nur Kopien der Aufzeichnungen überlassen werden, die weder vervielfältigt noch weitergegeben werden dürfen. Widerspricht der Opferzeuge der Aushändigung von Aufzeichnungskopien, ist der Inhalt der Vernehmungen in schriftlichen Protokollen festzuhalten gemäß § 58a Abs. 3 S. 1 StPO. Beide Normen wurden durch das Opferrechtsreformgesetz (2004) eingefügt. Auf diese Weise hat der Gesetzgeber den Streit über die Herausgabe von Videoaufzeichnungen und deren Kopien entschieden, vgl. OLG Stuttgart v. 12. 11. 2002 - 4 Ws 267/02 = NJW 2003, 767; ausführlich zur alten Gesetzeslage *Hartz* (2004), S. 95 ff.

927 Vgl. hierzu *Krehl* (2002), S. 215 f.

928 Etwa nach Maßgabe des § 58a Abs. 2 StPO bereits zu Zwecken des Ermittlungsverfahrens und ökonomischer Gestaltung nachfolgender Instanzenzüge oder zivilrechtlicher Rechtsstreite.

Opferschutzgesichtspunkte und bestmögliche Vermeidung von Mehrfachvernehmungen berücksichtigend – vermag das Streben nach *Parität* zu unterstützen. Die Anwendung des § 147 Abs. 2 StPO verschließt sich mithin nicht absolut. Daher ist das Recht auf Akteneinsicht keine notwendige Bedingung des Tatbestandsmerkmals der *Mitwirkungsgelegenheit*.

Als weniger virulent stellt sich die umgekehrte Frage dar, ob und inwieweit vor der ermittlungsrichterlichen, videotechnologischen Opferzeugenvernehmung ein anwaltlicher Vertreter des Opferzeugen nach § 406e StPO Akteneinsicht verlangen kann oder ob diese wegen § 406e Abs. 2 StPO – etwa wegen überwiegender schutzwürdiger Beschuldigteninteressen (§ 406e Abs. 2 S. 1 StPO) bzw. Gefährdung des Untersuchungszwecks (§ 406e Abs. 2 Hs. 1 StPO) – verweigert werden kann. Im Regelfall dürfte zunächst erforderlich sein, dass ein erwachsener Opferzeuge sein diesbezügliches *berechtigtes Interesse* darlegt (vgl. § 406e Abs. 1 S. 1 StPO). Insoweit lässt sich kein Reformbedürfnis ausmachen. Der Sonderfall des § 406e Abs. 1 S. 2 StPO dagegen wird auf erwachsene Opferzeugen, die eine Ersetzung ihrer Zeugenpflichten durch Bild-Ton-Aufzeichnung anstreben, kaum jemals eintreffen. *De lege ferenda* würde sich ein gesetzlicher Neuvorschlag als gesetzlich regelmäßige Ausnahme inhaltlich an § 255a Abs. 2 StPO orientieren. Die meisten der hier enumerativ aufgezählten Delikte eröffnen eine Möglichkeit zur Nebenklagebeteiligung, vgl. § 395 StPO. Soweit Opferzeugen eine selbständige und aktive Prozessbeteiligung gemäß §§ 395 ff. StPO verfolgen ergeben sich keine opferschutzbezogenen Reformerfordernisse.

Die sich anschließende Frage nach dem Verhältnis der Nebenklage zu einem Vernehmungssurrogat *de lege ferenda* zugunsten erwachsener Opferzeugen lässt sich anhand ihrer konzeptionell unterschiedlichen Zielrichtungen zweckorientiert auflösen. Sie schließen einander aus. Ein sich auf solches Schutzinstitut berufender Nebenkläger würde hiermit in Widerspruch zu den Zielen der Nebenklage geraten. Diese hat er durch seine praktisch umgesetzte Nebenklageabsicht selbst implizit anerkannt, ja sogar gerade bezweckt. Ein erwachsener Opferzeuge, der als Nebenkläger auftreten *möchte*, möchte seine Zeugenaussage kaum je durch ein Vernehmungssurrogat ersetzt wissen. Falls dagegen ein solches Vernehmungssurrogat ein Schutzbedürfnis eines Opferzeugen als effektives Vehikel fördert einem Auftritt in der Hauptverhandlung entgehen zu können, wird er sich nicht auf die Nebenklage berufen (können). Einem Prozessanschluss durch eine Nebenklage geht die aktive Prozessbeteiligung als originäres Ziel einher.[929] Etwa *berechtigt* sie gemäß § 397 Abs. 1 S. 1 StPO zur Anwesenheit

929 Ähnlich *Weiner*, in: BeckOK, § 395 Rn. 1 m.w.N.

in der Hauptverhandlung, befugt zur Ablehnung eines Richters (§ 397 Abs. 1 S. 3 StPO), räumt Fragerechte ein (§ 397 Abs. 1 S. 3 StPO), erlaubt Beanstandungen von Anordnungen und Fragen (§ 397 Abs. 1 S. 3 StPO) und die Abgabe von Erklärungen und Plädoyers (§ 397 Abs. 1 S. 3 StPO); auch das Beweisantragsrecht (§ 244 Abs. 3 bis 6 StPO) steht Nebenklägern zu (vgl. § 397 Abs. 1 S. 3 StPO). Einem denkbaren Gegeneinwand, die Nebenklage *berechtige* zwar, *verpflichte* aber längst noch nicht, lässt sich entgegenhalten, dass ein Anschluss zur Nebenklage trotz Prozessbeteiligungsunwillens widersinnig wäre. Dem Institut der Nebenklage ist ihre Fakultativität immanent. Auch soweit sich ein die Nebenklage verfolgender Opferzeugen nach § 397 Abs. 2 S. 1 Alt. 2 StPO anwaltlich vertreten lässt, beabsichtigt er mit seinem Anschluss (§ 396 StPO) regelmäßig durchaus die Ziele der Nebenklage zu erreichen, nämlich die Möglichkeit als *Verletzter* seine Interpretation der Tatgeschehnisse darzustellen.[930] Denn dies ist konstitutiver Zweck der §§ 395 ff. StPO. Soweit er aber gleichzeitig wünschte seine Zeugenaussage durch ein Vernehmungssurrogat „Bild-Ton-Aufzeichnung" ersetzen zu wissen, verhielte er sich widersprüchlich. Er kann nicht gleichzeitig wegen psychischer Überanspannungen Mehrfachvernehmungen auszuweichen suchen, trotzdem aber entsprechende (ggf. auch mehrfache) aktive Prozessbeteiligungen samt angeschlossener Rechte für sich vereinnahmen wollen.

c) *Die „Mitwirkungsgelegenheit" als Legitimation einer Benachrichtigungspflicht und eines Anspruchs auf Terminsverlegung?*

Zu prüfen ist, inwieweit entsprechende Vorschriften *de lege ferenda* mit der Benachrichtigungspflicht vor richterlichen Zeugenvernehmungen (§ 168c StPO) vereinbar sind bzw. einen Anspruch auf Terminsverlegung legitimieren. Auch für die Beweiserhebung mittels einer Bild-Ton-Aufzeichnung normiert § 168c Abs. 2 StPO grundsätzlich das Anwesenheitsrecht und § 168c Abs. 5 S. 1 StPO das Benachrichtigungsrecht. Gemäß § 168c Abs. 5 S. 2 StPO *unterbleibt die Benachrichtigung* soweit Untersuchungszwecke gefährdet werden. Schon oben wurde festgestellt, dass § 255a Abs. 2 S. 1 StPO wegen dessen Mitwirkungsgebots dann nicht anwendbar ist, wenn im Ermittlungsverfahren nach § 168c Abs. 3 StPO verfahren wurde.[931] Auch eine Beweisverwertungsvorschrift *de lege ferenda* für einen gesetzlichen Neuvorschlag der Anwendungsmöglichkeiten der Bild-Ton-Technik auf STEO enthielte zwingend ein solches Mitwirkungsgebot,[932]

930 Vgl. BT-Drs. 10/5305, 13; *Weiner*, in: BeckOK, § 395 Rn. 1, 2 m.w.N.

931 Siehe hierzu soeben.

932 Siehe Kap.6.B.I.3.a) ff.

weshalb eben jene Rechtsfolgen gelten würden. Dies wirft die Frage auf, ob ein ebensolches Verhältnis einer Vorschrift *de lege ferenda* zu § 168c Abs. 5 S. 2 StPO anzunehmen ist.

Im Grundsatz gilt § 168c Abs. 5 S. 1 StPO, nach dem die zur Anwesenheit Berechtigten – Verteidigung und Beschuldigter – von den Terminen vorher zu benachrichtigen sind. Die Benachrichtigung kann zunächst als notwendige Voraussetzung der *Mitwirkungsgelegenheit* des § 255a Abs. 2 StPO und einer Vorschrift *de lege ferenda* begriffen werden, weil ohne Terminkenntnis keine *Gelegenheit* zur Teilnahme und Ausübung des Anwesenheits- und Fragerechts eingeräumt ist.[933] Idealtypisch sollte sie frühestmöglich erfolgen, um eine gewisse Vorbereitungszeit für die effektive Wahrnehmung der Mitwirkungsbefugnisse zu gewährleisten.[934] Eine unterlassene Terminsbenachrichtigung wegen § 168c Abs. 5 S. 2 StPO könnte dagegen dann – wie oben in den Fällen des § 168c Abs. 3 StPO – zur Unanwendbarkeit des § 255a Abs. 2 StPO und einer Vorschrift *de lege ferenda* für einen entsprechenden gesetzlichen Neuvorschlag führen.[935] Andererseits könnte jedoch aus Opferschutzgründen eine Benachrichtigungs*pflicht* zu erwägen sein, mit der Folge, dass § 168c Abs. 5 S. 2 StPO in diesen Fällen, teleologisch reduziert, unanwendbar wäre.[936] Insoweit wären die Grundsätzen zur Benachrichtigung vor richterlichen Zeugenvernehmungen mit einer Vorschrift *de lege ferenda* vereinbar.

Das Tatbestandsmerkmal der *Mitwirkungsgelegenheit* umfasst neben Fragerechten auch das Anwesenheits- und Benachrichtigungsrecht. Seiner Begriffsbedeutung nach ist die Mitwirkung gegenüber den in den §§ 168c Abs. 2, 5 StPO im Einzelnen beschriebenen Rechten umfassender zu verstehen. Auch systematische Erwägungen sprechen für eine Annahme einer zumindest eingeschränkten Benachrichtigungs*pflicht*. Bild-Ton-Aufzeichnungen sind – und wären *de lege ferenda* – wegen des zwingenden Mitwirkungsgebots immer dann nicht vorführbar, wenn der Beschuldigte und spätere Angeklagte im Ermittlungsverfahren gemäß § 168c Abs. 3 StPO von der ermittlungsrichterlichen, videotechnologischen Opferzeugenvernehmung ausgeschlossen wurde.[937] Unberührt bleibt

933 Ähnlich BGH v. 11. 5. 1976 - 1 StR 166/76 = BGHSt 26, 332, 334 f. = NJW 1976, 1546 f.; *Keiser* (1998) S. 316; *Rieß*, in: LR, § 168c Rn. 33.

934 *Krüger*, in: MüKoStPO (2016) Band 2 § 255a Rn. 29.

935 So für § 255a Abs. 2 StPO *Tsambikakis*, in: SSW § 255a Rn. 16; *Mosbacher*, in: LR § 255a Rn. 13; *Krüger*, in: MüKoStPO (2016) Band 2 § 255a Rn. 29.

936 So *Leitner* (1999), S. 45, 46; ähnlich *Beulke* ZStW 113 (2001), 709, 713 f.; *Schlothauer* StV 1999, 47, 49.

937 Siehe Kap.6.B.I.3.

§ 168e StPO. Damit vermag § 168e S. 1, 2 StPO durch eine Bild-Ton-Übertragung einen Ausschluss nach § 168c Abs. 3 StPO auszugleichen. Eine solche paritätische Option besteht dagegen in den Fällen des § 168c Abs. 5 S. 2 StPO gerade nicht. Die Anwendung dieser Vorschrift hätte bei rechtzeitigem Widerspruch ein Beweisverwertungsverbot des Beweismittelsurrogats „Bild-Ton-Aufzeichnung" in der Hauptverhandlung zur Folge. Damit würden die intentionellen Zwecke opferschutzbezogener Regelungen leerlaufen und das Recht der Opfer selbst verkürzt werden – sie würden verkürzt bleiben.

Vor diesem Hintergrund ist eine teleologisch einschränkende und normsystematisch auf § 168c Abs. 3 StPO, § 255a Abs. 2 StPO und einer entsprechenden Vorschrift *de lege ferenda* rekurrierende Auslegung erforderlich. Hiernach bleibt die Vorschrift des § 168c Abs. 5 S. 2 StPO bei (materieller) Vernehmungsgefährdung allein gegenüber dem Beschuldigten anwendbar.[938] Gegenüber dessen Verteidiger besteht dagegen eine Benachrichtigungs*pflicht*. Dem dann einschränkungslos zu benachrichtigenden Verteidiger bleibt es im Weiteren im Rahmen seines Mandatsverhältnisses anheimgestellt nach erhaltener Terminsnachricht seinerseits den eventuell nicht informierten Beschuldigten Kenntnis zu verschaffen.[939] Mit dieser Auslegung werden die entsprechenden Interessen angemessen in Ausgleich gebracht, sie steht außerdem normsystematisch im Einklang mit § 168c Abs. 3 StPO und korreliert wiederum im Gesamtgefüge mit den systematischen Zusammenhängen des § 168e StPO. Zudem verringert sie die Gefahren eines opferschutzwidersprechenden Beweisverwertungsverbots und entspricht damit auch der Ratio des § 255a Abs. 2 S. 1 StPO und einer Vorschrift *de lege ferenda*. Damit steht eine entsprechende Vorschrift mit den Grundsätzen zur Benachrichtigung vor richterlichen Zeugenvernehmungen im Einklang.

Die Vorschrift § 168c Abs. 5 S. 3 StPO verbietet ausdrücklich einen Anspruch auf Terminsverlegung. Aus § 255a Abs. 2 S. 1 StPO und einer Vorschrift *de lege ferenda* könnte sich Abweichendes von diesem, dem Ermittlungsverfahren zugrundeliegenden, Grundsatz ergeben. *Leitner* fordert ebendies und verweist zur Begründung auf die Effektivität des Mitwirkungsrechts, welches ansonsten leerliefe.[940] Auslegungsfolge wäre dann die fallbezogene Unanwendbarkeit

---

938 So für die bestehende Gesetzeslage *Eisenberg* (2017), Rn. 523; *Kölbel*, in: MüKoStPO (2016) Band 2 § 168c Rn. 22.

939 So ausdrücklich LG Hamburg 21.1.2003 – 601 Qs 6/03 = StraFo 2003, 328; *Schmitt*, in: Meyer-Goßner/Schmitt (2018) § 168c Rn. 5a; *Wohlers*, in: SK § 168c Rn. 33; *Erb*, in: L/R § 168c Rn. 43.

940 *Leitner* (1999), S. 45, 46.

des § 168c Abs. 5 S. 3 StPO. Auch für *Schlothauer*[941] und *Beulke*[942] ist eine Bild-Ton-Aufzeichnung als Vernehmungssurrogat immer nur dann verwertbar, wenn Beschuldigte und Verteidigung im Rahmen der ermittlungsrichterlichen Videovernehmung des Opferzeugen *tatsächlich* anwesend waren und mitgewirkt haben, weshalb ein Anspruch auf Terminsverlegung bestehen solle.[943] Zur Begründung wird wiederum mit einer (Vor-)Verlagerung eines Teils der Hauptverhandlung in das Ermittlungsverfahren argumentiert.[944]

Eine solche – auf eine tatsächliche Mitwirkung abstellende – Auslegung geht jedoch evident über den Wortlaut des § 255a Abs. 2 StPO hinaus. Dasselbe gilt dann auch für eine sich an dieser Norm orientierenden Vorschrift *de lege ferenda* für einen entsprechenden gesetzlichen Neuvorschlag der Anwendungsmöglichkeiten der Bild-Ton-Technik auf STEO. Ferner handelt es sich nicht um eine rechtliche, sondern allenfalls um eine teilweise inhaltliche (Vor-)Verlagerung von Hauptverhandlungsabschnitten in das Ermittlungsverfahren.[945] Die Beweiserhebung mittels Bild-Ton-Aufzeichnung geschieht nach wie vor im Vorverfahren. Konsequenterweise müssen dann auch dessen Ziele und Zwecke, wie auch die zugrundeliegenden Vorschriften, anwendbar bleiben. Auch opferschutzbezogene, psychotraumatologische Überlegungen unterstützen diesen Befund. Sofern Beschuldigten und Verteidigung vorbehaltlos derartige Ansprüche eingeräumt würden, würden sich Opferzeugen erneut ihren Einflüssen ausgesetzt sehen.[946] Effektive Opferhilfe würde dadurch vereitelt, jedenfalls aber wesentlich erschwert werden; auch würden Strafverfahren sichtlich eher verlängert denn beschleunigt. Insofern kann also nach einer abwägenden Gerichtsentscheidung nur auf schlüssiges Ansinnen der Verteidigung auf Terminsverlegung hin, eine ebensolche erfolgen – wenn und soweit sich hieraus ergebende Verzögerungen hinnehmbar sind.[947] Ein Bedürfnis für eine ergänzende Vernehmung gemäß § 255a Abs. 2 S. 4 StPO und nach einer entsprechenden Vorschrift *de lege ferenda*

941 *Schlothauer* StV 1999, 49.

942 *Beulke* ZStW 113 (2001), 709, 713.

943 Ebenso *Swoboda* (2002), S. 426 f., vgl. insbesondere ihren Vorschlag auf S. 427 nach dem eine Verwertung nach § 255a Abs. 2 V-StPO nur möglich sein soll, „[…] wenn der Angeklagte und sein Verteidiger an [der früheren richterlichen Vernehmung] tatsächlich mitgewirkt haben“.

944 Siehe hierzu soeben.

945 Ähnlich *Wollmann* (2008), S. 137.

946 Ähnlich auch *Hartz* (2004), S. 114; *Helmig* (2000), S. 110.

947 Vgl. *Schmitt*, in: Meyer-Goßner/Schmitt (2018) § 168c Rn. 5a; *Erb*, in: LR, § 168c Rn. 47; *Wache*, in: KK StPO (2013) § 168c Rn. 20.

für erwachsene Opferzeugen dürfte auch in solchen Fällen bestehen, in denen die ermittlungsrichterliche, videotechnologische Opferzeugenvernehmung ohne Verteidigung stattfand.[948] Daher wäre die regelmäßige Stattgabe ihrer Anträge auf Terminsverschiebung begrüßenswert. Schon deswegen besteht aber noch keine Notwendigkeit von der gesetzgeberischen Entscheidung in § 168c Abs. 5 S. 3 StPO abzuweichen.

d) Die „Mitwirkungsgelegenheit" als Legitimation einer Pflichtverteidigung

Das Tatbestandsmerkmal der *Mitwirkungsgelegenheit* für Beschuldigte *und* Verteidigung könnte für Fälle einer Ersetzungsvorschrift *de lege ferenda* die Notwendigkeit einer Pflichtverteidigung beinhalten. Für eine solche Notwendigkeit wird im deckungsgleichen Tatbestandsmerkmal in § 255a Abs. 2 S. 1 StPO einmal mehr mit einer (Vor-)Verlagerung der Hauptverhandlung in das Ermittlungsverfahren argumentiert bzw. – inhaltlich nicht grundverschieden – zur Begründung „die Durchbrechung des Unmittelbarkeitsgrundsatzes" (§ 250 StPO) angeführt.[949]

Dieser Begründung lässt sich erneut entgegenhalten, dass es sich mitnichten um eine rechtliche, sondern allenfalls um eine teilweise inhaltliche (Vor-) Verlagerung von Hauptverhandlungsabschnitten in das Ermittlungsverfahren handelt.[950] Die Beweiserhebung mittels Bild-Ton-Aufzeichnung geschieht nach wie vor im Vorverfahren. Dessen Ziele und Zwecke, wie auch die zugrundeliegenden Vorschriften, müssen dann konsequenterweise anwendbar bleiben. Soweit zur Begründung pauschal auf eine „Durchbrechung des Unmittelbarkeitsgrundsatzes" verwiesen wird kann dies schon deswegen nicht verfangen, weil hiervon sämtliche Fallkonstellationen der §§ 251 ff. StPO betroffen wären und all jene Fälle dann zur übergesetzlichen Fallgruppe notwendiger Verteidigung aufgewertet werden müssten.[951] Dem stehen jedoch Wortlaut und Sinn und Zweck der Regelungen der §§ 140 ff. StPO eindeutig entgegen. Dennoch könnten sowohl rechtliche als auch ethisch-pragmatische Gründe für das Erfordernis einer Pflichtverteidigung *de lege ferenda* in Fällen der Anwendung von Bild-Ton-Technik bei Betroffenheit von STEO sprechen.

---

948 *Krüger*, in: MüKoStPO (2016) Band 2 § 255a Rn. 29.

949 *Schlothauer* StV 1999, 47, 49; wiederholend in *Schlothauer* StV 2001, 127, 128; ebenso *Beulke* ZStW 113 (2001), 709, 738.

950 Ähnlich *Wollmann* (2008), S. 137.

951 So auch *Krüger*, in: MüKoStPO (2016) Band 2 § 255a Rn. 30.

Für die Frage einer notwendigen Verteidigung in jenen Fällen könnten zunächst der Wortlaut einer an § 255a Abs. 2 StPO orientierten Regelung *de lege ferenda* sprechen. Die auch hier zu fordernde *Mitwirkungsgelegenheit* muss zugunsten des Angeklagten *und* Verteidigung bestanden haben. Letztere muss notwendigerweise überhaupt existieren. Weitere Argumente können aus den Vorschriften der §§ 140 ff. StPO entspringen. Soweit ein Fall des § 140 Abs. 1 StPO vorliegt ist der Anwendungsbereich von § 141 Abs. 3 StPO eröffnet. Sofern aber keine – auch für eine entsprechende Vorschrift *de lege ferenda* zu fordernde – Katalogtat im Sinne des § 255a Abs. 2 S. 1 StPO vorläge, welche schon für sich eine Pflichtverteidigung erforderte, so könnte in Fällen von STEO regelmäßig ein Fall des § 140 Abs. 2 S. 1 StPO in Gestalt einer *schwierigen Sach- und Rechtslage* vorliegen. Bei der Beurteilung einer solchen sind die Voraussetzungen eher niedrig anzusetzen, da es auf die (Laien-)Sichtweise des Beschuldigten ankommt.[952] Eine schwierige Sachlage nach § 140 Abs. 2 S. 1 StPO ist regelmäßig dann anzunehmen, wenn es etwa auf eine komplexe Beurteilung der Glaubwürdigkeit von Zeugen[953] ankommt oder eine Aussage-gegen-Aussage-Situation[954] vorliegt.[955] Für eine schwierige Rechtslage im Sinne des § 140 Abs. 2 S. 1 StPO können etwa auch Fragen der Beweiserhebung, -verwertung und -würdigung[956] sprechen.[957] Insofern spricht hier eine Gesamtabwägung der Sach- und Rechtslage nach § 140 Abs. 2 S. 1 StPO eher dafür regelmäßig einen hinreichenden Schwierigkeitsgrad in diesem Sinne anzunehmen, wenn es im Ermittlungsverfahren zu einer Opferzeugenvernehmung mit Videotechnologie gemäß § 58a

952 OLG Köln v. 15.11.1988 – Ss 628/88 = LSK 1989, 390131; *Jahn*, in: LR § 140 Rn. 68; *Wohlers*, in: SK-StPO § 140 Rn. 37; *Thomas/Kämpfer*, in: MüKoStPO (2014) Band 1 § 140 Rn. 35; *Molketin* NStZ (1986), 136, 137; hierzu auch *Oellerich* StV 1981, 434, 437.

953 OLG Zweibrücken 13.12.2001 – 1 Ss 222/01 = NStZ-RR 2002, 112; *Laufhütte /Willnow*, in: KK StPO (2013) § 140 Rn. 22 m.w.N.; OLG Koblenz 1.4.1976 – 1 Ss 102/76 = BeckRS 1976, 31161729; *Schmitt*, in: Meyer-Goßner/Schmitt (2018) § 140 Rn. 26a.

954 OLG Celle v. 16.10.2008 – 1 Ws 517/08 = NStZ 2009, 175; OLG Koblenz v. 11.2.1999 – 1 Ws 43/99 = NStZ-RR 2000, 176; LG v. Hamburg 10.2.2010 – 601 Qs 9/10 = BeckRS 2010, 20477; *Wohlers*, in: SK-StPO § 140 Rn. 40; *Molketin* (StraFo) 2005, 57 m.w.N.; restriktiver OLG Frankfurt a. M. 31.3.2009 – 3 Ws 271/09 = NStZ-RR 2009, 207, 208 m.w.N..; *Krüger*, in: MüKoStPO (2016) Band 2 § 255a Rn. 31.

955 Vgl. auch weitergehend bei *Thomas/Kämpfer*, in: MüKoStPO (2014) Band 1 § 140 Rn. 37 ff.

956 OLG Düsseldorf 7.2.2000 – 2a Ss 357/99 – 75/99 III, 3 Ws 604 – 605/99, 3 Ws 604/99, 3 Ws 605/99 = BeckRS 2000, 16677; LG Aachen 4.3.1992 – 63 Qs 47/92, StV 1992, 371.

957 Vgl. *Thomas/Kämpfer*, in: MüKoStPO (2014) Band 1 § 140 Rn. 42 ff.

StPO kommen soll. Wegen des normsystematischen Gesamtgefüges der §§ 255a, 58a StPO – bzw. entsprechender Vorschriften *de lege ferenda* – in Verbindung mit § 140 Abs. 2 S. 1 StPO sollte mithin regelmäßig eine Pflichtverteidigerbestellung erfolgen.[958] Eine Bestellung sollte auch deshalb erfolgen, weil oftmals zur Nebenklage berechtigende Delikte in Rede stehen werden. Sofern zunächst ein Verletztenbeistand (vgl. § 397a Abs. 1 StPO) einen Opferzeugen gemäß § 406f Abs. 1, Abs. 2 S. 1 StPO begleitet, so sieht das Gesetz in § 140 Abs. 1 Nr. 9 StPO ohnehin eine notwendige anwaltliche Beiordnung zugunsten des Beschuldigten vor. Auch dies trägt zur angestrebten informationellen *Parität* der Prozessbeteiligten im Hauptverfahren bei und ist als Ausdruck des *Prinzips* der Waffengleichheit Ausprägung des Rechts auf ein faires Verfahren.

Auch ethisch-pragmatische Gründe des Opferschutzes sprechen für einen Fall notwendiger Verteidigung in Fällen mit Opferzeugenbezug. Verfassungsrechtsimmanente Gründe sind bei der Auslegung des § 140 Abs. 2 S. 1 StPO zu berücksichtigen.[959] Ein Bedürfnis für eine – opferschutzwidersprechende – Vernehmungsergänzung gemäß § 255a Abs. 2 S. 4 StPO dürfte immer dann erhöht bestehen, wenn die ermittlungsrichterliche, videotechnologische Opferzeugenvernehmung ohne Verteidigung stattfand.[960] Der Anwendungsbereich dieser Vorschrift – und auch ein solcher *de lege ferenda* – wäre eröffnet, wenn und soweit sich neue Beweisthemen ergeben.[961] Eben jene aus § 255a Abs. 2 S. 4 StPO bzw. einer entsprechenden Vorschrift fließenden Gründe haben so auch verfahrensrechtliche Bedeutung. Entsprechende Vorschriften stehen nämlich auch in einem Gesamtkontext mit der gerichtlichen Aufklärungspflicht (§ 244 Abs. 2 StPO) und dem Grundsatz auf ein faires Verfahren: Auch hieraus kann eine Pflicht zur Pflichtverteidigerbestellung vor einer ermittlungsrichterlichen, videotechnologischen Opferzeugenvernehmung folgen. Sofern der Beschuldigte gehalten sein sollte allein und ohne Rechtsvertretung sein von Art. 6 Abs. 3 lit. d EMRK umfasstes Fragerecht auszuüben bestünde ein nicht unerhebliches Risiko einer qualitativ verminderten Rechtsverteidigung, weil etwa nicht alle ihn

---

958 Für die bestehende Rechtslage, vgl. bei *Mosbacher*, in: LR § 255a Rn. 13; *Velten*, in: SK § 255a Rn. 25; *Schlothauer* StV 1999, 47, 49; *Krüger*, in: MüKoStPO (2016) Band 2 § 255a Rn. 30.

959 *Krüger*, in: MüKoStPO (2016) Band 2 § 255a Rn. 31 m.w.N.

960 Ebd., Rn. 30.

961 Für § 255a Abs. 2 S. 4 StPO vgl. BGH v. 15. 4. 2003 - 1 StR 64/03 = BGHSt 48, 268, 273 = NJW 2003, 2761, 2763 f.; BGH v. 10. 11. 2004 - 1 StR 463/04 = NStZ-RR 2005, 45; *Beulke* ZStW 113 (2001), 709, 714.

entlastende Punkte gänzlich beleuchtet werden könnten.[962] Gegenüber solchen Fällen vermag eine effektivere Rechtsverteidigung *mit* einem Verteidiger dann aber erst nachträglich nach Maßgabe des § 255a Abs. 2 S. 4 StPO – bzw. entsprechend *de lege ferenda* – solche Beweisthemenlücken schließen zu können. Dies wiederum würde der gesetzgeberischen Intention zuwiderlaufen, nämlich eigentlich Mehrfachvernehmungen zu vermeiden, weil STEO eben diesen – gewissermaßen durch die Hintertür – gerade wieder ausgesetzt wären.

Damit steht nunmehr für hiesige Frage nach der Bestellung einer Pflichtverteidigung nicht mehr allzu sehr die Frage des *ob*, sondern vielmehr die Frage des *wann* im Vordergrund. Nach § 141 Abs. 3 S. 2 StPO beantragt die Staatsanwaltschaft die Bestellung eines Pflichtverteidigers, wenn nach ihrer Auffassung in dem gerichtlichen Verfahren dessen Mitwirkung nach § 140 Abs. 1 oder Abs. 2 notwendig sein wird. Die Staatsanwaltschaft unterliegt dabei einer Ermessensentscheidung.[963]

Nach der Rechtsprechung des *BGH* besteht eine Notwendigkeit zur Pflichtverteidigerbestellung aber nach Maßgabe des Fragerechts aus Art. 6 Abs. 3 lit. d EMRK immer dann, wenn Beschuldigte gemäß § 168c Abs. 3 StPO von den ermittlungsrichterlichen, videotechnologischen Opferzeugenvernehmungen ausgeschlossen werden.[964] § 168c Abs. 3 StPO ist in den Fällen des § 255a Abs. 2 StPO – bzw. entsprechender Vorschrift – grundsätzlich unanwendbar, wenn nicht nach § 168e S. 1, 2 StPO vorgegangen wird.[965] Bei einer Ermessensreduzierung auf Null *ist* also ein Pflichtverteidiger zu bestellen.[966] Die Rechtsprechung nimmt eine Ermessensreduzierung auf Null etwa auch dann an, wenn die ermittlungsrichterliche Vernehmung eines zentralen Belastungszeugen erfolgen soll, insbesondere wenn die Gefahr besteht, dass er in der späteren Hauptverhandlung nicht gehört werden kann.[967] Dies ist auch aus Opferschutzperspektive vor dem Hintergrund des § 255a Abs. 2 S. 4 StPO – bzw. entsprechend *de lege*

---

962 Siehe auch *Zacharias* (1997) S. 312 f. zur Formbarkeit der Aussage durch Suggestivfragen und geschicktes Taktieren des Vernehmenden.

963 Der *BGH* geht von keiner gebundenen Entscheidung aus, weder in Bezug auf spezifische Untersuchungshandlungen, noch das Ermittlungsverfahren betreffend, vgl. BGH v. 2. 5. 1979 - 2 StR 99/79 = BGHSt 29, 1, 5 = NJW 1980, 1056 f.; BGH v. 5. 2. 2002 - 5 StR 588/01 = BGHSt 47, 233, 237 = NJW 2002, 1279, 1280.

964 BGH v. 25. 7. 2000 - 1 StR 169/00 = BGHSt 46, 93 ff. = JuS 2001, 194 f.

965 Siehe hierzu Kap.6.B.I.3. und Kap.6.B.I.3.a), c).

966 *Krüger*, in: MüKoStPO (2016) Band 2 § 255a Rn. 32.

967 BGH v. 25.7.2000 – 1 StR 169/00 = BGHSt 46, 93 = NStZ 2001, 212; *Krüger*, in: MüKoStPO (2016) Band 2 § 255a Rn. 32.

ferenda – begrüßenswert. Insofern dürfte das staatsanwaltschaftliche Ermessen nach § 141 Abs. 3 StPO auch in Fällen von ermittlungsrichterlichen, videotechnologischen Opferzeugenvernehmungen im Regelfall auf Null reduziert sein. Daher ist dem Beschuldigten vor einer solchen Opferzeugenbefragung ein Pflichtverteidiger zu bestellen. Bei Missachtung dessen dürfte statt aller ein Beweisverwertungsverbot die vorzuziehende Rechtsfolge sein.[968] Dann nämlich wäre nicht nur § 141 Abs. 3 StPO verletzt, sondern eben auch § 255a Abs. 2 S. 1 StPO bzw. eine entsprechende Vorschrift *de lege ferenda* betroffen, weil gerade keine kumulative *Mitwirkungsgelegenheit* eingeräumt worden wäre. Raum für die sonst vom *BGH* favorisierte sog. Beweiswürdigungslösung[969] besteht dann mangels dieses zwingend notwendig einzuhaltenden Tatbestandsmerkmals nicht mehr.[970]

e) Zwischenergebnis

Damit konnte herausgearbeitet werden, dass der Grundsatz des fairen Verfahrens wegen der für eine entsprechende Vorschrift *de lege ferenda* zwingend zu fordernden Tatbestandsmerkmale der *Mitwirkungsgelegenheit* und einer optionalen ergänzenden (Opfer-)Zeugenbefragung nicht berührt ist.

4. Keine Betroffenheit des Amtsermittlungsgrundsatzes (§ 244 Abs. 2 StPO)

Zu überprüfen ist, ob durch entsprechende Vorschriften *de lege ferenda* die Pflicht des Gerichts zur Wahrheitserfoschung eingeschränkt wird. Die Feststellung der (materiellen) Wahrheit ist Mittelpunkt aller Interessen im Strafverfahren.[971]

---

968 So auch AG Hamburg: Urteil vom 02.10.2003 - 141b 395/01 = StV 2004, 11; *Krüger*, in: MüKoStPO (2016) Band 2 § 255a Rn. 32.

969 BGH v. 25.7.2000 – 1 StR 169/00 = BGHSt 46, 93 = NStZ 2001, 212; siehe hierzu auch schon anfangs Kap.6.B.I.3.

970 So auch *Krüger*, in: MüKoStPO (2016) Band 2 § 255a Rn. 32.

971 Siehe hierzu bereits oben unter Einleitung; vgl. vertiefend bei *Weigend* (1989), S. 177 ff.; *Rüping/Dornseifer* (JZ) 1977, 417; *Rieß* (JR) 2006, 269, 273; vgl. ferner BVerfG v. 19.3.2013 – 2 BvR 2628/10, 2 BvR 2883/10, 2 BvR 2155/11, NJW 2013, 1058, 1060 ff. (Rn. 55 ff.) m.w.N.; vgl. auch BGH v. 4.4.1951 – 1 StR 54/51 = BGHSt 1, 94 (96) = BeckRS 1951, 31399770, „[…] [d]ie Handhabung aller Verfahrensvorschriften steht unter dem beherrschenden Grundsatz des § 244 Abs. 2 StPO, der das Gericht verpflichtet, zur Erforschung der Wahrheit die Beweisaufnahme von Amts wegen auf alle Tatsachen und Beweismittel zu erstrecken, die für die Entscheidung von Bedeutung sind"; vgl. auch BGH v. 19.11.1956 – 2 StR 493/56 = BGHSt 10, 116, 118 = NJW 1957, 598 f.; *Eisenberg* (2017) Rn. 1; *Becker*, in: LR § 244 Rn. 39 m.w.N.; *Paulus*,

Gemäß der gerichtlichen Amtsermittlungspflicht hat das erkennende Gericht die Beweisaufnahme von Amts wegen zwecks Erforschung dieser Wahrheit auf alle Tatsachen und Beweismittel zu erstrecken, die für die Entscheidung von Bedeutung sind (§ 244 Abs. 2 StPO).

§ 244 Abs. 2 StPO normiert dieses sowohl als zentrales Ziel als auch als den Startpunkt des Strafprozesses und gewährleistet so die Verwirklichung des materiellen Schuldprinzips.[972] Dieser Schuldgrundsatz ist eng verknüpft mit dem Rechtstaatsprinzip (Art. 20 Abs. 3 GG, Art. 23 Abs. 1 S. 1, Art. 28 Abs. 1 S. 1 GG) und der Menschenwürdegarantie (Art. 1 Abs. 1 GG). Daher steht die Verpflichtung des Gerichts zur bestmöglichen Sachverhaltsaufklärung (§ 244 Abs. 2 StPO) nicht zur gesetzgeberischen Disposition.[973] Die Vernehmungsersetzung einer Zeugenvernehmung durch eine Bild-Ton-Aufzeichnung aus Opferschutzgründen wird teilweise als Gefahr[974], etwa als „Sprengsatz für die Wahrheitsfindung als auch für die Verfahrensstruktur überhaupt",[975] kritisiert. Sicherlich wird sich ein Vorschlag einer entsprechenden Vorschrift *de lege ferenda* für STEO ebensolchen Vorwürfen ausgesetzt sehen. Demgegenüber könnte jedoch eine solche Vorschrift den Amtsermittlungsgrundsatz nicht nur nicht unzulässig einschränken, sondern viel eher einen nicht nur gerechtfertigten, sondern auch einen notwendigen Beitrag zur Fortentwicklung des Rechts und dessen technologische Angleichung an das 21. Jahrhundert darstellen.

Spiegelbildlich zur Verpflichtung des durch § 244 Abs. 2 StPO adressierten erkennenden Gerichts begründet die Vorschrift einen unverzichtbaren Anspruch der Verfahrensbeteiligten darauf, dass die Beweisaufnahme auf alle Tatsachen und alle tauglichen Beweismittel erstreckt wird die für die Entscheidung von Bedeutung sind bzw. sein können.[976] Das erkennende Gericht

---

in: KMR § 244 Rn. 110; *Schmitt*, in: Meyer-Goßner/Schmitt (2018) § 244 Rn. 11; *Sättele*, in: SSW § 244 Rn. 24; *Trüg/Habetha*, in: MüKoStPO (2016) Band 2 § 244 Rn. 47.

972 BVerfG 19.3.2013 – 2 BvR 2628/10, 2 BvR 2883/10, 2 BvR 2155/11 = NJW 2013, 1058, 1060 (Rn. 56); *Trüg/Habetha*, in: MüKoStPO (2016) Band 2 § 244 Rn. 47.

973 BVerfG 19.3.2013 – 2 BvR 2628/10, 2 BvR 2883/10, 2 BvR 2155/11 = NJW 2013, 1058, 1060, 1067; *Trüg/Habetha*, in: MüKoStPO (2016) Band 2 § 244 Rn. 47.

974 *Schlothauer* StV 1999, 48; *Mossbacher*, in: LR, § 255a Rn. 18 erkennt dagegen eine „Gefahr der Enttarnung", sodass „Erfordernisse des Zeugenschutzes gegen" eine solche Beweisverwertung sprächen.

975 *Schünemann* StV 1998, 399.

976 *Schmitt*, in: Meyer-Goßner/Schmitt (2018) § 244 Rn. 11 f.; *Trüg/Habetha*, in: MüKoStPO (2016) Band 2 § 244 Rn. 50; BGH v. 4.4.1951 – 1 StR 54/51 = BGHSt 1, 94 (96) = BeckRS 1951, 31399770, „[…] [d]ie Handhabung aller Verfahrensvorschriften steht unter dem beherrschenden Grundsatz des § 244 Abs. 2 StPO, der das

unterliegt dabei dem „Gebot bestmöglicher Sachaufklärung“.[977] Es darf die Beweiserhebung davon abhängig machen, welche Ergebnisse von der durchzuführenden Beweisaufnahme zu erwarten sind und wie diese Ergebnisse zu würdigen wären.[978] Das Verbot der Beweisantizipation gilt insoweit nicht.[979] Das Streben nach bestmöglicher Sachaufklärung und (materieller) Wahrheitsfindung setzt eine solche vielmehr *a priori* voraus. Daher ist das Gericht dann zur Sachaufklärung verpflichtet, wenn und soweit sich eine Aufklärung aufdrängt.[980] Sie gilt also nicht grenzenlos. Eine „überschießende Aufklärung“ verbietet sich; das erkennende Gericht muss nicht etwa die Ermittlung sämtlicher Details der Vorgeschichte oder des Randgeschehens der Tat oder von Teilen der Lebensgeschichte von Zeugen zur Beurteilung ihrer Glaubwürdigkeit vornehmen.[981] Es muss nur allen erkennbaren und sinnvollen Möglichkeiten zur Sachverhaltsaufklärung nachgehen.[982] Bei der Abwägung über eine weitere Beweisaufnahme ist etwa zu berücksichtigen, wie sicher das bisherige Beweisergebnis erscheint, als wie gewichtig sich eventuell vorhandene Unsicherheitsfaktoren darstellen sowie ob und in welchem Umfang Widersprüche bei der Beweiserhebung zutage getreten sind.[983] Das Aufklärungsgebot und ein diesbezüglicher Beurteilungsmaßstab

---

Gericht verpflichtet, zur Erforschung der Wahrheit die Beweisaufnahme von Amts wegen auf alle Tatsachen und Beweismittel zu erstrecken, die für die Entscheidung von Bedeutung sind“; ebenso BGH v. 17.10.1983 - GSSt 1/83 = BGHSt 32, 115, 122 = NJW 1984, 247, 248.

977 BVerfG v. 30. 4. 2003 - 2 BvR 2045/02 = NJW 2003, 2444, 2445; vgl. auch BGH v. 17.10.1983 - GSSt 1/83 = BGHSt 32, 115, 125 = NJW 1984, 247, 248; *Kuhnert* (GA) 1979, 401 ff.; *Habetha/Trüg* (GA) 2009, 406, 408; *Krehl*, in: KK StPO (2013) § 244 Rn. 28 m.w.N.; *Frister*, in: SK § 244 Rn. 13; *Julius*, in: HK-StPO § 244 Rn. 1; *Trüg/Habetha*, in: MüKoStPO (2016) Band 2 § 244 Rn. 49.

978 BGH v. 5. 9. 2000 - 1 StR 325/00 = NJW 2001, 695, 696; *Bachler*, in: BeckOK § 244 Rn. 11.

979 BGH v. 18.1.1994 - 1 StR 745/93 = BGHSt 40, 60, 62 = NJW 1994, 1484 ff.; *Bachler*, in: BeckOK § 244 Rn. 11.

980 BGH v. 16.6.1983 - 2 StR 837/82 = NStZ 1984, 372, 373; BGH v. 31.3.1989 - 2 StR 706/88 = NJW 1989, 3291 ff.; *Bachler*, in: BeckOK § 244 Rn. 11.

981 BGH v. 8.12.1993 - 3 StR 446/93 = NStZ 1994, 247, 248; *Bachler*, in: BeckOK § 244 Rn. 11.

982 So ausdrücklich BGH v. 10.11.1992 - 1 StR 685/92 = BeckRS 1992, 31086335; ebenfalls BGH v. 19. 3. 2013 - 5 StR 79/13 = NStZ 2013, 725; ähnlich auch BGH v.15. 9. 1999 - 1 StR 286/99 = NStZ 2000, 158, 159; BGH v. 23. 6. 2004 - 2 StR 491/03 = NStZ 2005, 44, 45.

983 Vgl. BGH v. 25. 2. 2003 - 4 StR 499/02 = NStZ-RR 2003, 205, 206; vgl. auch BGH v. 19. 3. 2013 - 5 StR 79/13 = NStZ 2013, 725; *Bachler*, in: BeckOK § 244 Rn. 11.

erwachsen damit aus „sachlogischen Zusammenhängen“.[984] Dies schließt nicht aus, dass die Überprüfung der Glaubwürdigkeit eines Zeugen, der Glaubhaftigkeit seiner Bekundungen – insbesondere in Aussage gegen Aussage-Konstellationen – strengen Anforderungen folgen muss.[985]

Oben wurde festgehalten, dass sich menschliche Erinnerungen durch bloßen Zeitablauf verändern sowie im Rahmen von Psychotraumatherapien Verfälschungen unterliegen bzw. ganz verschwinden können.[986] Auch die Rechtsprechung weiß freilich um die Wahrnehmungs- und Erinnerungsfehler von Zeugen.[987] Und schon *Stern* äußerte, „die fehlerlose Erinnerung ist nicht die Regel, sondern die Ausnahme“.[988] Dennoch ist der Zeugenbeweis für die

---

984 *Krehl*, in: KK StPO (2013) § 244 Rn. 33 m.w.N.

985 In Aussage gegen Aussage-Konstellationen hat der BGH besondere Anforderungen an die Darlegung einer zur Verurteilung führenden Beweiswürdigung formuliert. Angesichts der eingeschränkten Verteidigungsmöglichkeiten des Angeklagten in einem solchen Fall müssen die Urteilsgründe erkennen lassen, dass das Tatgericht alle Umstände, welche die Entscheidung zugunsten oder zuungunsten des Angeklagten zu beeinflussen geeignet sind, erkannt, in seine Überlegungen einbezogen hat, (vgl. BGH v. 22.4.1987 – 3 StR 141/87 = BeckRS 1987, 31100951 m.w.N.; BGH v. 3.2.1993 – 2 StR 531/92 = BeckRS 1993, 06294 m.w.N.) und auch in einer Gesamtschau gewürdigt hat (st. Rspr.; vgl. nur BGH v. 6.4.2016 – 2 StR 408/15 = BeckRS 2016, 08334 m.w.N.). Entscheidende Bedeutung kommen dabei neben der Persönlichkeit des Belastungszeugen (vgl. BGH v. 14.5.2002 – 1 StR 46/02 = BeckRS 2002, 5106), der Aussagegenese und dem Gesichtspunkt der Aussagekonstanz zu. Erforderlich sind insbesondere eine sorgfältige Inhaltsanalyse der Angaben, eine möglichst genaue Prüfung der Entstehungsgeschichte der belastenden Aussage (BGH v. 21.4.2005 - 4 StR 98/05 = NStZ-RR 2005, 232, 233), eine Bewertung des feststellbaren Aussagemotivs (vgl. BGH v. 7.2.2018 – 2 StR 447/17 = BeckRS 2018, 2801 m.w.N.) sowie eine Prüfung von Konstanz, Detailliertheit und Plausibilität der Angaben (BGH v. 7.3.2012 – 2 StR 565/11 = BeckRS 2012, 08650). Diese Anforderungen würden durch hier diskutierte Bild-Ton-Vorschriften *de lege ferenda* nicht negativ tangiert, sondern vielmehr unterstützt werden, siehe hierzu bereits oben unter siehe oben Kap.3.D. und auch sogleich; vgl. für einen Gesamtüberblick zur höchstrichterlichen Rechtsprechung zur Beurteilung von Zeugenaussagen – unter Berücksichtigung aussagepsychologischer Aspekte nur *Jansen* (2012), S. 19 ff.

986 Siehe Kap.3.,4.,5.; *Bender/Nack/Treuer* (2007) Rn. 17. halten Menschen als Beweismittel gar für eine „*Fehlkonstruktion*“; vgl. auch die Fallbeschreibungen bei *Schade* (2002), S. 91 ff.

987 Vgl. BGH v. 12. 10. 1999 - 1 StR 109/99 = NStZ 2000, 156, 157; vgl. auch BGH v. 17.05.2001 – 4 StR 412/00 = BeckRS 2001, 30181140; vgl. ferner *Becker* NStZ-RR (2002), 68.

988 *Stern* (1902) ZStW 22 (1902), 315, 327.

(materielle) Wahrheitsfindung unverzichtbar.[989] Durch eine möglichst zeitnahe ermittlungsrichterliche Opferzeugenvernehmung mittels Videotechnologie des 21. Jahrhunderts und Vorführung eben dieser Bild-Ton-Aufzeichnung, könnte das vermeintliche Dilemma aufgelöst werden und Aspekte des Opferschutzes und auch solche der (materiellen) Wahrheitsfindung verbessert werden. Das Unterlassen einer solchen Aufnahme ist also ggf. eine Verletzung der Sachaufklärungspflicht, weil der Untergang oder die Verschlechterung des Beweismittels droht.

a) Die überwiegenden Vorteile von Bild-Ton-Aufzeichnungen bei zeitnaher Opferzeugenvernehmung

Das Erfordernis zur technologischen Dokumentation von (Opfer-)Zeugenaussage könnte im Hinblick auf Opferschutzgesichtspunkte aber auch zur Verbesserung der (materiellen) Wahrheitsfindung – nicht zuletzt auch wegen eines gewissen Kontrollbedürfnisses[990] – eine größere Bedeutung haben als die derzeitige praktische Umsetzung der strafprozessuale Gesetzeslage suggeriert.[991] Mit *Artkämper* ist „[…] [d]ie jahrzehntelange Zurückhaltung der Kriminalisten gegen Tonband- und Videovernehmungen [..] schwer verständlich, es sei denn, es gäbe etwas zu verbergen. Dass dies nicht der Fall ist, sollte auch gerichtlich nachvollziehbar dokumentiert werden."[992]

Gegen ermittlungsrichterliche Opferzeugenvernehmung mittels Videotechnologie wird im Wesentlichen vorgebracht, dass sie einen monetären und organisatorischen Mehraufwand bedingen würden.[993] Dem kann schon entgegengehalten werden, dass der argumentativ hierfür oft ins Feld geführte

---

989 *Weigend,* in: Verhandlungen (1998), C 14 m.w.N.

990 Vgl. exemplarisch die *„zornige Entscheidung"* des OLG Bamberg NJW 1995, 1684 f., das mit harten Worten eine *„gleichermaßen für das Kindeswohl und die Zeugenaussage massiv negative ‚therapeutische Betreuung' kritisierte"* (so *Dahs* NJW 1996, 178 f.); vgl. auch *Blum* (2002), S. 136 f. am Beispiel suggestiver Beeinflussungen von minderjährigen Opferzeugen; *Bender/Nack/Treuer* (2007), Rn. 104 f. bezeichnen unbewusste Beeinflussungen als *„Pygmalioneffekt"*; *Schade* (2002), S. 91 ff.; *Wegner* (ZRP) 1997, 404 ff. [Hervorhebungen durch den Verfasser].

991 So auch *Schmoll* (1999), S. 76; *Swoboda* (2002), S. 334 hält (am Beispiel kindlicher Zeugen) *„eine genaue, authentische Dokumentation der frühen Erstvernehmung"* sogar für *„unabdingbar"*. [Hervorhebungen durch den Verfasser].

992 *Artkämper* Kriminalistik (2009), 417, 424.

993 Vgl. exemplarisch etwa nur die Einwände im Rahmen des Gesetzgebungsverfahrens zum Gesetz zur effektiveren und praxistauglicheren Ausgestaltung des Strafverfahrens

„erhöhte Protokollierungsaufwand" schlichtweg nicht bestehen müsste, weil statt eines Wortprotokolls auch ein Inhaltsprotokoll der Vernehmung genügte.[994] *De lege ferenda* spräche überdies viel mehr dafür auf eine zur Bild-Ton-Aufzeichnung zusätzliche Verschriftlichung ganz zu verzichten.[995] Eine die Verschriftlichung ersetzende Bild-Ton-Aufzeichnung könnte praktisch als eine weitere Ausnahme zu den Protokollierungsvorschriften (§§ 168 ff. StPO) aufgenommen werden. Problemlos können die Videoaufzeichnungen selbst mit Indizes, Schlagworten und Lesezeichen versehen werden, die es zuließen im Rahmen des Abspielvorganges schnell und zielgerichtet auf besondere Aussagesequenzen zu springen, um diese abspielen zu lassen. Dann lösen sich solche Gegenargumente vollends auf. Unabhängig davon überwiegen die Vorteile deutlich: Zum einen gibt die Videotechnologie sämtliche Vernehmungsinhalte viel umfassender, nachhaltiger und genauer wieder, zum anderen würden sich hierdurch auch zusätzlich Ressourcen eingespart lassen.[996] Eben diese werden doch von der Gegenseite beharrlich als vermeintliches Gegenargument vorgetragen. Daher kann schließlich auch nicht der von dem hieran anknüpfenden Vortrag eines vermeintlich unvertretbaren Kostenaufwandes infolge einer Ausweitung der Videotechnologie im Strafverfahren verfangen.[997] Etwaige Kostenaspekte – etwa im Hinblick auf die Beschaffung der erforderlichen Ausstattung – erscheinen als ein schwaches Argument. Zum einen mutet schon die politische Vorstellung nach einer praktisch effektiven und durchsetzungsfähigen Strafjustiz bei zeitgleichen einschneidenden Sparbestrebungen widersprüchlich an. Zum anderen dürfte ein etwaiges Argumentationsgewicht proportional mit den rasanten technischen Fortschritten zunehmend verblassen.

(verkündet am 23.08.2017, BGBl. 2017/ I., S. 3202) oben Kap.1.B.; zu vorherigen ablehnenden Haltung krit. auch *Altenhain* (ZIS) 2015, 269, 272 f. m.w.N.

994 Vgl. *Altenhain* (ZIS) 2015, 269, 276, 280; *Buckow* (ZIS) 2012, 551, 555; *Neubacher/Bachmann* (ZRP) 2017, 141; so auch der Abschlussbericht der Expertenkommission zur effektiveren und praxistauglicheren Ausgestaltung des allgemeinen Strafverfahrens und des jugendgerichtlichen Verfahrens (Oktober 2015), https://www.bmjv.de/SharedDocs/Downloads/DE/PDF/Abschlussbericht_Reform_StPO_Kommission.pdf?__blob=publicationFile&v=2 (zuletzt abgerufen am 01.11.2017), S. 71, 72.

995 So ausdrücklich *Leitner* (2012) S. 130; wohl auch *Neubacher/Bachmann* ZRP (2017), 141.

996 So auch *Neubacher/Bachmann* (ZRP) 2017, 141.

997 Vgl. *Witting*, in: Festschrift für Wolf Schiller (2014), S. 691, 701 ff.; *Schünemann* ZStW 114 (2002), 45 f.; *Neubacher/Bachmann* (ZRP) 2017, 141.

Die Vorteile der Erstellung und Vorführung von Bild-Ton-Aufzeichnungen von ermittlungsrichterlichen Opferzeugenbefragungen sind dagegen gegenüber den – überwiegend scheinbaren – Nachteilen immens. In Abgrenzung zu einem Vernehmungsprotokoll vermag das erkennende Gericht – im Rahmen seiner Aufklärungspflicht (§ 244 Abs. 2 StPO) – aufgrund der weit erhöhten Transparenz einer Bild-Ton-Aufzeichnung die (vollständige) Opferzeugenvernehmung[998] selbst und mögliche (ggf. auch unbeabsichtigte) suggestive Verzerrungen in der Gesamtaussage besser, verlässlicher und schneller nachzuvollziehen.[999] Im Gegensatz zu allen anderen Vernehmungssurrogaten lassen Bild-Ton-Aufzeichnungen die menschliche Mimik und Gestik uneingeschränkt, unverfälscht und unmittelbar sichtbar und hörbar werden.[1000] Einem solchen Bedürfnis liegen – nicht frei von Kontroversen – gewisse kriminalistische Erfahrungen zugrunde, nach denen die Vernehmung „[…] ein gemeinsamer Rekonstruktionsprozess [sei], bei dem Vernehmer und Vernommener den Tathergang quasi aushandeln".[1001] Die konkrete Art und Weise der Fragestellung könnte die Antworten jedenfalls beeinflussen, weshalb diese bestmöglich dokumentiert werden sollte.[1002] Unabhängig möglicher suggestiver Einflüsse stellt auch das *BVerfG* fest, „[…] dass die Wiedergabe einer Aussage durch den Vernehmenden oder den Protokollführer erfahrungsgemäß missglücken kann".[1003]

998 Hierbei wird verlangt möglichst umfassend die Zeugenvernehmung aufzunehmen, darin enthalten ist auch die Aufwärmphase des Gesprächs zu Themen, die nichts mit dem Tatvorwurf zu tun haben, um Vergleichssituationen für die Würdigung der Aussage zu schaffen, vgl. *Wegner* (1997), S. 404, 407; *Zschockelt/Wegner* NStZ (1996), 306.

999 Vgl. *Nack* (2002), S. 33, „[a]m besten wären Videoprotokolle"; sowie jüngst den Bericht der Expertenkommission zur effektiveren und praxistauglicheren Ausgestaltung des allgemeinen Strafverfahrens und des jugendgerichtlichen Verfahrens (2015) S. 67, abrufbar unter: https://www.bmjv.de/SharedDocs/Downloads/DE/PDF/Abschlussbericht_Reform_StPO_Kommission.html (zuletzt aufgerufen am 17.11.2017); *Altenhain* (ZIS) 2015, 269, 271 f. m.w.N.

1000 Vgl. *Neubacher/Bachmann* (ZRP) 2017, 141.

1001 *Bender/Nack/Treuer* (2011), Rn. 975 ff.; *Nack/Park/Brauneisen* NStZ (2011), 310 ff.

1002 *Nack/Park/Brauneisen* NStZ (2011), 310 ff.

1003 BVerfG v. 8. 10. 1974 - 2 BvR 747/73 = NJW 1975, 103, 105, „[…] [m]it Hilfe seines Rechtsbeistandes kann der Zeuge ferner leichter Einfluß auf die Protokollierung seiner Aussage nehmen, deren Wiedergabe durch den Vernehmenden oder den Protokollführer erfahrungsgemäß mißglücken kann"; vgl. hierzu auch bei *Nack/Park/Brauneisen* NStZ (2011), 310 ff., nach denen eben dies als *„allgemeinkundig gelten darf"*, vgl. a.a.O. Rn. 311.

Die Verwirklichung dieser Gefahr beeinflusste naheliegenderweise die (materielle) Wahrheitsfindung im Strafverfahren. Bestmögliches Informationsspeichermedium ist zweifelsfrei die Bild-Ton-Aufzeichnung.[1004] Die Vorführung einer solchen räumt Probleme rund um Redaktionen des Gesagten durch Protokollschreiber und Protokollierungsfehler[1005] ab. Sie wirkt ferner präventiv zum Vorteil aller Vernehmungsbeteiligten, weil sie etwaigen Anschuldigungen durch schnellere und verbesserte Nachvollziehbarkeit der Geschehenen entgegenwirken kann.[1006] Nach *Nack/Park/Brauneisen* „[...] belasten Auseinandersetzungen über den Inhalt und die Authentizität von Protokollinhalten das Strafverfahren vielfach und ziehen es in die Länge".[1007] Ein vermehrter Einsatz der Bild-Ton-Technologie würde i.d.S. also Strafverfahren beschleunigen können. Weiter gedacht würden sich hierdurch monetäre Einsparungen im Hinblick auf Personal- und Reisekosten ergeben, weil bspw. Einvernahmen in Hauptverhandlungen von etwaigen Verhörspersonen vielzählig entbehrlich werden könnten.[1008] „[...] Die über Jahrzehnte hinweg von Polizeiseite geführte Klage, Polizeibeamte würden einen erheblichen Teil ihrer Arbeitszeit auf das (unnötige) Warten auf Gerichtsfluren verwenden",[1009] dürfte durch eine weitergehende Anwendung der Bild-Ton-Vorschriften zugunsten STEO im Maße ihrer Umsetzung obsolet werden lassen. Auch hierdurch würden dann freilich Kapazitäten frei werden können und Strafaufklärungsinteressen unterstützt. Insoweit kann eine gewisse Kausalkette identifiziert werden, die Effizienzgewinne sowohl für Opferschutzinteressen als auch jene für die (materiellen) Wahrheitsfindung in Gang setzten könnte.

Außerdem böte sie ein echtes Fundament für Glaubwürdigkeits- und Glaubhaftigkeitsbegutachtungen. Bild-Ton-Aufzeichnungen wirken effektiv – durch

---

1004 *Rogall*, in: SK-StPO § 58a Rn 2, 12.

1005 Näher zu entsprechenden Protokollierungsdefiziten *Leitner* (2012), S. 102 ff.; vgl. auch krit. *Witting*, in: Festschrift für Wolf Schiller (2014), S. 691 ff.; *Neubacher/Bachmann* (ZRP) 2017, 141; auch nach *Nestler* (ZIS) 2014, 594, 598, „[...] sind die Probleme und Unzulänglichkeiten des von der Vernehmungsperson verfassten Protokolls altbekannt" und „die Probleme [der] Nichterkennbarkeit suggestiver Einflüsse der Befragung, Verzerrungen des Aussageinhalts, [des] Verlust[es] an Details unbestritten" (a.a.O. Fn. 25); vgl. dazu ferner *Eisenberg* (2017), Rn. 614 m.w.N.

1006 Vgl. *Witting*, in: Festschrift für Wolf Schiller (2014), S. 691, 702 f.; *Neubacher/Bachmann* (ZRP) 2017, 141.

1007 *Nack/Park/Brauneisen* NStZ (2011), 310 ff.

1008 Ebd., 313.

1009 Ebd.

schnellere und evidentere Nachvollziehbarkeit – konfligierender Behauptungen in Bezug auf den ermittlungsrechtlichen Vernehmungsablauf und -inhalt entgegen.[1010] Insoweit könnten sie auch zu einer Verringerung gewisser ggf. dysfunktionaler Verteidigungspraktiken führen.[1011] Zudem böten sich bessere Möglichkeiten transnationalen Beweismittelaustauschs.[1012] Mit einer erhöhten Beweismittelqualität kann ferner eine erhöhte Geständnisbereitschaft einhergehen.[1013] Der Gesetzgeber selbst attestierte der Videotechnologie bei Schaffung des § 255a StPO einen *hohen Beweiswert*[1014] und befand, dass „[…] Opfer von Straftaten [..] durch die im Laufe des Strafverfahrens durchgeführten Vernehmungen nicht selten erheblich belastet [werden]. Dies [beträfe] wohl in erster Linie Kinder, gilt aber in gleicher Weise für andere besonders schutzbedürftige Zeugen, wie Opfer von Gewalttaten, alte Menschen oder gefährdete Zeugen, denen bereits aus der Zeugeneigenschaft erhebliche Belastungen erwachsen können".[1015] Wie gesehen,[1016] setzte er diese Erkenntnis dann aber nur unzureichend um.

Die Bild-Ton-Technik stellt damit das effizienteste Übertragungsmodell dar, das traumatische Erinnerungen bestmöglich opferschützend und gleichzeitig im Maße einer erheblichen Förderung der Zwecke der (materiellen) Wahrheitserforschung in Strafverfahren einzuführen vermag. Eine solche Bild-Ton-Aufzeichnung kann als Erinnerungskonserve obendrein eine höhere – jedenfalls

1010 Vgl. *Altenhain* (ZIS) 2015, 269, 279 m.w.N.

1011 Die Einschätzung, wann tatsächlich dysfunktionales Verteidigerverhalten vorliegt kann freilich schwierig sein, vgl. hierzu die Erklärungsansätze bei *Kudlich* (1998), S. 199ff., 236ff.; vgl. weitergehend auch *Heinrich* (2013), S. 1; *Senge* NStZ (2002), 225; eine Zusammenfassung verschiedener Studien findet sich bei *Mandera* (2016), S. 52ff.

1012 Vgl. Stellungnahme der RAK Berlin vom 7.7.2016 zum Referentenentwurf des BMJV eines „Gesetzes zur effektiveren und praxistauglicheren Ausgestaltung des Strafverfahrens, S. 6, abrufbar unter: https://www.rak-berlin.de/download/rak_berlin_pdfs_stellungnahmen/070716_StN_StPO.pdf (zuletzt aufgerufen am 16.03.2018); *Neubacher/Bachmann* (ZRP) 2017, 141.

1013 Siehe hierzu Kap.4.B.; u.a. ist diese auch bedingt durch eine verbesserte Gesprächsatmosphäre im Rahmen einer Bild-Ton-Aufzeichnung im Gegensatz zu der durch vielzählige Unterbrechungen gekennzeichnete Vernehmung mit schriftlicher Protokollierung, vgl. *Gless* (2011), S. 197; *Neubacher/Bachmann* (ZRP) 2017, 141.

1014 Vgl. BT-Drucks. 13/7165, S. 5.

1015 Vgl. BT-Drucks. 13/7165, S. 4.

1016 Siehe Kap.1.B. und Kap.2.B.IV.,V.,C.

eine *in etwa* ebenso hohe Beweiskraft – haben, wie der unmittelbare Zeugenbeweis in der Hauptverhandlung selbst.

Auch *de lege ferenda* wäre zwingend das Tatbestandsmerkmal der *Mitwirkungsgelegenheit* zu fordern.[1017] Hierdurch gewinnt die ermittlungsrichterliche Opferzeugenvernehmung mehrdimensionalen Charakter[1018] und die (materielle) Wahrheitsfindung verzeichnet ebenso Effektivitätssteigerungen, wie auch für Opferzeugen mehr Rechtssicherheit infolge der angefertigten Videoaufzeichnung erzeugt wird. (Opfer-)Zeugen werden frühestmöglich mit etwaigen Widersprüchen konfrontiert bevor tatnahe und -relevante Erinnerungsstücke verblassen,[1019] sich verändern bzw. verändert werden[1020]. Die Gefahr eines Erinnerungsverlustes kurz nach der Tat ist weitaus geringer, als jener mit zunehmendem Zeitablauf.[1021] Nach *Bender/Nack/Treuer* kann eine profane erste Zeugenaussage die Beste sein, wenn sie „[…] dem Erlebnis unmittelbar folgt oder (abgeschwächt) dann, wenn die erste Vernehmung für die Auskunftsperson überraschend kommt".[1022] Insoweit ist die möglichst tatnahe Erstellung einer Videokonserve gleichsam auch ein digitaler Erinnerungsspeicher. Dieses fördert die Suche nach der (materiellen) Wahrheit ideal.

Dort wo die menschliche Gedächtnisfähigkeit ihre Grenzen findet kann die moderne Technik des 21. Jahrhunderts an ihre Stelle treten. Die bestmöglichen Erinnerungen sollte dann konsequenterweise – zumindest in dringenderen Fällen bei Betroffenheit von STEO – digital gespeichert werden. Eine umfassende Beweiswürdigung erfordert auch die Würdigung aller den Beweiserhebungen zugrundeliegenden Umstände, um Glaubwürdigkeit des Zeugen und Glaubhaftigkeit dessen Bekundungen beurteilen zu können.[1023] Ermittlungsrichterliche

---

1017 Siehe Kap.6.B.I.3.

1018 Vgl. auch *Geppert* (1979), S. 171, der von der „*dialektischen Kraft*" der Mündlichkeit spricht und die Beteiligung der Verteidigung bei Zeugenvernehmungen im Ermittlungsverfahren verlangt, um die inhaltliche Qualität von Vernehmungsprotokollen zu erhöhen. [Hervorhebung durch den Verfasser].

1019 *Swoboda* (2002), S. 336, die die an die Stelle von verblassenden Erinnerungen tretenden Erinnerungen, „*Pseudoerinnerungen*" nennt. [Hervorhebung durch den Verfasser].

1020 Siehe Kap.3. und 5.

1021 Siehe Kap.3. und 5.; vgl. auch *Busse/Volbert/Steller* (1996), S. 206; *Volbert* (2002), S. 161; ähnlich *Swoboda* (2002), S. 336, die die Normen §§ 58a, 168e StPO daher als gelungenen Kompromiss zwischen Wahrheitsfindung, Zeugenschutz und Verteidigungsinteresse bezeichnet.

1022 *Bender/Nack/Treuer* (2007), Rn. 254.

1023 BVerfG v. 30. 4. 2003 - 2 BvR 2045/02 = NJW 2003, 2444, 2445.

Bild-Ton-Aufzeichnungen von Opferzeugenvernehmungen werden diesen Maßstäben dann gerecht, wenn das Video mit Einblendung von Datum und Echtuhrzeit den gesamten Körper des Opferzeugen und den der Vernehmungsperson erfasst. So kann beiderseitiges Verhalten dokumentiert werden.[1024] Weitere anwesende, einflussnehmende und sich im Vernehmungszimmer befindliche Personen könnten mit einer Totalaufnahme aufgenommen werden. Weitergehend schlägt *Swoboda* vor, auch die *„Aufwärmungsphase"* zwischen Opferzeuge und der Vernehmungsperson aufzuzeichnen.[1025]

Der Amtsermittlungsgrundsatz (§ 244 Abs. 2 StPO) und das Streben nach der (materiellen) Wahrheitsfindung ist durch das Vernehmungssurrogat „Bild-Ton-Aufzeichnung" nicht betroffen. Dem Gericht ist nach § 244 Abs. 1, 2 StPO eine mittelbare Beweiserhebung gerade nicht verwehrt.[1026] Weitergehend bestehen überhaupt Zweifel, ob *dieses* mittelbare Beweismittel *de facto* – seiner Beweiskraft nach – einem unmittelbaren Beweismittel in der Beweisqualität tatsächlich nachsteht. Bereits oben[1027] ist gezeigt worden, dass sich der Erinnerungsgehalt altersunabhängig infolge Zeitablaufs *und/oder* infolge Psychotraumatherapien stetig verändert bzw. abnimmt oder verschwindet. Eine Altersgrenze kann als alleintaugliches Abgrenzungskriterium daher nicht gelten. Hingegen kann die zusätzliche Viktimisierung bzw. die Gefahr hinzutretender *mittelbarer Anschlussviktimisierung* wiederum die Gefahr von Erinnerungsabnahme und Erinnerungsveränderungen – etwa infolge für die Heilbehandlung erforderliche Psychotraumatherapien – weiter relevant steigern. Ein Auftritt in der Hauptverhandlung und hiermit einhergehende Nachfragemöglichkeiten würde in solchen Fällen viel häufiger das strafprozessuale Institut des Vorhalts provozieren, als dass der (Opfer-)Zeuge unmittelbar der (materiellen) Wahrheit entsprechende Erinnerungsergebnisse „auswirft". Insoweit wäre der „Vorteil" einer persönlichen Befragung des Opferzeugen in der Hauptverhandlung bloßer Schein. Noch viel eher würde sich die ermittlungsrichterliche Opferzeugenvernehmung zusammen mit einer *de lege ferenda* zwingend zu fordernden *Mitwirkungsgelegenheit* – videotechnologisch dokumentiert – als tatsächlicher Vorteil entpuppen. Idealtypisch wird dann die bestmögliche und unberührte Erinnerung direkt nach der Tat dauerhaft – auch für einen etwaig weiteren

---

1024 Vgl. hierzu *Kilian-Herklotz* (2000), S. 215, 220 f.; *Schlothauer* StV 1999, 47 f., 50.

1025 Vgl. *Swoboda* (2002), S. 184 ausdrücklich für Simultanübertragungen gemäß § 247a StPO.

1026 Vgl. BVerfG v. 26.5.1981 - 2 BvR 215/81 = BVerfGE 57, 250, 277 = NJW 1981, 1719, 1722; *Schmitt*, in: Meyer-Goßner/Schmitt (2018) § 244 Rn. 12

1027 Siehe Kap.3. und 5.

Instanzenzug oder alternative Rechtswege – konserviert durch ein digitales Speichermedium viel eher größtmögliche Beweisqualität liefern. Daher würde eine solche Bild-Ton-Aufzeichnung die (materielle) Wahrheitsfindung nicht nur nicht einschränken, sondern objektiv sogar verbessern können. Zudem ist das erkennende Gericht nach oben herausgearbeiteten Maßstäben gemäß der Vorschrift des § 244 Abs. 2 StPO angehalten allen sinnvollen Aufklärungsmöglichkeiten nachzuspüren. Soweit von (auch erwachsenen) Opferzeugen keine über die bereits videotechnologisch dokumentierten hinausgehenden Informationen zu erwarten sind, bleibt es – verzichtbar – bei bloßen Wiederholungen in der Hauptverhandlung ohne wesentlichen Mehrwert.

Demgegenüber wären aber allzu häufig Verlustwerte zu verbuchen, weil (erwachsene) Opferzeugen infolge ihrer Zeugenpflichten Schäden erleiden können. Solche Mehrfachvernehmungen, in Ermittlungs- wie Hauptverfahren, bergen dann vermehrt Nachteile in sich. Dies sowohl im Hinblick auf Opferschutzinteressen als auch auf die Interessen der (materiellen) Wahrheitsfindung, weil weitere aufklärende Auskünfte mangels Erinnerungsfähigkeit, -möglichkeit oder -bereitschaft ausbleiben. Zudem sind Opferzeugen durch Mehrfachvernehmungen den Gefahren von *mittelbaren Anschlussviktimisierungen* ausgesetzt und durch (teilweise erst sehr viel später stattfindende) Hauptverhandlungen in schnellen, effektiven und nachhaltigen Heilungschancen beschränkt. Konfrontative Psychotraumatherapien sind vor Abschluss eines Strafverfahrens unmöglich.[1028] Darüber hinaus lassen wissenschaftliche Erkenntnisse den Schluss darauf zu, dass solche erzwungenen Erinnerungsabrufe (vgl. § 48 Abs. 1 StPO) das zugrundeliegende Erinnerungsvermögen direkt negativ verändern (können).[1029] Dann lässt sich konstatieren, dass bei einem Vorgehen entsprechend der beschriebenen *lex lata*[1030] im Vergleich zur frischen und bestmöglichen Erinnerung nach der Tat, die schlechteste Erinnerung nach erheblichem – oft monatelangem – Zeitablauf in der Hauptverhandlung zur Geltung verholfen wird. Dies wiederum hat zur Folge, dass eben jene zur Entscheidungsgrundlage wird (§ 261 StPO). Damit muss festgestellt werden, dass die Amtsaufklärungspflicht gemäß § 244 Abs. 2 StPO nach Maßgabe des Gebotes der bestmöglichen Sachaufklärung und der (materiellen) Wahrheitserforschungspflicht die Vorführung der Bild-Ton-Aufzeichnung als sachnächstes Beweismittel in Fällen von Betroffenheit von STEO geradezu erfordern *kann*. In diesen Fällen stünden

1028 Siehe Kap.5.B.II.D.E.
1029 Siehe Kap.3.B.C.5.B.I.C.
1030 Siehe Kap.2.

daher Aspekte des Opferschutzes und die der Verfahrenserleichterung und Prozessökonomie in keinem konträren Verhältnis zueinander. Sie würden einander verbessern und fördern. Eine Verwendungsmöglichkeit setzt freilich notwendig voraus, dass eine Bild-Ton-Aufzeichnung überhaupt existiert, also an erster Stelle erstellt wird.

Die Ausübung einer Ermessensentscheidung gemäß einer Vorschrift *de lege ferenda* über die Vorführung einer Bild-Ton-Aufzeichnung bleibt auch von dem Verbot der Beweisantizipation unberührt. Im Rahmen der Aufklärungspflicht nach § 244 Abs. 2 StPO gilt das Verbot der Beweisantizipation nicht.[1031] Entscheidungen nach § 244 Abs. 2 StPO bergen eine gewisse Antizipation über Aussage- und Überzeugungskraft des Beweismittels in sich.[1032] In einem gewissen Rahmen berechtigt (und verpflichtet) diese Norm also gerade zur Beweisantizipation.[1033] Damit läge die Ermessensentscheidung des erkennenden Gerichts, ob statt einer persönlichen Zeugenvernehmung ein Vernehmungssurrogat gemäß einer Vorschrift *de lege ferenda* im Sinne einer Neuregelung zur Erweiterung der Bild-Ton-Technik auf STEO als gesetzliche regelmäßige Ausnahme vorzuziehen wäre gerade in dem durch § 244 Abs. 2 StPO geschützten und erforderten Rahmen. Notwendige Voraussetzung hierfür ist jedoch wiederum, dass eine Videokonserve im Rahmen der Beweiserhebung überhaupt angefertigt wurde. Eben dies ist angesichts der die *lex lata* umsetzenden aktuellen Praxis für STEO bestenfalls ungewöhnliche Ausnahme.[1034]

Eine entsprechende Vorschrift *de lege ferenda* sollte also ebenfalls wie der § 255a Abs. 2 S. 1 StPO als Ermessensentscheidung für das Gericht ausgestaltet sein. Damit würde dem Amtsermittlungsgrundsatz des § 244 Abs. 2 StPO hinreichend Rechnung getragen werden. Das erkennende Gericht kann nur in der Hauptverhandlung entscheiden, ob Verfahrensablauf und Beweislage im Einzelfall eine über die Bild-Ton-Aufzeichnung hinausgehende Beweisgrundlage zur Sachverhaltsaufklärung erfordern. Ansonsten würde der Amtsermittlungsgrundsatz der von Dynamik und Interessenskonflikten geprägten Natur des Strafverfahrens nicht gerecht und daher unzulässig verkürzt werden. Entscheidend ist, „ob aus Sicht des erkennenden Richters in der Hauptverhandlung – auf diesen Zeitpunkt kommt es an – bei der aufgezeichneten und vorgespielten

---

1031 BGH v. 18.1.1994 - 1 StR 745/93 = BGHSt 40, 60, 62 = NJW 1994, 1484 ff.; *Bachler*, in: BeckOK § 244 Rn. 11.

1032 Vgl. *Widmaier* NStZ (1994b), 414, 416.

1033 So auch *Wollmann* (2008), S. 161.

1034 Siehe Kap.2.

Vernehmung Vorhalte und Fragen zu wesentlichen, aufklärungsbedürftigen Punkten unterblieben sind und sich deshalb auch im Blick auf die Beweislage im Übrigen die ergänzende Vernehmung aufdrängt."[1035] Bei sich demgemäß neu ergebenden Beweisthemen vermag das erkennende Gericht *de lege ferenda* – an § 255a Abs. 2 S. 4 StPO orientiert – eine Vernehmungsergänzung für erforderlich halten.

Wenn jedoch erst aufgrund des Primats der Prozessökonomie und Verfahrenserleichterung gemäß den aktuellen §§ 255a Abs. 1, 251 f. StPO die Frage nach der Erforderlichkeit einer Bild-Ton-Aufzeichnung als Vernehmungssurrogats zu einem späten Zeitpunkt gestellt wird, kommt jeder etwaig auch gutgemeinte, hinzutretende Opferschutzgedanke zugunsten erwachsener Opferzeugen zu spät. Dieser und der Beweissicherungsgedanke sind nämlich eben nicht Ausgangspunkt bei *den* Entscheidung*en* über eine Erstellung einer Videokonserve für STEO. Hier sind es vielmehr die anhand der bestehenden Aktenlage prognostizierte Erwägungen gemäß den Prinzipien von Verfahrenserleichterung und Verfahrensbeschleunigung.[1036] Danach ist dem erkennenden Gericht in der Hauptverhandlung bei Betroffenheit von STEO nicht selten faktisch gar kein Ermessensspielraum eingeräumt, weil eine Videokonserve oftmals schlicht nicht existiert.

Durch entsprechende Vorschriften *de lege ferenda* würden dem Gericht größtmöglicher Ermessensspielraum bei der (materiellen) Wahrheitsermittlung eingeräumt werden, welcher die aufgezeigten Gesetzesleerläufe[1037] verschließen könnte und zudem effektiv Opferschutzinteressen – unter Vermeidung von Mehrfachvernehmungen – verbesserte. Eine entsprechende Beweisverwertungsvorschrift *de lege ferenda* stellt dann gerade keine Beeinträchtigung des Amtsermittlungsgrundsatzes dar, sondern verhilft diesem umgekehrt eher zu einem praktisch relevanten Bedeutungsgewinn.

b) Die ergänzende Opferzeugenbefragung als Modalität des § 244 Abs. 2 StPO

De lege ferenda wäre für eine Neuregelung zur Erweiterung der Bild-Ton-Technik auf STEO zwingend das Tatbestandsmerkmal der optionalen ergänzenden Opferzeugenbefragung – orientiert an § 255a Abs. 2 S. 4 StPO – zu fordern.[1038]

1035 Vgl. BGH v. 15. 4. 2003 - 1 StR 64/03 = BGHSt 48, 268, 274 = NJW 2003, 2761, 2763.
1036 Siehe Kap.2.
1037 Siehe Kap.2.B.IV. und C.
1038 Siehe Kap.6.B.I.1.2.

Dieses wäre zugleich eine besondere Ausgestaltung des Beweisantragsrechts und der gerichtlichen Aufklärungspflicht nach § 244 Abs. 2 StPO und verwirklichte damit bei opferschutzorientierter Auslegung unter Berücksichtigung eines gewissen objektiven Dringlichkeitserfordernisses im Einzelfall die Pflicht nach (materieller) Wahrheitsfindung.[1039]

Ein solches Bedürfnis besteht nach obigen Ausführungen dabei immer dann, wenn neue Beweisthemen zutage treten. Also reichen substantiiert vorgetragene Bedenken gegenüber der Richtigkeit und Vollständigkeit einer früheren videotechnologisch aufgezeichneten Opferzeugenbekundung nicht aus.[1040] Die gleichsam zwingend für eine Vorschrift *de lege ferenda* zu fordernde *Mitwirkungsgelegenheit*[1041] bietet hierzu bereits hinreichende Möglichkeiten. Daher müssen weitere Beweisergebnisse ausfallen, „[…] die mit den Angaben des Zeugen in wesentlichen Punkten nicht in Einklang stehen oder sonst weitere klärungsbedürftige Fragen aufwerfen".[1042] Bei bloß entfernten Abweichungsmöglichkeiten der bisherigen Sachverhaltsvorstellung verlangt auch § 244 Abs. 2 StPO kein weiteres Nachgehen.[1043] Es kommt nur darauf an, ob bei einer verständigen Sachverhaltswürdigung durch das abwägende Gericht die Verwendung einer Aufklärungsmöglichkeit den Schuldvorwurf möglicherweise widerlegt, in Frage stellt oder als begründet erwiesen hätte.[1044] Daher kann ein solcher Beweisantrag nur mit einer neuen Behauptung gestellt werden, zu der der Opferzeuge bisher noch nicht gehört worden ist.[1045] Dementsprechend verschließt sich eine ergänzende Zeugenvernehmung bei schlichten Wiederholungen einzelner Fragen.[1046] Auch dies entspricht gerade Opferzeugenschutzinteressen vor vermeidbaren Mehrfachvernehmungen. Gleichzeitig stellt dieses Vorgehen keine Verletzung des § 244 Abs. 2 StPO dar. Ein bloß zu Wiederholungen gereichender

1039 Für den § 255a Abs. 2 S. 4 StPO vgl. nur BGH v. 15. 4. 2003 - 1 StR 64/03 = BGHSt 48, 268, 273 = NJW 2003, 2761, 2763.

1040 Für den § 255a Abs. 2 S. 4 StPO so aber *Schünemann* StV 1998, 400.

1041 Siehe Kap.6.B.I.3.

1042 Für den § 255a Abs. 2 S. 4 StPO vgl. nur BGH v. 15. 4. 2003 - 1 StR 64/03 = BGHSt 48, 268, 273 = NJW 2003, 2761, 2763.

1043 Siehe zum Maßstab des § 244 Abs. 2 StPO bereits Kap.6.B.I.4.; vgl. auch bei *Widmaier* NStZ (1994a), 248 f.

1044 Vgl. BGH v. 8.12.1993 - 3 StR 446/93 = BGHSt 40, 3 ff. = NStZ 1994, 247, 248.

1045 Für den § 255a Abs. 2 S. 4 StPO vgl. *Beulke* ZStW 113 (2001), 709, 714; *Rieß* (StraFo) 1999, S. 5.

1046 Für den § 255a Abs. 2 S. 4 StPO vgl. *Schmitt*, in: Meyer-Goßner/Schmitt (2018) § 255a Rn. 10; vgl. grundsätzlich BGH v. 21.6.1995 - 2 StR 67/95 = NStZ-RR 1996, 107, 108; *Schünemann* StV 1998, 400.

Beweisantrag würde nämlich keinen tatsächlich weiterführenden Beitrag zur Wahrheitsfindung in der Hauptverhandlung liefern.[1047] Viel eher wäre ein solcher gemäß § 244 Abs. 3 S. 2 StPO als offenkundig überflüssig oder als schon erwiesen durch Beschluss (§ 244 Abs. 6 StPO) abzulehnen. Daher wird das Beweisantragsrecht der Beteiligten und der Amtsermittlungsgrundsatz des Gerichts (§ 244 Abs. 2 StPO) durch eine entsprechende Vorschrift *de lege ferenda* nicht betroffen.

5. *Teilbetroffenheit des Unmittelbarkeitsgrundsatzes*

In Frage steht, ob und inwieweit durch eine entsprechende Vorschrift *de lege ferenda* der Unmittelbarkeitsgrundsatz eingeschränkt wird und ob eine Einschränkung gerechtfertigt werden kann[1048]. Der Unmittelbarkeitsgrundsatz findet seine gesetzliche Grundlage in § 250 StPO. Er ist verknüpft mit dem Streben nach der (materiellen) Wahrheitsfindung.[1049] Zeugen, die verfahrensrelevant eigene Wahrnehmungen oder Erfahrungen gemacht haben, sind durch das erkennende Gericht in der Hauptverhandlung grundsätzlich zu vernehmen und haben grundsätzlich die Pflicht der Wahrheit getreu auszusagen (vgl. §§ 48, 57 StPO). Der Unmittelbarkeitsgrundsatz besitzt keinen Verfassungsrang; ein solcher vermag insbesondere auch nicht aus Art 103 Abs. 1 GG abgeleitet zu werden.[1050]

Der Wortlaut des § 250 StPO[1051] schließt für die Hauptverhandlung grundsätzlich Verlesbares, also vor allem Schriftstücke aus, doch untersagt der Unmittelbarkeitsgrundsatz ebenfalls grundsätzlich eine die Zeugenvernehmung in der Hauptverhandlung ersetzende Bild-Ton-Aufzeichnung (§§ 58a, 247a Abs. 1 S. 4 StPO).[1052] Die Geltung des Unmittelbarkeitsgrundsatzes von für in

---

1047 Für den § 255a Abs. 2 S. 4 StPO vgl. *Diemer*, in: KK StPO (2013) § 255a Rn. 13.

1048 Zu dieser Frage siehe Kap.6.B.III.

1049 *Geppert* Jura 1996, S. 552; *Hartz* (2004), S. 126; *Stüber* (2005), S. 47; vgl. vertiefend zum Unmittelbarkeitsgrundsatz *Kudlich/Schuhr*, in: SSW § 250 Rn. 2 m.w.N.

1050 Vgl. BVerfG v. 18. 9. 1952 - 1 BvR 612/52 = BVerfGE 1, 418, 429 = NJW 1953, 177; *Diemer*, in: KK StPO (2013) § 250 Rn. 1; *Landau* NStZ (2007), 129.

1051 Fassung aufgrund des Gesetzes zur Einführung der elektronischen Akte in der Justiz und zur weiteren Förderung des elektronischen Rechtsverkehrs vom 05.07.2017, in Kraft getreten am 01.01.2018. In § 250 S. 2 StPO wurde das Wort *schriftlichen* gestrichen, um deutlich zu machen, dass nicht nur in Papierform vorliegende schriftliche Erklärungen, sondern auch als Teil der elektronischen Strafakte elektronisch gespeicherte Erklärungen von Beweispersonen vom Verbot der vernehmungsersetzenden Urkundenverlesung erfasst werden, vgl. BGBl. I/2017, S. 2208 ff.

1052 BGH v. 3.3.1977 – 2 StR 390/76 = BGHSt 27, 135, 137 = NJW 1977, 1546 (zu Tonbandaufzeichnungen); BGH v. 12.2.2004 – 1 StR 566/03 = BGHSt 49, 68, 70 f. = NJW

Ermittlungsverfahren erstellte Bild-Ton-Aufnahmen folgt auch aus § 255a Abs. 1 StPO, denn wenn dort mit den §§ 251 und 253 StPO Ausnahmevorschriften zu § 250 StPO für entsprechend anwendbar erklärt werden, setzt dies dessen inhaltliche Geltung für Bild-Ton-Aufnahmen notwendig voraus.[1053] Der also auch für hiesige Fallkonstellationen geltende Unmittelbarkeitsgrundsatz besagt, dass sich das Gericht einen möglichst direkten und unvermittelten eigenen Eindruck von dem zu beurteilenden Sachverhalt verschaffen soll.[1054] Insofern zeitigt er auch gewisse Schutzmechanismen für Angeklagte.[1055] Rückgriffe auf Beweismittelsurrogate werden daher auch als Einschränkung von Verteidigungsrechten empfunden.[1056] Ein national[1057] idealtypischer strafprozessualer Unmittelbarkeitsgrundsatz fordert in materieller Hinsicht die Verwendung unmittelbarer Beweismittel und in formeller Hinsicht, dass die Beweisaufnahme vor dem erkennenden Gericht stattfindet, das später das Urteil fällt. Die Leitidee der formellen Unmittelbarkeit schreibt § 226 Abs. 1 StPO vor.[1058] *Velten* will mit dem Transfergebot, als Verbot der Delegation der Beweiserhebung in das Ermittlungsverfahren, neben dem formellen und materiellen Unmittelbarkeitsgrundsatz, ein weiteres Unterscheidungskriterium anführen.[1059] Dieses dürfte jedoch bereits unter obige Abgrenzungen fallen, weil ihm kein neues Differenzierungskriterium anhaftet.

a) Bild-Ton-Aufzeichnungen sind keine unmittelbaren Beweismittel

Ein unmittelbares Beweismittel ist dadurch gekennzeichnet, dass die Beweiskraft originär aus ihm selbst „geschöpft“[1060] wird. Mittelbare Beweismittel haben

2004, 1468; BGH 29.1.2008 – 4 StR 449/07 = BGHSt 52, 148 (150) = NJW 2008, 1010 ff.; *Diemer*, in: KK StPO (2013) § 250 Rn. 3; *Schmitt*, in: Meyer-Goßner/Schmitt (2018) § 250 Rn. 2; *Sander/Cirener*, in: LR § 250 Rn. 11; *Kreicker*, in: MüKoStPO (2016) Band 2 § 250 Rn. 21.

1053 Ähnlich *Kreicker*, in: MüKoStPO (2016) Band 2 § 250 Rn. 21, der auf § 255 Abs. 1 StPO abstellt, wobei dies ein Versehen sein dürfte.

1054 BGH v. 8. 4. 2003 - 3 StR 92/03 = NStZ 2004, 50 f.; *Eisenberg* (2017), Rn. 65; *Schmitt*, in: Meyer-Goßner/Schmitt (2018) § 250 Rn. 1 ff.

1055 *Wollmann* (2008), S. 164.

1056 *Sommer* NJW 2005, 1240 ff.

1057 Für eine internationale Einordnung des Unmittelbarkeitsgrundsatzes vgl. etwa *Müller* (DRiZ) 1993, 381 ff.

1058 Vgl. *Beulke* (2016) § 2, Rn. 24; *Kudlich*, in: MüKoStPO (2014) Band 1 Einleitung Rn. 180.

1059 *Velten*, in: SK § 250 Rn. 7, 15 ff.

1060 *Geppert* (1979), S. 166.

e contrario also ableitenden und reproduzierenden Charakter. Der Unmittelbarkeitsgrundsatz könnte durch eine Einführung einer Bild-Ton-Aufzeichnung aber schon dann nicht betroffen sein, wenn diese gewissermaßen im Sinn eines „personengleichen Beweismittels" „unmittelbarer" wäre als eine spätere unmittelbare Zeugenbekundung des Opferzeugen in einer Hauptverhandlung.

(Opfer-)Zeugen als personelle Beweismittel sind zunächst unmittelbare Beweismittel. Im Hinblick auf die oben dargestellten möglichen Erinnerungsveränderungen infolge Zeitablaufs[1061] *und/oder* infolge Psychotraumatherapien,[1062] könnte sie ihre Erinnerungsfähigkeit, -bereitschaft und -möglichkeit (und damit *de facto* auch Opferzeugen als Beweismittel selbst) in Bezug auf die Beweiskraft rein tatsächlich zu einem mittelbaren Beweismittel degenerieren. Demgegenüber könnte eine tatnahe und unmittelbare ermittlungsrichterliche Opferzeugenvernehmung – aufgezeichnet mittels Videotechnologie – die bestmögliche Erinnerung konservieren und daher als *„unmittelbarer"* verstanden werden.

Eine bestmögliche Erinnerung versuchen viele Zeuge ihren Pflichten gemäß § 48 StPO entsprechend (vgl. auch §§ 153 ff. StGB) in einer (oft sehr viel) später stattfindenden Hauptverhandlung zu reproduzieren. Ausdruck eines solchen Versuchs ist oftmals, dass Zeugen hierbei auch nicht selten auf das Rechtsinstitut des „Vorhaltes" angewiesen sind. Unberührt sind freilich solche Beweisthemen, die sich erstmals im weiteren Verlauf des Ermittlungsverfahrens stellten und die dann ggf. eine spätere ergänzende Opferzeugenbefragung im Sinne des § 255a Abs. 2 S. 4 StPO oder gemäß einer entsprechenden Vorschrift *de lege ferenda* erforderten. Insoweit liegen den Überlegungen idealtypische Ermittlungsverläufe zugrunde. Gleichwohl dürfte einer Bild-Ton-Aufzeichnung einer (Opfer-)Zeugenbekundung die sachliche Beweismitteleigenschaft gegenüber der unmittelbaren (Opfer-)Zeugenbekundung in einer Hauptverhandlung an sich – auch vor dem Hintergrund des gesetzlichen Regelungsregimes der Regel- (§ 250 StPO) und Ausnahmetatbestände (§§ 251 ff. StPO) – die anerkannte mittelbare Beweismittelqualität nicht abzusprechen sein.[1063] Es besteht zweifelsfrei ein Unterschied zwischen einem (unmittelbaren oder mittelbaren) Beweismittel und der diesem zugrundeliegende Beweiskraft. Eine Einordnung einer unmittelbaren oder mittelbaren Beweismitteleigenschaft *nach* der oft auch subjektiv konnotierten Bewertung der Beweiskraft verstieße gegen die Grundsätze des Strengbeweisverfahrens im Strafprozess als legislative Grundentscheidungen

---

1061 Siehe Kap.3.

1062 Siehe Kap.5.

1063 So wohl auch *Wollmann* (2008), S. 165; ebenso *Schmoll* (1999), S. 229.

und ist damit abzulehnen. Daher ist der Unmittelbarkeitsgrundsatz nicht schon deshalb gänzlich nicht betroffen. Es stellt sich weiterhin die Frage, ob eine entsprechende Vorschrift *de lege ferenda* den Unmittelbarkeitsgrundsatz unzulässig einschränken. Einige Kritiker nehmen dies für die *lex lata* sowohl im Hinblick auf dessen formellen als auch materiellen Gehalt an.[1064]

Um dem formellen Unmittelbarkeitsgebot Genüge zu tun, muss die Entscheidung des Gerichts auf eigener sinnlicher Wahrnehmung der erkennenden Richter beruhen.[1065] Dies erfordert, dass diese gemäß § 226 Abs. 1 StPO in der Hauptverhandlung ununterbrochen anwesend sind, die Beweisaufnahme durch das erkennende Gericht zu erfolgen hat und deren Durchführung nicht auf dritte Personen übertragen werden darf.[1066] Der inhaltliche Ablauf berührt dagegen materielle Fragen, weshalb mit der Vorführung einer Videovernehmung der Grundsatz der formellen Unmittelbarkeit grundsätzlich schon begrifflich nicht betroffen sein kann.[1067] Die materielle Komponente der Unmittelbarkeit verlangt in inhaltlicher Hinsicht, dass das erkennende Gericht die Tatsachen aus der Quelle selbst schöpft und sich grundsätzlich nicht mit Beweismittelsurrogaten „begnügt".[1068] Dabei legt der „materielle" Unmittelbarkeitsgrundsatz keine unumstößlichen Handlungsanweisungen fest, sondern trägt der einzelfallbestimmenden Variabilität im Sinne einer Maxime Rechnung.[1069] In der *lex lata* ist der Grundsatz der materiellen Unmittelbarkeit nicht als absolutes Verbot indirekter Beweismittelverwertung umgesetzt, sondern verlangt grundsätzlich nur, dass auch das unmittelbare Beweismittel (eventuell neben den mittelbaren) herangezogen wird.[1070]

1064 *Beulke* ZStW 113 (2001), 709, 734, „[…] [e]ine klare Durchbrechung des Unmittelbarkeitsprinzips sowohl in formeller als auch in materieller Hinsicht ist hingegen die Einführung vorab gefertigter Video-Aufzeichnungen in das Verfahren"; ebenso *Swoboda* (2002), S. 419; *Schünemann* StV 1998, 399 f.

1065 *Geppert* (1979), S. 124; *Stüber* (2005), S. 46.

1066 *Eisenberg* (2017), Rn. 65; vgl. auch *Roxin/Schünemann* (2017) § 46, Rn. 3; *Geppert* (1979), S. 136.

1067 *Wollmann* (2008), S. 168; *Hartz* (2004), S. 120; *Maier* (1997), S. 163; *Mildenberger* (1995), S. 240; so auch *Stüber* (2005), S. 252 ff.

1068 Vgl. *Rieck* (StraFo) 2000, 403; *Eisenberg* (2017), Rn. 66.

1069 *Eisenberg* (2017), Rn. 66.

1070 Vgl. *Kudlich/Schuhr*, in: SSW § 250 Rn. 4; *Kudlich*, in: MüKoStPO (2014) Band 1 Einleitung Rn. 181.

b) *Die gesetzliche Vermutung des § 250 StPO*

Einen allgemeinen Grundsatz, dass bei der Beweisaufnahme stets das sachnächste Beweismittel benutzt werden müsse, lässt sich dem § 250 StPO nicht entnehmen.[1071] Diese Norm hält als inhaltliche Regelungsanordnung den Grundsatz der materiellen Unmittelbarkeit für den Zeugenbeweis bereit. Beruht nach § 250 S. 1 StPO der Beweis einer Tatsache auf der Wahrnehmung einer Person, so *ist* diese in der Hauptverhandlung zu vernehmen.[1072] Eine ersetzende (Urkunds-) Verlesung an „Vernehmungs statt" ist durch § 250 S. 2 StPO grundsätzlich verboten. Folglich zieht die Vorschrift in der *Regel* den Personalbeweis dem Urkundsbeweis vor. Normiert ist damit gleichzeitig eine gesetzliche Vermutung, die Vernehmungsprotokolle grundsätzlich als qualitativ schlechter und unzuverlässiger als mündliche Aussagen bewertet, weshalb Letztere – soweit existent – vorzuziehen *ist*.[1073]

Dem liegt die Annahme zugrunde, dass ein mittelbares Beweismittel keinen direkten also unmittelbaren Bezug zum Tatgeschehen habe und dem erkennenden Gericht hierdurch der Blick auf die Tatsachenerkenntnis und demzufolge für die (materiellen) Wahrheitsfindung getrübt sei.[1074] Die Regelungen in § 251 StPO sind für Vernehmungsprotokolle *lex specialis*; für alle übrigen Beweismittelsurrogate ist ergänzend auf die allgemeine Regelung des § 244 Abs. 2 StPO abzustellen.[1075] Dies folgt schon aus der Gesetzessystematik. Die gesetzlich gewollte Handhabe in Bezug auf den Urkundsbeweis ist speziell in den §§ 249 bis 256 StPO geregelt (mit Ausnahme von § 255a StPO). Die Normen der §§ 244 bis 246 StPO gelten als *lex generalis* hingegen uneingeschränkt für die gesamte Beweisaufnahme. Gemäß § 244 Abs. 2 StPO ist die Beweisaufnahme zu Zwecken möglichst umfassender Sachaufklärung und (materieller) Wahrheitsfindung auf alle bedeutenden Beweismittel zu erstrecken.[1076] Hierfür müssen die bestmöglichen Beweise genutzt werden. Für einen bestmöglichen und unvermittelten Eindruck

---

1071 So die h.M. Vgl. nur BGH v. 11.03.2014 - 1 StR 655/13 = NStZ-RR 2014, 152 L = BeckRS 2014, 07059; ebenso *Schmitt*, in: Meyer-Goßner/Schmitt (2018) § 250 Rn. 3; vgl. auch *Sander/Cirener*, in: LR § 250 Rn. 23; a.A. wohl OLG Düsseldorf v. 08.01.2008 - III-5 Ss 216/07 - 95/07 I, 5 Ss 216-07 / 95/07 = BeckRS 2008, 02677.

1072 Hervorgehoben durch den Verfasser.

1073 *Mildenberger* (1995), S. 244 m.w.N.; vgl. auch *Beulke* (2016) § 2, Rn. 24. [Hervorhebung durch den Verfasser].

1074 Vgl. für diese Annahme nur *Maas* (1907), S. 12.

1075 Vgl. BGH v. 30. 6. 1954 - 6 StR 172/54 = BGHSt 6, 209, 210 = NJW 1954, 1415, 1416; siehe auch *Wollmann* (2008), S. 169.

1076 Siehe Kap.6.B.I.4.

des erkennenden Gerichts über das Sachgeschehen bringt die tradierte Vermutung des Gesetzes zum Ausdruck, dass die unmittelbaren Beweise zuverlässiger seien als die mittelbaren.[1077] Daraus ergibt sich, dass auch die richterliche Aufklärungspflicht des § 244 Abs. 2 StPO grundsätzlich verletzt sein könnte, wenn das Gericht auf die Hinzuziehung eines erreichbaren, sachnäheren Originalbeweismittels – etwa einen (Opfer-)Zeugen – verzichtete und sich stattdessen nur mit einem mittelbaren Beweis begnügte.[1078] Umgekehrt lässt diese Vermutung aber keinen Schluss eines gesetzlichen Verbots in Bezug auf mittelbare Beweismittelerhebung und -verwertung zu. Ein solches folgt also weder aus der gerichtlichen Amtsaufklärungspflicht noch aus dem diese konkretisierenden Unmittelbarkeitsgrundsatz.[1079]

Der Durchbrechung des Unmittelbarkeitsgrundsatzes in den §§ 251 f. StPO liegen Erwägungen der Erleichterung der Beweiserhebung und -verwertung sowie der Wahrheitsfindung in der Hauptverhandlung zugrunde.[1080] Das Gericht soll also in die Lage versetzt sein in dem von Dynamik und Interessenskonflikten geprägten strafverfahrensrechtlichen Einzelfall flexibel die Beweiskraft einzelner Beweismittel bestmöglich zu prüfen und zu würdigen.[1081] Steht ein Originalbeweismittel – hier ein (Opfer-)Zeuge – nicht zur Verfügung, ist ein Beweismittelsurrogat (z.B. eine Verhörsperson oder ein Vernehmungsprotokoll) folglich bestmögliches Beweismittel. Gemäß § 249 StPO ist der Urkundsbeweis grundsätzlich zulässig. Diese grundsätzliche Erlaubnis wird durch die Vorschrift des § 250 StPO für Berichtsurkunden eingeschränkt, wobei die §§ 251 ff. StPO diese *Regel* wiederum restringieren.[1082] Die gerichtliche Aufklärungspflicht (§ 244 Abs. 2 StPO) wird damit in Bezug auf besondere Beweismittel(-surrogate) durch die Regel- und Ausnahmemechanismen der §§ 249 ff. StPO konkretisiert.

Der Beweis kann unter gewissen Voraussetzungen im Einzelfall etwa mit Hilfe von Urkunden (§§ 251 f. StPO) oder elektronisch (§ 255a Abs. 1 StPO) geführt werden.[1083] Primat ist hierbei die effektive und bestmögliche Wahrheitsfindung

1077 *Geppert* (1979), S. 184 ff.

1078 BVerfG v. 26.5.1981 - 2 BvR 215/81 = BVerfGE 57, 250, 277; BGH v. 17. 5. 1956 - 4 StR 36/56 = BGHSt 9, 230, 232 = NJW 1956, 1367; BGH v. 21. 2. 1957 - 4 StR 582/56 = BGHSt 10, 186, 191 f. = NJW 1957, 918, 919; BGH v. 8. 4. 2003 - 3 StR 92/03 = BGH NStZ 2004, 50; *Herdegen*, in: KK StPO (2013) § 244 Rn. 25.

1079 BVerfG v. 26.5.1981 - 2 BvR 215/81 = BVerfGE 57, 250, 277; *Herdegen*, in: KK StPO (2013) § 244 Rn. 25a.

1080 *Meurer* (JuS) 1999, 937, 939.

1081 *Stüber* (2005), S. 48.

1082 *Mildenberger* (1995), S. 242.

1083 BVerfG v. 26.5.1981 - 2 BvR 215/81 = BVerfGE 57, 250, 277.

im konkreten Einzelfall (vgl. § 255a Abs. 1 i. V. m. § 251 StPO); im Falle des § 255a Abs. 2 StPO und einer Vorschrift *de lege ferenda* zugunsten STEO stünde der Opferschutz unter Berücksichtigung der diesbezüglichen gerichtlichen Ermessensentscheidung anhand des § 244 Abs. 2 StPO im Vordergrund. Daraus wird deutlich, dass der Aufwand der mit der Hinzuziehung eines Beweismittels verbunden ist stets in einem angemessenen Verhältnis zu dem verfolgten Erfolg stehen muss.[1084] Orientiert an diesen Maßstäben, kann folglich dann auf ein Beweismittel verzichtet werden, wenn dessen Heranziehung unverhältnismäßig wäre.[1085] Daraus ergibt sich wiederum, dass der den § 244 Abs. 2 StPO konkretisierende Unmittelbarkeitsgrundsatz nicht absolut vorschreiben kann stets das unmittelbare oder sachnächste Beweismittel heranzuziehen.[1086]

c) Widerlegung der Vermutung des § 250 StPO durch eine Vorschrift de lege ferenda als ausnahmsweise Einschränkung des materiellen Unmittelbarkeitsgrundsatzes

Das Gesetz normiert vor allem zugunsten des Primats der richterlichen Aufklärungspflicht (§ 244 Abs. 2 StPO) im Sinne der bestmöglichen und effektivsten (materiellen) Wahrheitsfindung Durchbrechungen des Unmittelbarkeitsgrundsatzes (§§ 251 ff. StPO).[1087] Zu Zwecken der Vermeidung von inhaltlichen Beweisverlusten und Verbesserung der Verfahrensbeschleunigung sehen die §§ 251 ff. StPO optionalen Zugriff auf Beweismittelsurrogate vor. Diesen Fällen ist charakterlich eigen, dass oftmals das unmittelbare Beweismittel selbst in der Hauptverhandlung nicht zur Verfügung steht.

In Ausnahme steht hierzu die Norm des § 255a Abs. 2 S. 1 StPO und eine an dieser Vorschrift *de lege fere*nda orientierte analoge Neuregelung zur Erweiterung der Bild-Ton-Technik auf STEO. Hiernach kann – und sollte – trotz des grundsätzlich in der Hauptverhandlung zur Verfügung stehenden (Opfer-)Zeugen das Beweismittelsurrogat „Bild-Ton-Aufzeichnung“ ersetzend eingeführt werden. Damit scheinen die § 255a Abs. 2 S. 1 StPO und eine Vorschrift *de lege ferenda* die gesetzliche Vermutung des § 250 StPO, nach der persönliche Beweismittel zum Beweis einer Tatsache gegenüber reproduzierenden mittelbaren

1084 Vgl. BGH v. 5. 9. 2000 - 1 StR 325/00 = NJW 2001, 695, 696; BGH v. 25. 4. 2002 - 3 StR 506/01 = NJW 2002, 2403, 2404.

1085 So auch *Maier* (1997), S. 165.

1086 Ähnlich *Hartz* (2004), S. 122.

1087 Siehe auch *Wollmann* (2008), S. 170.

Beweismitteln grundsätzlich überlegen sind, zu widerlegen.[1088] Insbesondere für diese Ausnahmeregelungen *de lege lata* und *de lege ferenda* stellt sich daher die Frage, ob die Annahme einer Überlegenheit von personellem Zeugenbeweis als unmittelbares Beweismittel gegenüber der Bild-Ton-Aufzeichnung als mittelbares Beweismittel tatsächlich berechtigt und dem 21. Jahrhundert entsprechend noch zeitgemäß ist.

Eine unmittelbare Beweisführung und Beweisaufnahme erfordert zunächst die Wahrnehmung des jeweiligen Beweismittels, bevor dessen Beweiskraft überhaupt überprüfbar wird.[1089] Der mündliche, persönliche Zeugenbeweis vor dem erkennenden Gericht trägt freilich die Vorteile der direkten Nachprüfbarkeit vom Wahrheitsgehalt der Aussage, der Glaubwürdigkeit der Aussageperson, auch durch direkte Gegenüberstellungen sowie direkte Fragemöglichkeiten in sich.[1090] Demgegenüber weist ein Vernehmungsprotokoll naturgemäß Nachteile auf, weil es diese Optionen zum einen nicht bietet,[1091] zum anderen durch Transferhandlungen des Vernehmenden nicht authentisch die Zeugenbekundung selbst widerspiegelt und daher Fehlerquellen in sich birgt. Der Beweiswert eines Beweismittelsurrogates muss sich negativ anhand möglicher Unsicherheits- und Fehlerquellen messen lassen,[1092] weshalb dem Protokoll gegenüber dem personellen Zeugenbeweis regelmäßig eine geringere Beweisqualität beizumessen ist.

Im Gegensatz dazu können dem Beweismittelsurrogat der „Bild-Ton-Aufzeichnung" nicht per se geringere Beweismittelqualitäten zugesprochen werden. *Wollmann* sieht etwa dennoch „enorme Nachteile".[1093] In Bezug auf die sinnliche Wahrnehmung des Beweisvorgangs dürften sich aber keine wesentlichen Unterschiede zur persönlichen Vernehmung zeitigen.[1094] Eine (mögliche) Konfrontation im Ermittlungsverfahren wiegt die fehlende Option der persönlichen Kommunikation in der Hauptverhandlung auf.[1095] Diese als Nachteil angeführte

---

1088 Die Gesetzgebung stützte sich bei Schaffung des § 255a Abs. 2 StPO auf die Studie von *Busse/Volbert/Steller* (1996), S. 6 ff.; siehe BT-Drucks. 13/7165, S. 4 f. Gleichzeitig wird aber vor einer pauschalen Anwendung der Videotechnologie im Strafverfahren gewarnt. Folglich handelt es sich auch hier um eine gesetzlich widerlegbare Vermutung der erhöhten Schutzbedürftigkeit dieser Zeugengruppe.

1089 *Geppert* (1979), S. 167.

1090 Ebd., S. 167 f.

1091 Ebd., S. 170.

1092 *Schmoll* (1999), S. 229 m.w.N.

1093 *Wollmann* (2008), S. 172.

1094 Siehe zu den überwiegenden Vorteilen bereits Kap.6.B.I.4.a).

1095 Siehe Kap.6.B.I.3.a).

Rechtsfolge entpuppt sich gar als Vorteil. Mehrfachvernehmungen sollen durch elektronische Bild-Ton-Aufzeichnungen vermieden werden. Durch die konservierte Erinnerung wird die bestmögliche (materielle) Wahrheitserforschung ebenso wie die Schutzbedürfnisse des Opferzeugen unterstützt. Das nicht selten erforderliche strafprozessuale Rechtsinstitut des Vorhalts wird hier obsolet, weil idealtypisch die frischeste Erinnerung über den Tathergang anschaulich und unvermindert wiedergegeben werden kann. Zusatzfragen sind nur dann einzuräumen und nach Maßgabe eines Mehrwertes auch erst erforderlich, wenn sich *de lege ferenda* – an § 255a Abs. 2 S. 4 StPO orientiert – neue Beweisthemen stellten. Insofern kann entgegen *Wollmann* kein „enormer Nachteil“ erkannt werden.[1096] Unter der Voraussetzung einer hinreichenden Aufnahmequalität kann das erkennende Gericht den Zeugen sowohl sehen als auch hören. Gemäß den oben beschriebenen Aufnahmevoraussetzungen bei der Beweiserhebung (wie etwa Einblendung von Datum, Uhrzeit und Totalaufnahmen)[1097] erhält es zudem einen profunden Gesamteindruck über das Vernehmungsumfeld; insofern besteht auch Fälschungssicherheit[1098]. Ferner ist eine Bild-Ton-Aufzeichnung authentischer als alle übrigen Beweismittelsurrogate, weil – nach der hier favorisierten Lösung – Transferhandlungen entfallen und kein Protokoll erforderlich ist. Dabei dient die Aufzeichnung der dauerhaften Fixierung von Aussageinhalt und Aussageverhalten und ist beliebig reproduzier- und abspielbar.[1099] Zudem bleibt die Möglichkeit einer Glaubwürdigkeitsbeurteilung erhalten. Nach empirischen Untersuchungen wurden diesbezüglich gerade keine wesentlichen Unterschiede zwischen unmittelbaren und videotechnologisch aufgezeichneten (Opfer-)Zeugenvernehmungen festgestellt.[1100] Außerdem veranschaulicht sie bei frühestmöglicher Opferzeugenvernehmung die bestmöglichen Erinnerungen der Zeugen. Erinnerungen bei der Erstvernehmung sind oftmals frischer und detailreicher und werden durch deren Aufzeichnungen konserviert. Eben dies kann das menschliche Gehirn – insbesondere nach Viktimisierungen und *nach* oder *während* psychotraumatologischer (insbesondere konfrontativer)

1096 So aber *Wollmann* (2008), S. 172.

1097 Siehe Kap.6.B.I.4.a).

1098 Vgl. auch schon *Schmoll* (1999), S. 230.

1099 So bereits die Gesetzesmaterialien zur Schaffung der §§ 58a, 255a StPO, vgl. BT-Drucks. 13/7165, S. 6 „Bild-Ton-Aufzeichnungen fixieren dauerhaft Aussageinhalt und Aussageverhalten und ermöglichen deren grundsätzlich unbegrenzte Reproduzierbarkeit“.

1100 *Kilian-Herklotz* (2000), S. 220 f.

Heilbehandlungen – nicht leisten.[1101] Vor der Hauptverhandlung können Erinnerungsverluste oder Einwirkungen von (auch unabsichtlichen) Suggestionen gewirkt und sich in der Hauptverhandlung und damit wegen § 261 StPO auch auf das Urteil ausgewirkt haben.[1102] Suggestive Einflüsse wiederum würden durch die Aufzeichnung jedenfalls transparent sichtbar werden. Vermutlich würden sie infolge der Kenntnis um eine solche Transparenz sogar gänzlich ausgeschlossen oder wenigstens spürbar vermindert werden. Aus diesen Gründen darf sogar angenommen werden, dass die Beweismittelqualität solcher Erinnerungskonserven gegenüber einer nach mehreren Monaten erfolgenden Opferzeugenvernehmung in der Hauptverhandlung – altersunabhängig – wesentlich höher sein und das zuverlässigere Beweismittel darstellen *kann.*[1103] Mit den Worten *Keisers* kann die Beweisaufnahme mittels Einführung eines Videobandes dann als *„zwingend geboten"* erkannt werden.[1104]

Eine solche beweisstarke Bild-Ton-Aufzeichnung kann somit die Eigenschaft und der Wert eines *personengleichen Beweismittels* zugesprochen werden. Mit Verwertung eines solchen kommt das erkennende Gericht dann auch seiner Aufklärungspflicht nach (§ 244 Abs. 2 StPO), welche dem Unmittelbarkeitsgrundsatz zugrunde liegt.[1105] Damit würde eine Vorschrift *de lege ferenda* zur Erweiterung der Bild-Ton-Technik auf STEO die Vermutung des § 250 StPO als eine gesetzliche Gegenvermutung *de lege ferenda* im Sinne einer regelmäßigen Ausnahme von der *Regel* des § 250 StPO ausnahmsweise in Fällen von STEO widerlegen.

1101 Siehe Kap.5.B., C., D.

1102 Vgl. nur die bei *Volbert* (1997), S. 40 ff. aufgeführten Studien zur Erforschung von Suggestionen.

1103 Siehe zu den überwiegenden Vorteilen bereits Kap.6.B.I.4.a).

1104 *Keiser* (1998), S. 243.

1105 *Meurer* (JuS) 1999, 937, 940; für minderjährige Opferzeugen mit Verweis auf die Beweisstärke *„audiovisueller Konservierungen"* *Stüber* (2005), S. 253 f.; ähnlich auch im Abschlussbericht der Expertenkommission zur effektiveren und praxistauglicheren Ausgestaltung des allgemeinen Strafverfahrens und des jugendgerichtlichen Verfahrens (Oktober 2015), https://www.bmjv.de/SharedDocs/Downloads/DE/PDF/Abschlussbericht_Reform_StPO_Kommission.pdf?__blob=publicationFile&v=2 (zuletzt abgerufen am 13.03.2018), S. 7.

d) *Zwischenergebnis: Die Vorschrift* de lege ferenda *als Einschränkung des materiellen Unmittelbarkeitsgrundsatzes*

Eine entsprechende Vorschrift *de lege ferenda* widerlegte die gesetzliche Vermutung des § 250 StPO und schränkte daher den materiellen Unmittelbarkeitsgrundsatz ein. Gleichwohl würde durch eine – an § 255a Abs. 2 S. 1, S. 4 StPO orientierte – Ausgestaltung einer solchen Vorschrift *de lege ferenda* als Ermessennorm und auf Tatbestandsebene mit den Tatbestandsmerkmalen einer *Mitwirkungsgelegenheit* und einer optionalen ergänzenden Zeugenvernehmung genug richterlicher Entscheidungsspielraum (§ 244 Abs. 1, 2 StPO) verbleiben. Damit würde der materielle Unmittelbarkeitsgrundsatz durch einen gesetzlichen Neuvorschlag einer Vorschrift *de lege ferenda* eingeschränkt, weil eine weitere gesetzliche Ausnahme normiert werden würde. Eine solche Einschränkung könnte aber wegen überwiegender Opferschutzinteressen[1106] bei gleichzeitigen Effizienzgewinnen zugunsten den Interessen der Prozessökonomie und der (materiellen) Wahrheitsfindung gerechtfertigt sein.[1107]

6. *Keine Betroffenheit des Grundsatzes der Mündlichkeit*

Zu prüfen bleibt, ob eine entsprechende Beweisverwertungsvorschrift *de lege ferenda* mit dem Mündlichkeitsgrundsatz vereinbar ist. Der Mündlichkeitsgrundsatz unterstützt die Rekonstruktion des Tatgeschehens als Ziel der Beweisaufnahme in der Hauptverhandlung; er ist im Strafprozessrecht nicht dezidiert gesetzlich normiert, hat jedoch seinen Niederschlag in den §§ 250, 261, 264 StPO und § 169 GVG gefunden.[1108] Gemäß des Wortlauts dieser Vorschriften soll das Urteil nach gerichtlicher Überzeugungsbildung (§ 261 StPO) auf Grundlage „der Verhandlung", also nach einer mündlichen Hauptverhandlung, gefällt werden.[1109] So darf grundsätzlich zur Urteilsgrundlage nur bereits Verbalisiertes gereichen (vgl. §§ 261, 264 StPO).[1110] Ein mit der StPO kohärentes

---

1106 Auch nach Ansicht von *Schmoll* (1999), S. 233 ist Schutzbedürftigkeit von (bei ihm kindlicher) Opferzeugen ein gewichtiges Gegeninteresse zum Unmittelbarkeitsgrundsatz (§ 250 StPO) und dem Aufklärungsgrundsatz (§ 244 StPO) als Ausprägung des materiellen Unmittelbarkeitsgrundsatzes.

1107 Siehe hierzu Kap.6.B.III.

1108 Vgl. hierzu *Fischer*, in: KK StPO (2013) Einleitung Rn. 16.; *Eisenberg* (2017), Rn. 64

1109 *Fischer*, in: KK StPO (2013) Einleitung Rn. 16; vgl. auch *Geppert* Jura 1996, 553; *Eisenberg* (2017), Rn. 63.

1110 *Miebach* (1990), S. 228, 229 m.w.N.; *Eisenberg* (2017), Rn. 64; *Fischer*, in: KK StPO (2013) Einleitung Rn. 16; *Kudlich*, in: MüKoStPO (2014) Band 1 Einleitung Rn. 185.

und demgemäß revisionsfestes Strafverfahren setzt also die mündliche Interaktion zwischen allen Prozessbeteiligten vor und mit dem erkennenden Gericht voraus,[1111] gewährleistet die sachgerechte Antragsstellung[1112] sowie Transparenz und ist damit gleichsam als Ausprägung des Fairnessgrundsatzes, des formellen Unmittelbarkeitsgrundsatzes,[1113] des Anspruchs auf rechtliches Gehör (Art 103 Abs. 1 GG), wie auch als Bedingung für eine öffentliche Hauptverhandlung (§ 169 Abs. 1–3 GVG, Art 6 Abs. 1 EMRK) zu verstehen.[1114] Dem widerspricht die Beweisverwertung durch eine Vorführung einer Bild-Ton-Aufzeichnung in der strafrechtlichen Hauptverhandlung nicht.[1115] Die während der Hauptverhandlung im Gerichtssaal vorgeführte videotechnologische, ermittlungsrichterliche Opferzeugenbekundung vermag jedermann mit all seinen menschlichen Sinnen wahrzunehmen und auf sie, entsprechend seinen prozessbeteiligungsorientierten Befugnissen, unter den gesetzlichen Voraussetzungen sachgerecht zu reagieren. Damit bleibt das Strafverfahren durch eine entsprechende Vorschrift *de lege ferenda* interaktionell und transparent und der Mündlichkeitsgrundsatz gewahrt.

7. *Keine Betroffenheit des Grundsatzes der freien richterlichen Beweiswürdigung*

Durch Vorschriften *de lege ferenda* könnte der Grundsatz der freien richterlichen Beweiswürdigung (§ 261 StPO) ebenfalls gewahrt sein. Gemäß § 261 StPO entscheidet das Gericht über das Ergebnis der Beweisaufnahme nach seiner freien, aus dem Inbegriff der Hauptverhandlung geschöpften Überzeugung. Der Terminus „frei“ beschreibt dabei nur, dass der Tatrichter keinen festen oder gesetzlich normierten Beweisregeln bei der Bildung seiner Überzeugung unterworfen ist.[1116] Freilich unterliegt die richterliche Beweiswürdigung gleichwohl Begrenzungen. Etwa dergestalt, dass Beweisverwertungsverbote beachtet werden müssen und dass sie auf einem „objektiv-rationalen“[1117] Fundament, einer

1111 *Maas* (1907), S. 35; *Kudlich*, in: MüKoStPO (2014) Band 1 Einleitung Rn. 185.
1112 *Fischer*, in: KK StPO (2013) Einleitung Rn. 17.
1113 *Kudlich*, in: MüKoStPO (2014) Band 1 Einleitung Rn. 185.
1114 *Eisenberg* (2017), Rn. 64.
1115 Für die bestehende Gesetzeslage ebenso *Hartz* (2004) S. 120; *Beulke* ZStW 113 (2001), 709, 736; *Wollmann* (2008), S. 174 f.
1116 *Ott*, in: KK StPO (2013) § 261 Rn. 45.
1117 Vgl. hierzu *Fezer* StV 1995, 99 m.w.N.

„tragfähigen Tatsachengrundlage" fußen muss.[1118] Sie muss ferner auf gesicherte wissenschaftliche Erkenntnisse, die Gesetze der Logik und Erfahrungssätze des täglichen Lebens Rücksicht nehmen.[1119] Das erkennende Gericht unterliegt also einem Willkürverbot und muss die Beweise erschöpfend würdigen. Dies kennzeichnet die enge Verzahnung mit der gerichtlichen Aufklärungspflicht aus § 244 Abs. 2 StPO, dem Unmittelbarkeits- wie auch Mündlichkeitsgrundsatz. Das Zusammenspiel dieser Grundsätze mit § 261 StPO hält das erkennende Gericht dazu an, eine vollständige Beweiswürdigung vorzunehmen, und die daraus gewonnene „volle Überzeugung"[1120] dem Urteil zugrunde zu legen.[1121] Eine solche erarbeitete Überzeugung kann daher auch als „forensische Wahrheit"[1122] bezeichnet werden, die als Grundlage für die Sachentscheidung des erkennenden Gerichts dient.[1123] Beim erkennenden Gericht dürfen damit auch im Rahmen des Beweiswürdigungsergebnisses einer Bild-Ton-Aufzeichnung[1124] keine „vernünftigen Zweifel" mehr verbleiben.[1125]

Bereits oben wurde herausgearbeitet, dass eine entsprechende Bild-Ton-Aufzeichnung regelmäßig nicht nur keine geringere, sondern bei Betroffenheit von STEO regelmäßig eine stärkere Beweiskraft haben *kann* als die unmittelbare Opferzeugenvernehmung nach (wesentlichem) Zeitablauf in der

---

1118 Vgl. BGH v. 24.6.1982 - 4 StR 183/82 = NJW 1982, 2882, 2883; BGH v. 05.02.1986 - 2 StR 640/85 = BeckRS 1986, 31101559 (*„hinreichende Tatsachengrundlage"*); *Ott*, in: KK StPO (2013) § 261 Rn. 45.

1119 BGH v. 1. 8. 1962 - 3 StR 28/62 = BGHSt 17, 382, 385 = NJW 1962, 1876, 1877; *Ott*, in: KK StPO (2013) § 261 Rn. 45.

1120 Der für die Verurteilung ausreichender Grad von subjektiver Wahrscheinlichkeit erfordert den „[...] für das praktische Leben brauchbarer Grad von Gewissheit" gleichzeitig bedarf das Urteil einer tragfähigen objektiven Tatsachengrundlage, vgl. hierzu *Bender/Nack/Treuer* (2007), Rn. 571 ff.; *Hellmann* (2006), Rn. 800 ff.; *Schmitt*, in: Meyer-Goßner/Schmitt (2018) § 261 Rn. 2 m.w.N.

1121 BVerfG v. 30. 4. 2003 - 2 BvR 2045/02 = NJW 2003, 2444 f., m.w.N.; *Schmitt*, in: Meyer-Goßner/Schmitt (2018) § 261 Rn. 1 ff.

1122 *Schmitt*, in: Meyer-Goßner/Schmitt (2018) § 261 Rn. 1.

1123 Ebd., Rn. 1 ff. m.w.N.

1124 Zu der hier nicht im Mittelpunkt stehenden Frage nach der Art und Weise der Beweiswürdigung einer Bild-Ton-Aufzeichnung siehe bereits oben unter Kap.3.C.; vgl. auch bei *Wollmann* (2008), S. 175 ff., m.w.N., die naheliegender Weise zu dem Schluss kommt, dass allgemeine Beweiswürdigungsgrundsätze, wie etwa die sog. *„Nullhypothese"* [vgl. hierzu *Boetticher* (2002), S. 63 f.; *Steller/Volbert*, in: Steller/Volbert (1997), S. 12, 24 ff.; *Bender/Nack/Treuer* (2007) Rn. 389 ff.] durch das Beweismittelsurrogat der Bild-Ton-Aufzeichnung nicht ausgeschlossen sind.

1125 Vgl. BGH v. 8.1.1988 - 2 StR 551/87 = NStZ 1988, 236, 237; *Hellmann* (2006), Rn. 799.

Hauptverhandlung selbst.[1126] Auch ein solcher Einsatz von Videotechnologie im Strafverfahren führte *de lege ferenda* gerade zu keiner Verschlechterung der Glaubwürdigkeitsbeurteilung. Die Fähigkeit des erkennenden Gerichts wahre Aussagen von Lügen zu unterscheiden würde also nicht beeinträchtigt.[1127] Sofern diesbezügliche Zweifel verblieben, so wäre die Rechtsfolge des Grundsatzes *in dubio pro* reo notwendige Konklusion. Ferner berücksichtigte eine gesetzliche Ausgestaltung einer entsprechenden Vorschrift *de lege ferenda* – orientiert an § 255a Abs. 2 S. 1 und S. 4 StPO – als Ermessensvorschrift und mit einer *Mitwirkungsmöglichkeit* und einer optionalen nachträglichen Zeugenvernehmung auf Tatbestandsseite die im Einzelfall von Dynamik und Interessenskonflikten geprägte Natur des Strafverfahrens; sie erlaubte es dem erkennenden Gericht flexibel und angemessen die Beweiskraft einzelner Beweismittel bestmöglich zu überprüfen und zu würdigen.[1128] Im Weiteren soll hierauf verwiesen sein.[1129] Damit kann festgehalten werden, dass der Grundsatz der freien Beweiswürdigung unter der Voraussetzung der zwingend auch für eine Vorschrift *de lege ferenda* zu berücksichtigenden und fortgeltenden allgemeinen Beweiswürdigungsregeln nicht betroffen ist.

8. Zwischenergebnis

Entsprechende Vorschriften *de lege ferenda* würden damit einzig den materiellen Unmittelbarkeitsgrundsatz als Verfahrens*regel* einschränken. Dagegen lägen durch sie weder eine Betroffenheit des Grundsatzes der Unschuldsvermutung noch eine Beschränkung des Rechts auf rechtlichen Gehörs vor. Auch die Untersuchung zum Grundsatz auf ein faires Verfahren hat ergeben, dass die auch für eine Beweisverwertungsvorschrift *de lege ferenda* zu fordernden Tatbestandsmerkmale der *Mitwirkungsgelegenheit* und der optionalen nachträglichen Opferzeugenvernehmung eine diesbezügliche Betroffenheit vermieden. Ferner wäre auch eine Betroffenheit der gesetzlichen Verteidigungsrechte dann nicht zu attestieren, wenn dem Beschuldigten vor der ermittlungsrichterlichen, videotechnologischen Opferzeugenvernehmung ein Pflichtverteidiger bestellt wird

---

1126 Siehe hierzu Kap.6.B.I.4.a).

1127 Siehe hierzu soeben; vgl. für die *lex lata* bei *Kilian-Herklotz* (2000), S. 220 ff. Insofern kann der Vorwurf *Fischers* (JZ) 1998, 816, 820 f., die mangelnde Unmittelbarkeit führe zu Schwierigkeiten bei der Beurteilung der Glaubwürdigkeit des Zeugen nicht verfangen.

1128 Siehe hierzu soeben; vgl. für die bestehende Gesetzeslage auch *Stüber* (2005), S. 48.

1129 Siehe Kap.6.B.I.4.,5.

und dieser sowohl über eine solche Vernehmung benachrichtigt werden würde, als auch wenigstens einmal vollständige Akteneinsicht erhielte. Ein ausreichender gerichtlicher Gestaltungsspielraum verbliebe mit der Ausgestaltung der Beweisverwertungsvorschrift *de lege ferenda* als Ermessensnorm. Der Grundsatz der Mündlichkeit sowie der formelle Unmittelbarkeitsgrundsatz würden ebenso wenig berührt. Bei einer mit der StPO kohärenten Beweiswürdigung einer Bild-Ton-Aufzeichnung wäre auch der Grundsatz der freien Beweiswürdigung nicht betroffen.

Der durch eine Beweisverwertungsvorschrift *de lege ferenda* betroffene materielle Unmittelbarkeitsgrundsatz könnte wegen überwiegender opferschützender Vorschriften gerechtfertigt sein. Dies wirft nun zunächst die Frage nach den grundrechtsbezogenen Opferzeugenschutzinteressen auf bevor anschließend die verhältnismäßige Reformfähigkeit untersucht wird.

II. Betroffenheit von Opferzeugenschutzinteressen zugeordneter Grundrechtsnormen

Zu prüfen ist, ob Opferschutzinteressen zugeordnete Grundrechtsnormen eine Ausnahme *de lege ferenda* vom materiellen Unmittelbarkeitsgrundsatz (§ 250 StPO) zugunsten STEO im Strafverfahren rechtfertigen können. Zunächst sollen die opferschutzbezogenen Grundrechtsnormen dargestellt werden, die anschließend mit der Betroffenheit des materiellen Unmittelbarkeitsgrundsatzes ins Verhältnis gesetzt werden.[1130]

1. Schutz der Menschenwürde (Art. 1 Abs. 1 GG)

Infolge verpflichtender Mehrfachvernehmungen könnte grundsätzlich der Schutzbereich des Art. 1 Abs. 1 GG von STEO eröffnet sein. Art. 1 GG legt als „Fundament des Grundrechtskatalogs und der gesamten grundgesetzlichen Staatsordnung“[1131] als „Mittelpunkt des Wertesystems der Verfassung“[1132] in Abs. 1 fest: Die Würde des Menschen ist unantastbar. Sie zu achten und zu schützen ist Verpflichtung aller staatlichen Gewalt. In Ergänzung des Art. 20 Abs. 3 GG stellt Art. 1 Abs. 3 GG den Menschenwürdeschutz als „vollgültiges

1130 Zu diesem letzten Schritt der Überprüfung der Reformfähigkeit, siehe Kap.6.B.III.

1131 *Hillgruber*, in: BeckOK GG Art. 1.

1132 BVerfG v. 5.6.1973 - 1 BvR 536/72 „Lebach“ = BVerfGE 35, 202, 225 = GRUR 1973, 541, 545.

Verfassungsrecht" fest.[1133] Die Menschenwürde ist „oberster Wert"[1134] und ihr Schutzgehalt gehört zu den tragenden Konstitutionsgrundsätzen, die auch alle anderen Bestimmungen des Grundgesetzes – wie auch deren Auslegung – beherrschen.[1135] Art. 1 GG ist von der Bestandsgarantie des Art. 79 Abs. 3 GG erfasst, ist also nicht dispositiv und gilt ewig.[1136]

Jedem Menschen kommt um seiner selbst willen ein von der staatlichen Gewalt unbedingt zu achtender Wert zu.[1137] Als „[…] geistig-sittliche[s] Wesen […], das darauf angelegt ist, sich in Freiheit selbst zu bestimmen und zu entfalten"[1138] gehört er niemandem als sich selbst und muss deshalb stets Zweck an sich bleiben.[1139] Dies gilt uneingeschränkt für alle Rechtsgebiete, denn der menschliche Würdegehalt besteht gerade darin, dass er stets als selbstverantwortliche Persönlichkeit anerkannt bleibt.[1140] Dabei bedeutet „[…] Würde [zu] haben, Rechtssubjekt [zu] sein".[1141] Der sog „Objektformel" widerspricht es Menschen ihrer Würde zu berauben und sie zu einem bloßen Objekt des Staates zu

---

1133 *Höfling*, in: Sachs (2018) Art. 1 Rn. 82 f.; *Dreier*, in: Dreier (2013) Art. 1. Abs. 3 Rn. 32 „[u]nmittelbar geltendes Recht"; *Hillgruber*, in: BeckOK GG Art. 1 Rn. 61 m.w.N., womit feststeht, dass die Grundrechte keine nur unverbindlichen Programmsätze oder Zielvorstellungen sind, wie dies noch weitgehend unter der WRV angenommen worden ist.

1134 BVerfG v. 16. 1. 1957 - 1 BvR 253 56 = BVerfGE 6, 32, 41 = NJW 1957, 297, 298; seither stRspr; krit. *Herdegen*, in: Maunz/Dürig (2017) Art. 1 Rn. 21–23.

1135 stRspr, BVerfG v. 21. 6. 1977 - 1 BvL 14/76 = BVerfGE 45, 187, 227 = NJW 1977, 1525 ff.; BVerfG v. 16. 7. 1969 - 1 BvL 19/63 = BVerfGE 27, 1, 6 = NJW 1969, 1707 ff.; BVerfG v. 24.02.1971 - 1 BvR 435/68 „Mephisto" = BVerfGE 30, 173, 193 = GRUR 1971, 461 ff.; BVerfG v. 19. 10. 1971 - 1 BvR 387/6532 = BVerfGE 98, 108 = NJW 1972, 327, 329; BVerfG v. 20. 6. 2012 – 2 BvR 1048/11 = BVerfGE 131, 268 = NJW 2012, 3357, 3358 m.w.N.

1136 *Hillgruber*, in: BeckOK GG Art. 1 Rn. 2 m.w.N.; *Schmoll* (1999), S. 84.

1137 BVerfG v. 3. 3. 2004 - 1 BvR 2378/98 u. 1 BvR 1084/99 = BVerfGE 109, 279, 312 f. = NJW 2004, 999, 1002 m.w.N.; *Hillgruber*, in: BeckOK GG Art. 1 Rn. 12.

1138 BVerfG v. 19. 3. 2013 – 2 BvR 2628/10, 2 BvR 2883/10, 2 BvR 2155/11 = BVerfGE 133, 168, 197 = NJW 2013, 1058, 1059 (Rn. 54); BVerfG v. 21. 6. 1977 - 1 BvL 14/76 = BVerfGE 45, 187, 227 = NJW 1977, 1525, 1526; BVerfG v. 30. 6. 2009 - 2 BvE 2/08 u.a. = BVerfGE 123, 267, 413 = NJW 2009, 2267, 2289; *Hillgruber*, in: BeckOK GG Art. 1 Rn. 12.

1139 BVerfG v. 21. 6. 1977 - 1 BvL 14/76 = BVerfGE 45, 187, 228 = NJW 1977, 1525, 1526; *Hillgruber*, in: BeckOK GG Art. 1 Rn. 12.

1140 BVerfG v. 21. 6. 1977 - 1 BvL 14/76 = BVerfGE 45, 187, 228 = NJW 1977, 1525, 1526; *Hillgruber*, in: BeckOK GG Art. 1 Rn. 12.

1141 Siehe nur *Enders* (1997) S. 502 f.; *Hillgruber*, in: BeckOK GG Art. 1 Rn. 13.

degradieren.[1142] Soweit der aus dem subjektiven Menschsein-an-sich fließende Achtungsanspruch selbst betroffen, seine Subjektqualität selbst berührt ist, lassen sich gemäß dieser Formel Verletzungen der Menschenwürde identifizieren.[1143] Die Menschenwürdegarantie gilt für jeden Menschen, also auch für alle Verfahrensbeteiligte. Ebenso wenig wie ein Angeklagter nicht zum bloßen Objekt des Verfahrens gemacht werden darf, darf auch ein (Opfer-)Zeuge trotz seiner (auch) strafprozessualen Eigenschaften als Informationsquelle und funktionelles Beweismittel nicht zu einem bloßen (Verfahrens-)Objekt verkommen.[1144] Auch das Strafverfahrensrecht der *lex lata* muss also das Menschsein-an-sich respektieren.[1145]

Für hiesige Diskussion stellt sich die Frage, ob die Rechte potentieller STEO aus Art. 1 Abs. 1 GG durch die ihnen vom Gesetz auferlegten grundsätzlichen Zeugenpflichten (§§ 48 Abs. 1, 57 StPO) betroffen sein können und für sie daher durch erweiternde gesetzliche Möglichkeiten des Gebrauchs von Bild-Ton-Aufzeichnung *auch* aus diesem Grunde Ausnahmeregelungen *de lege ferenda* zu rechtfertigen wären. Die objektive Rechtsordnung berührt das Menschsein-an-sich in diesem Sinne nicht immer schon dann, wenn sich ein Mensch als pflichtiges Rechtssubjekt Normen unterwerfen muss und ihm bei Nichtbefolgung staatliche Sanktionen drohen.[1146] Der Subjektqualität und dem Achtungsanspruch des Menschen kann gemäß der sog. Objektformel allenfalls erst dann widersprochen werden, sofern und soweit er *durch* eine staatliche (Be-)Handlung der Achtung seiner Würde beraubt wird, die ihm aufgrund seiner selbst

---

1142 stRspr, BVerfG v. 21. 6. 1977 - 1 BvL 14/76 = BVerfGE 45, 187, 228 = NJW 1977, 1525, 1526; BVerfG v. 15. 2. 2006 - 1 BvR 357/05 = BVerfGE 115, 118, 153 = NJW 2006, 751, 757; aktuell BVerfG v. 18.12.2014 – 2 BvR 209/14, 2 BvR 240/14, 2 BvR 262/14 = BVerfG NJW 2015, 1083; BVerfG, Urteil vom 17.1.2017 – 2 BvB 1/13 = BVerfG NJW 2017, 611, 619; *Hillgruber*, in: BeckOK GG Art. 1 Rn. 13.

1143 BVerfG, Urteil vom 17.1.2017 – 2 BvB 1/13 = BeckRS 2017, 100243 Rn. 540 zum „unbedingten Vorrangs eines Kollektivs gegenüber dem einzelnen Menschen"; *Hillgruber*, in: BeckOK GG Art. 1 Rn. 13.

1144 BVerfG v. 8. 10. 1974 - 2 BvR 747/73 u.a.= BVerfGE 38, 105, 114 = NJW 1975, 103, 104; BVerfG v. 30. 9. 2001 - 2 BvR 911/00 = NStZ-RR 2002, 11; *Granderath* (MDR) 1983, 797, 798.

1145 Ähnlich *Thoma* (2003), S. 38 f.

1146 Aktuell BVerfG, Urteil vom 17.1.2017 – 2 BvB 1/13 = BeckRS 2017, 100243 Rn. 540, „[…] [d]ie Würde des Menschen bleibt nur unangetastet, wenn der Einzelne als grundsätzlich frei, wenngleich stets sozialgebunden, und nicht umgekehrt als grundsätzlich unfrei und einer übergeordneten Instanz unterworfen behandelt wird"; *Hillgruber*, in: BeckOK GG Art. 1 Rn. 13.

innewohnt.[1147] Hieraus kann zunächst gefolgert werden, dass er *durch* staatliches Handeln grundsätzlich nur dann betroffen sein kann, wenn diesem zu missbilligende (Be-)Handlungen zurechenbar sind. Dies kann aber im Grundsatz immer schon dann verneint werden, wenn eine staatliche (Be-)Handlung die objektive, verfassungsmäßige Rechtsordnung verhältnismäßig umsetzt und von Opferzeugen „nur“ das verlangt wird, was das verfassungsmäßige Gesetz ihnen auferlegt – so etwa auch durch die Vorschriften der §§ 48 Abs. 1, 57, 250 StPO. Demzufolge muss sich nach der sog. Objektformel die Bewertung einer Betroffenheit des Art. 1 Abs. 1 GG – auch einer solchen von erwachsenen Opferzeugen – restriktiv und anhand eines hohen Maßstabs messen lassen.[1148] Hiernach können auch erwachsene Opferzeugen ihrem aus Art. 1 Abs. 1 GG entspringenden Recht nur dann verletzt sein, soweit evidente[1149] – dem Übermaßverbot[1150] widersprechende – Eingriffe vorliegen. Nicht der Abwägung zugängliche Eingriffe stellen jedenfalls solche Maßnahmen dar, die im Sinne der „Objektformel“ derart evidente Verstöße gegen den „Kern“ der Menschenwürde darstellen. Für das Strafverfahren übersetzt können dies etwa Verstöße gegen § 136a StPO sein, dessen Verbote sich gemäß § 69 Abs. 3 StPO auch auf (Opfer-)Zeugen erstrecken.[1151] Solche Verstöße dürften für die hiesige Fallgruppe der STEO jedenfalls nicht der Regelfall sein und damit ausscheiden.

Die Verpflichtung zur Menschenwürde gilt absolut und eine Eingriffsrechtfertigung findet grundsätzlich nicht statt.[1152] Dafür streitet schon die

---

1147 BVerfG v. 3. 3. 2004 - 1 BvR 2378/98 u. 1 BvR 1084/99 = BVerfGE 109, 279, 312 f. = NJW 2004, 999, 1001 f.; *Hillgruber*, in: BeckOK GG Art. 1 Rn. 13.

1148 *Höfling*, in: Sachs (2018) Art. 1 Rn. 18, „restriktives Verständnis des Art. 1 Abs. 1 GG“; *Herdegen*, in: Maunz/Dürig (2017) Art. 1 Rn. 44.

1149 *Herdegen*, in: Maunz/Dürig (2017) Art. 1 Rn. 44.

1150 *Herdegen*, in: Maunz/Dürig (2017) Art. 1 Rn. 49; ähnlich *Geddert-Steinacher* (1990) S. 81 ff.; in diesem Sinne auch *Hain* (1999), S. 283 ff.

1151 *Herdegen*, in: Maunz/Dürig (2017) Art. 1 Rn. 81; *Swoboda* (2002) S. 29.

1152 Vgl. BVerfG v. 3. 6. 1987 - 1 BvR 313/85 = BVerfGE 75, 369 (380) = NJW 1987, 2661, 2662, „[...] [z]war genießt der Schutz des allgemeinen Persönlichkeitsrechts keinen generellen Vorrang gegenüber dem Recht aus Art. 5 III 1 GG, sondern muß auch im Lichte dieses Grundrechts verstanden werden. Soweit das allgemeine Persönlichkeitsrecht allerdings unmittelbarer Ausfluß der Menschenwürde ist, wirkt diese Schranke absolut ohne die Möglichkeit eines Güterausgleichs; BVerfG v. 10.10.1995 - 1 BvR 1476/91, 1 BvR 1980/91, 1 BvR 102/92 u. 1 BvR 221/92 = BVerfGE 93, 266 (293) = NJW 1995, 3303, 3304, „[...] beansprucht auch für die Meinungsfreiheit Geltung, denn die Menschenwürde als Wurzel aller Grundrechte ist mit keinem Einzelgrundrecht abwägungsfähig. Da aber nicht nur einzelne, sondern sämtliche Grundrechte Konkretisierungen des Prinzips der Menschenwürde

„Unantastbarkeitsgarantie“ des Wortlautes des Art. 1 Abs. 1 S. 1 GG. Dessen Inhalt ist nach weit überwiegender Überzeugung „präskriptiv und nicht deskriptiv“ gemeint.[1153] Allerdings könnte die vorgelagerte Bestimmung der Begriffsbedeutung und des Gehalts der Menschenwürde durch die sog. „Objektformel“ allein unzureichend sein. Der Schutzbereich der Menschenwürde könnte über evidente Missachtungen hinaus einzelfallabhängig eröffnet sein und dann könnten entsprechende Kollisionen des Achtungsanspruchs mit anderen grundrechtlichen Schutzansprüchen wertend aufgelöst werden müssen.[1154] Dem dargestellten Streit liegt also die Frage um die Schutzgehaltsbestimmung und deren Folgen zugrunde. *Herdegen* versteht den Gehalt obiger „Objektformel“ ebenfalls als unabwägbaren „Würdekern“, wobei aber die einzelfallabhängigen „Randbereiche des Art. 1 Abs. 1 GG“ als sog. „Begriffshof“[1155] durchaus einer Abwägung im Sinne einer „wertenden-bilanzierenden Konkretisierung“ zugänglich sein könnten.[1156] Ähnlich spricht sich *Alexy* gegen eine strikte Unabwägbarkeit aus.[1157]

Ein solches Verständnis verdient Zustimmung: Die strikt abwägungsfreie Sichtweise[1158] leistet gewisser Rechtsunsicherheit Vorschub, weil sie in der modernen Welt nur in wenigen Fällen die Diagnose einer „evidenten“ Würdeverletzung stellen kann.[1159] Aus der „Objektformel“ lässt sich zunächst schon keine erschöpfende Definition ableiten. Die ihr zugrundeliegenden Parameter bleiben vage, mehrdeutig und offen. Nur evidente Verletzungen des „Würdekerns“

---

sind, bedarf es stets einer sorgfältigen Begründung, wenn angenommen werden soll, daß der Gebrauch eines Grundrechts auf die unantastbare Menschenwürde durchschlägt“; *Dreier*, in: Dreier (2013) Art. 1. Abs. 1 Rn. 128; diff. *Herdegen*, in: Maunz/Dürig (2017) Art. 1 Rn. 46 ff., 73; wohl ebenso *Hillgruber*, in: BeckOK GG Art. 1 Rn. 10, 10.1.

1153 Vgl. nur *Dreier*, in: Dreier (2013) Art. 1. Abs. 1 Rn. 128 m.w.N.

1154 Ähnlich *Hillgruber*, in: BeckOK GG Art. 1 Rn. 10.1; Für eine präzise Unterscheidung des kategorisch-unabwägbaren Antastungsverbots des Art. 1 Abs. 1 S. 1 GG und der Achtungs- und Schutzpflicht des Art. 1 Abs. 1 S. 2 GG, bei deren Anwendung Abwägungen unumgänglich sind vgl. *Goos* (2011), S. 159 ff.; *Hillgruber*, in: BeckOK GG Art. 1 Rn. 10.1

1155 *Herdegen*, in: Maunz/Dürig (2017) Art. 1 Rn. 49.

1156 Ebd., Rn. 46 ff. m.w.N.

1157 *Alexy* (1994), S. 94ff.

1158 *Geddert-Steinacher* (1990) S. 83; so wohl auch *Höfling*, in: Sachs (2018) Art. 1, Rn. 8 (*„modal ausgerichtete Generalklausel“*), a.A. *Herdegen*, in: Maunz/Dürig (2017) Art. 1 Rn. 47 m.w.N.

1159 Ähnlich *Herdegen*, in: Maunz/Dürig (2017) Art. 1 Rn. 47.

drängen sich auf, wobei diese Begriffsbestimmung allein keine konsistenten Lösungen für vielschichtige Fallgestaltungen des modernen 21. Jahrhunderts bereithält.[1160] Außerhalb dieses engen Kreises kann sich die Frage, ob der Achtungsanspruch betroffen ist überhaupt erst aus einer einzelfallabhängigen Gesamtwürdigung ergeben.[1161] Daraus folgt, dass sich die Weite des zugrundeliegenden Abwägungsspielraums und dieser selbst, korrelierend anhand des Abstraktionsniveaus der Schutzbereichsbestimmung bestimmen lässt.[1162] Dem entspricht auch eine rechtsdogmatisch-inhaltliche Differenzierung des Art. 1 Abs. 1 GG nach einem nicht-absoluten, abwägungsfähigen Menschenwürde-Prinzip und einer absoluten und unabwägbaren Menschenwürde-Regel; danach folgt die Absolutheit des Art. 1 Abs. 1 GG daraus, dass soweit auf der – mit übrigen Interessen kollidierenden – *Prinzipien*ebene die Menschenwürde vorgeht, dann auch die Menschenwürde auf *Regel*ebene verletzt ist.[1163] Auch das *BVerfG* strebt keine Simplifikationen an, sondern geht ähnlich differenzierend vor, wenn es etwa im sog. Abhörurteil ausführt, „[...] [w]as den in Art. 1 GG genannten Grundsatz der Unantastbarkeit der Menschenwürde anlangt [...], so hängt alles von der Festlegung ab, unter welchen Umständen die Menschenwürde verletzt sein kann. Offenbar lässt sich das nicht generell sagen, sondern immer nur in Ansehung des konkreten Falles".[1164] Die dann folgende Begriffsbedeutung einer „verächtlichen Behandlung"[1165], setzt einen der Schutzbereichs- und Eingriffsbestimmung nachgelagerten Abwägungsspielraum voraus.

Ein dementsprechendes Verständnis bietet die Vorteile, dass es einerseits ein Vehikel für bestmögliche Effektivität eines dynamisch anzupassenden Grundrechtsschutzes[1166] bietet, ohne dabei in die Grundrechtsnorm der Menschenwürde eine Schrankenklausel einfügen zu müssen. Andererseits kann in gewissen Bedarfskonstellationen dennoch eine „Abwägung" zwischen dem Prinzip der Menschenwürde und anderen Verfassungsprinzipien und Verfassungsgrundsätzen stattfinden.[1167] Also erfordert die absolute Geltung der Menschenwürde

---

1160 Vgl. hierzu *Dreier*, in: Dreier (2013) Art. 1. Abs. 1 Rn. 47 ff. m.w.N.

1161 So auch *Herdegen*, in: Maunz/Dürig (2017) Art. 1 Rn. 47.

1162 Ebd.

1163 *Alexy* (1994), S. 94 ff. [Hervorhebungen durch den Verfasser].

1164 BVerfG v. 15.12.1970 – 2 BvF 1/69, 2 BvR 629/68, 2 BvR 308/69 = BVerfGE 30, 1, 25; vgl. hierzu auch Alexy (1994), S. 96.

1165 BVerfG v. 15.12.1970 – 2 BvF 1/69, 2 BvR 629/68, 2 BvR 308/69 = BVerfGE 30, 1, 26.

1166 Zur Relevanz dieses Bedürfnisses vgl. nur BVerfG v. 3. 6. 1980 – 1 BvR 185/77 = BVerfGE 54, 148, 153 = NJW 1980, 2070 ff.; BVerfG v. 15. Dezember 1983 – 1 BvR 209, 269, 362, 420, 440, 484/83 = BVerfGE 65, 1, 41; BeckRS 1983, 107403.

1167 So auch *Alexy* (1994), S. 97, Fn. 69.

a priori eine situationsbezogene und einzelfallabhängige Differenzierung der Formulierung des Achtungsanspruches in den nicht evidenten Fällen.[1168] Unter die Gruppe nicht offensichtlicher Fälle fällt regelmäßig auch die hier relevante Fallgruppen der STEO.

Danach können im Rahmen einer so erforderlichen einzelfallabhängigen Gesamtwürdigung auch „seelische Eingriffe[1169] zum präventiven Schutz hochrangiger Rechtsgüter" gerechtfertigt sein.[1170] *E contrario* müssen nach einer solchen einzelfallabhängigen „Gesamtabwägung" Eingriffe in die Psyche dann auch als nicht gerechtfertigt bewertet werden können. Jedenfalls setzt beiderlei zwingend zunächst die Eröffnung des Schutzbereichs des Art. 1 Abs. 1 GG aufgrund einer „psychischen Betroffenheit" oder aufgrund einer Betroffenheit wegen einer Vertiefung von Psychotraumata infolge *mittelbarer Anschlussviktimisierung(en)* voraus.

Damit nimmt der hieraus folgende zwingende logische Schluss, bereits bejahend, die zu eröffnende Frage vorweg, ob die Psyche dem Achtungsgebot der Menschenwürde unterfallen kann. Massive Verletzungen der psychischen Identität und Integrität können den Menschenwürdegehalt berühren.[1171] Diese würden gemäß obiger Maßstäbe nicht in den „Würdekern", sondern in die Randbereiche des Schutzbereichs des Art. 1 Abs. 1 GG fallen und damit einer einzelfallabhängigen Gesamtabwägung zugänglich sein. Die Fragen rund um den grundrechtlichen Schutz der Psyche sind bislang vereinzelt systematisch untersucht worden;[1172] sie verzeichnet aber stetig – dringend nötige – Bedeutungsgewinne.[1173]

1168 Ähnlich auch *Herdegen*, in: Maunz/Dürig (2017) Art. 1 Rn. 46.

1169 Hier sei angenommen, dass das *Herdegen* mit *„seelisch"* das meint, was gemeinhin als Psyche bezeichnet wird, also die bewusst erlebte Innenwelt sowie unbewusste Vorgänge. Die Begriffsbedeutung „seelisch" bzw. „Seele" eignet sich für hiesige Zusammenhänge kaum. Klassisch wird die Seele gerade als der immaterielle (ggf. unsterbliche) Teil des menschlichen Wesens verstanden, der durch körperliche oder pharmazeutische Eingriffe nicht veränderbar ist, was auf die Psyche aber gerade zutrifft, vgl. *Bublitz* (ZIS) 2011, 714 ff.

1170 *Herdegen*, in: Maunz/Dürig (2017) Art. 1 Rn. 44.

1171 Vgl. *Herdegen*, in: Maunz/Dürig (2017) Art. 1 Rn. 44; *Schmoll* (1999), S. 86; *Swoboda* (2002), S. 30; *Wollmann* (2008), S. 41.

1172 *Bublitz* (ZIS) 2011, 714, 718 verwendet den wohl immer noch an Aktualität nicht einbüßenden Begriff *„terra incognita"*; vgl. zu diesem Begriff schon *Weigend* (1989), S. 13, der eine *„terra incognita"* nicht betreten wissen will, wohl aber von einer *„recht vernachlässigten, mit wissenschaftlichen Erkenntnis karg bewachsenen Landschaft"* spricht; *Bublitz*, RW 2011, 28, 60; *Knauer* (2013), S. 106 ff. [Hervorhebungen durch den Verfasser].

1173 Vgl. *Bublitz*, RW 2011, 28, 63 ff.

Stern etwa, zählt zur Menschenwürde ausdrücklich auch die „geistig-seelische Identität und Integrität des Menschen".[1174] Auch für *Dreier* rückt die Frage vermehrt in den Vordergrund, wenn ursprünglich die Achtung der „leiblichen Kontingenz" im Mittelpunkt der Menschenwürdediskussion gestanden habe und in jüngerer Zeit Fragen „psychisch-sozialer Integrität" wachsende Aufmerksamkeit zukommen.[1175]

Die menschliche Psyche unterfällt dem Achtungsgebot der Menschenwürde. Der Wortlaut des Art. 1 Abs. 1 GG erfasst die Würde „des Menschen". Unbestreitbar ist die menschliche Psyche Teil „des Menschen". Auch der Sinn der Vorschrift des Art. 1 Abs. 1 GG entspricht diese Auslegung und erfasst die Psyche, wenn dem Menschen als „geistig-sittliches Wesen" um seiner selbst willen ein von der staatlichen Gewalt unbedingt zu achtender Wert beizumessen ist. Der Mensch ist als geistiges Wesen ohne Inklusion der Psyche nur unvollständig beschrieben. Eine (gesunde) Psyche ist vitale Bedingung des Menschseins. „[…] Die tatsächlich erfahrbare Möglichkeit von Freiheit, auch mit all ihren Lasten und Risiken für sich und andere, ist das entscheidende Wesensmerkmal einer jeden Persönlichkeit",[1176] und damit Wesenskennzeichnung des Menschen selbst. Eine (gesunde) Psyche ist zudem auch notwendige Voraussetzung dafür, dass der Mensch – als hierauf angelegt geistiges Wesen – seine Freiheit uneingeschränkt selbst bestimmen und entfalten kann. Wie auch im Rahmen des nachfolgenden Grundrechtsartikels erläutert werden wird, kann kein vernünftiges Argument eine die Psyche ausschließende Differenzierung in Bezug auf die grundrechtliche Schutzbereichseröffnung erklären. Aus dem Nexus zwischen Physis *und* Psyche für die Verfassung der menschlichen Gesundheit folgt notwendigerweise auch das Bedürfnis des gleichen grundrechtlichen Schutzes. Sie müssen daher

---

1174 *Stern* (2006) § 97 II 4, S. 47; auch nach *Höfling*, in: Sachs (2018) Art. 1 Rn. 37, ist die Wahrung der psychischen, seelischen und intellektuellen Integrität eine heute besonders bedrohte Bedingung für die Realisierung von Menschenwürde; ähnlich bei *Knauer* (2013), S. 106 ff.

1175 Dreier, in: Dreier (2013) Art. 1. Abs. 1 Rn. 47, 137 ff. m.w.N.; ähnlich Höfling (1987) S. 118, der die *„Wahrung menschlicher Identität und (psychischer, seelischer, intellektueller) Integrität"* als *„Bedingung für die Entwicklungsmöglichkeiten von Menschenwürde"* heute für *„bedroht"* sieht; vgl. auch bei Knauer (2013), S. 106 ff. [Hervorhebungen durch den Verfasser].

1176 *Di Fabio*, in: Maunz/Dürig (2017) Art. 2 Rn. 1 verweis für „eine kraftvolle Darstellung der Verbindung von Würde und Freiheit im unendlich strebenden Menschen, fähig zu allen Metamorphosen als grundlegende Akt des Humanismus" auf *Pico della Mirandola* (1990) und *Pico della Mirandola* (1959) S. 48 ff.

zwingend von Art. 1 Abs. 1 GG mitumfasst sein. Letztlich bleibt anzufügen, dass sich in der modernen Welt des 21. Jahrhunderts eine gänzliche Ignoranz psychischer Krankheitsbilder und der Psyche an sich schlechthin verbietet. Ihre Beachtung ist konstitutionell notwendig für freiheitlichen Humanismus. Die Psyche ist kennzeichnende Teilvoraussetzung eines würdevollen und gesunden Menschenlebens und damit ebenso notwendig vom Grundgesetz umfasst wie vom konstituierenden Gesetzgeber zu beachten. Im Hinblick auf letzteren Punkt ist jüngst ein ansteigender Bedeutungsgewinn zu verzeichnen. So wurde kürzlich etwa § 844 BGB um einen Absatz 3[1177] ergänzt, in der Absicht „seelisches[1178] Leid" im zivilrechtlichen Schadensrecht besser zu berücksichtigen. Ebenso verfolgen die jüngeren Vorschriften der §§ 238[1179], 129a Abs. 2 Nr. 1 Var. 2[1180], 244 Abs. 4[1181] StGB nachhaltigen Schutz der Psyche. Es ist festzustellen, dass hier beschriebene Mehrfachvernehmungen von STEO grundsätzlich Eingriffe in den Schutzbereich des Art. 1 Abs. 1 GG darstellen *können*.

2. *Grundrechtsschutz aus Art. 2 Abs. 1 GG (i. V. m. Art. 1 Abs. 1 GG)*

Faktisch strafprozessual verpflichtende Mehrfachvernehmungen könnten auch in den Schutzbereich des Art. 2 Abs. 1 GG (i. V. m. Art. 1 Abs. 1 GG) von STEO fallen. Gemäß Art. 2 Abs. 1 GG hat jeder das Recht auf die freie Entfaltung seiner Persönlichkeit, soweit er nicht die Rechte anderer verletzt und nicht gegen die verfassungsmäßige Ordnung oder das Sittengesetz verstößt. Dem Recht auf freie Entfaltung der Persönlichkeit werden verschiedene Gewährleistungsinhalte entnommen.[1182] Diese Vorschrift gewährleistet umfassende (Handlungs-) Freiheit und enthält darüber hinaus eigenständige, speziellere Teilgrundrechtsgarantien.[1183] So enthält Art. 2 Abs. 1 GG (i. V. m. Art. 1 Abs. 1 GG) u.a. – in seinen Sphärenausprägungen – das allgemeine Persönlichkeitsrecht und das

---

1177 BGBl. 2017/ I., S. 2421.

1178 Zur Begriffskritik siehe soeben.

1179 BGBl. 2007/ I., S. 354.

1180 BGBl. 2003/ I., S. 2836.

1181 BGBl. 2017/ I., S. 2442; vgl. weitergehend BT-Drs. 18/12359 zur der Aufwertung des ehemaligen Qualifikationstatbestandes des Wohnungseinbruchsdiebstahls nun zu einem Verbrechenstatbestand (§ 244 Abs. 4 StGB) den Wortlaut der Gesetzesbegründung: *„[...] gravierende psychischen Folgen"* für das Opfer. [Hervorhebungen durch den Verfasser].

1182 *Di Fabio*, in: Maunz/Dürig (2017) Art. 2 Rn. 11 ff. m.w.N.

1183 Ebd.

informationelle Selbstbestimmungsrecht.[1184] Beide könnten betroffen sein, wenn erwachsene Opferzeugen durch „staatliche Ausforschung" berührt wären.[1185]

a) *Das allgemeine Persönlichkeitsrecht (Art. 2 Abs. 1 i. V. m. Art. 1 Abs. 1 GG)*

Das allgemeine Persönlichkeitsrecht wurde als Grundrecht[1186] im Wege richterlicher Rechtsfortbildung entwickelt,[1187] getragen von weiten Teile der Rechtslehre.[1188] Geschütztes Rechtsgut ist der soziale Geltungsanspruch der Menschen in der sie prägenden Welt, welche wiederum durch Handlungen eben dieser ausgestaltet wird.[1189] Positivistischer Ausgangspunkt ist Art. 2 Abs. 1 GG i. V. m. Art. 1 Abs. 1 GG.[1190] Das allgemeine Persönlichkeitsrecht speist sich dabei aus der von Art. 2 Abs. 1 GG garantierte Grundfreiheit, die sich sukzessive mit zunehmender inhaltlicher Annäherung an den Schutzbereich des Art. 1 GG auch mit dessen Gehalt anreichert.[1191] Auch das allgemeine Persönlichkeitsrecht

---

1184 Ebd.

1185 Die Erhebung und Verwertung von privaten Informationen kann neben dem Privatsphärenschutz gleichzeitig den Selbstdarstellungsschutz des Einzelnen – in Form des Rechts auf informationelle Selbstbestimmung – als weiterer Garantiegehalt aus Art. 2 Abs. 1 i.V.m. Art. 1 Abs. 1 GG betroffen sein, vgl. *Di Fabio*, in: Maunz/Dürig (2017) Art. 2 Rn. 151; Zum Recht auf informationelle Selbstbestimmung vgl. *Di Fabio*, in: Maunz/Dürig (2017) Art. 2 Rn. 166 ff.;

1186 *Di Fabio*, in: Maunz/Dürig (2017) Art. 2 Rn. 127 ff.

1187 BGH v. 25.5.1954 - I ZR 211/53 = BGHZ 13, 334 ff. = GRUR 1955, 197 ff.; BGH v. 2.4.1957 - VI ZR 9/56 = BGHZ 24, 72 ff. = NJW 1957, 1146 ff.; BGH v. 14.2.1958 - I ZR 151/56 „Herrenreiter" = BGHZ 26, 349 ff. = GRUR 1958, 408 ff.; BGH v. 20.5.1958 - VI ZR 104/57 = BGHZ 27, 284 ff. = GRUR 1958, 615 ff.; BGH v. 18.3.1959 - IV ZR 182/58 = BGHZ 30, 7, 10 = GRUR 1959, 430 ff.; BGH v. 19.9.1961 - VI ZR 259/60 = BGHZ 35, 363 ff. = GRUR 1962, 105 ff.; BGH v. 5.3.1963 - VI ZR 55/62 = BGHZ 39, 124 ff. = GRUR 1963, 490 ff.; BGH v. 8.12. 1964 - VI ZR 201/63 = NJW 1965, 685 f.

1188 Vgl. zur Entwicklung des Persönlichkeitsschutzes in der Literatur und in der Rechtsprechung des Bundesgerichtshofs und des Bundesverfassungsgerichts *Vogelgesang* (1987) S. 39 ff.; *Brandner* (JZ) 1983, 689 ff.; *Seifert*, NJW 1999, 1889, 1891 ff.; *Jarass* NJW 1989, 857 ff.; *Di Fabio*, in: Maunz/Dürig (2017) Art. 2 Rn. 127; krit. *Lang*, in: BeckOK GG Art. 2 Rn. 33 ff. nach dem „*Nomenklatur und Dogmatik des (verfassungsrechtlichen) allgemeinen Persönlichkeitsrechts darunter* [litten], *dass sie im Zivilrecht entwickelt und in das Verfassungsrecht übertragen [wurden]*". [Hervorhebungen durch den Verfasser].

1189 *Di Fabio*, in: Maunz/Dürig (2017) Art. 2 Rn. 127.

1190 Vgl. hierzu die umfangreiche Darstellung der Rechtsprechung bei *Di Fabio*, in: Maunz/Dürig (2017) Art. 2 Rn. 128, Fn. 1.

1191 *Di Fabio*, in: Maunz/Dürig (2017) Art. 2 Rn. 130.

ist als klassisches Abwehrrecht zu verstehen, das jedenfalls jeder natürlichen Person einen Freiraum gegenüber dem Staat gewährt.[1192] Damit können gemäß des persönlichen Schutzbereichs auch STEO hierauf rekurrieren. Im Sinne des Verhältnismäßigkeitsgrundsatzes bedürfen Eingriffe in den Personennahebereich umso mehr einer Rechtfertigung (bzw. sind rechtfertigungsresistent und damit verfassungswidrig) je schwere die Belastung ist.[1193] Auch zugunsten STEO gewinnt die Rechtfertigung von (klassischen) Eingriffen in den Schutzbereich des Art. 2 Abs. 1 GG i. V. m. Art. 1 Abs. 1 GG besonders dann eines erhöhten Begründungserfordernisses, soweit staatliche – behördliche oder gerichtliche – Verfahren für Zwecke der Sachverhaltserforschung auf Privatinformationen eines Verfahrensbetroffenen angewiesen sind und deswegen jene Privatbereiche ausforschen und verwertet wollen.[1194] Regelmäßig dürfte gleichzeitig auch der Selbstdarstellungsschutz des Einzelnen als bedeutender Garantiegehalt des Art. 2 Abs. 1 i. V. m. Art. 1 Abs. 1 GG betroffen sein.[1195] Dieser schützt nämlich grundsätzlich auch die Befugnis selbst zu entscheiden, wann und innerhalb welcher Grenzen persönliche Sachverhalte offenbart werden.[1196] Der Schutzbereich des Art. 2 Abs. 1 i. V. m. Art. 1 Abs. 1 GG bietet insoweit jeweils insbesondere Schutz vor Eingriffen, die das psychische Innenleben des Menschen betreffen.[1197]

1192 *Kunig*, in: v. Münch/Kunig (2012) Art. 2 Rn. 40 m.w.N; *Di Fabio*, in: Maunz/Dürig (2017) Art. 2 Rn. 132; Rn. 223; *Lang*, in: BeckOK GG Art. 2 Rn. 47.

1193 Vgl. BVerfG v. 14.9.1989 - 2 BvR 1062/87 = BVerfGE 80, 367, 373 f. = NJW 1990, 563 m.w.N., wonach die absolut geschützte Intimsphäre als „[…] [der] letzte unantastbare Bereich privater Lebensgestaltung, der öffentlichen Gewalt schlechthin entzogen ist [und] [s]elbst schwerwiegende Interessen der Allgemeinheit [..] Eingriffe in diesen Bereich nicht rechtfertigen [können]; eine Abwägung nach Maßgabe des Verhältnismäßigkeitsgrundsatzes findet nicht statt. Dies folgt einerseits aus der Garantie des Wesensgehalts der Grundrechte (Art. 19 II GG), zum anderen leitet es sich daraus ab, daß der Kern der Persönlichkeit durch die unantastbare Würde des Menschen geschützt wird."; vgl. auch *Geis* (JZ) 1991, 112, 115; *Di Fabio*, in: Maunz/Dürig (2017) Art. 2 Rn. 130.

1194 Vgl. etwa BVerfG v. 19.7.1972 - 2 BvL 7/71 = BVerfGE 33, 367, 375 = NJW 1972, 2214, 2215; *Di Fabio*, in: Maunz/Dürig (2017) Art. 2 Rn. 151 m.w.N.

1195 *Di Fabio*, in: Maunz/Dürig (2017) Art. 2 Rn. 151.

1196 BVerfG v. 15.12.1983 - 1 BvR 209/83 u. a.= BVerfGE 65, 1, 42 = BeckRS 9998, 128947; BVerfG v. 14.9.1989 - 2 BvR 1062/87 = BVerfGE 80, 367, 373 = NJW 1990, 563 ff.; BVerfG v. 28.1.1992 - 1 BvR 1319/91 = BVerfGE 85, 219, 224 = NJW 1992, 1379 ff.; BVerfG v. 8.7.97 1 BvR 2111/94, 195, 2189/95 = BVerfGE 96, 171, 181.

1197 *Di Fabio*, in: Maunz/Dürig (2017) Art. 2 Rn. 154 m.w.N.

Der vom *BVerfG* entwickelten sog. „Sphärentheorie"[1198] liegt der dogmatische Grundgedanke einer besonders ausgeformten Verhältnismäßigkeitsprüfung im Sinne eines graduellen Prüfprogramms zugrunde; also einer Schranken-Schranken-Konstruktion, die aber auch dazu beiträgt einzelfallabhängig die Schutzgehalte des allgemeinen Persönlichkeitsrechts selbst zu bestimmen.[1199] Insofern lässt sich auch hier ein Bedürfnis eines Vehikels ausmachen bestmögliche Effektivität eines dynamisch anzupassenden Grundrechtsschutzes zu gewährleisten.[1200] Danach schützt Art. 2 Abs. 1 i. V. m. Art. 1 Abs. 1 GG einen „Kernbereich privater Lebensgestaltung" als absolut unantastbare sog. „Intimsphäre".[1201] Die nachgelagerte „Privatsphäre"[1202] und „Sozialsphäre"[1203], die sich gleichsam eines „Begriffshofes" von der ersten Stufe durch jeweils erhöhte Sozialbezüge unterscheiden, umschreiben einen Bereich, in dem Eingriffe zwar nicht strikt ausgeschlossen sind, ihre Verhältnismäßigkeit sich aber stufenorientiert zunächst nach besonders strengen Vorgaben („Privatsphäre") bemisst, wobei diese

---

1198 BVerfG v. 15. 1. 1970 - 1 BvR 13/68 = BVerfGE 27, 344, 351 = NJW 1970, 555 f.; BVerfG v. 8.3.1972 - 2 BvR 28/71 = BVerfGE 32, 373, 379 = NJW 1972, 1123 ff.; BVerfG v. 19.7.1972 - 2 BvL 7/71 = BVerfGE 33, 367, 376 f. = NJW 1972, 2214 ff.; BVerfG v. 31.1.1973 - 2 BvR 454/71 = BVerfGE 34, 238, 245 = NJW 1973, 891 ff.; BVerfG v. 11.4.1973 - 2 BvR 701/72 = BVerfGE 35, 35, 39 = NJW 1973, 1643; BVerfG v. 5.6.1973 - 1 BvR 536/72 „Lebach" = BVerfGE 35, 202, 220 = GRUR 1973, 541; BVerfG v. 15.1.1975 - 2 BvR 65/74 = BVerfGE 38, 312, 320 = NJW 1975, 588 f.; BVerfG v. 24.5.1977 - 2 BvR 988/75 = BVerfGE 44, 353, 372 f. = NJW 1977, 1489 ff.; BVerfG v. 14.9.1989 - 2 BvR 1062/87 = BVerfGE 80, 367, 373 ff. = NJW 1990, 563 ff.; BVerfG v. 24.6.1993 - 1 BvR 689/92 = BVerfGE 89, 69, 82 f. = NJW 1993, 2365 ff.; BVerfG v. 4.4.2000 - 1 BvR 1505/99 = NJW 2000, 2189; Vgl. auch BGH v. 13.10.1987 - VI ZR 83/87 = NJW 1988, 1016, 1017 f.; BGH v. 30.3.1994 - StB 2/94 = NJW 1994, 1970; vgl. auch umfangreich bei *Geis* (JZ) 1991, 112 ff.; vgl. auch *Küpper* (JZ) 1990, 416, 418, der die Sphärentheorie *„eine Art Dreistufentheorie"* nennt. Dies ist wegen begrifflicher Vermischungen mit Blick auf Art. 12 GG jedoch abzulehnen; *Vogelgesang* (1987) S. 42 ff.; *Degenhart* (JuS) 1992, 361, 363 f.; *Murswiek/Rixen*, in: Sachs (2018) Art. 2 Rn. 104; *Di Fabio*, in: Maunz/Dürig (2017) Art. 2 Rn. 158 f. m.w.N.; *Lang*, in: BeckOK GG Art. 2 Rn. 35 ff. m.w.N. [Hervorhebungen durch den Verfasser].

1199 Ähnlich auch *Lang*, in: BeckOK GG Art. 2 Rn. 39 m.w.N.

1200 Siehe insoweit auch schon oben unter D. II. 1.

1201 Vgl. hierzu zahlreiche Beispiele und umfangreiche Darstellung der Rechtsprechung bei *Lang*, in: BeckOK GG Art. 2 Rn. 39, 40.

1202 Ebd., Rn. 41 f.

1203 Ebd., Rn. 43 f.

Intensitätserforderlichkeit geringer sein kann („Sozialsphäre").[1204] Diese ist – gemessen an der jeweiligen Eingriffsintensität – einzelfallabhängig als besonders hoch anzunehmen, solange sich der Einzelne ausschließlich innerhalb seiner engeren Privatsphäre bewegt; sie schwächt sich mit zunehmendem sozialen Kontakt nach außen ab.[1205] Sowohl bei der Ausgestaltung durch den Gesetzgeber als auch im Rahmen der rechtsanwendenden Abwägung – also auch für hier in Rede stehender Vorschriften *de lege ferenda* – sind die strafverfahrensrechtlichen Interessen an der bestmöglichen, effektiven Sachverhaltsaufklärung und denen des effektiven, nachhaltigen Opferschutzes ebenso zu berücksichtigen, wie Entlastungsmöglichkeiten Unschuldiger vom Tatverdacht zu gewährleisten.[1206] Eben jene Interessen sind im Wege der *praktischen Konkordanz* miteinander in effektiven Ausgleich zu bringen.[1207] Dabei hat die Gewährleistung einer funktionstüchtigen Strafaufklärung zur (materiellen) Wahrheitsfindung freilich einen bedeutenden Stellenwert.[1208] Eher selten werden Eingriffe zu diesen Zwecken schon als solche des unabwägbaren „Intimbereichs" zugehörig einzuordnen sein, weil sie infolge des Ziels der (materielle) Wahrheitserforschung (§ 244 Abs. 2 StPO) regelmäßig einen signifikanten Sozialbezug aufzuweisen haben werden.[1209]

Strafverfahrensrelevante (Anschluss-)Fragen an erwachsene Opferzeugen im Zusammenhang mit der von ihnen durch- und erlebten (etwaigen) Straftat – etwa zum Sexualleben, zu (psychischen) Erkrankungen oder die Ehre tangierende Informationen – dürften dann trotz äußerst geringen engerem Sozialbezug regelmäßig viel eher in den nachgelagerten Bereich der Privatsphäre fallen und einer entsprechend strengeren Verhältnismäßigkeitsprüfung anheimfallen.[1210] Festzuhalten ist hier jedenfalls, dass STEO durch ihre grundsätzlichen

---

1204 Vgl. auch die Beispiele zur „Privatsphäre" aus der Rechtsprechung bei *Di Fabio*, in: Maunz/Dürig (2017) Art. 2 Rn. 159, Fn. 7 sowie die der dritten Stufe („*Öffentlichkeitsbereich*" genannt) bei Rn. 160 ff.

1205 *Badura* (2015) C 35; *Di Fabio*, in: Maunz/Dürig (2017) Art. 2 Rn. 157.

1206 *Di Fabio*, in: Maunz/Dürig (2017) Art. 2 Rn. 159.

1207 Siehe Kap.6.B.III.

1208 BVerfG v. 19.7.1972 - 2 BvL 7/71 = BVerfGE 33, 367, 383 = NJW 1972, 2214 ff.; BVerfG v. 31.1.1973 - 2 BvR 454/71 = BVerfGE 34, 238, 248 = NJW 1973, 891 ff; BVerfG v. 27.11.1973 – 2 BvL 12/72 und 3/73 = BVerfGE 36, 174, 186 = BeckRS 1973, 104826; BVerfG v. 8.10.1974 - 2 BvR 747/73 u.a. = BVerfGE 38, 105, 115 f. = NJW 1975, 103 ff.

1209 Vgl. nur BVerfG v. 3.3.2004 - 1 BvR 2378/98 u. 1 BvR 1084/99 = BVerfGE 109, 279, 319.

1210 Siehe Kap.6.B.III.; ähnlich wohl auch *Schmoll* (1999), S. 91; *Wollmann* (2008), S. 43.

Zeugenpflicht zur wahrheitsgemäßen, unmittelbaren Aussage im Strafprozess (§§ 48 Abs. 1, 57, 250 StPO) durchaus in ihrem allgemeinen Persönlichkeitsrecht aus Art. 2 Abs. 1 GG i. V. m. Art. 1 Abs. 1 GG betroffen sein *können*.

b) Die umfassende Freiheitsgarantie (Art. 2 Abs. 1 GG)

Die Vorschrift des Art. 2 Abs. 1 GG garantiert umfassend die allgemeine (Handlungs-)Freiheit.[1211] Jedes willenseigene Tun und Unterlassen frei von staatlichen Zwangsmaßnahmen werden vorbehaltlich vorrangiger Spezialgrundrechte vom Schutzbereich erfasst.[1212] Art. 2 Abs. 1 GG sichert damit auffangend lückenlosen Grundrechtsschutz.[1213] Auch die allgemeine Handlungsfreiheit ist hier bereits deswegen betroffen, weil (erwachsene) Opferzeugen grundsätzlich verpflichtet werden am Hauptverhandlungsort zu erscheinen, (erneut) und wahrheitsgemäß Informationen über den Tathergang bzw. über die früheren Wahrnehmungen zu geben.[1214] Die Vorschrift ist subsidiär gegenüber anderen Grundrechten und tritt hinter sie zurück, soweit deren Schutzbereiche betroffen sind.[1215] STEO werden durch ihre grundsätzliche Verpflichtung zur wahrheitsgemäßen und unmittelbaren Aussage im Strafprozess (§§ 48 Abs. 1, 57, 250 StPO) bereits im spezielleren Grundrecht des Art. 2 Abs. 1 GG i. V. m. Art. 1 Abs. 1 GG betroffen.

1211 StRspr. seit BVerfG v. 16.1.1957 - 1 BvR 253/56 „Elfes“ = BVerfGE 6, 32, 36 = NJW 1957, 297 ff.; weitere Beispiele aus der Rechtsprechung bei *Di Fabio*, in: Maunz/Dürig (2017) Art. 2 Rn. 12, 50 ff. m.w.N.; *Degenhart* (JuS) 1990, 161 ff.; *Badura* (2015) C 33; für eine ausführlich historische, rechtsvergleichende und inhaltliche Darstellung vgl. *Dreier*, in: Dreier (2013) Art. 2 Abs. 1 Rn. 1 ff., 21 ff.; *Jarass*, in: Jarass/Pieroth (2016) Art. 2 Rn. 2; *Kunig*, in: v. Münch/Kunig (2012) Art. 2 Rn. 12 ff. m.w.N.; *Murswiek/Rixen*, in: Sachs (2018) Art. 2 Rn. 42 ff. m.w.N.; bei *Starck*, in: Mangoldt/Klein/Starck (2018) Art. 2 Abs. 1, Rn. 1 ff., 8 ff.

1212 *Di Fabio*, in: Maunz/Dürig (2017) Art. 2 Rn. 12; *Lang*, in: BeckOK GG Art. 2 Rn. 2 ff. m.w.N. und Beispielen.

1213 Ebd.

1214 Für alle Zeugen vgl. *Weigend*, in: Verhandlungen (1998), C 17; *Nelles* (NJ) 1999, 449 ff.; für minderjährige Opferzeugen vgl. *Wollmann* (2008), S. 42.

1215 BVerfG v. 16.1.1957 - 1 BvR 253/56 „Elfes“ = BVerfGE 6, 32, 37 = NJW 1957, 297 ff.; vgl. darüber hinaus etwa BVerfG v. 17.12. 1958 - 1 BvR 615/52 = BVerfGE 9, 63, 73 = NJW 1959, 188 f.; BVerfG v. 16.6.1959 - 1 BvR 71/57 = BVerfGE 9, 338, 343 = NJW 1959, 1579 ff.; BVerfG v. 14.7.1959 - 1 BvL 28/57 = BVerfGE 10, 55, 58 = NJW 1959, 1627; BVerfG v. 22.6.1960 – 2 BvR 125/60 = BVerfGE 11, 234, 238 = BeckRS 1960, 00278; BVerfG v. 16.5.1961 - 2 BvF 1/60 = BVerfGE 12, 341, 347 = NJW 1961, 1395 f.; vgl. auch die Rechtsprechungsnachweise bei *Di Fabio*, in: Maunz/Dürig (2017) Art. 2 Rn. 21; vgl. ferner *Degenhart* (JuS) 1990, 161, 169.

3. *Das Recht auf Leben und körperliche Unversehrtheit (Art. 2 Abs. 2 S. 1 GG)*

Durch faktisch strafprozessual verpflichtende Mehrfachvernehmungen könnte auch der Schutzbereich des Art. 2 Abs. 2 S. 1 GG von STEO eröffnet sein. Nach Art. 2 Abs. 2 S. 1 GG hat jeder das Recht auf Leben und körperliche Unversehrtheit. Unter „Leben" gemäß Art. 2 Abs. 2 S. 1 Alt. 1 GG ist das körperliche Dasein zu verstehen, also die biologisch-physische Existenz,[1216] welche für hiesige Fallgruppe durch verpflichtende Mehrfachvernehmungen kaum je betroffen sein wird. Die körperliche Unversehrtheit (Art. 2 Abs. 2 S. 1 Alt. 2 GG) umfasst zunächst die biologisch-physiologischen Gesundheit.[1217] Über die körperliche Gesundheitsintegrität hinaus kann grundsätzlich auch das psychische Wohlbefinden in den Schutzbereich des Art. 2 Abs. 2 S. 1 Alt. 2 GG fallen.[1218]

1216 *Lang*, in: BeckOK GG Art. 2 Rn. 58.

1217 Vgl. nur BVerfG v. 14.1.1981 - 1 BvR 612/72 = BVerfGE 56, 54, 73 ff. = NJW 1981, 1655, 1656; *Lang*, in: BeckOK GG Art. 2 Rn. 62.

1218 Bereits in einer Entscheidung aus dem Jahre 1979 zum Räumungsschutz ist eine psychische Erkrankung als relevant im Sinne des Art. 2 II GG angesehen worden, vgl. BVerfG v. 3.10.1979 - 1 BvR 614/79 = BVerfGE 52, 214, 200 f. = NJW 1979, 2607; vgl. bestätigend nur BVerfG v. 14.1.1981 - 1 BvR 612/72 = BVerfGE 56, 54, 73 ff. = NJW 1981, 1655, 1656 m.w.N., „[...] dürfte eine Beschränkung des Schutzes allein auf solche Einwirkungen, die Verletzungen des Körpers darstellen, der Bedeutung dieses Grundrechts jedenfalls dann nicht gerecht werden, wenn es im Lichte des Art. 1 GG und der darin verbürgten Unantastbarkeit der Menschenwürde ausgelegt wird. Dabei kann dahinstehen, ob eine solche Beschränkung überhaupt mit dem Verständnis des Menschen als einer Einheit von Leib, Seele und Geist und mit der Wechselwirkung zwischen psychischen und physischen Gesundheitsstörungen vereinbar wäre. Verfassungsrechtlich kann nicht außer Acht bleiben, daß eine enge Auslegung nicht der Funktion des Grundrechts als Abwehrrecht gegen staatliche Eingriffe etwa durch psychische Folterungen, seelische Quälereien und entsprechende Verhörmethoden entsprechen würde. Da die Einfügung gerade dieses Grundrechts auf Erfahrungen im Dritten Reich beruhe, darf dieser Gesichtspunkt jedenfalls nicht gänzlich vernachlässigt werden."; *Jarass*, in: Jarass/Pieroth (2016) Art. 2 Rn. 83; *Starck*, in: Mangoldt/Klein/Starck (2018) Art. 2 Rn. 193, der jedoch auch einschränkt, „[...] so ist dessen körperliche Unversehrtheit beeinträchtigt, da die Einwirkung auf die Psyche insoweit auf den biologisch-physiologischen Mechanismus wirkt. Das seelische und soziale Wohlbefinden hingegen steht nicht unter dem Schutz des Art. 2 Abs. 2 S. 1, weil dieses tatbestandlich nicht klar genug gefasst werden" könne, vgl. zum Streit ob psychische Beeinträchtigungen schutzbereichseröffnend nur dann vom Art. 2 Abs. 2 GG geschützt sein können, wenn sich auch physiologische Wirkungen zeitigen sogleich; vgl. auch *Di Fabio*, in: Maunz/Dürig (2017) Art. 2 Abs. 2 Rn. 55„[...] [d]enn

Streit herrscht auch hier über den Beginn der Schutzbereichseröffnung.[1219] Einige lehnen eine Einbeziehung der Psyche in den Schutzbereich des Grundrechts – gewissermaßen wortlautorientiert – ab, sofern sich die psychischen Beeinträchtigungen nicht schon auch „körperlich" auswirken.[1220] Das *BVerfG*[1221] und weite Teile der Literatur setzen für nichtphysische Einwirkungen eine mit physischen Beeinträchtigungen vergleichbare Schmerzwirkung voraus.[1222] Andere ziehen den Schutzbereich weiter und wollen psychische Krankheiten unabhängig von physischen Erscheinungen dem Schutzbereich unterstellen.[1223] Ferner wird die „körperliche Unversehrtheit" nach Art. 2 Abs. 2 S. 1 Alt. 2 GG

---

auch die Freiheit von Schmerzen, die nicht auf einer Verletzung der körperlichen Integrität beruhen, ist von Art. 2 Abs. 2 S. 1 GG geschützt (..)".

1219 Vgl. zusammenfassend bei *Knauer* (2013), Rn. 106 ff.

1220 Vgl. etwa Starck, in: Mangoldt/Klein/Starck (2018) Art. 2 Rn. 193, „[...] so ist dessen körperliche Unversehrtheit beeinträchtigt, da die Einwirkung auf die Psyche insoweit auf den biologisch-physiologischen Mechanismus wirkt. Das seelische und soziale Wohlbefinden hingegen steht nicht unter dem Schutz des Art. 2 Abs. 2 S. 1, weil dieses tatbestandlich nicht klar genug gefasst werden" könne; Müller-Terpitz, in: Isensee/Kirchhof Band VII (2009) § 147 Rn. 44 m.w.N.

1221 Nach neuerer Rechtsprechung des BVerfG, v. 27.2.2014 - 2 BvR 261/14 = NJW 2014, 1082 ff., kann bei der Folgenabwägung im Rahmen des Verfahrens auf Erlass einer einstweiligen Anordnung gegen die Ablehnung einer audiovisuellen Zeugenvernehmung des mutmaßlichen Opfers des Angeklagten, dem ein Sexual- und Körperverletzungsdelikt zur Last gelegt wird, die bei einer Vernehmung in Anwesenheit des Angeklagten gegebene dringende Gefahr einer seelischen Destabilisierung oder Retraumatisierung mit nicht abschätzbaren Folgen für die weitere psychische Entwicklung schwerer wiegen als der mit einer Verzögerung des Strafprozesses verbundene Nachteil für das Wohl der Allgemeinheit.

1222 Vgl. BVerfG v. 14.1.1981 - 1 BvR 612/72 = BVerfGE 56, 54, 75 = NJW 1981, 1655, 1656, „[...] [m]it Recht hat der nordrhein-westfälische Ministerpräsident im vorliegenden Verfahren eingeräumt, daß zumindest solche nicht körperlichen Einwirkungen von Art. 2 II GG erfaßt würden, die ihrer Wirkung nach körperlichen Eingriffen gleichzusetzen seien"; *Murswiek/Rixen*, in: Sachs (2018) Art. 2 Rn. 149 m.w.N.; *Jarass*, in: Jarass/Pieroth (2016) Art. 2 Rn. 83 m.w.N.; wohl auch *Di Fabio*, in: Maunz/Dürig (2017) Art. 2 Abs. 2 Rn. 55; ebenso *Pieroth/Schlink* (2005), Rn. 393.

1223 OVG Koblenz v. 24. 7. 1997 - 8 A 12820–96 = NJW 1998, 1422, 1423. In dieser Entscheidung zur baurechtlichen Zulässigkeit einer Fassadenbemalung vertritt das Gericht die Auffassung, dass die dunkle Farbgebung und die teilweise aggressiven Muster, die durchaus als bedrohlich empfunden werden könnten, die Psyche der Bewohner der Häuser auf der gegenüberliegenden Straßenseite beeinflussen würden; für die Einbeziehung psychischen Wohlbefindens in Art. 2 Abs. 2 S. 1 GG auch *Kloepfer* (1978), S. 28.

teilweise auch schon dann als betroffen angesehen, wenn nach dem medizinischen Kenntnisstand eine – auch „nur“ psychische – Krankheit vorliegt.[1224]

Zwischen letztgenannten Ansichten soll Position bezogen werden. Einigkeit besteht darin, die Psyche über den Wortlaut des Art. 2 Abs. 2 S. 1 Alt. 2 GG „*körperlich*“ hinaus in den Schutzbereich des Art. 2 Abs. 2 S. 1 Alt. 2 GG einzubeziehen. Die Erfordernisse eines Schmerzbezugs oder eines *auch* physischen Ausdrucks erscheinen zu eng. Es existieren schwerwiegende psychische Krankheiten, die nicht (sofort) solche Symptome zeitigen.[1225] Für die hier im Mittelpunkt stehenden STEO geht bei Viktimisierungen durch Gewalttaten regelmäßig ein psychisches Trauma einher.[1226] Ein entsprechendes psychisches Trauma wird – wie erörtert –[1227] im ICD-10[1228] definiert als „belastendes Ereignis oder eine Situation außergewöhnliche Bedrohung oder katastrophenartigen Ausmaßes (kurz oder langanhaltend), die bei fast jedem eine tiefe Verstörung hervorrufen würde“.[1229] Insofern dürfte auch das Erfordernis einer bereits „vorliegenden Krankheit“ zu hohe Barrieren errichten, weil sich aus einem hinreichend diagnostizierbaren *hypothetischen* psychischen Trauma – gerade infolge *mittelbarer Anschlussviktimisierung(en)* – rasch ein Tatsächliches oder eine Posttraumatische Belastungsstörung[1230] entwickeln kann. Argumente für die hier vertretende vermittelnde, erweiternde Auslegung liefert zum einen der systematische Zusammenhang der Vorschrift zu Art. 1 Abs. 1 GG, zum anderen spricht für eine erweiternde Schutzbereichseröffnung die Entstehungsgeschichte des Art. 2 Abs. 2 S. 1 GG – der auch nationalsozialistischen Unrechtserfahrungen entgegentritt.[1231] Mit der vermittelnden Ansicht sollte der Schutzbereich ab der

1224 *Michael/Morlok* (2017) Rn. 165.

1225 Siehe Kap.4.B.I.

1226 Siehe Kap.4.

1227 Ebd.

1228 Internationale statistische Klassifikation der Krankheiten und verwandter Gesundheitsprobleme (ICD, *International Statistical Classification of Diseases and Related Health Problems*) ist das wichtigste, weltweit anerkannte Klassifikationssystem für medizinische Diagnosen und wird von der Weltgesundheitsorganisation (WHO) herausgegeben. Die aktuelle, international gültige Ausgabe ist ICD-10, Version 2016. Seit 2007 wird an einer Neufassung gearbeitet: Die ICD-11 soll im Mai 2018 verabschiedet werden, *ICD-11 Joint Linearization for Mortality and Morbidity Statistics: Project Plan 2015–2018* (PDF; 264 kB). WHO. Zuletzt abgerufen am 25. September 2017; siehe Kap.4.

1229 Weltgesundheitsorganisation (2015), S. 157; siehe Kap.4.

1230 Siehe hierzu bereits oben unter Kap.4.B.II.2.

1231 *Lang*, in: BeckOK GG Art. 2 Rn. 62

Schwelle einer (hinreichend ersichtlichen) psychischen *Krankheit* oder eines psychischen Traumas eröffnet sein, welche den Grad einer Gesundheitsbeeinträchtigung erreichen (können).[1232] Weitergehendes[1233] würde den Wortlaut der Vorschrift überdehnen, weil unterhalb (hinreichend begründeten Annahmen) solcher Beeinträchtigungen kaum bereits eine *Versehrtheit* im Sinne des Art. 2 Abs. 2 S. 1 Alt. 2 GG vorläge. So schlägt auch *Weigend* erst bei einer erheblichen Gefährdung des psychischen Wohlbefindens besondere Schutzmaßnahmen sowie bei einer erheblichen Gefährdung des Lebens oder der Gesundheit des Zeugen den Verzicht auf dessen Ladung vor.[1234] Ob dann die psychische Gesundheit etwa bereits durch Angstzustände oder hochgradige Nervosität schutzbereichseröffnend betroffen sein kann, ist einzelfallabhängig zu entscheiden.[1235] Hierfür dürften jedoch bloße *Furcht*[1236](-erlebnisse) als zu weitgehend beurteilt werden, sofern jedenfalls keine weiteren verstärkenden Anhaltspunkte hinzutreten.[1237] Demnach *können* psychotraumabegründende bzw. -verstärkende faktisch strafprozessual verpflichtende Mehrfachvernehmungen in den Schutzbereich des Art. 2 Abs. 2 S. 1 GG von STEO fallen.

4. *Das Rechts- und Sozialstaatsprinzip*

Auch aus dem Rechts- und Sozialstaatsprinzip könnten für eine entsprechend erweiternde Anwendung der Bild-Ton-Technik Argumente entspringen. Das Rechtsstaatsprinzip wird in Art. 23 Abs. 1 S. 1 und Art. 28 Abs. 1 S. 1 GG

1232 So auch *Nelles* (NJ) 1999, 449, 452 f.; vgl. auch BVerfG v. 8.9.1997 - 1 BvR 1147/97 = NJW 1998, 295, 296.

1233 So schlägt etwa *Zacharias* (1997), S. 110 f. vor, dass schon der *„Zustand der Angst"*, in den ein Zeuge versetzt wird, grundrechtsrelevant ist; vgl. auch bei *Weigend*, in: Verhandlungen (1998), C 20 (Fn. 29).

1234 *Weigend*, in: Verhandlungen (1998), C 127 f.

1235 BVerfG v. 5.11.1980 - 1 BvR 349/80 = BVerfGE 55, 171, 179; *Swoboda* (2002), S. 33 f.; *Weigend*, in: Verhandlungen (1998), C 20: *Zacharias* (1997), S. 107 f., 110 f.

1236 Die Furcht ist eine negative (Erwartungs-)Emotion, die entsteht, wenn erwartet wird, dass etwas Negatives eintreten wird. Furcht geht mit dem subjektiven Gefühl des Bedrohtseins sowie mit einer Vielzahl physiologischer Reaktionen einher. Anders als Angst bezieht sich Furcht immer auf konkrete Situationen, vgl. *Dorsch* (2017), S. 630.

1237 Anders offenbar *Holz* (2007), S. 65 ff., 68 m.w.N., „[…] [s]chon die Furcht (etwa vor Gewalttaten) stellt – aus Sicht des Bürgers – eine konkrete Freiheitsbeeinträchtigung dar".

ausdrücklich benannt, ist grundsätzlich in Art. 20 Abs. 3 GG angelegt und verbindet die *Prinzipien* des formalen und materialen Rechtsstaats.[1238]

Während der formale Rechtsstaat die Staatsgewalt durch Kompetenzzuweisungen, Verfahrensregelungen und Organisationsprinzipien bindet, beinhaltet der materielle Rechtsstaatsgehalt inhaltliche Rechtswerte, zu denen Freiheit, Gleichheit und Gerechtigkeit zählen.[1239] Unbestreitbar unterfallen unter Letztere auch Opferschutzinteressen – auch jene erwachsener Opferzeugen. Dies stellte auch der Gesetzgeber selbst klar, wenn er im Jahre 2004 ausführte, dass „[…] [d]er soziale Rechtsstaat im Sinne der verfassungsmäßigen Ordnung des Grundgesetzes im Falle einer Straftat nicht nur zur Aufklärung des Sachverhaltes sowie dazu verpflichtet [ist], den mutmaßlichen Täter in einem fairen Verfahren seinem gesetzlichen Richter zuzuführen. Vielmehr gilt es gleichzeitig, die Belange des Opfers zu wahren, sich schützend und fördernd vor dessen Grundrechte […].“[1240] Auch aus dem Sozialstaatsprinzip nach Art. 20 Abs. 1 GG kann sich grundsätzlich der Auftrag an die Gesetzgebung ergeben Maßnahmen zur Kompensation von Duldungsgeboten der Opferzeugen im Strafverfahrensrecht zu schaffen,[1241] ohne dabei Beschuldigteninteressen zu entkernen.[1242] Das Sozialstaatsprinzip beinhaltet also ebenfalls Opferschutzinteressen.

Detailliertere Ausprägungen finden Rechts- und Sozialstaatsprinzip u.a. in Aspekten des Vertrauensschutzes, des Verhältnismäßigkeitsgrundsatzes, des effektive Rechtsschutzes sowie des „fair trial“-Grundsatzes.[1243] Die Ausgestaltung des Strafverfahrensrechts unter Wahrung dieser Maßstäbe ist vorrangig Aufgabe des Gesetzgebers und anschließend – in den vom Gesetz gezogenen Grenzen – auch die der Gerichte im Rahmen der ihnen obliegenden Rechtswendung und Rechtsauslegung. Eine Rechtsverletzung des Fairnessgrundsatzes

---

1238 Vgl. hierzu und zum Folgenden *Bumke/Voßkuhle* (2015) Rn. 1402; *Jarass*, in: Jarass/Pieroth (2016) Art. 20 Rn. 37, 39; *Kersten*, in: Maunz/Dürig (2017) Art. 102 Abs. 28.

1239 *Kersten*, in: Maunz/Dürig (2017) Art. 102 Abs. 28.

1240 So die Gesetzesbegründung zum sog. Opferrechtsreformgesetz vom 24.06.2004, vgl. BT-Drucks. 15/2609, S. 2 ff.

1241 Vgl. schon BVerfG v. 26.5.1981 – 2 BvR 215/81 = BVerfGE 57, 250, 270 „[…] verpflichtet den Gesetzgeber daher zur Wahl des milderen Mittels, wo der weitergehende, an sich zulässige Eingriff keinen besseren Erfolg verspricht“; *Fischer*, in: KK StPO (2013) Einleitung Rn. 162; ausdrücklich auch *Rieß*, in: Verhandlungen (1984), C 49; vgl. auch zur Fürsorgepflicht gegenüber Zeugen BGH v. 16.06.1983 - 2 StR 4/83 = NStZ 1984, 31, 32.

1242 *Rieß*, in: Verhandlungen (1984), C 49; *Schmoll* (1999) S. 95 m.w.N.; *Swoboda* (2002), S. 44; *Maier* (1997), S. 64 f.

1243 *Kudlich*, in: MüKoStPO (2014) Band 1, Einleitung Rn. 84.

liegt erst dann vor, wenn „[…] rechtsstaatlich zwingende Forderungen evident nicht erfüllt werden oder rechtsstaatlich Unverzichtbares preisgegeben“ wird.[1244] Das Gericht hat im Rahmen seiner vorrangigen Verpflichtung zur (materiellen) Wahrheitsermittlung (ebenso wie zuvor die Ermittlungsbehörden auch) auf die Achtung der menschlichen Würde eines Zeugen Bedacht zu nehmen.[1245] So ist das Gericht angesichts seiner Fürsorgepflicht etwa bei seiner Entscheidung über den Umfang einer Beweisaufnahme verpflichtet, Opferschutzinteressen in seine Erwägungen einzubeziehen, wobei eine ausufernde Aufklärung nicht geboten ist.[1246] Die *lex lata* verkürzt Gerichten eine solche Einbeziehungsmöglichkeit von Opferschutzinteressen im Hinblick auf erwachsene Opferzeugen, weil das Vernehmungssurrogat der Bild-Ton-Aufzeichnung für diese nicht (auch) primär und allein aus Opferschutzgründen angewendet werden kann, sondern dies vor allem von Gründen der Verfahrenserleichterung und -beschleunigung bestimmt wird (vgl. § 58a Abs. 1 und § 255a Abs. 1 i. V. m § 251 StPO[1247]). Unabdingbar notwendig ist bei alledem nämlich, dass eine Bild-Ton-Aufzeichnung überhaupt erstellt wurde.[1248]

Das Rechtsstaatsprinzip fordert freilich nicht nur eine faire Ausgestaltung und Anwendung des Strafverfahrensrechts, sondern verlangt auch die Berücksichtigung der „Interesse an einer funktionstüchtigen Strafrechtspflege“.[1249] Dies setzt selbstverständlich die Gewährleistung effektiver Strafverfolgung voraus.[1250]

1244 Vgl. BVerfG v. 26.5.1981 – 2 BvR 215/81 = BVerfGE 57, 250, 275 f. = NJW 1981, 1719, 1722 ff.; BVerfG v. 17.5.1983 – 2 BvR 731/80 = BVerfGE 64, 135, 145 f. = NJW 1983, 2762, 2763 f.; *Kudlich*, in: MüKoStPO (2014) Band 1, Einleitung Rn. 84.

1245 BGH v. 11.1.2005 – 1 StR 498/04 = NJW 2005, 1519, 1522 mit Hinweis auf den „[…] Rahmenbeschluss der Europäischen Union über die Stellung des Opfers im Strafverfahren vom 15. 3. 2001 (vgl. ABlEG Nr. L 82 v. 22. 3. 2001, S. 1), […] [i]n diesem Rahmenbeschluss wird unter anderem ‚das Recht auf eine Behandlung unter Achtung der Würde des Opfers‘ und dessen Recht, ‚in den verschiedenen Phasen des Verfahrens geschützt zu werden‘ […] betont“; vgl. auch *Maier/Percic*, in: MüKoStPO (2014) Band 1 vor § 48 Rn. 44.

1246 Siehe Kap.6.B.I.4.

1247 Siehe Kap.2.

1248 Siehe zu diesem oftmals rein tatsächlichen Hinderungsgrund Kap.2.

1249 Vgl. BVerfG v. 19.7.1972 – 2 BvL 7/71 = BVerfGE 33, 367, 383 = NJW 1972, 2214, 2216; BVerfG v. 20.10.1977 – 2 BvR 631/77 = BVerfGE 46, 214, 222 = NJW 1977, 2355, 2356; *Kudlich*, in: MüKoStPO (2014) Band 1, Einleitung Rn. 87.

1250 St.Rspr., vgl. nur BVerfG v. 19.7.1972 – 2 BvL 7/71 = BVerfGE 33, 367, 383 = NJW 1972, 2214, 2216; BVerfG v. 20.10.1977 – 2 BvR 631/77 = BVerfGE 46, 214, 222 = NJW 1977, 2355, 2356; *Kudlich*, in: in: MüKoStPO (2014) Band 1, Einleitung Rn. 87.

Nur eine als hinreichend wirksame und gerecht empfundene Strafrechtspflege kann das staatliche grundsätzliche Verbot der Selbsthilfe aufrechterhalten und die „Friedensmacht des Staates“ gewährleisten.[1251] Dabei erfordert diese auch die Berücksichtigung von Genugtuungsinteressen der Opfer und die Anerkennung ihrer (ggf. erwünschten) eigenständigen Positionen als Verfahrensbeteiligte.[1252] Der Gesetzgeber selbst, erkannte bereits bei Schaffung des § 255a StPO, dass „[…] [d]er Zeuge [..] eines der wichtigsten strafprozessualen Beweismittel [ist]. Seinem Anspruch auf ein faires Verfahren und die Wahrung seiner berechtigten Interessen muß das Strafverfahrensrecht Rechnung tragen. Denn wenn die Rechtspflege den Bürger als Zeugen zur Mitwirkung am Verfahren zwingt, dann sollten die für den Bürger daraus erwachsenden Lasten in Grenzen gehalten werden. Nur so kann der in der Begründung zum Gesetz zur Bekämpfung des illegalen Rauschgifthandels und anderer Erscheinungsformen der Organisierten Kriminalität (OrgKG) thematisierten Gefahr begegnet werden,[1253] daß, immer mehr Bürger sich zurückziehen und die Zeugenrolle wo immer möglich zu vermeiden suchen‘ “.[1254] Entsprechend ist die Berücksichtigung jener Interessen notwendige Teilvoraussetzung von Normstabilität und Friedenssicherung.[1255] *Schmoll* weist zutreffend darauf hin, dass die „Funktionstüchtigkeit der Strafrechtspflege“ durch jene Justizentscheidungen unterminiert werden würde, die in einem menschenverachtenden Verfahren gefällt werden.[1256] Damit bestehen zwischen Opferschutzinteressen und „den“ Interessen an einer funktionstüchtigen Strafrechtspflege notwendig Schnittmengen. Der Topos „der“ Funktionstüchtigkeit der Strafrechtspflege dürfte also als Oberbegriff vielerlei legitime Ziele inkludieren[1257] und nicht nur Einseitiges beschreiben.[1258] Nur soweit die hinter diesen „strafverfahrensrechtlichen Funktionstüchtigkeitsprinzipien“ stehenden Interessen unterschiedliche Ziele verfolgten träten sie auch in dem Maße – dann in ihrer Eigenschaft als unterschiedliche Ausprägungen des Rechtsstaatsprinzips – in Widerspruch zueinander auf.[1259] Gleichwohl müssen sie sich

---

1251 *Rieß*, in: Verhandlungen (1984), C 48; *Holz* (2007), S. 63 f.; ähnlich *Beulke* (2016) § 1, Rn. 3 ff.

1252 *Rieß*, in: Verhandlungen (1984), C 48 f.

1253 Vgl. BT-Drucks. 12/989, S. 34

1254 Vgl. BT-Drucks. 13/7165, S. 4.

1255 *Rieß*, in: Verhandlungen (1984), C 48; *Schmoll* (1999), S. 94.

1256 *Schmoll* (1999), S. 94.

1257 *Kudlich*, in: MüKoStPO (2014) Band 1, Einleitung Rn. 88.

1258 Vgl. nur *Hassemer* StV 1982, 275 ff.

1259 *Kudlich*, in: MüKoStPO (2014) Band 1, Einleitung Rn. 89.

nicht stets in solcher Divergenz begegnen; sie *können* es. Einzelfallabweichungen sollten nicht zu verallgemeinernden Schlussfolgerung führen. Sie sollten nicht verallgemeinernd auf alle Verfahrenskonstellationen angewendet werden.[1260] Pauschal lässt sich mithin ein Antagonismus zwischen Opferschutzinteressen, als Teil des Rechtsstaatsprinzips, und „der" „strafrechtlichen Funktionstüchtigkeit" nicht attestieren. Vielmehr *können* sich jene Interessen angesichts ihres rechtsstaatlich-anverwandten Ursprungs ergänzen und fördern.[1261] Deswegen spiegeln optionale opferschutzorientierte Bild-Ton-Vorschriften auch zugunsten erwachsener Opferzeugen *de lege ferenda*, ausgestaltet als Ermessensnorm, dem von Dynamik und Interessenskonflikten geprägten strafverfahrensrechtlichen Einzelfall viel besser wider. Ein unmittelbarer Fairnessanspruch der Opfer(-Zeugen) lässt sich aus dem Rechtsstaatsprinzip freilich allenfalls erst bei evidenten Rechtsverletzungen - eventuell bei unverhältnismäßigen Grundrechtsverletzung - ableiten.[1262] Konkrete Einzelansprüche können dem Rechtsstaatsprinzip grundsätzlich nicht entnommen werden; zur weiteren argumentativen Auseinandersetzung[1263] sind diese Überlegungen im Rahmen der sogleich zu erörternden Frage nach einer verfassungsrechtlichen Rechtfertigung entsprechender Vorschriften *de lege ferenda* allemal geeignet.

5. *Zwischenergebnis*

Damit kann festgehalten werden, dass auch Opferschutzinteressen schützende Grundrechtsnormen der Art. 1 Abs. 1 GG, Art. 2 Abs. 1 i. V. m. Art. 1 Abs. 1 GG und Art. 2 Abs. 2 S. 1 GG von STEO durch den grundsätzlichen Zeugniszwang (§§ 48 Abs. 1, 57 StPO) zur unmittelbaren Aussage in der Hauptverhandlung (§ 250 StPO) betroffen sind. STEO können sich auf diese Abwehrgrundrechte

---

1260 Ähnlich auch *Kudlich*, in: Verhandlungen (2010), C 101 f., der sich mit zahlreichen Beispielen gegen *„Kochrezepte" und „Generalisierungen"* wendet; *Kudlich*, in: MüKoStPO (2014) Band 1, Einleitung Rn. 89.

1261 Dies kann etwa Fälle der Erinnerungsabnahme und Erinnerungsveränderung betreffen, siehe Kap.3 und 5.

1262 Vgl. BVerfG v. 8.10.1974 - 2 BvR 747/73 u.a.= BVerfGE 38, 105, 111 = NJW 1975, 103 ff.: BVerfG v. 10. 6. 1975 - 2 BvR 1074/74 = BVerfGE 40, 95, 99 = NJW 1975, 1597 ff.; BVerfG v. 19.10.1977 - 2 BvR 462/77 = BVerfGE 46, 202, 210 = NJW 1978, 151 ff.; *Geppert* Jura 1992, S. 599 bezeichnet den Fairnessgrundsatz daher auch als *„prozessuales Auffangrecht"*; hierzu und zur Herleitung des Anspruches auf ein faires Gerichtsverfahren nach Art. 6 EMRK vgl. *Vollkommer*, in: Gedächtnisschrift für Rudolf Bruns (1980); S. 206 ff.

1263 Vgl. auch BVerfG v. 26.5.1981 – 2 BvR 215/81 = BVerfGE 57, 250, 275 f.

berufen. Weiter zeigen die verfassungsrechtlichen Untersuchungen, dass Opferschutzinteressen notwendiges Teilelement eines rechtsstaatlich-sozialen Strafverfahrens sind.[1264] Deshalb besteht auch die Staatspflicht auf Opferschutz als Schutz vor unverhältnismäßiger Beanspruchung.[1265] Ob eine solche in Fällen von STEO besteht wird nun überprüft.

III. Rechtfertigung von Bild-Ton-Vorschriften *de lege ferenda* zugunsten STEO

Abstrakte und konkrete Eingriffsintensitäten in die Grundrechte von STEO könnten derart schwer wiegen, dass von dem grundsätzlich betroffenen materiellen Unmittelbarkeitsgrundsatz[1266] eine gesetzliche Ausnahme *de lege ferenda* zu rechtfertigen ist. In diesem Fall ist die Bild-Ton-Technik ein effizientes strafverfahrensrechtliches Übertragungsinstrument, um traumatische Erinnerungen bestmöglich im Sinne der (materiellen) Wahrheitserforschung in Strafverfahren einzuführen. Nicht verfangen können die oftmals dagegen angeführten Argumente von vermeintlich zu hohen „Kosten i.w.S.".[1267] Die auch Opferschutzinteressen schützenden Grundrechte der Art. 1 Abs. 1 GG, Art. 2 Abs. 1 GG (i. V. m. Art. 1 Abs. 1 GG) und Art. 2 Abs. 2 S. 1 GG könnten eine Einschränkung des materiellen Unmittelbarkeitsgrundsatzes als einzig betroffene strafrechtliche Verfahrens*regel* rechtfertigen.

Der Gesetzgeber könnte die hier vorgeschlagenen[1268] Vorschriften *de lege ferenda* – jedenfalls ihrem inhaltlichen Sinn nach – zwingend zu erlassen haben. Grundrechte spiegeln neben ihrer zentralen Abwehrfunktion auch die objektive Werteordnung des Staates wider.[1269] Hieraus ergibt sich zunächst die abstrakte, grundsätzliche Verpflichtung zu aktiven Staatsreaktionen zu Zwecken des Rechtsgüterschutzes.[1270] Die (Rechts-)Sicherungs- und (Rechts-)Schutzfunktion

---

1264 Vgl. auch das gleiches Ergebnis bei *Maier* (1997), S. 63, 65; ähnlich *Roxin/Schünemann* (2017) § 2, Rn. 6; *Rieß*, in: Verhandlungen (1984), C 48.

1265 Ähnlich *Hassemer/Reemtsma* (2002), S. 158; Vgl. auch *Granderath* (MDR) 1983, 797, 798; *Rieß*, in: Verhandlungen (1984), C 47 ff.

1266 Zu dessen grundsätzlicher Betroffenheit siehe Kap.6.B.I.5.

1267 Siehe zu den Einwänden gegen diese Argumente bereits oben Kap.6.B.I.4.a); unter „Kosten i.w.S". sind hier die von der Gegenseite angeführten monetären, personelle Kosten im Sinne eines vermeintlich „zu hohen Aufwandes" gemeint.

1268 Siehe hierzu Kap.7.

1269 Vgl. nur *Pieroth/Schlink* (2005), Rn. 89.

1270 *Klein*, NJW 1989, 1633, 1639, „[...] Inhalt des Rechts auf Schutz ist es, geeignete positive Maßnahmen zur Abwehr bzw. Verhinderung des Eingriffs Dritter in das grundrechtliche Schutzgut verlangen zu können. Es handelt sich also um eine ‚Leistung'

ist seit jeher Aufgabe des Staates.[1271] Weitergehend wurden diese im aufklärerischen Zeitalter als originäre Rechtfertigung der staatlichen Existenz begriffen.[1272] Die (Rechts-)Schutz- und (Rechts-)Sicherungsfunktion ist auch nach modernen Maßstäben genuiner Staatszweck.[1273] Die Frage nach einer entsprechenden Eingriffsrechtfertigung konzentriert sich hier im Inhalt und Ausmaß des „materiellen Gewährleistungsgehalt[es] der Freiheitsgrundrechte"[1274]. Sicherheit ist eine Grundbedingung von selbstbestimmter Freiheitsbetätigung.[1275] Denn die Freiheitsrechte bleiben immer dann inhaltsleer, wenn sie nicht nutzbar (sind).[1276] Staatliche Schutzpflichten zu aktivem Tun fließen insofern aus einer sicherheitserhaltenden Friedenspflicht,[1277] die sich durch einen Kehrseitengedanken zum staatlichen Gewaltmonopol verstärkt. Die Schutzgebotsfunktionen der Grundrechte lassen sich *e contrario* zum staatlichen Gewaltmonopol rechtfertigen und daher als strukturelles Fundament des modernen Staates verstehen.[1278] Dieser Gedanke begründete sich nach der aufklärerischen Entwicklung der sog. *Naturrechtslehre*, nach der sich Individuen gemäß eines Gesellschafts- und

---

im Gegensatz zu einer Unterlassung, die typischer Inhalt eines negatorischen Rechts ist. Man mag daher von einem ‚Leistungsrecht' sprechen".

1271 Zum bereits aus der Antike stammenden Gedanken der staatlichen Schutzpflichten vgl. *Alexy* (1994), S. 410; vgl. auch *Klein*, NJW 1989, 1633, 1635 f., „[...] Die entscheidende Grundlage der staatlichen Schutzpflichten wird [..] in der Etablierung des Staates als Friedensordnung gesehen, die für den Staat das Gewaltmonopol reklamiert und für den einzelnen Gehorsamspflicht und das grundsätzliche Verbot privater Gewaltanwendung bedeutet. Der Verzicht auf das naturgegebene Recht zur Verteidigung seiner Rechtsgüter kann für den einzelnen sinnvollerweise nur in Betracht kommen, wenn er sie durch den Staat gesichert weiß. Die Gewährleistung der Sicherheit ist Voraussetzung der Unterwerfung. Nur der Schutz durch den Staat legitimiert sein Bestehen auf Verzicht privater Gewaltanwendung: *protectio trahit subiectionem - subiectio trahit protectionem* [...] Wir haben damit die Bedeutung gerade der Grundrechte als (positiv-rechtliche) Grundlage staatlicher Schutzpflichten festgestellt, ein Ergebnis, das kürzlich durch eine ideengeschichtliche Untersuchung untermauert wurde [...]".

1272 Zur Ansicht von Thomas Hobbes, vgl. *Barudio*, in: Pipers (1985), S. 353.

1273 *Isensee* (2012), S. 16.

1274 Vgl. hierzu *Holz* (2007) S. 65.

1275 Ebd., S. 66 m.w.N., insbesondere mit Verweis auf *von Humboldt* (1792), S 58, „[...] denn ohne Sicherheit ist keine Freiheit".

1276 *Alexy* (1994), S. 458 ff. m.w.N.; *Holz* (2007) S. 67 m.w.N.

1277 Vgl. nur *Holz* (2007) S. 63 m.w.N.

1278 *Isensee*, in: Isensee/Kirchhof Band V (1992) § 115, Rn. 109.

Herrschaftsvertrages[1279] zu einer Gesellschaft vereinen und zwecks dieses Zusammenschlusses – gewissermaßen im Sinne eines *do ut des*-Prinzips – eigene Rechte an einen Souverän abgeben, wobei dieser wiederum – an den Zwecken des Staatswohls gebunden – Schutz vor Rechtsbeeinträchtigungen leisten muss.[1280] Das Gewaltmonopol und die Schutzpflicht des Staates sind also miteinander verknüpft.[1281] Der Staat unterliegt der verfassungsrechtlichen Verpflichtung, sich „[…] schützend und fördernd vor [das] Leben zu stellen[1282], rechtliche Regelungen derart auszugestalten, dass auch die Gefahr von Grundrechtsverletzungen eingedämmt bleib[en][1283], worunter auch die „Pflicht zur Bekämpfung von gesundheitsgefährdenden Auswirkungen"[1284] fällt.

Die Art und Weise der Verwirklichung dieser Verpflichtungen bleibt zunächst dem Gesetzgeber überlassen.[1285] Die von ihm zu erlassenen einfachgesetzlichen Regelungen sollen Grundrechtsschutz gewährleisten,[1286] wobei dem Gesetzgeber hierbei grundsätzlich eine „Einschätzungsprärogative" gemäß den Erfordernissen der Zweckdienlichkeit und Gebotenheit[1287] als Ermessensspielraum

---

1279 Grundlegend hierzu *Locke* (1690); *Rousseau* (1762).

1280 Bedeutende Vertreter für Deutschland waren *Freiherr von Pufendorf* (1632 bis 1694) *Christian Thomasius* (1655 bis 1728), *Christian Wolf* (1679 bis 1754), vgl. weitergehend nur bei *Frotscher/Pieroth* (2017) Rn. 128–130 m.w.N.

1281 BVerfG v. 25.2.1975 - 1 BvF 1 - 6/74 = BVerfGE 39, 1, 42 = NJW 1975, 573 ff.; bestätigt durch BVerfG v. 16.10.1977 - 1 BvQ 5/77 = BVerfGE 46, 160, 164 = BeckRS 9998, 105945; BVerfG v. 28.5.1993 - 2 BvF 2/90, 2 BvF 4/92, 2 BvF 5/92 = BVerfGE 88, 203, 251 = NJW 1993, 1751 ff.; vgl. auch Alexy (1994), S. 414.

1282 Vgl. BVerfG v. 25.2.1975 - 1 BvF 1 - 6/74 = BVerfGE 39, 1, 42 = NJW 1975, 573 ff.

1283 Vgl. BVerfG v. 8. 8. 1978 - 2 BvL 8/77 = BVerfGE 49, 89, 142 = NJW 1979, 359, 363, „[…] [d]araus können sich verfassungsrechtliche Schutzpflichten ergeben, die es gebieten, rechtliche Regelungen so auszugestalten, daß auch die Gefahr von Grundrechtsverletzungen eingedämmt bleibt".

1284 Vgl. BVerfG v. 14.1.1981 - 1 BvR 612/72 = BVerfGE 56, 54, 78 = NJW 1981, 1655, 1657, „[…] daß die aus Art. 2 II GG herleitbare Schutzpflicht auch die Pflicht zur Bekämpfung von gesundheitsgefährdenden Auswirkungen des Fluglärms umfaßt".

1285 BVerfG v. 25.2.1975 - 1 BvF 1 - 6/74 = BVerfGE 39, 1, 44 = NJW 1975, 573 ff; BVerfG v. 28.5.1993 - 2 BvF 2/90, 2 BvF 4/92, 2 BvF 5/92 = BVerfGE 88, 203, 251 = NJW 1993, 1751 ff.

1286 *Isensee* (2012), S. 44.

1287 BVerfG v. 25.2.1975 - 1 BvF 1 - 6/74 = BVerfGE 39, 1, 44 = NJW 1975, 573, 576, „[…] Wie der Staat seine Verpflichtung zu einem effektiven Schutz des sich entwickelnden Lebens erfüllt, ist in erster Linie vom Gesetzgeber zu entscheiden. Er befindet darüber, welche Schutzmaßnahmen er für zweckdienlich und geboten hält, um einen wirksamen Lebensschutz zu gewährleisten".

offensteht.[1288] Dieser Spielraum ist aber dann reduziert, wenn der Gesetzgeber Gesetze zum Schutz grundrechtsrelevanter Rechtsgüter notwendig zu erlassen hat.[1289] Insoweit darf der Gesetzgeber ein gewisses Schutzminimum nicht unterschreiten.[1290] Soweit verschiedene geeignete Regelungsalternativen bestehen, so lassen diese gewissermaßen das *wie* der Einschätzungsprärogative unberührt. Es ist also keine von ihnen notwendig vorzuziehen, sofern jedenfalls irgendeine gewählt wird. Dann aber, wenn es nur eine „geeignete Schutz- oder Förderungsmaßnahme gibt, wird diese zur Erfüllung des Leistungsrechts notwendig"[1291], womit dann also weder das *ob* noch das *wie* der gesetzlichen Einschätzungsprärogative offenstehen. Die dogmatische „Struktur des Leistungsrechts gleicht [..] dann der des Abwehrrechts".[1292]

Oben ist gezeigt worden, dass – trotz des aufgezeigten dringenden Bedürfnisses[1293] – für erwachsene Opferzeugen keine tatsächliche Möglichkeit existiert aus Opferschutzgründen durch das Vernehmungssurrogat der Bild-Ton-Aufzeichnung einer Hauptverhandlung zu entgehen. Denn einzig die Beweisverwertungsnorm des § 255a Abs. 2 StPO stellt für Minderjährige auf diesen Zweck ab, wobei die für erwachsene Opferzeugen einzig in Frage kommende Verweisvorschrift des § 255a Abs. 1 StPO i. V. m. § 251 StPO von den Zwecken der Verfahrensbeschleunigung und Verfahrenserleichterung geprägt ist.[1294] Noch viel deutlicher wird der lückenhafte Schutz *de lege lata* vor dem praktischen Hintergrund,

---

1288 *Alexy* (1994), S. 420 ff.; *Medicus*, AcP 192 (1992), 35, 60.

1289 Vgl. nur BVerfG v. 28.5.1993 - 2 BvF 2/90, 2 BvF 4/92, 2 BvF 5/92 = BVerfGE 88, 203, 254 = NJW 1993, 1751, 1754, „[...] Art und Umfang des Schutzes im Einzelnen zu bestimmen, ist Aufgabe des Gesetzgebers. Die Verfassung gibt den Schutz als Ziel vor, nicht aber seine Ausgestaltung im Einzelnen. Allerdings hat der Gesetzgeber das Untermaßverbot zu beachten (...); insofern unterliegt er der verfassungsgerichtlichen Kontrolle. Notwendig ist ein - unter Berücksichtigung entgegenstehender Rechtsgüter - angemessener Schutz; entscheidend ist, daß er als solcher wirksam ist. Die Vorkehrungen, die der Gesetzgeber trifft, müssen für einen angemessenen und wirksamen Schutz ausreichend sein und zudem auf sorgfältigen Tatsachenermittlungen und vertretbaren Einschätzungen beruhen."; vgl. auch Alexy (1994), S. 420 ff.

1290 BVerfG v. 28.5.1993 - 2 BvF 2/90, 2 BvF 4/92, 2 BvF 5/92 = BVerfGE 88, 203, 254 = NJW 1993, 1751, 1754; zum Begriff „Untermaßverbot" vgl. nur *Canaris*, AcP 184 (1984), 201, 227.

1291 *Alexy* (1994), S. 421.

1292 Ebd.

1293 Siehe Kap.4.

1294 Siehe Kap.2.

dass ganz regelmäßig schon gar keine Bild-Ton-Aufzeichnungen während des Ermittlungsverfahrens zugunsten erwachsener Opferzeugen erstellt werden.[1295] Ferner ist dargestellt worden, dass zugunsten STEO kein anderes Rechtsinstitut als das des aus Opferschutzgründen anzuwendende Vernehmungssurrogats der Bild-Ton-Aufzeichnung *geeignet* ist, Mehrfachvernehmungen und dadurch bedingte *mittelbare Anschlussviktimisierungen* effektiv zu verhindern oder gar zu verringern.[1296] Sofern also entsprechende Vorschriften verfassungsrechtlich zu rechtfertigen sind, bliebe der Gesetzgeber in den Fällen der STEO derzeit derart hinter den beschriebenen Mindestanforderungen zurück, dass daraus eine entsprechende Tätigkeitspflicht erwächst.

Es ist gezeigt worden, dass (auch) in den Fallgruppen der STEO das Vernehmungssurrogat der Bild-Ton-Aufzeichnung keine geringere, vielmals sogar eine bessere Beweiskraft haben *kann*.[1297] Insofern würde sich aus dem Gebot der bestmöglichen Sachaufklärung (§ 244 Abs. 2 StPO) das Erfordernis vernehmungsersetzender, audiovisueller Aufzeichnungen im Strafverfahren als Ausfluss des Gebots des bestmöglichen Beweismittels ergeben.[1298] Der Gesetzgeber stützte sich bei Schaffung des § 255a StPO auf die Studie von *Busse/Volbert/Steller*.[1299] Diese ergab, dass nicht in allen Fällen ein entlastender Effekt durch Videotechnologie notwendig sei.[1300] Hieran anknüpfend warnte der Gesetzgeber vor einer pauschalen Anwendung der Videotechnologie im Strafverfahren mit dem Hinweis darauf, dass „[…] ihr entlastender Effekt gering sein könne, wenn es an den Grundvoraussetzungen (unterstützendes Richterverhalten, Beachtung der Bedürfnisse des Kindes) fehle. Im Hinblick auf die ernüchternde Beobachtung, daß in den von den Verfassern begleiteten Verfahren, die nach geltendem Recht bestehenden Möglichkeiten nicht konsequent genutzt wurden […]".[1301] Dem muss freilich beigepflichtet werden. Denn dort wo die gesetzgeberisch intendierte praktische Gesetzesanwendung des hierfür gerade geschaffenen Gesetzes weitgehend unterlassen wird, da sind die mit diesem Gesetz bezweckten (Entlastungs-)Effekte selbstverständlich gering und das Gesetz läuft leer. Erkannte der Gesetzgeber noch selbst, dass die bloße Altersgrenze kein tauglicher Indikator

1295 Siehe Kap.2.B.IV.V.
1296 Siehe Kap.6.B.I.4.a).
1297 Siehe Kap.6.B.I.4.a).
1298 Hierfür plädiert die Schweiz betreffend etwa *Melunovic*, in: AJP (2016) S. 600 ff.
1299 Vgl. BT-Drucks. 13/7165, S. 4 f.; *Busse/Volbert/Steller* (1996), S. 6 ff.
1300 BT-Drucks. 13/7165, S. 4.
1301 BT-Drucks. 13/7165, S. 4 f.

für das Belastungserleben von Opferzeugen ist,[1302] und meinte er sich nicht nur „[...] auf kindliche Zeugen [..] beschränken" zu dürfen[1303], zeichnet die *lex lata* und ihre praktische Umsetzung nach wie vor ein anderes Bild.[1304]

Insoweit kann die *Erforderlichkeit* entsprechender Neureglungen erkannt werden, weil mit diesem Vernehmungssurrogat dann ein geeignetes Mittel existierte, welches den erstrebten Zweck – den der (materiellen) Wahrheitsfindung – besser, mindestens aber in etwa gleich gut fördert und dabei effektiv opferschützend wirkte. Dabei würde die Videotechnologie im Strafverfahren auch nicht „pauschal", sondern einzig zugunsten schutzbedürftiger Opferzeugen aus Opferschutzgründen angewendet werden.

Mag auch der (materielle) Unmittelbarkeitsgrundsatz erfordern den bestmöglichen Beweis zu wählen und vermuten, dass die originäre Beweisquelle sachnäher sei, höchste Beweiskraft habe und das Gericht in die nächste Umgebung der materiellen Wahrheit bringe,[1305] so spräche auch dies für entsprechende Bild-Ton-Vorschriften *de lege ferenda*. Schon das „Vorhandensein eines originären Beweismittels" steht in Fällen von STEO ganz grundsätzlich wegen Psychotraumatisierung(sfolgen) und der Veränderung der frischen Erinnerung nach der Tat infolge Zeitablaufs und Psychotraumatherapie in Zweifel.[1306] Personell betrachtet mag durchaus zutreffen, dass das personelle Beweismittel „(Opfer-) Zeuge" vorhanden ist. Inhaltlich verblasst dessen Beweiswert jedoch immer weiter, sodass vom Beweiskern – der frischen Erinnerung nach der Tat – sukzessive weniger übrigbleibt.[1307] Infolge der Verblassung und Veränderung der Erinnerungsinhalte kann die Beweiskraft der (Opfer-)Zeugen daher fortwährend abnehmen, wohingegen die frühestmögliche Konservierung der Erinnerungsinhalte mittels einer Bild-Ton-Aufzeichnung den unmittelbaren und

---

1302 Vgl. BT-Drucks. 13/7165, S. 4: „[...] Opfer von Straftaten werden durch die im Laufe des Strafverfahrens durchgeführten Vernehmungen nicht selten erheblich belastet. Dies betrifft wohl in erster Linie Kinder, gilt aber in gleicher Weise für andere besonders schutzbedürftige Zeugen, wie Opfer von Gewalttaten, alte Menschen oder gefährdete Zeugen, denen bereits aus der Zeugeneigenschaft erhebliche Belastungen erwachsen können".

1303 Vgl. BT-Drucks. 13/7165, S. 4

1304 Siehe Kap.2 und 4.

1305 *Stüber* (2005) S. 47; *Hellmann* (2006), Rn. 662; *Roxin/Schünemann* (2017) § 46, Rn. 5; vgl. auch *Stegmaier* (1935), S. 36, nach dem „[...] die Unmittelbarkeit der Tatsachenerschließung als ungeschriebener Grundsatz des reformierten deutschen Strafprozesses anzusehen" sei.

1306 Siehe Kap.6.B.I.4.a), Kap.4., Kap.5.

1307 Siehe Kap.6.B.I.4.a), Kap.4., Kap.5.

direkten Bezug zum Tatgeschehen und damit zur materiellen Wahrheit herstellt der möglich ist. Damit stellte solch genutzte Bild-Ton-Technologie im Strafverfahren auch in Fällen von STEO ein effizientes Übertragungsinstrument dar, um traumatische Erinnerungen bestmöglich im Sinne des Ziels der (materiellen) Wahrheitserforschung in Strafverfahren einzuführen.

Sofern eine solche effektive(re) Beweiskraft und Förderung der strafverfahrensrechtlichen Funktionstüchtigkeitsprinzpien[1308] nicht erkannt zu werden vermag, könnten die Vorschriften *de lege ferenda* dennoch zu rechtfertigen sein. Durch die Ausgestaltung einer entsprechenden Beweisverwertungsnorm als Ermessensvorschrift könnte der Rechtsanwender im Einzelfall zwischen den Opferschutzinteressen und – soweit überhaupt kollidierend – jenen Interessen „der" Effektivität der Strafverfolgung abwägen. Ebenso gewährleisteten die Tatbestandsmerkmale *de lege ferenda*: Die *Mitwirkungsgelegenheit* und die optionale nachträgliche Zeugenbefragung hinreichend die Beschuldigten- und Verteidigungsrechte sowie die gerichtliche Aufklärungspflicht (§ 244 Abs. 2 StPO).[1309]

Eine (weitere) Einschränkung des materiellen Unmittelbarkeitsgrundsatzes *de lege ferenda* kann daher keinen *schweren* Betroffenheitsgrad nach sich ziehen. Dies auch deshalb nicht, weil dieser Grundsatz selbst schon nicht ausnahmefrei konzipiert ist (vgl. §§ 250 ff. StPO).[1310] Auch soll der Grundsatz – wie erörtert[1311] – als abstraktes Denkkonstrukt gewisse Verfahrensregeln sicherstellen, diese jedoch nicht ausnahmslos zementieren. Insoweit besteht durchaus eine gewisse Gestaltungsoffenheit. Zudem stellt der (materielle) Unmittelbarkeitsgrundsatz bloß einen einfachgesetzlichen Grundsatz ohne Verfassungsrang dar und ist damit auch dogmatisch grundsätzlich abdingbar. Schon im vorherigen Jahrhundert formulierte *Seitz*: „[...] Betrachtet man den Grundsatz der Unmittelbarkeit im Zusammenspiel mit den übrigen Prozessmaximen im deutschen Strafprozeß, wäre generell zu fragen, ob nicht gerade dieser Grundsatz unter Wahrung aller rechtsstaatlichen Anforderungen in gewissen Rahmen einer weiteren Einschränkung zugänglich ist".[1312] Überlegungen zur Abdingbarkeit sind nach wie vor heftig umstritten, halten doch viele Autoren den Unmittelbarkeitsgrundsatz schon durch die Vorschrift des aktuellen § 255a Abs. 2 StPO über

1308 Siehe Kap.6.B.I.
1309 Siehe Kap.6.B.I.4.
1310 Siehe Kap.6.B.I.5.
1311 Siehe Kap.6.B.I.5.
1312 *Seitz* (JR) 1998, 309, 313.

Gebühr beeinträchtigt.[1313] Justizielle Praktiker wollen an der Opferzeugenvernehmung in der Hauptverhandlung festhalten.[1314] *Belker* etwa, verwies in ihrem Vortrag beim fünfundsechzigsten Deutschen Juristentag 2004 auf den richterlichen Ermittlungsgrundsatz und die richterliche Überzeugungsbildung und hielt unter Ablehnung der Vorführung der Bild-Ton-Aufzeichnung an einer persönlichen Vernehmung von Opferzeugen in der Hauptverhandlung fest, insbesondere dann, wenn für den Angeklagten hohe Freiheitsstrafen im Raum stehen und der Opferzeuge das einzige Beweismittel für das Vorliegen einer strafbaren Handlung ist; die Auswirkungen der Tat auf den Opferzeugen könnten erst in der Hauptverhandlung abschließend beurteilt werden.[1315] So führte sie weiter aus: „[...] Eine eingespielte Konserve, gefertigt von einem Dritten, der nicht die Last der Urteilsfindung trägt [...]" könne die eigene Vernehmung und die Verantwortung für ihren Verlauf nicht ersetzen.[1316] Eine Einschränkung macht *Belker* aber bei „[...] der Erwartung schwerwiegender Gesundheitsbeeinträchtigungen".[1317] Damit spiegelt sie das überwiegende Meinungsbild ihres Berufsstandes wider. Ähnlich äußerten sich diverse Praktiker auch in der Untersuchung von *Vogel*.[1318] Zunächst bleibt hierzu anzufügen, dass die hier erörterte Fallgruppe von STEO eben jene ausnahmebedürftigen „schweren Gesundheitsbeeinträchtigungen" aufweisen.[1319] Damit wird das Vernehmungssurrogat der Bild-Ton-Aufzeichnung einer wiederholenden Aussage in der Hauptverhandlung ebenso gut gerecht. Die Betroffenheitsintensität in die oben beschriebenen sicherstellenden Funktionen[1320] des materiellen Unmittelbarkeitsgrundsatzes durch eine gesetzliche Ausweitung der Anwendbarkeit von Bild-Ton-Aufzeichnungen zugunsten STEO ist daher jedenfalls nicht als *schwer* zu bewerten.

Demgegenüber steht die Betroffenheit der dieser Opfergruppe zugeordneter Grundrechtsnormen jeweils aus Art. 1 Abs. 1 GG, Art. 2 Abs. 1 i.V.m. Art. 1 Abs. 1 GG und Art. Art. 2 Abs. 2 S. 1 GG. Angesichts der zu befürchtenden schwerwiegenden gesundheitlichen Folgen, von denen traumatisierte – auch

---

1313 Vgl. nur *Beulke* ZStW 113 (2001), 709, 732 ff.; *Fischer* (JZ) 1998, 816, 821; *Schünemann* StV 1998, 399 f.

1314 *Belker*, in: Verhandlungen (2004), O 66; vgl. hierzu auch *Wollmann* (2008), S. 215 f.

1315 *Belker*, in: Verhandlungen (2004), O 66 f.

1316 Ebd.

1317 Ebd., O 72.

1318 Vgl. umfangreich bei *Vogel* (2003), S. 132 ff., der zahlreiche Richter, Staatsanwälte und Rechtsanwälte befragte.

1319 Siehe Kap.4.

1320 Siehe Kap.6.B.I.5.

erwachsene – Opferzeugen *in* und *nach* Strafverfahren nicht selten betroffen sind, könnte die ihnen aufgebürdete Zeugenpflicht (§§ 48 Abs. 1, 57 StPO) zur unmittelbaren Aussage in der Hauptverhandlung (§ 250 StPO) abstrakt wie auch konkret als *schwerer* Eingriff begriffen werden.

Abstrakt wiegt die Betroffenheit erwachsener Opferzeugen in ihren jeweils entsprechenden Grundrechten *schwer*, weil sie infolge des Zeugniszwangs der §§ 48 Abs. 1, 57 StPO und angesichts der *Regel* des § 250 StPO in ihren Grundrechten aus Art. 1 Abs. 1 GG, Art. 2 Abs. 1 GG (i. V. m. Art. 1 Abs. 1 GG) und Art. 2 Abs. 2 S. 1 GG eingeschränkt werden.[1321] Diese sind als abstrakt gewichtige Rechtsgüter von Verfassungsrang – im Grundgesetz nicht zufällig an erster Stelle stehend – bedeutend. Die konkreten Eingriffsintensitäten in diese Grundrechte sind ebenso *schwerwiegend*. Durch die Zeugenpflichten sind auch erwachsene Opferzeugen Mehrfachvernehmungen ausgesetzt und dadurch in effektiven Heilungsverläufen eingeschränkt. Nicht selten rufen Mehrfachvernehmungen von Opferzeugen im Strafverfahren schwere psychische Leiden hervor oder verstärken diese.[1322] Zentrales Problem stellt dann die Tatsache dar, dass veränderungswirksame, konfrontative Psychotraumatherapieelemente nicht effektiv neben zeitgleichen Ablaufes von Strafverfahren durchgeführt werden können.[1323] Auf den Beginn einer solch effektiven und nachhaltigen Psychotraumatherapie müssen STEO also faktisch bis zum Ablauf des u.U. mehrere Jahre andauernden Strafverfahrens warten.

Der hiermit verfolgte Nutzen für die (materielle) Wahrheitsfindung steht außer Verhältnis. Im Sinne des Doppelhypothesengedankens wiegten bei Nichtumsetzung entsprechender Vorschriften *de lege ferenda* die konkreten Eingriffsintensitäten der den Opferschutzinteressen zugeordneter Grundrechte aus Art. 1 Abs. 1 GG, Art. 2 Abs. 1 GG (i. V. m. Art. 1 Abs. 1 GG) und Art. 2 Abs. 2 S. 1 GG gegenüber einer Betroffenheit des einfachgesetzliche (materiellen) Unmittelbarkeitsgrundsatzes, bei Umsetzung entsprechender Vorschriften *de lege ferenda*, schwerer.

Weiterhin bedarf derjenige, der ohne eigenes Verschulden Rechtsgütereinbußen hinnehmen musste besonderen Gemeinschaftsschutz.[1324] An erster Stelle war der Staat nicht in der Lage seine Pflichten, denen des Rechtsgüterschutzes

1321 Siehe Kap.6.B.II.
1322 Zu *mittelbaren Anschlussviktimisierungen*, siehe Kap.2.A.III.
1323 Siehe Kap.5.D.E.
1324 Vgl. *Lang* (ZRP) 1985, 32 ff.

und der Friedenssicherung, nachzukommen.[1325] Dann sollten auch erwachsene Opferzeugen im weiteren Verlauf jedenfalls nicht zusätzlich über Gebühr beansprucht werden. Auch daher verstärken sich die beschriebenen zwangsweisen Grundrechtseingriffe.[1326] Wegen dieser multiplen Sonderopfer können auch STEO verhältnismäßige staatliche Kompensationsbereitschaft erwarten.[1327] Demgegenüber ist der einfachgesetzliche (materielle) Unmittelbarkeitsgrundsatz bereits an sich ausnahmebedürftig und ausnahmefähig. Die Sicherheit der empirischen Annahmen besteht, da die Forschung die Belastungen durch Strafverfahren, insbesondere im Hinblick auf die grundsätzlich notwendige konfrontative Psychotraumatherapie, gerade auch für STEO bestätigt.[1328]

Die vorgenommene Abwägung findet durchaus bereits eine analoge Anerkennung durch die neuere Rechtsprechung des *BVerfG* im Zusammenhang mit audiovisuell durchzuführenden Zeugenvernehmung gemäß § 247a Abs. 1 StPO. Hiernach „[…] können die bei einer Vernehmung in Anwesenheit des Angeklagten gegebenen dringenden Gefahren einer seelischen Destabilisierung oder Retraumatisierung mit nicht abschätzbaren Folgen für die weitere psychische Entwicklung schwerer wiegen als der mit einer Verzögerung des Strafprozesses verbundene Nachteil für das Wohl der Allgemeinheit".[1329]

Die Forderung nach einer Ausdehnung des inhaltlichen Regelungsgehalts des § 255a Abs. 2 StPO auch auf erwachsene Opferzeugen ist keinesfalls neu. *Kondziela* ist der Ansicht, dass sich aufgrund ihrer persönlichen Betroffenheit während des gesamten Strafverfahrens für Opferzeugen gegenüber sonstigen Zeugen eine verfahrensrechtliche Besserstellung ergebe.[1330] Auch *Rössner* fordert Vernehmungsschutz auf entsprechenden Antrag hin für alle Zeugen, die sich durch Mehrfachvernehmungen als zu stark belastet fühlen.[1331] Der *Deutsche Juristinnenbund* schlug zur Verringerung von Mehrfachvernehmungen von Opferzeugen im Ermittlungsverfahren bereits ein Recht zur Erzwingung einer

1325 Vgl. *Schmoll* (1999), S. 95, „*Sonderopfergedanke*"; vgl. auch *Swoboda* (2002), S. 45 m.w.N.

1326 Ähnlich *Weigend* (1989), S. 424; *Jung* (GA) 1998, 314 ff.; *Rössner*, in: Verhandlungen (1998), L 14, „*ansteigende Skala der Prozessinvolviertheit*".

1327 Ähnlich bei *Weigend* (1989), S. 424; vgl. auch *Swoboda* (2002), S. 45 m.w.N.

1328 Siehe Kap.5.D.E.

1329 Vgl. BVerfG v. 27.2.2014 - 2 BvR 261/14 = NJW 2014, 1082 ff.

1330 *Kondziela* (1991), S. 16 f.

1331 *Rössner*, in: Verhandlungen (1998), L 18 (vgl. auch Fn. 38).

richterlichen (Video-)Vernehmung vor.[1332] Die Bild-Ton-Aufzeichnung solle in der Hauptverhandlung vorgeführt werden können und eine erneute Zeugenvernehmung bedürfe es nur, „[…] für den Fall, daß wesentliche neuen Umstände hervorgetreten sind, die eine nochmalige Befragung für die Wahrheitsfindung unerläßlich machen".[1333] Ähnliches forderte jüngst die Expertenkommission zur effektiveren und praxistauglichen Ausgestaltung des allgemeinen Strafverfahrens und des jugendgerichtlichen Verfahrens der Jahre 2014 und 2015.[1334]

Grundrechtsverletzungen, die den Wesensgehalt der Grundrechte (Art. 19 Abs. 2 GG) überschreiten begrenzen auch die Zeugenpflichten.[1335] Selbst wenn eine solche Überschreitung in dem für eine Gesetzesnovellierung erforderlichen Regelfall nicht erkannt zu werden vermag, besteht jenseits dieser Überschreitung das Erfordernis einer Güterabwägung. Diese kommt, wie gesehen, zu dem Ergebnis einer Rechtfertigung entsprechender Vorschriften *de lege ferenda*. Nichts zu ändern vermag die abstrakte Bedeutung der (Opfer-)Zeugenaussage in hiesigen Fällen, welche freilich als *hoch* angesehen werden muss. Die dahinterstehenden Personen treten nicht selten als Belastungszeugen auf, daher kann jedenfalls auf den Aussageinhalt für die Zwecke der (materiellen) Wahrheitsfindung nicht verzichtet werden. Mit einer Bild-Ton-Aufzeichnung als Vernehmungssurrogat wird auf den Aussageinhalt aber mitnichten verzichtet. Verzichtet wird auf die *erneute* Wiederholung des Aussageinhalts im Ermittlungsverfahren bzw. im Rahmen eines Auftritts in der Hauptverhandlung, also auf den Auftritt selbst. Das Erfordernis eines solchen müsste sich im Rahmen des paritätischen Ausgleichs – auch inklusive des auch Opferschutzaspekte beinhaltenden Rechts- und Sozialstaatsprinzips[1336] – wiederum an seinem Mehrwert für die Zwecke des Strafverfahrens messen lassen, wobei aus den genannten Gründen opferschutzbezogene Interessen eben nicht unbeachtet bleiben dürfen. In bloßen Mehrfachvernehmungen, in denen vergangene Aussagen bloß – ggf. nach richterlichem Vorhalt – wiederholt werden gibt es keinen Mehrwert.

1332 Vgl. hierzu *Nelles/ Oberlies* (1998), S. 16 f., S. 18, „[…] Es ist daher schutzbedürftigen Zeuginnen und Zeugen das Recht einzuräumen, eine solche Aufzeichnung der Vernehmung auf Bild-Tonträger durch entsprechenden Antrag zu erzwingen".

1333 Vgl. den 4. Beschluss *„Reduzierung belastender Mehrfachvernehmungen, 2. Alternative"* des 62. Deutschen Juristentages, in: Verhandlungen (1998) Band II/1, L 68 (angenommen mit 42:27:2).

1334 Siehe Kap.1.B.I.

1335 Ausführlich hierzu *Schmoll* (1999), S. 84 ff.; vgl. auch *Swoboda* (2002), S. 34 f m.w.N.

1336 Siehe Kap.6.B.II.4.

Andere für die Wahrheitsfindung in etwa gleich gut geeignete Mittel, die auch ebenso den Zwecken des Opferschutzes förderlich sind, bestehen gerade nicht. So scheiden die gesetzlichen Optionen der Videosimultanübertragungen, Zulassung einer Vertrauensperson, die Bereitstellung eines Verletztenbeistandes, die Entfernung des Angeklagten oder der Öffentlichkeit während der Vernehmung aus.[1337] Diese Möglichkeiten setzen nämlich allesamt Mehrfachvernehmungen voraus und nehmen *mittelbare Anschlussviktimisierungen* damit in Kauf. Eine effektive konfrontative Psychotraumatherapie wäre keineswegs, schon gar nicht frühestmöglich, gewährleistet. Die Erstellung von Bild-Ton-Aufzeichnungen im Ermittlungsverfahren und dessen realistische Möglichkeit einer Einführbarkeit im Hauptverfahren aus Opferschutzgründen bietet damit einzig die *Option* die für den Heilungsverlauf ungünstigen Mehrfachvernehmungen und *mittelbaren Anschlussviktimisierungen* zu vermeiden und möglichst früh mit effektiven konfrontativen Psychotraumatherapieelementen beginnen zu *können*. Ein hier nicht zu befürwortendes Zeugnisverweigerungsrecht *de lege ferenda* wiederum,[1338] würde dagegen den Zwecken der (materiellen) Wahrheitsfindung nicht förderlich sein. So tritt eine tatsächlich genutzte Bild-Ton-Technologie im Strafverfahren auch in Fällen von STEO als das effizientes Übertragungsinstrument deutlich zu Tage, um traumatische Erinnerungen bestmöglich im Sinne der (materiellen) Wahrheitserforschung in Strafverfahren einzuführen.

Dabei wird die beschriebene konkrete Eingriffsintensität mit jeder weiteren strafverfahrensrechtlichen Vernehmung zudem verstärkt und (faktisch) gesteigert; solche Mehrfachvernehmungen können damit als wiederholende Grundrechtseingriffe verstanden werden. Das unabsehbare Ende eines Strafverfahrens verschiebt den Beginn effektiver konfrontativer Psychotraumatherapie ebenfalls unabsehbar in die Zukunft und wirkt perpetuierend belastend. Angesichts der technischen Möglichkeiten des 21. Jahrhundert sind hierdurch bewirkte oder vertiefende Gesundheitsstörungen bzw. -gefahren, wie etwa eine Posttraumatische Belastungsstörung[1339], ungerechtfertigt.[1340] Soweit erneute Befragungen

1337 Zu diesen Optionen vgl. *Wollmann* (2008), S. 46.

1338 Siehe Kap.6.A.

1339 Siehe Kap.4.B.II.2.

1340 Ähnlich auch *Thoma* (2003), S. 46 ff.; im Ergebnis auch *Weigend*, in: Verhandlungen (1998), C 19; *Wollmann* (2008), S. 46; *Swoboda* 2002), S. 35 stellt vor allem auf die Grenze des Wesensgehaltes (Art. 19 Abs. 2 GG) des betroffenen Grundrechts ab. Fragen der Angemessenheit im Rahmen des Verhältnismäßigkeitsgrundsatzes büßen so unberechtigterweise an Raum ein. Diese sind entgegen Swoboda deutlicher zu zentralisieren.

infolge neuer Beweisthemen erforderlich werden sollten, würde das Tatbestandsmerkmal *de lege ferenda* der optionalen ergänzenden Zeugenbefragung einen hinreichenden Aufklärungsspielraum lassen (§ 244 Abs. 2 StPO).[1341] Nur wenn und soweit eine weitere oder wiederholende Opferzeugenvernehmung zur strafverfahrensrechtlichen Sachaufklärung notwendig ist, sollte diese auch veranlasst werden. STEO sollten diesen aber nicht gemäß der beschriebenen Umsetzung der *lex lata*[1342] pauschal ausgesetzt sein.

C. Ergebnis und Formulierungsinhalte

Die aktuelle, praktische Umsetzung der Vorschriften der §§ 58a, 255a StPO und der hiermit angestrebte Nutzen für die (materielle) Wahrheitsfindung steht damit außer Verhältnis zur Beanspruchung jener STEO, die effektiven Gesetzesschutz im Strafverfahren bedürfen. Ein pauschaler Verweis auf „Kostengründe" oder auf „den" materiellen Unmittelbarkeitsgrundsatz mag derart schwere Einschränkungen nicht zu rechtfertigen. Zum einen kann durch Tatbestandsmerkmale *de lege ferenda* sichergestellt werden, dass Beschuldigten- und Verteidigungsrechte, wie auch die gerichtliche Aufklärungspflicht sowie sonstige Parteiinteressen gewahrt bleiben. So stellt die *Mitwirkungsgelegenheit* die Rechte der Beschuldigten und der Verteidigung sicher und die optionale ergänzende Zeugenbefragung sichert jene Interessen ebenso in den Fällen, in denen sich neue Beweisthemen ergeben sollten. Zum anderen untersteht die Anwendung einer entsprechenden Beweisverwertungsvorschrift *de lege ferenda* einer Ermessensentscheidung des erkennenden Gerichts. Einer solchen wird durch die hier angestrebten Neuvorschläge dann aber auch tatsächlich erst der Weg geebnet, weil auch zugunsten STEO eine Bild-Ton-Aufzeichnung im Ermittlungsverfahren zu erstellen *ist*. Die Bild-Ton-Technologie ist so *de lege ferenda* auch zugunsten erwachsener Opferzeugen effizientes Übertragungsmodell, um traumatische Erinnerungen bestmöglich im Sinne der (materiellen) Wahrheitserforschung in Strafverfahren einzuführen. Als solche ist sie unverzichtbarer Intermediär im Strafverfahren des 21. Jahrhunderts.

1341 Siehe Kap.6.B.I.4.
1342 Siehe Kap.2.

Kapitel 7: Zusammenfassendes Gesamtergebnis und Vorschläge

Die Untersuchung hat einen faktischen Gesetzesleerlauf zulasten STEO aufgezeigt, die sich durch Vorschriften §§ 58a, 255a StPO *de lege ferenda* schließen lassen. Daher sollen entsprechende Vorschläge formuliert werden.

Ein Vorschlag des § 58a Absatz 1 StPO kann in Anlehnung an den Referentenentwurf des Bundesministeriums der Justiz und für Verbraucherschutz zum Entwurf eines Gesetzes zur effektiveren und praxistauglicheren Ausgestaltung des Strafverfahrens vom 27.05.2016 wie folgt gefasst werden:

§ 58a Abs. 1 StPO-Vorschlag[1343]

(1) [1]Die Vernehmung eines Zeugen ist auf Bild-Ton-Träger aufzuzeichnen, wenn

1. die Aufzeichnung aufgrund des schweren Tatvorwurfs oder der besonders schwierigen Sachlage geboten erscheint und die äußeren Umstände oder die besondere Dringlichkeit der Vernehmung der Aufzeichnung nicht entgegenstehen oder
2. die schutzwürdigen Interessen des Zeugen, insbesondere von
   a) Personen unter 18 Jahren,
   b) Personen, die als Kinder oder Jugendliche durch eine der in § 255a Absatz 2 genannten Straftaten verletzt worden sind, oder
   c) Personen, die unter erheblich eingeschränkten geistigen Fähigkeiten oder einer schwerwiegenden psychischen Störung leiden oder mit einer hohen Wahrscheinlichkeit erhebliche psychische Störungen entwickeln werden, die geeignet sind das Leben nachhaltig zu beeinträchtigen, durch die Aufzeichnung besser gewahrt werden können.

[2]Die Vernehmung soll als richterliche Vernehmung erfolgen, wenn zu besorgen ist, dass der Zeuge im weiteren Verlauf des Verfahrens nicht vernommen werden kann oder seine schutzwürdigen Interessen durch weitere Vernehmungen beeinträchtigt werden.

Für § 255a StPO hielt der Referentenentwurf keinen Vorschlag bereit. In § 255a StPO könnte ein neuer Absatz 3 eingefügt werden:

§ 255a Abs. 3 StPO-Vorschlag

(3) [1]In Verfahren wegen Straftaten gegen die sexuelle Selbstbestimmung (§§ 174 bis 184jdes Strafgesetzbuches) oder gegen das Leben (§§ 211 bis 222 des

1343 Abrufbar unter: https://www.bmjv.de/SharedDocs/Gesetzgebungsverfahren/Dokumente/RefE_Gesetz_zur_effektiveren_und_praxistauglicheren_Ausgestaltung_des_Strafverfahrens.pdf?__blob=publicationFile&v=2, zuletzt abgerufen am 15.10.2018.

Strafgesetzbuches) oder wegen Straftaten gegen die persönliche Freiheit nach den §§ 232 bis 233a des Strafgesetzbuches kann die Vernehmung eines Zeugen, der an einer schwerwiegenden psychischen Störung leidet oder mit einer hohen Wahrscheinlichkeit erhebliche psychische Störungen entwickeln werden wird, die geeignet sind das Leben nachhaltig zu beeinträchtigen, durch die Vorführung der Bild-Ton-Aufzeichnung seiner früheren richterlichen Vernehmung ersetzt werden, wenn der Angeklagte und sein Verteidiger Gelegenheit hatten, an dieser mitzuwirken. [2]Das Gericht hat bei seiner Entscheidung auch die schutzwürdigen Interessen des Zeugen zu berücksichtigen und den Grund für die Vorführung bekanntzugeben. [3]Eine ergänzende Vernehmung des Zeugen ist zulässig.

Anhang: Fragebogen über Erfahrungen mit traumatisierten Personen in justiziellen Verfahren

Sehr geehrte Damen und Herren, liebe Kollegen,

im Rahmen eines Forschungsprojekts zum Thema *Trauma & Justiz* interessieren wir uns für Ihre Meinungen und Erfahrungen über Auswirkungen justizieller Verfahren auf Ihre therapeutische Arbeit, v.a. mit traumatisierten Patienten. Unser Ziel ist es, rechtlichen Reformbedarf zu identifizieren und entsprechende juristische Vorschläge im Dialog mit Therapeuten zu entwickeln. Ihre Erfahrungen sind für uns von großer Bedeutung. Vielen Dank für Ihr Mitwirken![1344]

Datenschutz-Hinweis: Die im Fragebogen (anonym) erhobenen Daten dienen ausschließlich wissenschaftlichen Zwecken, werden nach den gesetzlichen Datenschutzbestimmungen erfasst und streng vertraulich behandelt.

1. Ihre Qualifikation(en)
   - Arzt ☐ / Psychiater ☐ / Psychologe ☐ / Psychotherapeut ☐ / Andere ☐
2. Ihre Tätigkeitsbereiche (auch ehemalige) im Zusammenhang mit der Justiz (Mehrfachnennung möglich)
   - Gutachtertätigkeiten ☐; zumeist: gerichtlich bestellt ☐ / parteibezogen ☐
   - Therapeut traumatisierter Zeugen/Opfer ☐
   - anderweitige psychologische Betreuung ☐
   - medizinische Betreuung ☐
   - Glaubhaftigkeitsbegutachtung ☐
3. Wie häufig *beeinfluss*en Justizverfahren von Patienten und damit zusammenhängende Themen Ihre therapeutische Arbeit? Zur Erläuterung: Bitte verstehen Sie den Begriff Justizverfahren im Folgenden umfassend im Sinne aller gerichtlichen Verfahren; straf-, verwaltungs- und zivilrechtlicher Natur; sowie Ermittlungsverfahren bei Polizei oder Staatsanwaltschaft.

   nie ☐ in Ausnahmefällen ☐ manchmal ☐ regelmäßig ☐ häufig ☐
4. Haben justizielle Verfahren *negative* Auswirkungen auf Ihre Arbeit und therapeutische Erfolge? Wenn ja, können Sie uns dies im freien Feld genauer beschreiben?

1344 Das aus Gründen der Lesbarkeit verwendete generische Maskulinum schließt selbstverständlich alle Gender mit ein.

5. Beeinflussten laufende justizielle Verfahren Ihr therapeutisches Vorgehen? Wenn ja, inwiefern? Nehmen Sie beispielsweise keine Patienten an, die noch Beteiligte eines laufenden Verfahrens sind oder verzichten Sie auf bestimmte Therapieformen (zB Exposition /Konfrontation) – Weshalb?
6. Kann sich ein Justizverfahren Ihrer Erfahrung nach auch *positiv* auf die Therapie auswirken (wenn ja, inwiefern)?
7. Von allen Ihren Fällen mit Bezug zum Justizsystem: Wie häufig haben diese positive/neutrale/negative Auswirkungen auf therapeutische Fortschritte?

   positiv ____ % neutral ___ % negativ ___ %
8. Beeinfluss(t)en „negative" Gerichtsentscheidungen Ihre Therapiepläne (wenn ja, inwiefern)?
9. Empfinden Sie bestehende Gesetze für den Opferschutz als angemessen, warum (nicht)?
10. Haben Sie Anregungen, welche konkreten Veränderungen nötig wären, um positive Entwicklungen für Traumapatienten zu fördern?
11. Inwieweit werden Opfer ihrer Ansicht nach hinreichend über den Prozessverlauf vorher aufgeklärt, vorbereitet und auf Besonderheiten (bspw. „bohrende Fragen" der Verteidigung) hingewiesen?
12. Mitunter heißt es, Traumatherapie führe (jedenfalls auch) zu einer Veränderung / Verflachung von Erinnerungen. Würden Sie dieser Einschätzung zustimmen?

    nein ☐ selten ☐ regelmäßig ☐ vielfach ☐
    bei jeder erfolgreichen Therapie ☐
13. Zudem heißt es, die therapeutische Arbeit mit Erinnerungen würde mit der Rolle von Zeugen/Opfern, die in Gerichtsverfahren wahrheitsgemäß und möglichst genau aussagen sollen, in Konflikt geraten.
    a) Haben Sie entsprechende Gedanken ebenfalls (gehabt)?

    noch nie ☐ selten ☐ ab und an ☐ regelmäßig ☐ häufig ☐

    b) Besteht Ihrer Ansicht zufolge ein Konflikt zwischen Traumatherapie und Erinnerungsfähigkeit?

    nein ☐ eingeschränkt ☐ grundsätzlich ☐ weitgehend ☐ ständig ☐

    c) Haben Sie Ihr therapeutisches Vorgehen aufgrund solcher Erwägungen in der Vergangenheit bereits verändert?

    nie ☐ in Ausnahmefällen ☐ manchmal ☐ regelmäßig ☐ häufig ☐

d) Dem lagen folgende Beweggründe zugrunde (Mehrfachnennung möglich):
   i) Schutz der Erinnerungsfähigkeit ☐
   ii) Schutz der Glaubwürdigkeit ☐
   iii) Andere Gründe ☐ Welche?
e) Was haben Sie konkret verändert?

14. Fühl(t)en Sie sich in anderer Hinsicht durch noch nicht beendete justizielle Verfahren in Ihrer therapeutischen Arbeit eingeschränkt? Wenn ja: Können Sie uns Ihre Erfahrungen kurz schildern?
15. Meinen Sie, dass eine frühzeitigere Video-Vernehmung von Zeugen/Opfern (etwa bereits im Ermittlungsverfahren) zur Minimierung oder Vermeidung späterer Vernehmungen für Ihre therapeutische Arbeit förderlich sein kann? Warum (nicht)?
16. Welche weiteren Beobachtungen zu oben genannten Themen können Sie uns noch mitteilen?
17. Haben Sie mehr zu sagen, weitere Gedanken oder Anregungen, die Sie hier aus Platz- oder Zeitmangel nicht angeben konnten? Wenn Sie Ihren Namen und E-Mail-Adresse hinterlassen, werden wir uns in den nächsten Wochen bei Ihnen für ein Gespräch melden.

Literaturverzeichnis

Albrecht, Hans-Jörg, Kindliche Opferzeugen im Strafverfahren, in: Salgo, Ludwig (Hrsg.), Vom Umgang der Justiz mit Minderjährigen – Auf dem Weg zum Anwalt des Kindes, Tagesdokumentation / Frankfurter Tage der Rechtspolitik 1994, Neuwied/Kriftel/Berlin (1995) S. 3–30.

Albrecht, Hans-Jörg, Rechtstatsachenforschung zum Strafverfahren Empirische Untersuchungen zu Fragestellung des Strafverfahrens zwischen 1990 und 2003, Bundeskriminalamt Kriminalistisches Institut (Hrsg.), München (2005).

Alexy, Robert, Theorie der Grundrechte (Göttingen 1985) Baden-Baden 1. Auflage 1994.

American Psychiatric Association (APA), Diagnostisches und Statistisches Manual Psychischer Störungen DSM-5, Deutsche Ausgabe, Falkai, Peter / Wittchen, Hans-Ulrich (Hrsg.), Göttingen 1. Auflage 2015, zitiert als: American Psychiatric Association (2015).

Aristoteles, De Memoria Et Reminiscentia, Übersetzt und Erläutert von King, R.A.H., in: Aristoteles Werke In Deutscher Übersetzung, Grumach, Ernst (begr.), Flashar, Helmut (Hrsg.) Band 14, Teil II Parva Naturalia, Berlin 2004.

Arntzen, Friederich, Psychologie der Zeugenaussage System der Glaubhaftigkeitsmerkmale (2011) München.

Artkämper, Heiko, Wahrheitsfindung im Strafverfahren mit gängigen und innovativen Methoden, Kriminalistik (2009), S. 417–424.

Badura, Peter, Staatsrecht Systematische Erläuterung des Grundgesetzes für die Bundesrepublik Deutschland, München 6. Auflage 2015.

Banscherus, Jürgen, Polizeiliche Vernehmung: Formen, Verhalten, Protokollierung. Eine empirische Untersuchung aus kommunikationswissenschaftlicher Sicht, in: BKA-Forschungsreihe Band 7, Wiesbaden 1977.

Barton, Stephan (Hsrg.), Verfahrensgerechtigkeit und Zeugenbeweis Fairness für Opfer und Beschuldigte, Baden-Baden 2002.

Barton, Stephan / Flotho, Christian, Opferanwälte im Strafverfahren, Baden-Baden 1. Auflage 2010.

Barton, Stephan / Kölbel, Ralf (Hrsg.), Ambivalenzen der Opferzuwendung des Strafrechts, 2012

Baumann, Jürgen / Höpfel, Frank / Huber, Barbara / Jung, Andrea / Jung, Heike / Luther, Horst / Meier, Bernd-Dieter / Rengier, Rudolf / Riklin, Franz / Rolinski, Klaus / Roxin, Claus / Schöch, Heinz / Schüler-Springorum, Horst / Weigend,

Thomas / Wolter, Jürgen, Alternativentwurf Zeugnisverweigerungsrechte und Beschlagnahmefreiheit, Entwurf eines Arbeitskreises deutscher, österreichischer und schweizerischer Strafrechtslehrer (Arbeitskreis AE), zitiert als: AE-ZVR (1996).

Baurmann, Michael C.: Sexualität, Gewalt und psychische Folgen. Eine Längsschnittuntersuchung bei Opfern sexueller Gewalt und sexueller Normverletzungen anhand von angezeigten Sexualkontakten, in: BKA Forschungsreihe, Bd. 15, Wiesbaden 2. Auflage 1996.

Baurmann, Michael C. / Schädler, Wolfram, Das Opfer nach der Straftat – seine Erwartungen und Perspektiven (Eine Befragung von Betroffenen zu Opferschutz und Opferunterstützung sowie ein Bericht über vergleichbare Untersuchungen), Bundeskriminalamt / Kaiser, Günther / Schreiber, Manfred / Tiedemann, Klaus / Timm, Klaus (Hrsg.), Wiesbaden (1991).

Baurmann, Michael C./Schädler, Wolfram, Opferbedürfnisse und Opfererwartung, in: Bundeskriminalamt (Hrsg.) Das Opfer und die Kriminalitätsbekämpfung Vorträge und Diskussionen der Arbeitstagung des Bundeskriminalamtes vom 14. bis 17. November 1995, Wiesbaden Bundeskriminalamt 1996, BKA-Forschungsreihe Band 36, S. 67–103, zitiert als: Bearbeiter, in: BKA (1996).

Baurmann, Michael. C., Sexualität, Gewalt und psychische Folgen Eine Längsschnittuntersuchung bei Opfern sexueller Gewalt und sexueller Normverletzungen. Kriminalistik (1981), S. 278–281.

Bausback, Winfried, Bundesrat Stenografischer Bericht 953. Sitzung Berlin, 10. Februar 2017, S. 41, abrufbar unter: https://www.bundesrat.de/SharedDocs/downloads/DE/plenarprotokolle/2017/Plenarprotokoll-953.pdf?__blob=publicationFile&v=2.

Bausback, Winfried, Pressemitteilung des Bayerischen Staatsministeriums der Justiz v. 13.10.2015, abrufbar unter: https://www.justiz.bayern.de/presse-und-medien/pressemitteilungen/archiv/2015/133.php.

Beck'scher Online-Kommentar Grundgesetz, Epping, Volker / Hillgruber, Christian (Hrsg.) 36.Edition, Stand: 15.02.2018, München 2018, zitiert als: Bearbeiter, in: BeckOK GG.

Beck'scher Online-Kommentar StPO mit RiStBV und MiStra, Graf, Peter (Hrsg.) 29. Edition, Stand: 01.01.2018, München 2018, zitiert als: Bearbeiter, in: BeckOK.

Becker, Jörg-Peter, Aus der Rechtsprechung des BGH zum Strafverfahrensrecht, NStZ-RR 2002, 65–72.

Becker, Thorsten / Kaufmann, Rudolf / Schickedanz, Harald, Psychotherapie zur Unterstützung Geschädigter – Implikationen und Herausforderungen während eines laufenden Ermittlungsverfahrens, in: Gysi / Rüegger (2018) S. 543–550.

Behrman, Bruce W. / Davey, Sherrie L., Eyewitness identification in actual criminal cases: An archival analysis. Law and Human Behavior, Volume 25 (2001) S. 475–491, abrufbar unter: http://dx.doi.org/10.1023/A:1012840831846.

Belker, Karin, Referat, Chancen und Risiken einer Reform des strafrechtlichen Ermittlungsverfahrens – Aus richterlicher Sicht –, in: Verhandlungen des fünfundsechzigsten deutschen Juristentages Bonn 2004 Band II/1 Sitzungsberichte (Referate und Beschlüsse), Teil O, S. O 57 – O 75, Ständige Deputation des deutschen Juristentages (Hrsg.) München (2004), zitiert als: Belker, in: Verhandlungen (2004).

Bender, Rolf / Nack, Armin / Treuer, Wolf-Dieter, Tatsachenfeststellung vor Gericht – Glaubwürdigkeits- und Beweislehre, Vernehmungslehre, München 4. Auflage 2014.

Beulke, Werner, Empirische und normative Probleme der Verwendung neuer Medien in der Hauptverhandlung, Zeitschrift für die gesamte Strafrechtswissenschaft (ZStW) 113 (2001), S. 709–742.

Beulke, Werner, Strafprozessrecht, 13. Auflage Heidelberg (2016).

Blum, Barbara, Die justizielle Opferzeugenbetreuung im Spannungsfeld zwischen forensischer Wahrheitsfindung und Opferhilfe, in: Barton, Stephan (Hrsg.), Verfahrensgerechtigkeit und Zeugenbeweis – Fairness für Opfer und Beschuldigte, Baden-Baden (2002) S. 129–145.

Boetticher, Axel, Anforderungen an Glaubhaftigkeitsgutachten, in: Barton, Stephan (Hrsg.), Verfahrensgerechtigkeit und Zeugenbeweis – Fairness für Opfer und Beschuldigte, Baden-Baden (2002) S. 55–65.

Bohlander, Michael, Der Einsatz von Videotechnologie bei der Vernehmung kindlicher Zeugen im Strafverfahren – Eine rechtsvergleichende Betrachtung der Modelle Englands, der USA und Australiens, in: Lagodny, Otto (Hrsg.), Der Strafprozess vor neuen Herausforderungen? – Über den Sinn oder Unsinn von Unmittelbarkeit und Mündlichkeit im Strafverfahren – Beiträge zur 12. Alsberg-Tagung 1999 in Berlin, Baden-Baden (2000) S. 253–284.

Bohlander, Michael, Der Einsatz von Videotechnologie bei der Vernehmung kindlicher Zeugen im Strafverfahren Eine rechtsvergleichende Betrachtung der Modelle Englands, der USA und Australiens Zeitschrift für die gesamte Strafrechtswissenschaft (ZStW) 107 (1995), S. 82–116.

Böttcher, Reinhard, Der Schutz der Persönlichkeit des Zeugen im Strafverfahren, in: Strafverfahren im Rechtsstaat, Festschrift für Theodor Kleinknecht zum 75. Geburtstag am 18. August 1985, Gössel, Karl Heinz / Kauffmann, Hans (Hrsg.) 1985, S. 25–49.

Brandner, Hans Erich, Das allgemeine Persönlichkeitsrecht in der Entwicklung durch die Rechtsprechung, Juristenzeitung (JZ) 1983, S. 689–696.

Brause, Peter, Glaubhaftigkeitsprüfung und -bewertung einer Aussage im Spiegel der höchstrichterlichen Rechtsprechung, in: NStZ 2013, S. 129–136.

Brause, Peter, Zum Zeugenbeweis in der Rechtsprechung des BGH, in: NStZ 2007, S. 505–512.

Brewin, Chris R., Erinnern und Vergessen, in: Gysi/Rüegger (2018) S. 125–146. Übersetzt aus Brewin, Chris R. (2014) Remembering and Forgetting, in: Friedmann/Keane/Resick Handbook of PTSD, Second Edition, Science and Practice.

Bublitz, Jan Christoph, Der strafrechtliche Schutz der Psyche, in: Zeitschrift für rechtswissenschaftliche Forschung (RW) 2011, S. 28–69.

Bublitz, Jan Christoph, Habeas Mentem? Psychiatrische Zwangseingriffe im Maßregelvollzug und die Freiheit gefährlicher Gedanken Zugleich Besprechung von BVerfG, Beschl. v. 23.3.2011–2 BvR 882/09, in: ZIS 2011, S. 714–733.

Bublitz, Jan Christoph / Dresler Martin, A duty to remember, a right to forget? Memory Manipulations and the Law. In: Jens Clausen & Neil Levy (Hrsg.), Springer Handbook of Neuroethics (2014), S. 1279–1308.

Buckow, Frank, Der Einsatz „neuer Medien" im Dezernat des Ermittlungsrichters, in: ZIS 2012, S. 551–557.

Bumke, Christian / Voßkuhle, Andreas, Casebook Verfassungsrecht, (Hamburg/ Freiburg i Br. 2015) Tübingen 7. Auflage 2015.

Burhoff, Detlef, Handbuch für das strafrechtliche Ermittlungsverfahren, Münster, 5. Auflage (2010a).

Burhoff, Detlef, Handbuch für die strafrechtliche Hauptverhandlung, Münster, 6. Auflage (2010b).

Busse, Detlef / Volbert, Renate, Zur Situation kindlicher Zeugen vor Gericht, in: Steller, Max u.a. (Hrsg.), Psychologie im Strafverfahren – ein Handbuch, 1. Auflage Bern/Göttingen/Toronto/Seattle (1997) S. 224–246.

Busse, Detlef / Volbert, Renate / Steller, Max, Belastungserleben von Kindern in Hauptverhandlungen – Abschlussbericht eines Forschungsprojekts im Auftrag des Bundesministeriums für Justiz, Bundesministerium der Justiz (Hrsg.), Bonn (1996).

Byrne, C.A. / Hyman, I.E. / Scott, K.L. (2001) Comparison of memories for traumatic events and other experiences. Applied Cognitive Psychology, 15, S. 119–133.

Caesar, Peter, Noch stärkerer Schutz für Zeugen und andere nicht beschuldigte Personen im Strafprozeß? NJW 1998, S. 2313–2318.

Canaris, Claus-Wilhelm, Grundrechte und Privatrecht, in: Archiv für die civilistische Praxis (AcP) 184. Band (1984) Zeitschriftenheft 3, Grunsky, Wolfgang / Lieb, Manfred / Medicus, Dieter (Hrsg.), S. 201–247.

Dahs, Hans, Der Zeuge – zu Tode geschützt? NJW 1998, S. 2332–2333.

Dahs, Hans, Die gespaltene Hauptverhandlung NJW 1996, S. 178–179.

Daimagüler, Mehmet Gürcan, Der Verletzte im Strafverfahren Handbuch für die Praxis, Berlin 2016.

Däubler-Gmelin, Herta, Überlegungen zur Reform des Strafprozesses, Strafverteidiger (2001), S. 359–363.

Deckers, in: Deckers/Köhnken, Die Erhebung und Bewertung von Zeugenaussagen im Strafprozess Juristische, aussagepsychologische und psychiatrische Aspekte, Berlin 2. Auflage 2014, S. 131–152.

Deckers, Rüdiger, Das Opfer im Strafprozess aus Sicht der Verteidigung, in: Egg, Rudolf und Minthe, Eric (Hrsg.), Opfer von Straftaten – Kriminologische, rechtliche und praktische Aspekte, Wiesbaden (2003) S. 147–158.

Deckers, Rüdiger, Glaubhaftigkeitsprüfung, in Deckers/Köhnken (2014) S. 131–152.

Deckers, Rüdiger, Glaubwürdigkeit kindlicher Zeugen – Vernehmungsfehler und Begutachtung, Neue Juristische Wochenschrift (1999) S. 1365–1371.

Deckers, Rüdiger / Köhnken, Günter, Die Erhebung und Bewertung von Zeugenaussagen im Strafprozess Juristische, aussagepsychologische und psychiatrische Aspekte, 2. Auflage Berlin (2014), zitiert als: Bearbeiter, in: Deckers / Köhnken.

Degener, Wilhelm, Zum Fragerecht des Strafverteidigers gem. § 240 Abs. 2 StPO, Strafverteidiger (2002) S. 618–626.

Degenhart, Christoph, Das allgemeine Persönlichkeitsrecht, Art. 2 I i.V.m. Art. 1 I GG, JuS 1992, S. 361–368.

Degenhart, Christoph, Die allgemeine Handlungsfreiheit des Art. 2 I GG, JuS 1990, S. 161–169.

Deumeland, Klaus Dieter, Anmerkung zu EGMR Urteil vom 17.02.1997–10/1996/629/812, Neue Zeitschrift für Strafrecht (1998) S. 429–430.

Dieckerhoff, Katy, Audiovisuelle Vernehmung kindlicher Opferzeugen sexuellen Missbrauchs im Strafverfahren Rechtlicher Diskurs, Analyse aussagepsychologischer Erkenntnisse und empirische Untersuchung zu den Einflussfaktoren auf die praktische Umsetzung des Zeugenschutzgesetzes, Hamburg 2008.

Diemer, Herbert, Der Einsatz der Videotechnologie in der Hauptverhandlung, NJW (1999) S. 1667–1675.

Dippel, Karlhans, Zur Behandlung von Aussagen kindlicher und jugendlicher Zeugen, in: Festschrift für Herbert Tröndle, Jescheck, Hans-Heinrich / Vogler, Theo (Hrsg.), Berlin/New York (1989), S. 599–623.

Dölling, Dieter / Kunz, Annika Mara / Hinner, Jörg / Kruse, Andreas / Schmitt, Eric / Dreßing, Harald / Salize Hans Joachim / Schary, Alan / Bannenberg, Britta, Forschungsprojekt Belastung von Opfern in Ermittlungsverfahren. Forschungsbericht. Weißer Ring, Heidelberg, Mannheim, Gießen (2017), zitiert als: Dölling et al. (2017)

Dorsch, Friedrich (Hrsg.), Psychologisches Wörterbuch, 12. Auflage Bern/Göttingen/Toronto/Seattle (1994).

Dreier, Horst (Hrsg.) Grundgesetz Kommentar, Band I Präambel, Artikel 1–19, 3. Auflage, Tübingen, 2013, zitiert als: Bearbeiter, in: Dreier (2013).

Ehlert-Balzer, Martin (2008): Trauma, in: Mertens, Wolfgang / Waldvogel, Bruno (Hrsg.): Handbuch psychoanalytischer Grundbegriffe. 3. Aufl. Stuttgart.

Eisenberg, Ulrich / Zötsch, Bettina, Der Zeugenbeweis im Strafverfahren – Tendenzen in der höchstrichterlichen Rechtsprechung NJW 2003, 3676–3678.

Eisenberg, Ulrich, Aspekte der Rechtsstellung des Strafverteidigers, Neue Zeitschrift für Strafrecht (NStZ) 1991, S. 1257–1263.

Eisenberg, Ulrich, Beweisrecht der StPO Spezialkommentar, 10. Auflage München 2017.

Eisenberg, Ulrich, Referentenentwurf des BMJ „Gesetz zur Stärkung der Rechte von Opfern sexuellen Missbrauchs (StORMG)“ 2010, HRRS Onlinezeitschrift für Höchstrichterliche Rechtsprechung zum Strafrecht S. 64–72, abrufbar unter: https://www.hrr-strafrecht.de/hrr/archiv/11-02/index.php?sz=6.

Enders, Christoph, Die Menschenwürde in der Verfassungsordnung Zur Dogmatik des Art. 1 GG (Frankfurt 1997), Tübingen 1997.

Fabricius, Dirk / Dallmeyer, Jens / Singelnstein, Tobias, Angst als juristische Kategorie Studien zu Kriminalität – Recht – Psyche 2012.

Fehrmann, Hans / Jakobs, Klaus / Junker, Rolf / Warnke, Claus., Das Misstrauen gegen vergewaltigte Frauen. Erfahrungen von Vergewaltigungsopfern mit Polizei und Justiz. Eine Untersuchung von Polizeibeamten an der Hochschule für Öffentliche Verwaltung in Bremen, Band 9 Sonderband der BKA-Forschungsreihe, Wiesbaden 1986.

Ferber, Sabine, Stärkung der Opferrechte im Strafverfahren – Das 3. Opferrechtsreformgesetz NJW 2016, 279–282.

Fetscher, Iring / Münkler, Herfried (Hrsg.), Pipers Handbuch der politischen Ideen. Band 3: Neuzeit: Von den Konfessionskriegen bis zur Aufklärung. München/Zürich 1985, zitiert als: Bearbeiter, in: Pipers (1985).

Fezer, Gerhard, Tatrichterlicher Erkenntnisprozeß – „Freiheit“ der Beweiswürdigung –, StV 1995, S. 95–101.

Fischer, Thomas, Empfehlen sich gesetzliche Änderungen, um Zeugen und andere nicht beschuldigte Personen im Strafprozeß besser vor Nachteilen zu bewahren? Juristenzeitung (JZ) 1998, S. 816–822.

Freund, Georg, Stellungnahme eines Arbeitskreises der Strafrechtslehrer zum „Eckpunktepapier“ zur Reform des Strafverfahrens, in: Goltdammer's Archiv für Strafrecht (GA) (2002), S. 82–97.

Frister, Helmut, Der Anspruch des Beschuldigten auf Mitteilung der Beschuldigung aus Art. 6 Abs. 3 lit.a EMRK, StV 1998, S. 159–164.

Frotscher, Werner / Pieroth, Bodo, Verfassungsgeschichte, München 16. Auflage 2017.

Gaede, Karsten, Parteirechte der Verteidigung im deutschen Inquisitionsprozess – das Beispiel des Vernehmungs- und Fragerechts – Zur gebotenen Aufwertung des Fragerechts der Verteidigung insbesondere in der Hauptverhandlung eines nicht nur pro forma reformierten Inquisitionsprozess – StV 2012, S. 51–59.

Gaede, Karsten, Schranken des fairen Verfahrens gemäß Art. 6 EMRK bei der Sperrung verteidigungsrelevanter Informationen und Zeugen, StV 2006, S. 599–607.

Geddert-Steinacher, Tatjana, Menschenwürde als Verfassungsbegriff Aspekte der Rechtsprechung des Bundesverfassungsgerichts zu Art. 1 Abs. 1 Grundgesetz, Tübingen, 1990.

Geis, Max-Emanuel, Der Kernbereich des Persönlichkeitsrechts – Ein Plädoyer für die „Sphärentheorie“, Juristenzeitung (JZ) 1991, S. 112–117.

Gelber, Claudia / Walter, Michael, Probleme des Opferschutzes gegenüber dem inhaftierten Täter Neue Zeitschrift für Strafrecht (2013) S. 75–83.

Geppert, Klaus, Der Grundsatz der Unmittelbarkeit im deutschen Strafverfahren, Habilitation Freiburg (Breisgau) 1976, Berlin/New York (1979).

Geppert, Klaus, Die Vernehmung kindlicher Zeugen mittels Videotechnologie, Juristische Ausbildung (Jura) (1996) S. 550–555.

Geppert, Klaus, Grundlegendes und Aktuelles zur Unschuldsvermutung des Art. 6 Abs. 2 der Europ. Menschenrechtskonvention, Juristische Ausbildung (Jura) (1993) S. 160–165.

Geppert, Klaus, Zum „fair-trial-Prinzip“ nach Art. 6 Abs. 1 Satz 1 der Europäischen Menschenrechtskonvention, Juristische Ausbildung (Jura) (1992) S. 597–604.

Gless, Sabine, Der Einsatz von Videotechnologie in anderen europäischen Ländern, in: Wehe dem, der beschuldigt wird…, 34. Strafverteidigertag Hamburg, 26. – 28.2.2010, Schriftenreihe Strafverteidigervereinigungen, Berlin 2011, S. 193–214.

Goll, Ulrich, Opferschutz im Strafverfahren, Zeitschrift für Rechtspolitik (ZRP) 1998, S. 14–16.

Goos, Christoph, Innere Freiheit Eine Rekonstruktion des grundgesetzlichen Würdebegriffs, Bonner Rechtswissenschaftliche Abhandlungen Neue Folge Band 9, Bonn 2011.

Göppinger, Hans, Kriminologie, München, 6. Auflage 2008.

Granderath, Reinhardt, Schutz des Tatopfers im Strafverfahren, Monatsschrift für Deutsches Recht (MDR) (1983) S. 797–801.

Griesbaum, Rainer, Der gefährdete Zeuge Überlegungen zur aktuellen Lage des Zeugenschutzes im Strafverfahren NStZ 1998, S. 433–441.

Gruber, Thomas, Gedächtnis, Berlin 2. Auflage 2018.

Güler, Haydar, Die Opferposition im reformierten Strafverfahren in der zweiten Hälfte des 19. Jahrhunderts, Dissertation Kiel 2005.

Gysi, Jan / Rüegger, Peter, Handbuch sexualisierte Gewalt Therapie, Prävention und Strafverfolgung (2018) 1. Auflage.

Habetha, Jörg / Trüg, Gerson, Erosion des Beweisantragsrechts Aktuelle Entwicklungen in der Rechtsprechung des Bundesgerichtshofs, in: Goltdammer's Archiv für Strafrecht (GA) 2009, S. 406–428.

Hain, Karl E., Die Grundsätze des Grundgesetzes Eine Untersuchung zu Art. 79 Abs. 3 GG, Studien und Materialien zur Verfassungsgerichtsbarkeit Band 78, Starck (Hrsg), Baden-Baden 1999.

Hartmann, Arthur / Boetticher, Axel / Schrage, Ramona / Tietze, Christian, Untersuchung zu Verfahrensverlauf und Verurteilungsquote bei Sexualdelikten in Bremen – Abschlussbericht – Bremen 2015.

Hartz, Bettina, Empirische und normative Fragen der audiovisuellen Vernehmung kindlicher Opfer, Dissertation Kiel 2004, Baden-Baden (2004).

Hassemer, Winfried, Die Funktionstüchtigkeit der Strafrechtspflege – ein neuer Rechtsbegriff? StV 1982, 275–280.

Hassemer, Winfried, Einführung in die Grundlagen des Strafrechts, 2. Auflage München (1990).

Hassemer, Winfried, Rücksichten auf das Verbrechensopfer, in: Kohlmann, Günter (Hrsg.), Festschrift für Ulrich Klug zum 70. Geburtstag, Band II (Strafrecht, Prozessrecht, Kriminologie, Strafvollzugsrecht), Köln 1983, S. 217–234.

Hassemer, Winfried / Reemtsma, Jan Philipp, Verbrechensopfer Gesetz und Gerechtigkeit, München (2002).

Haupt, Holger / Weber, Ulrich / Bürner, Sigrid / Frankfurth, Mathias / Luxenburg, Kirsten / Marth, Dörte, Opferschutz und Opferhilfe, 2. Auflage (2002).

Haverkamp, Rita, Im Labyrinth des Opferschutzes – Zum Entwurf eines Dritten Opferrechtsreformgesetzes Zeitschrift für Rechtspolitik (ZRP) 2015, S. 53–56.

Heghmanns, Michael, Die sachliche Zuständigkeit nach dem Opferrechtsreformgesetz, Deutsche Richterzeitung (DRiZ) 2005, S. 288–292.

Hellmann, Uwe, Strafprozessrecht, 2. Auflage Berlin/Heidelberg (2006).

Helmig, Judith, Anwendbarkeit und Zweckmäßigkeit der Videotechnik zum Schutz von Zeugen vor Belastungen durch das Strafverfahren, Dissertation Regensburg 1999, Aachen (2000).

Herbert, T. B. / Dunkel-Schetter, Christine (1992), Negative social reactions to victims: An overview of responses and their determinants, in: L. Montada / S.-H. Filipp / M. J. Lerner (Ed.), Life crises and experiences of loss in adulthood. Hillsdale, NJ: Lawrence Erlbaum, S. 497–518.

Hering, Ewald, Über das Gedächtnis als eine allgemeine Funktion der organisierten Materie. Vortrag gehalten in der feierlichen Sitzung der Kaiserlichen Akademie der Wissenschaften in Wien am XXX. Mai MDCCCLXX. Leipzig: Akademische Verlagsgesellschaft, 3. Auflage 1921, S. 1–36, abrufbar unter: https://archive.org/details/berdasgedcht00heri.

Herz, Annette, England/Wales, in: Der Einsatz akustischer und visueller Dokumentationsverfahren im Strafverfahren, Freiburg i. Br. 2002.

Hilgert, Peter, Aussagepsychologisches Gutachten im Strafprozess, in: NJW 2016, 985–989.

Höfling, Wolfram, Offene Grundrechtsinterpretation Grundrechtsauslegung zwischen amtliche Interpretationsmonopol und privater Konkretisierungskompetenz (Köln 1987) Berlin 1987.

Holz, Wilfried, Justizgewährungsanspruch des Verbrechensopfers, Dissertation Heidelberg 2006, Berlin (2007).

Hörnle, Tatjana, Die Rolle des Opfers in der Straftheorie und im materiellen Strafrecht, Juristenzeitung (JZ) 2006, S. 950–958.

Höynck, Theresia / Jesionek, Udo, Die Rolle des Opfers im Strafverfahren in Deutschland und Österreich nach den jüngsten opferbezogenen Reformen des Strafverfahrensrechts: Österreich als Modell? Monatszeitschrift für Kriminologie und Strafrechtsreform (MschrKrim) 2006, S. 88–106.

Höynck, Theresia, Das Opfer zwischen Parteirechten und Zeugenpflichten: eine rechtsvergleichende Untersuchung zur Rolle des Opfers im Strafverfahren in Deutschland, der Schweiz und England, Dissertation Berlin (2005).

Hüther, Gerald, Psychoanalyse und Neurowissenschaften – Die neurobiologische Verankerung von Erfahrungen, in: Psychosozial. Heft IV (2001), S. 69–79.

Hüther, Gerald, Biologie der Angst, Göttingen 5. Auflage 2002.

Isensee, Josef, Das Grundrecht auf Sicherheit Zu den Schutzpflichten des freiheitlichen Verfassungsstaates. Vortrag gehalten vor der Berliner Juristischen Gesellschaft am 24. November 1982 – erweiterte Fassung, Schriftenreihe der Juristischen Gesellschaft zu Berlin 97, Reprint 2012.

Isensee, Josef / Kirchhof, Paul (Hrsg.), Handbuch des Staatsrechts der Bundesrepublik Deutschland, Band V Allgemeine Grundrechtslehren, Heidelberg 1992, zitiert als: Bearbeiter, in: Isensee / Kirchhof Band V (1992).

Isensee, Josef / Kirchhof, Paul (Hrsg.), Handbuch des Staatsrechts der Bundesrepublik Deutschland, Band VII Freiheitsrechte, Heidelberg 3. Auflage 2009, zitiert als: Bearbeiter, in: Isensee / Kirchhof Band VII (2009).

Jahn, Matthias, Fair trial als strafprozessuales Leitprinzip im Mehrebenensystem, in: Zeitschrift für die gesamte Strafrechtswissenschaft (ZStW) 127 (2015), S. 549–615.

Jakobs, Günther, Norm, Person, Gesellschaft Vorüberlegungen zu einer Rechtsphilosophie, Wissenschaftliche Abhandlungen und Reden zur Philosophie Politik und Geistesgeschichte Band 23, (Bonn / St. Augustin 2008) Berlin 3. Auflage 2008.

Janoff-Bulman, Ronnie, Shattered assumptions: Towards a new psychology of trauma. New York 1992.

Janoff-Bulman, Ronnie, Characterological Versus Behavioral Self blame: Inquiries Into Depression and Rape, in: Journal of Personlity and Social Psychology Volume 37 (1979), S. 1798–1809.

Jansen, Gabriele, Zeuge und Aussagepsychologie, 2. Auflage München (2012).

Jarass, Hans D., Das allgemeine Persönlichkeitsrecht im Grundgesetz NJW 1989, 857 –862.

Jarass, Hans D. / Pieroth, Bodo, Grundgesetz für die Bundesrepublik Deutschland Kommentar, München, 14. Auflage 2016.

Jelinek, L. / Randjbar, S. / Seifert, D. / Kellner, M. / Moritz, S., The organization of autobiographical and nonautobiographical memory in posttraumatic stress disorder (PTSD). Journal of Abnormal Psychology, 118 (2009), S. 288–298.

Jung, Heike, Die Stellung des Verletzten im Strafprozess, Zeitschrift für die gesamte Strafrechtswissenschaft (ZStW) 93 (1981), S. 1147–1176.

Jung, Heike, Fairness = Wirksame Verteidigung?, in: Goltdammer's Archiv für Strafrecht (GA) 2013, S. 90–98.

Jung, Heike, Neues zum Konfrontationsrecht? Zugleich Besprechung von EGMR, Urteil vom 20.1.2009, GA 2009, S. 235–240.

Jung, Heike, Zeugenschutz, in: Goltdammer's Archiv für Strafrecht (GA) 1998, S. 313–328.

Jung, Heike, Zur Renaissance des Opfers – ein Lehrstück kriminalpolitischer Zeitgeschichte, Zeitschrift für Rechtspolitik (ZRP) 2000 S. 159–163.

Juslin, Peter / Olsson, Nils / Winman, Anders, Calibration and diagnosticity of confidence in eyewitness identification: Comments on what can be inferred from the low confidence-accuracy correlation. Journal of Experimental Psychology: Learning, Memory, and Cognition, 22, (1996), S. 1304–1316, abrufbar unter: http://dx.doi.org/10.1037/0278-7393.22.5.1304 .

Kaczynski, Oliver Nicolas, Zeugenbetreuung in der Justiz Zu den Möglichkeiten und Auswirkungen justizieller Zeugenbetreuungsstellen, München 2000.

Kaiser, Günther, Kriminologie Ein Lehrbuch, Freiburg im Breisgau 1996, 3. Auflage Heidelberg 1996.

Kaiser, Günther / Jehle, Jörg-Martin (Hrsg.): Kriminologische Opferforschung: neue Perspektiven und Erkenntnisse. Band 1: Grundlagen – Opfer und Strafrechtspflege – Kriminalität der Mächtigen und ihre Opfer (1994); Band II: Verbrechensfurcht und Opferwerdung Individualopfer und Verarbeitung von Opfererfahrungen (1995).

Kaiser, Michael, Die Stellung des Verletzten im Strafverfahren Implementation und Evaluation des „Opferschutzgesetzes", Dissertation Freiburg im Breisgau (1992).

Kandel, Eric P. Auf der Suche nach dem Gedächtnis Die Entstehung einer neuen Wissenschaft des Geistes Aus dem Amerikanischen von Hainer Kober, 2. Aufl. München 2009.

Kandel, Eric R. (Hrsg.), Psychiatrie, Psychoanalyse und die neue Biologie des Geistes, Frankfurt am Main 2008.

Karlsruher Kommentar zur Strafprozessordnung mit GVG, EGGVG und EMRK, Hannich, Rolf (Hrsg.), 7. Auflage München 2013, zitiert: Bearbeiter, in: KK-StPO.

Kebbel, Mark R. / Milne, Rebecca, Police Officers' Perceptions of Eyewitness Performance in Forensic Investigations, in: The Journal of Social Psychology Volume 138 (1998) S. 323–330.

Keiser, Claudia, Das Kindswohl im Strafverfahren Zur Notwendigkeit eines am Kindeswohl orientierten Umgangs mit minderjährigen Opfern und Zeugen, den Möglichkeiten de lege lata und den Erfordernissen de lege ferenda, Dissertation Hannover 1997. Frankfurt am Main; Berlin; Bern; New York; Paris; Wien 1998.

Keiser, Claudia, Rechtliche Probleme von Videovernehmungen im Strafverfahren, in: Barton, Stephan (Hrsg.), Verfahrensgerechtigkeit und Zeugenbeweis – Fairness für Opfer und Beschuldigte, Baden-Baden (2002) S. 165–177.

Kett-Straub, Gabriele, Wieviel Opferschutz verträgt das Strafverfahren Zeitschrift für Internationale Strafrechtsdogmatik (ZiS) 2017, S. 341–347.

Kilchling, Michael, Opferschutz und der Strafanspruch des Staates – Ein Widerspruch?, Neue Zeitschrift für Strafrecht (2002) S. 57–63.

Kilchling, Michael., Opferinteressen und Strafverfolgung, Freiburg i. Br. 1995.

Kilian-Herklotz, Ines, Einsatz von Videotechnik im deutschen Strafprozess und richterliche Glaubwürdigkeitsbegutachtung – ein Paradoxon?, in: Lagodny, Otto (Hrsg.), Der Strafprozess vor neuen Herausforderungen? Über den Sinn oder Unsinn von Unmittelbarkeit und Mündlichkeit im Strafverfahren – Beiträge zur 12. Alsberg-Tagung 1999 in Berlin und zur Verleihung des Max-Alsberg-Preises an den Vorsitzenden Bundesrichter a.D. Gerhard Herdegen, Baden-Baden (2000) S. 195–221.

Kilpatrick, Dean G. / Resnick, Heidi S., Postraumatic stress disorder associated with exposure to criminal victimization in clinical and community poulations, in: J. R. T. Davidson / E. B. Foa (Ed.), Posttraumatic stress disorder: DSM-IV and beyond. Washington: American Psychiatric Press (1993), S. 113–143.

Kindhäuser, Urs, Strafprozessrecht, 4. Auflage Baden-Baden 2016.

Kintzi, Heinrich, Stellung des Kindes im Strafverfahren, Deutsche Richterzeitung (DRiZ) 1996, S. 184–193.

Kipper, Oliver, Schutz kindlicher Opferzeugen im Strafverfahren, Dissertation Freiburg i. Br. 2001.

Kirchhoff, Gerd F., Das Opfer und die Kriminalitätsbekämpfung aus viktimologischer Sicht, in: Bundeskriminalamt (Hrsg.) Das Opfer und die Kriminalitätsbekämpfung Vorträge und Diskussionen der Arbeitstagung des Bundeskriminalamtes vom 14. bis 17. November 1995, Wiesbaden Bundeskriminalamt 1996, BKA-Forschungsreihe Band 36, S. 63–67, zitiert als: Bearbeiter, in: BKA (1996).

Kirchhoff, Gerd Ferdinand / Sessar, Klaus (Hrsg.), Das Verbrechensopfer Ein Reader zur Viktimologie Bochum 1979.

KK-StPO, siehe bei: Karlsruher Kommentar.

Klein, Eckart, Grundrechtliche Schutzpflicht des Staates, NJW 1989, 1633–1640.

Kloepfer, Michael, Zum Grundrecht auf Umweltschutz Vortrag gehalten vor der Berliner Juristischen Gesellschaft am 18. Januar 1978, Schriftenreihe der Juristischen Gesellschaft zu Berlin 56.

Knauer, Florian, Der Schutz der Psyche im Strafrecht 2013.

Köhnken, Günter, Video im Gericht – Modelle und Erfahrungen aus Großbritannien StV 1995, S. 376–380.

Kölbel, Ralf / Bork Lena, Sekundäre Viktimisierung als Legitimationsformel, Berlin (2012).

Kölbel, Ralf, Anmerkung zu BGH Beschluss vom 12.02.2004–1 StR 566/03, Neue Zeitschrift für Strafrecht (2005) S. 220–222.

Kölbel, Ralf, Strafrechtliche Haftung für prozessbedingte sekundäre Viktimisierung, Zeitschrift für die gesamte Strafrechtswissenschaft (ZStW) 119 (2007) S. 334–360.

Kondziela, Andreas, Opferrechte im Jugendstrafverfahren – Legitimation und Grenzen aus theoretischer und empirischer Sicht, Dissertation Bielefeld 1990, Frankfurt am Main/Bern/New York/Paris (1991).

Kramer, Bernhard, Grundlagen des Strafverfahrensrechts, Stuttgart, 8. Auflage 2014.

Krehl, Bettina, Neuregelung des Ermittlungsverfahrens – Eine Studie zu einer umfassenden Reform des Vorverfahrens unter besonderer Berücksichtigung der Rechte auf Teilhabe, Dissertation Kiel (2002).

Kretschmer, Joachim, Einige Eckpunkte in der Entwicklung der Videoaufzeichnung von strafprozessualen Zeugenvernehmungen, Juristische Rundschau (JR) (2006) S. 453–459.

Kubink, Michael Opferbezogene Vollzugsgestaltung als kriminalpolitische Idee, Zeitschrift für Rechtspolitik (ZRP) 2017, S. 237–240.

Kudlich, Hans, Erfordert das Beschleunigungsgebot eine Umgestaltung des Strafverfahrensrechts? Verständigung – Fristsetzung für Beweisanträge – Beschränkung der Geltendmachung von Verfahrensgarantien – Gutachten C für den 68. Deutschen Juristentag, in: Verhandlungen des 68. Deutschen Juristentages Berlin 2010 Band I Gutachten, Ständige Deputation des deutschen Juristentages (Hrsg.) München (2010), zitiert, als: Kudlich, in: Verhandlungen (2010).

Kudlich, Hans, Strafprozess – noch mehr Reformbedarf?, Zeitschrift für Rechtspolitik (ZRP) 2018, S. 9–13.

Kudlich, Strafprozess und allgemeines Missbrauchsverbot, Berlin 1998.

Kühne, Hans-Heiner, Der Beweiswert von Zeugenaussagen NStZ 1985, S. 252–255.

Kühne, Hans-Heiner, Rechtsmissbrauch des Strafverteidigers, in NJW 1998, 3027–3028.

Kühne, Hans-Heiner, Strafprozessrecht Eine systematische Darstellung des deutschen und europäischen Strafverfahrensrechts, 9. Auflage Heidelberg 2015.

Kunert, Heinz, Strafprozessuale Beweisprinzipien im Wechselspiel, in: Goltdammer's Archiv für Strafrecht (GA) 1979, S. 401–413.

Kunig, Philip, Der Reiter im Walde – BverfG – Beschl. v. 6.6.89–1 BvR 921/85 –, in: JURA 1980, S. 523–541.

Kunz, Karl-Ludwig, Kriminologie, 6. Auflage, Bern, Stuttgart, Wien 2011.

Küpper, Georg, Tagebücher, Tonbänder, Telefonate, Juristenzeitung (JZ) 1990, S. 416–424.

Kutschaty, Thomas, Bundesrat Stenografischer Bericht 953. Sitzung Berlin, 10. Februar 2017, S. 41, abrufbar unter: https://www.bundesrat.de/SharedDocs/downloads/DE/plenarprotokolle/2017/Plenarprotokoll-953.pdf?__blob=publicationFile&v=2.

Landau, Herbert, Die Pflicht des Staates zum Erhalt einer funktionstüchtigen Strafrechtspflege, Neue Zeitschrift für Strafrecht (2007) S. 121–129.

Lane, Richard D. / Garfield, David A. A., Becoming Aware of Feelings: Integration of Cognitive-Developmental, Neuroscientific and Psychoanalytic Perspectives, in: Neuropsychoanalysis, 2005.

Lang, August R., Verbesserung der Rechtsstellung des Verletzten im Strafverfahren – Zu den Beschlüssen des 55. Deutschen Juristentages, Zeitschrift für Rechtspolitik (ZRP) (1985) S. 32–35.

Laubenthal, Klaus / Nevermann-Jaskolla, Urte, Die Rechte des Kindes als Zeuge im Strafverfahren, Juristische Arbeitsblätter (JA) (2005), S. 294–300.

Laubenthal, Klaus, Schutz sexuell mißbrauchter Kinder durch Einsatz von Videotechnologie im Strafverfahren, Juristenzeitung (JZ) 1996, S. 335–344.

Laubenthal, Klaus, Schutz sexuell mißbrauchter Kinder durch Einsatz von Videotechnologie im Strafverfahren JZ 1996, S. 335–344.

LeDoux, Joseph E (1996) The emotional brain: The mysterious underpinningsof emotional life. New York: Simon&Schuster.

LeDoux, Joseph E (1998): Das Gedächtnis für Angst, in: Güntürkün, Onur (Hrsg.): Biopsychologie. Heidelberg, Berlin,

LeDoux, Joseph E (1999): Psychoanalytic Theory: Clues from the Brain, in: Neuropsychoanalysis, S. 47

LeDoux, Joseph E. (2006): Das Netz der Gefühle. München,

Leitner, Werner, Rechtliche Probleme von Video-Aufzeichnungen und praktische Konsequenzen für die Verteidigung, Strafverteidigerforum (1999), S. 45–49.

Leitner, Werner, Videotechnik im Strafverfahren Ein Petitum für mehr Dokumentation und Transparenz München 2012 (Baden-Baden 2012).

Leonhard, Karl, Biologische Psychologie Leipzig 1966.

Lingenberg, Christian, Zeugenschutz im Strafprozeß Unter besonderer Berücksichtigung einer praxisgerechten Umsetzung videotechnischer Vorschriften, Frankfurt am Main, Berlin, Bern, Bruxelles, New York, Oxford, Wien, 2003.

Locke, John, Two Treatises of Government 1690.

Loftus, Elizabeth F. / Palmer, John C., Reconstruction of automobile destruction: An example of the interaction between language and memory. Journal of Verbal Learning & Verbal Behavior, Volume 13 (1974), S. 585–589, abrufbar unter: http://dx.doi.org/10.1016/S0022-5371(74)80011-3.

Löwe-Rosenberg, Die Strafprozessordnung und das Gerichtsverfassungsgesetz, Großkommentar Zweiter Band (§§ 48–93) 26. Auflage 2008; Fünfter Band (§§ 151–212b) 26. Auflage 2007; Sechster Band Erster Teilband (§§ 213–255a) 26. Auflage 2010; Elfter Band (EMRK; IPBPR) 26. Auflage 2012, zitiert: Bearbeiter, in: LR).

LR, siehe bei: Löwe-Rosenberg Großkommentar.

Luhmann, Niklas, Legitimation durch Verfahren, 3. Auflage Darmstadt 1978.

Maas, Sally, Der Grundsatz der Unmittelbarkeit in der Reichsstrafprozessordnung, Dissertation, in: von Lilienthal (Hrsg.), Strafrechtliche Abhandlungen Breslau (1907) Heft 77.

Maaß, Kirstin, Der Schutz besonders sensibler Zeugen durch den Einsatz von Videotechnik unter besonderer Berücksichtigung der Beschuldigtenrechte und Verfahrensprinzipien, Dissertation, Berlin (2012).

Maier, Alexandra, Audiovisuelle Vernehmung kindlicher Opfer von Straftaten gegen die sexuelle Selbstbestimmung im Strafverfahren: Opferschutz und Sachaufklärung; eine vergleichende Studie mit dem amerikanischen Recht, Dissertation Kiel 1997, Frankfurt am Main/Berlin/Bern/New York/Paris/Wien (1997).

Maier, Stefan, Aussage gegen Aussage und freie Beweiswürdigung. Neue Zeitschrift für Strafrecht (2005) S. 246–251.

Mandera, Missbrauch von Verteidigungsrechten im Strafverfahren, 2016.

Maunz, Theodor / Düring, Günter (Begr.) Grundgesetz Kommentar, Maunz / Dürig, Herzog, Roman / Scholz, Rupert / Herdegen, Matthias / Klein, Hans H. (Hrsg.), Teil B, Band I, VI, 81. Auflage 2017, zitiert, als: Bearbeiter, in Maunz / Dürig (2017).

McDonald, William F., Criminal Justice and the victim: An Introduction, in: WilliamMcDonald (Hrsg.) Criminal Justice and the Victim, Beverly Hills, London, Sage Criminal Justice System Annuals Volume VI, 1976.

Medicus, Dieter, Der Grundsatz der Verhältnismäßigkeit im Privatrecht in: Archiv für die civilistische Praxis (AcP) 192. Band (1992) Zeitschriftenheft 1–2, Grunsky, Wolfgang / Lieb, Manfred / Medicus, Dieter (Hrsg.), S. 35–71.

Meesters, C. / Merckelbach, H. / Muris, P. / Wessel, I. (2000) Autobiographical memory and trauma in adolescents. Journal of Behavior Therapy and Experimental Psychiatry, 31, S. 29–39.

Meier, Bernd-Dieter, Die Reform des Ermittlungsverfahrens Zur notwendigen Stärkung der Rechtsstellung der Beteiligten, in: Goltdammer's Archiv für Strafrecht (GA) 2004, S. 441–457.

Meier, Bernd-Dieter, Kriminologie, München, 5. Auflage 2016.

Melunovic, Kenad, Das Erfordernis von audiovisuellen Aufzeichnungen im Strafverfahren als Ausfluss des Gebots des bestmöglichen Beweismittels, in: Aktuelle Juristische Praxis (AJP) Jahrgang 25 (2016) S. 596–606.

Meurer, Dieter, Zeugenschutzgesetz und Unmittelbarkeitsgrundsatz, Juristische Schulung (1999) S. 937–941.

Meyer-Goßner, Lutz, Die Rechtsstellung des Verletzten im Strafprozess, Zeitschrift für Rechtspolitik (1984), S. 228–233.

Meyer-Goßner, Lutz / Schmitt, Bertram, Kommentar Strafprozessordnung, Gerichtsverfassungsgesetz, Nebengesetze und ergänzende Bestimmungen, 60. Auflage München (2017), zitiert als: Bearbeiter, in: Meyer-Goßner / Schmitt (2017)

Michael, Martin / Morlok, Lothar, Grundrechte (Düsseldorf), Baden-Baden 6. Auflage 2017.

Miebach, Klaus, Aus der Rechtsprechung des BGH in Strafsachen zum Verfahrensrecht – August bis Dezember 1989 – NStZ 1990, S. 226–230.

Miebach, Klaus, Die freie Beweiswürdigung der Zeugenaussage in der neueren Rechtsprechung des BGH NStZ-RR 2014, S. 233–237.

Miebach, Klaus, Die freie Beweiswürdigung der Zeugenaussage in der neueren Rechtsprechung des BGH NStZ-RR 2016, S. 329–334.

Mildenberger, Elke H., Schutz kindlicher Zeugen im Strafverfahren durch audiovisuelle Medien Ein Beitrag zur Videographie von Vernehmungen, Dissertation Passau 1995, Frankfurt/Berlin/Bern/New York/Paris/Wien (1995).

Milne, Rebecca / Bull, Ray, Befragung von Opferzeugen unter besonderer Berücksichtigung von Kindern und Personen mit intellektuellen Defiziten, aus dem Englischen übersetzt von Uta Kraus, Katja vom Schemm und Günter Köhnken, in: Die Erhebung und Bewertung von Zeugenaussagen im Strafprozess Juristische, aussagepsychologische und psychiatrische Aspekte, 2. Auflage (2014) S. 301–ff.

Milne, Rebecca / Bull, Ray, Befragung von Opferzeugen unter besonderer Berücksichtigung von Kindern und Personen mit intellektuellen Defiziten, in Deckers / Köhnken (2014) S. 301–321.

Molketin, Rüdiger, Anmerkung zu OLG Zweibrücken, Beschl. v. 14.2.1985–1 Ss 259/84 „Beststellung eines Pflichtverteidigers Zur Notwendigkeit der Verteidigung wegen der „Schwere der Tat“ bei einer Straferwartung von mehr als 1 Jahr Freiheitsstrafe ohne Bewährung, NStZ 1986, S. 135–137.

Molketin, Rüdiger, Die Rechtsprechung zu § 140 Abs. 2 Satz 1 StPO in den Jahren 1998–2003, Strafverteidiger Forum (StraFo) 2005, S. 52–65.

Müller-Pfeiffer, Christoph., Opfer: Psychische Reaktionen nach sexueller Gewalt, in: Gysi / Rüegger (2018) S. 117–123.

Müller, Egon, Einige Bemerkungen zur Bedeutung der Europäischen Menschenrechtskonvention für das Ermittlungsverfahren in der Bundesrepublik Deutschland, in: Strafverteidigung und Strafprozeß, Festgabe für Ludwig Koch, Brüssow, Rainer / Gatzweiler, Norbert / Jungfer, Gerhard / Mehle, Volkmar / Richter II, Christian (Hrsg.) (1989), S. 191–197.

Müller, Günter, Rechtsprechung im Vergleich der Länder, Deutsche Richterzeitung (DRiZ) 1993, S. 381–387.

Münchener Kommentar zur Strafprozessordnung Band 1 §§ 1–150 StPO, 1. Auflage 2014; Band 2 §§ 151–332 StPO, 1. Auflage 2016. Zitiert: Bearbeiter, in: MüKoStPO.

Nack, Armin, Kontrolle und Herstellung von Verfahrensgerechtigkeit bei Opferzeugen aus Sicht des BGH-Richters, in: Barton, Stephan (Hrsg.), Verfahrensgerechtigkeit und Zeugenbeweis – Fairness für Opfer und Beschuldigte, Baden-Baden (2002) S. 33–41.

Nack / Park / Brauneisen Gesetzesvorschlag der Bundesrechtsanwaltskammer zur Verbesserung der Wahrheitsfindung im Strafverfahren durch den verstärkten Einsatz von Bild- und Tontechnik, in: NStZ 2011, S. 310–314.

National Research Council (2014) Identifying the culprit: Assessing eyewitness identification. Washington, DC: The National Academies Press, abrufbar unter: https://www.innocenceproject.org/wp-content/uploads/2016/02/NAS-Report-ID.pdf.

Nelles, Ursula, Der Zeuge – ein Rechtssubjekt, kein Schutzobjekt, Neue Justiz Zeitschrift für Rechtsetzung und Rechtsanwendung (NJ) 1998, S. 449–453.

Nelles, Ursula / Oberlies, Dagmar (Hrsg.), Reform der Nebenklage und andere Verletztenrechte, in: Deutscher Juristinnenbund Baden-Baden (1998).

Nestler, Cornelius, Bauer Rupp Reloaded Überlegungen zur Reform des Ermittlungsverfahrens, in: ZIS 2014, 594–602.

Neubacher, Frank / Bachmann, Mario, Audiovisuelle Aufzeichnung von Vernehmungen junger Beschuldigter, Zeitschrift für Rechtspolitik (ZRP) 2017, S. 140–143.

Neubacher, Frank, Kriminologie, Baden-Baden, 3. Auflage 2017.

Neuhaus, Ralf, Die Psychosoziale Prozessbegleitung nach dem 3. ORRG: Ein verhängnisvoller Irrweg, StV 2017, S. 55–63.

Neumann, Ulfried, Materiale und prozedurale Gerechtigkeit im Strafverfahren Zeitschrift für die gesamte Strafrechtswissenschaft (ZStW) 101 (1989), 52–74.

Nevermann-Jaskolla, Das Kind als Opferzeuge im Strafverfahren, Dissertation Würzburg 2003, Frankfurt am Main; Berlin; Bern; Brüssel; New York; Oxford; Wien 2004.

Niedernhuber, Tanja, Die StPO-Reform 2017 – wichtige Änderungen im Überblick JA 2018, S. 169–175.

Nietzsche, Friedrich, Unzeitgemässe Betrachtungen. Zweites Stück: Vom Nutzen und Nachtheil der Historie für das Leben (1874) Leipzig, S. 1–29.

Oellerich, Rainer, Voraussetzungen einer notwendigen Verteidigung und Zeitpunkt der Pflichtverteidigerbestellung StV 1981, S. 434–442.

Oerter, R. / Altgassen, M. / Kliegel, M., Entwicklungspsychologische Grundlagen, in: H. U. Wittchen / J. Hoyer (Hrsg.), Klinische Psychologie & Psychotherapie, Berlin/Heidelberg 2011.

Orth, Ulrich, Strafgerechtigkeit und Bewältigung krimineller Viktimisierung. Eine Untersuchung zu den Folgen des Strafverfahrens bei Opfern von Gewalttaten 2000.

Ostendorf, Heribert, Strafprozessrecht, 2. Auflage 2015 Baden-Baden.

Overkamp, Bettina, Opfer: Diagnostik posttraumatische Störunge, in: Gysi / Rüegger (2018), S. 181–194.

Peters, Karl, Der Strafprozeß, 4. Auflage 1985.

Plötz, Winfried, Die Gerichtliche Fürsorgepflicht im Strafverfahren, München 1980.

Pieroth, Bodo / Schlink, Bernhard, Staatsrecht II, Grundrechte, Heidelberg 20. Auflage 2005.

Pohl, Rüdiger, Das autobiographische Gedächtnis. Stuttgart. 2007.

Porter, S. / Birt, A.R., Is traumatic memory special?: A comparison of traumatic memory characteristics with memory for other emotional life experiences. Applied Cognitive Psychology, 15 (001), S. 101–117.

Pott, André, Rechtsprobleme bei der Anwendung von Videotechnologie im Strafprozess, Marburg 2003, Frankfurt am Main; Berlin; Bern; Brüssel; New York; Oxford; Wien 2004.

Pritzel, Monika / Markowitsch, Hans J., Warum wir vergessen Psychologische, natur- und kulturwissenschaftliche Erkenntnisse, Berlin 2017.

Radtke, Henning, Wahrheitsermittlung im Strafverfahren Leitprinzipien, Methoden und Grenzen, in: Goltdammer's Archiv für Strafrecht (GA) 2012, S. 187–201.

Rautenberg, Erardo Cristoforo, Empfehlen sich gesetzliche Änderungen um Zeugen und andere nicht beschuldigte Personen im Strafprozess besser vor Nachteilen zu bewahren? Referat und Thesen, in: Verhandlungen des zweiundsechzigsten deutschen Juristentages Bremen 1998 Band II/1 Sitzungsberichte (Referate und Beschlüsse), Teil L, S. L 43–O 62, Ständige Deputation des deutschen Juristentages (Hrsg.) München (1998). Zitiert, als: Rautenberg, in: Verhandlungen (1998).

Richter, Harald, Opfer krimineller Gewalttaten. Individuelle Folgen und ihre Verarbeitung. Mainz 1997.

Richter, Harald, Wie erleben und verarbeiten Opfer den Strafprozess?, in: Weisser Ring (Hrsg.): Täterrechte – Opferrechte. Mainz: 1996.

Richter, Harald, Bewältigung krimineller Viktimisierung, in: Kaiser, G. / Jehle, J.-M. (Hrsg.): Kriminologische Opferforschung Neue Perspektiven und Erkenntnisse Teilband 2 Verbrechensfurcht und Opferwerdung – Individualopfer und Verarbeitung von Opfererfahrung (1995).

Rieck, Patrick J., Audiovisuelle Konfrontationsvernehmung gem. § 247 StPO, Strafverteidiger Forum (StraFo) 2000, S. 403–406.

Riedel, Claudia / Wallau, Rochus, Das Akteneinsichtsrecht des „Verletzten" in Strafsachen – und seine Probleme, Neue Zeitschrift für Strafrecht (2003) S. 393–399.

Rieß, Peter / Hilger, Hans, Das neue Strafverfahrensrecht – Opferschutzgesetz und Strafverfahrensänderungsgesetz 1987, Neue Zeitschrift für Strafrecht (NStZ) 1987, S. 145–157.

Rieß, Peter, Das neue Zeugenschutzgesetz, insbesondere Video-Aufzeichnungen von Aussagen im Ermittlungsverfahren und in der Hauptverhandlung, Strafverteidiger Forum (StraFo) 1999, S. 1–9.

Rieß, Peter, Der Strafprozess und der Verletzte – eine Zwischenbilanz, Juristische Ausbildung (Jura) (1987), S. 281–291.

Rieß, Peter, Die Rechtsstellung des Verletzten im Strafverfahren – Gutachten C für den 55. Deutschen Juristentag, in: Verhandlungen des fünfundfünzigsten deutschen Juristentages Hamburg 1998 Band I Gutachten, C. 1–136, Ständige Deputation des deutschen Juristentages (Hrsg.) München (1984), zitiert, als: Rieß, in: Verhandlungen (1984).

Rieß, Peter, Zeugenschutz bei Vernehmungen im Strafverfahren Das neue Zeugenschutzgesetz vom 30. 4. 1998, NJW 1998, S. 3240–3243.

Rieß, Peter, Über die Aufgaben des Strafverfahrens JR 2006, 269–277.

Robert, Paul, Le Nouveau Petit Robert. Dictionnaire alphabétique et analogique de la langue française; texte remanié et amplifié sous la direction de Josette Rey-Debove et Alain Rey. Dictionnaires Le Robert, erschienen bei Klett / PONS unter der ISBN 978-3-12-517608-9, Paris 2009.

Rössner, Dieter, Empfehlen sich gesetzliche Änderungen um Zeugen und andere nicht beschuldigte Personen im Strafprozess besser vor Nachteilen zu bewahren? Referat und Thesen, in: Verhandlungen des zweiundsechzigsten deutschen Juristentages Bremen 1998 Band II/1 Sitzungsberichte (Referate und Beschlüsse), Teil L, S. L 9–L 28, Ständige Deputation des deutschen Juristentages (Hrsg.) München (1998), zitiert, als: Rössner, in: Verhandlungen (1998).

Rohmann, Josef A., Trauma und Folgen Erkenntnisse, verbreitete Ansichten und rechtspsychologische Bedeutung, in Deckers/Köhnken (2014) S. 193–241.

Rohmann, Josef, Trauma und Folgen Erkenntnisse, verbreitete Ansicht und rechtspsychologische Bedeutung, in: Deckers, Rüdiger, Die Erhebung und Bewertung von Zeugenaussagen im Strafprozess Juristische, aussagepsychologische und psychiatrische Aspekte, 2. Auflage (2014) S. 193 ff.

Roters, Jürgen, Opferbehandlung bei der Polizei, in: Bundeskriminalamt (Hrsg.) Das Opfer und die Kriminalitätsbekämpfung Vorträge und Diskussionen der Arbeitstagung des Bundeskriminalamtes vom 14. bis 17. November 1995, Wiesbaden Bundeskriminalamt 1996, BKA-Forschungsreihe Band 36, S. 201–223, zitiert als: Bearbeiter, in: BKA (1996).

Roth, in: Kandel, Eric R. (Hrsg.) (2008): Psychiatrie, Psychoanalyse und die neue Biologie des Geistes. Frankfurt am Main

Rousseau, Jean-Jacques, contract social, 1762, veröffentlicht in: Brandt (Hrsg.), Du contrat social ou principes du droit politique.

Roxin, Claus / Schünemann, Bernd, Strafverfahrensrecht Ein Studienbuch, 29. Auflage München (2017).

Rüping, Hinrich, Anmerkung zu BVerfG, Beschluß v. 17.5. 1983–2 BvR 731/80, Juristenzeitung (JZ) 1983, S. 663–665.

Rüping, Hinrich / Dornseifer, Gerhard, Dysfunktionales Verhalten im Prozeß JZ 1977, 417–426.

Sachs, Michael (Hrsg.) Grundgesetz Kommentar, München, 8. Auflage 2018, zitiert: Bearbeiter, in: Sachs (2018).

Sack, Martin, Traumatherapie zum Aufarbeiten traumatischer Erfahrungen, in: Gysi / Rüegger (2018) S. 535–541.

Safferling, Christoph J. M., Verdeckte Ermittler im Strafverfahren – deutsche und europäische Rechtsprechung im Konflikt? –, NStZ 2006, 75–82.

Saimeh, Nahlah, Können psychische Erkrankungen die Aussagetüchtigkeit bei Sexualdelikten beeinflussen, in: Deckers, Rüdiger, Die Erhebung und

Bewertung von Zeugenaussagen im Strafprozess Juristische, aussagepsychologische und psychiatrische Aspekte, 2. Auflage 2014.

Salditt, Franz, Der Griff nach dem Vorteil – Frühe Genugtuung und Schlichtung als strafprozessuales Reformprogramm StV 2002, S. 273–277.

Salditt, Franz, Eckpunkte – Streitfragen des partizipatorischen Strafprozesses, Strafverteidiger (2001) S. 311–314.

Salmond, C.H. / Meiser-Stedman, R. / Glucksman, E. / Thompson, P. / Dalgleish, T. / Smith, P., The nature of trauma memories in acute stress disorder in children and adolescents. Journal of Child Psychology and Psychiatry, 52 (2011), S. 560–570.

Satzger, Helmut, Chancen und Risiken einer Reform des strafrechtlichen Ermittlungsverfahrens – Gutachten C für den 65. Deutschen Juristentag, in: Verhandlungen des fünfundsechzigsten deutschen Juristentages Bonn 2004 Band I Gutachten, C. 1–148, Ständige Deputation des deutschen Juristentages (Hrsg.) München (2004), zitiert, als: Satzger, in: Verhandlungen (2004).

Schade, Burkhard, Glaubhaftigkeitsbeurteilung: Die Aussagegeschichte als psychologischer Prozess, in: Barton, Stephan (Hrsg.), Verfahrensgerechtigkeit und Zeugenbeweis – Fairness für Opfer und Beschuldigte, Baden-Baden (2002) S. 89–94.

Schädler, Wolfram, Opferschutz und Opferhilfe – eine kriminalpolitische Bestandsaufnahme, in: Kaiser, G. / Jehle, J.-M. (Hrsg.): Kriminologische Opferforschung Neue Perspektiven und Erkenntnisse Teilband 1 Grundlagen – Opfer und Strafrechtspflege – Kriminalität der Mächtigen und ihre Opfer (1994).

Scheumer, Maike, Videovernehmung kindlicher Zeugen. Zur Praxis des Zeugenschutzgesetzes, Dissertation Berlin 2007, Göttingen 2007.

Schiller, Daniela / Monfils, Marie-H. / Raio, Candace M. / Johnson, David C. / LeDoux, Joseph E. / Phelps, Elizabeth A., Preventing the return of fear in humans using reconsolidation update mechanisms, in: Nature 463 (07 January 2010) S. 49–53.

Schlothauer, Reinhold, Die Flucht aus der Justizförmigkeit durch die europäische Hintertür – Zum Urteil des BGH v. 25.7.2000–1 StR 169/00 = StV 2000, 593, Strafverteidiger (2001) S. 127–131.

Schlothauer, Reinhold, Video-Vernehmung und Zeugenschutz – Verfahrenspraktische Fragen im Zusammenhang mit dem Gesetz zur Änderung der StPO etc. (Zeugenschutzgesetz), StV (1999) S. 47–51.

Schlumpf, Yolanda / Jäncke, Lutz., Opfer: Körperliche Reaktionen nach sexueller Gewalt, in: Gysi/Rüegger (2018) S. 107–116.

Schmidbauer, Wolfgang, Das Glück der Verdrängung, in: Zeit-Magazin, Ausgabe 13, 19.03.2009, S. 29.

Schmoll, Daniela, Videovernehmung kindlicher Opfer im Strafprozess Verfahrens- und verfassungsrechtliche Lösungen auf der Grundlage des Zeugenschutzgesetzes, Dissertation Krefeld 1999, Frankfurt am Main/Berlin/Bern/Bruxelles/New York/Wien (1999).

Schnabel, Ulrich, Das Hirn auf der Couch, in: Die ZEIT, Ausgabe 38, 10.09.2009.

Schneider, Hendrik, in: Göppinger, Hans, Kriminologie, München, 6. Auflage 2008.

Schöch, Heinz, Die Rechtsstellung des Verletzten im Strafverfahren Neue Zeitschrift für Strafrecht 1984, 385–391.

Schöch, Heinz, Erfahrungen mit der Videovernehmung nach dem Zeugenschutzgesetz, in: Strafverfahrensrecht in Theorie und Praxis, Festschrift für Lutz Meyer-Gossner zum 65. Geburtstag, Eser, Albin / Goydke, Jürgen / Maatz, Kurt Rüdiger / Meurer, Dieter (Hrsg.), München 2001, S. 365–384.

Schöch, Heinz, Videovernehmung im Strafverfahren, in: Weißer Ring (Hrsg.), Schutz von Opferzeugen im Strafverfahren – Dokumentation des 13. Mainzer Opferforums vom 27./28. Oktober 2001, Mainz (2002) S. 10–30.

Schreiber, Nadja, Zeugenbefragung von Kindern: Wie wirkt die Technik „Einladen zur Spekulation"?, Grevenbroich 2000, Disseration Münster 2000.

Schroth, Klaus, Die Rechte des Opfers im Strafprozess, Heidelberg, München, Landsberg, Frechen, Hamburg, 2. Auflage (2011).

Schünemann, Bernd, Der deutsche Strafprozess im Spannungsfeld von Zeugenschutz und materieller Wahrheit – Kritische Anmerkungen zum Thema des 62. Deutschen Juristentages 1998 –, StV (1998) S. 391–401.

Schünemann, Bernd, Hände weg von der kontradiktorischen Struktur der Hauptverhandlung!, StV (1993) S. 607–609.

Schünemann, Bernd, Wohin treibt der deutsche Strafprozess? Zeitschrift für die gesamte Strafrechtswissenschaft (ZStW) 114 (2002) S. 1–62.

Schünemann, Bernd, Zur Stellung des Opfers im System der Strafrechtspflege, Neue Zeitschrift für Strafrecht (1986) S. 439–443.

Schwenn, Johann, Fehlurteile und ihre Ursachen – ein Nachtrag – zugleich eine Erwiderung auf die Replik von Leitmeier StV 2011, 766 –, StV 2012, 255–256.

Seelmann, Kurt, Paradoxien der Opferorientierung im Strafrecht, Juristenzeitung (JZ) 1989, S. 670–676.

Seifert, Fedor, Postmortaler Schutz des Persönlichkeitsrechts und Schadensersatz – Zugleich ein Streifzug durch die Geschichte des allgemeinen Persönlichkeitsrechts NJW 1999, 1889–1897.

Seitz, Helmut, Das Zeugenschutzgesetz – ZSchG, Juristische Rundschau (JR) (1998) S. 309–313.

Sellin, Thorsten / Wolfgang, Marvin E., The Measurement of Delinquency. New York/London/Sidney, 1964.

Servan-Schreiber, David, Die Neue Medizin der Emotionen, München 4. Auflage 2006.

Singelnstein, Tobias / Derin, Benjamin Das Gesetz zur effektiveren und praxistauglicheren Ausgestaltung des Strafverfahrens Was aus der StPO-Reform geworden ist NJW 2017, S. 2646–2652.

Sinz, Rainer, Neurobiologie und Gedächtnis Neuronennetzwerke und Informationsspeicherung im menschlichen Gehirn Mit 35 Abbildungen, einer Tabelle und 2 Schemata, Stuttgart, New York, 1. Auflage 1979.

SK, siehe bei: Systematischer Kommentar.

Sommer, Ulrich, Das Fragerecht der Verteidigung, seine Verletzung und Konsequenzen, NJW 2005 S. 1240–1242.

Spendel, Günter, Wahrheitsfindung im Strafprozeß JuS 1964, 465–473.

Stegmaier, Hans, Die Frage der Unmittelbarkeit bei der Behandlung der Zeugen und Sachverständigen in der Gesetzgebung und im Schrifttum des reformierten deutschen Strafprozesses vor der Reichsstrafprozessordnung, Dissertation Gießen (1935), in: Kleine strafprozessuale Schriften, Band 28.

Steller, Max / Volbert, Renate, Glaubwürdigkeitsbegutachtung, in: Steller, Max u.a. (Hrsg.), Psychologie im Strafverfahren – ein Handbuch, 1. Auflage Bern/Göttingen/Toronto/Seattle (1997) S. 12–39.

Steller, Max / Volbert, Renate, Psychologie im Strafverfahren – ein Handbuch, 1. Auflage Bern/Göttingen/Toronto/Seattle (1997).

Stern, Klaus, Das Staatsrecht der Bundesrepublik Deutschland, Bd. IV/1 Die Einzelnen Grundrechte Der Schutz und die freiheitliche Entfaltung des Individuums, München 2006.

Stern, William, Zur Psychologie der Aussage. (Experimentelle Untersuchungen über Erinnerungstreue, Zeitschrift für die gesamte Strafrechtswissenschaft (ZStW) 22 (1902), S. 315–370.

Stiebig, Volker, Opfersorge oder Täterpflege? – Eine Zwischenbilanz vor dem Hintergrund des Opferrechtsreformgesetzes, Juristische Ausbildung (Jura) (2005), S. 592–597.

StPO Strafprozessordnung Mit GVG und EMRK Kommentar, Satzger, Helmut / Schluckebier, Wilhelm / Widmaier (Hrsg.), Köln, 3. Auflage 2018, zitiert als: Bearbeiter, in: SSW.

Streng, Franz,Richter, Die Bewältigung des Traumas bei Gewaltopfern: Überlegungen zur Bedeutung des Strafrechts für das Deliktsopfer, in: Zentrum für Gerechtigkeitsforschung Auseinandersetzungen mit Verlusterfahrungen. Potsdam: Zentrum für Gerechtigkeitsforschung an der Universität Potsdam (1995).

Stüber, Michael, Die Entwicklung des Prinzips der Unmittelbarkeit im deutschen Strafverfahren, Dissertation Göttingen 2004. Frankfurt am Main; Berlin; Bern; Brüssel; New York; Oxford; Wien 2005.

Swoboda, Sabine, Videotechnik im Strafverfahren, Dissertation Passau 2002, Berlin (2002).

Systematischer Kommentar zur Strafprozessordnung Mit GVG und EMRK Wolter, Jürgen (Hrsg.) Band I §§ 1–93 StPO (4. Auflage, 2014); Band III §§ 137–197 StPO (4. Auflage 2011); Band V §§ 246a – 295 StPO (5. Auflage 2016); Band X EMRK (4. Auflage 2012), zitiert als: Bearbeiter, in SK-StPO.

Thoma, Birgit, Unmittelbarer Opferschutz – Möglichkeiten und Grenzen der audiovisuellen Vernehmung von Kindern als Opferzeugen in Verfahren wegen sexuellen Missbrauchs nach dem Zeugenschutzgesetz, Dissertation Halle 2001, Herbolzheim (2003).

Thomä, Helmut, Über die psychoanalytische Theorie und Therapie neurotischer Ängste, in: Psyche (1995), S. 1045, 1052.

Trück, Thomas, Herausgabe von Bändern einer Videovernehmung an den Verteidiger im Wege der Akteneinsicht? NStZ 2004, 129–134.

Tulving, Endel, Episodic memory and autonoesis: Uniquely human? In H. S. Terrace & J. Metcalfe (Hrsg.), The missing link in cognition: Self-knowing consciousness in man and animals (2005) New York: Oxford University Press, S. 4–56, abrufbar unter: http://alicekim.ca/ema.pdf.

V. Mangoldt, Hermann / Klein, Friedrich / Starck, Christian (Begr.) Grundgesetz Band 1 Präambel, Artikel 1–19, Band 2 Artikel 20–82, Huber / Voßkuhle (Hrsg.), München, 7. Auflage 2018, zitiert, als: Bearbeiter, in: Mangoldt / Klein / Starck (2018).

V. Münch, Ingo (Begr.) Kunig, Philip (Hrsg.) Grundgesetz Kommentar Band 1: Präambel bis Art. 69 6. Aufl. 2012, zitiert als: Bearbeiter, in: v. Münch/ Kunig (2012).

Van Dijk, Jan J.M., Viktimologie in Theorie und Praxis, in: Janssen, Helmut / Kerner, Hans-Jürgen (Hrsg.), Verbrechensopfer, Sozialarbeit und Justiz, 2. Auflage 1986 Bonn, S. 3–24.

Vogel, Henrik, Erfahrungen mit dem Zeugenschutzgesetz – Zur praktischen Bedeutung des Zeugenschutzgesetzes, insbesondere des Einsatzes der Videotechnik im Strafverfahren, Dissertation München 2002, Mainz (2003).

Vogel, Joachim / Norouzi, Ali B., Anmerkung zu BGH vom 15.04.2003–1 StR 64/03 = BGHSt 48, 268, Juristische Rundschau (JR) (2004) S. 215–218.

Vogelgesang, Klaus, Grundrecht auf informationelle Selbstbestimmung? Studien und Materialien zur Verfassungsgerichtsbarkeit Band 39, Starck (Hrsg), Baden-Baden 1987.

Volbert, Renate / Pieters, Volker, Zur Situation kindlicher Zeugen vor Gericht – Empirische Befunde zu Belastungen durch Strafverfahren und zu möglichen Reformmaßnahmen, Bundesministerium der Justiz (Hrsg.), 1. Auflage Bonn (1993).

Volbert, Renate, Suggestibilität kindlicher zeugen, in: Steller, Max / Volbert, Renate (Hrsg.), Psychologie im Strafverfahren – ein Handbuch, 1. Auflage Bern/Göttingen/Torornto/Seattle 1997.

Volbert, Renate, Welche Verbesserungen können durch Videovernehmungen für Opferzeugen erreicht werden?, in: Barton, Stephan (Hrsg.), Verfahrensgerechtigkeit und Zeugenbeweis – Fairness für Opfer und Beschuldigte, Baden-Baden (2002) S. 149–164.

Volbert, Renate / Steller, Max (Hrsg.), Handbuch der Rechtspsychologie (2008) Göttingen; Bern; Wien; Paris; Oxford; Prag; Toronto; Cambridge, MA; Amsterdam; Kopenhagen, zitiert als: Bearbeiter, in: Volbert / Steller.

Volbert / Steller, Die Begutachtung der Glaubhaftigkeit, in: Venzlaff / Foerster (Hrsg.), Psychiatrische Begutachtung (2009) S. 835 ff.

Vollkommer, Max, Der Anspruch der Parteien auf ein faires Verfahren im Zivilprozeß, in: Baltzer, Johannes / Baumgärtel, Gottfried / Peters, Egbert / Piepers, Helmut (Hrsg.) Gedächtnisschrift für Rudolf Bruns, München 1980, S. 195–221.

Von Galen, Margarete Gräfin Mehr Stillstand als Reform – Bericht der Expertenkommission zur StPO-Reform, Zeitschrift für Rechtspolitik (ZRP) 2016, S. 42–45.

Von Galen, Margarete Gräfin, „Parallel Justice" für Opfer von Straftaten – ein Verfahren mit „Opfervermutung" außerhalb des Strafrechts StV 2013, S. 171–178.

Von Humboldt, Wilhelm, Ideen zu einem Versuch, die Grenzen der Wirksamkeit des Staates zu bestimmen (1792), Stuttgart 2002.

Walischewski, Leonard, Das Recht auf Akteneinsicht bei strafprozessualen Zwangsmaßnahmen im Ermittlungsverfahren StV 2001, S. 243–248.

Walther, Susanne, Strafprozessuales Konfrontationsrecht – adé?, Juristenzeitung (JZ) (2004) S. 1107–1115.

Walther, Susanne, Vom Rechtsbruch zum Realkonflikt: Grundlagen und Grundzüge einer Wiedergutmachung und Strafe verbindenden Neuordnung des kriminalistischen Sanktionssystems, Habilitation Freiburg (Breisgau) 1999, Berlin (2000).

Walther, Susanne, Zur Frage des Rechts des Beschuldigten auf „Konfrontation von Belastungszeugen“, in: Goltdammer's Archiv für Strafrecht (GA) 2003, S. 204–225.

Wattenberg, Andreas, Die Rechtsprechung des Europäischen Gerichtshofs zum mittelbaren Zeugenbeweis – Zugleich eine Anmerkung zum Urt. des BGH vom 11.2.2000 – StR 377/99 –, StV 2000, 688–696.

Weder, Ulrich, Die Einvernahme des Opfers im Schweizerischen Strafprozessrecht in: Gysi / Rüegger (2018) S. 299–308.

Wegner, Birgit, Wie Opferschutz der Wahrheit dient – Praktische Vorschläge zur Verbesserung der Vernehmung von Kindern in Verfahren wegen sexuellen Missbrauchs – Opferschutz de lege lata und de lege ferenda, Zeitschrift für Rechtspolitik (ZRP) (1997) S. 404–412.

Weigend, Thomas, Bewältigung von Beweisschwierigkeiten durch Ausdehnung des materiellen Strafrechts?, in: Schmoller, Kurt (Hrsg.) Festschrift für Otto Triffterer zum 65. Geburtstag 1996, S. 695–712.

Weigend, Thomas, Deliktsopfer und Strafverfahren, Habilitation Freiburg (Breisgau) 1986, Berlin (1989).

Weigend, Thomas, Empfehlen sich gesetzliche Änderungen um Zeugen und andere nicht beschuldigte Personen im Strafprozess besser vor Nachteilen zu bewahren? – Gutachten C für den 62. Deutschen Juristentag, in: Verhandlungen des zweiundsechzigsten deutschen Juristentages Bremen 1998 Band I Gutachten, C 1–131, Ständige Deputation des deutschen Juristentages (Hrsg.) München (1998), zitiert, als: Weigend, in: Verhandlungen (1998).

Weigend, Thomas, Unverzichtbares im Strafverfahrensrecht, Zeitschrift für die gesamte Strafrechtswissenschaft (ZStW) 113 (2001), S. 271–304.

Weis, Kurt, Die Vergewaltigung und ihre Opfer: Eine viktimologische Untersuchung zur gesellschaftlichen Bewertung und individuelle Betroffenheit. Stuttgart 1982.

Weltgesundheitsorganisation, Internationale Klassifikation psychischer Störungen: ICD-10 Kapitel V (F) klinisch-diagnostische Leitlinien, Dilling, Horst / Mombour, Werner / Schmidt, Martin H. (Hrsg.), 9. Auflage Bern 2015, zitiert, als: Weltgesundheitsorganisation (2015).

Widmaier, Gunter, Anmerkungen zum Urteil BGH vom 08. Dezember 1993–3 StR 446/93, Neue Zeitschrift für Strafrecht (1994a) S. 248–250.

Widmaier, Gunter, Empfehlen sich gesetzliche Änderungen um Zeugen und andere nicht beschuldigte Personen im Strafprozess besser vor Nachteilen zu bewahren? Referat und Thesen, in: Verhandlungen des zweiundsechzigsten deutschen Juristentages Bremen 1998 Band II/1 Sitzungsberichte (Referate und Beschlüsse), Teil L, S. L 29–L 42, Ständige Deputation des deutschen Juristentages (Hrsg.) München (1998), zitiert, als: Widmaier, in: Verhandlungen (1998).

Widmaier, Gunter, Kritische Gedanken zur diskutierten Reform des Beweisantrags- und Revisionsrechts, Neue Zeitschrift für Strafrecht (1994b) S. 414–418.

Wimber, Maria / Alink, Arjen / Charest, Ian / Kriegeskorte, Nikolaus / Anderson, Michael C. (2015) Retrieval Induces Adaptive Forgetting of Competing Memories via Cortical Pattern Suppression, in: Nature Neuroscience 18 (4) S. 582–589, abrufbar unter: https://www.ncbi.nlm.nih.gov/pmc/articles/PMC4394359/.

Wirtz, Markus-Antonius, Dorsch-Lexikon der Psychologie, 18. Auflage 2017 Bern, zitiert, als: Dorsch (2017).

Witting, Peter, Es ist längst schon an der Zeit – Ein Plädoyer für die Dokumentation von Aussageinhalten inner- und außerhalb der Hauptverhandlung, in: Lüderssen, Klaus / Volk, Klaus / Wahle, Eberhard (Hrsg.) Festschrift für Wolf Schiller zum 65. Geburtstag am 12. Januar 2014, S. 691–710.

Wixted, John T. / Mickes, Laura / Clark, Steven E. / Gronlund, Scott D. / Roedinger III, Henry L., in: American Psychologist Vol. 70 Nor. 6, Initial eyewitness confidence reliably predicts eyewitness identification accuracy (2015) S. 515–526, zitiert, als: Wixted et al. (2015).

Wohlers, Wolfgang, Das partizipatorische Ermittlungsverfahren: kriminalpolitische Forderung oder „unverfügbarer“ Bestandteil eines fairen Strafverfahrens?, in: Goltdammer's Archiv für Strafrecht (GA) 2005, S. 11–35.

Wohlers, Wolfgang, Rechtliches Gehör im strafrechtlichen Revisionsverfahren, Juristenzeitung (JZ) 2011, S. 78–85.

Wollmann, Susanne, Mehr Opferschutz ohne Abbau liberaler Strukturen im Verständnis der Prinzipien der Strafprozessordnung. Dargestellt am Beispiel des verbesserten Zeugenschutzes in § 255a Abs. 2 StPO, Dissertation Berlin (2008).

Zacharias, Klaus, Der gefährdete Zeuge im Strafverfahren, Dissertation Bayreuth 1996, Berlin (1997).

Zschockelt, Alfons / Wegner, Birgit, Opferschutz und Wahrheitsfindung bei der Vernehmung von Kindern im Verfahren wegen sexuellen Missbrauchs, Neue Zeitschrift für Strafrecht (NStZ) 1996, S. 305–309.